Ökonomie und Gesellschaft
Jahrbuch 12

Redaktionelle Zuschriften und Manuskripte bitte an:
Prof. Dr. Peter Weise, Universität-GH Kassel,
FB Wirtschaftswissenschaften, 34109 Kassel

ÖKONOMIE UND GESELLSCHAFT

Jahrbuch 12   *Soziale Kooperation*

Campus Verlag
Frankfurt/New York

Das Werk einschließlich aller seiner Teile ist urheberrechtlich geschützt. Jede Verwertung ist ohne Zustimmung des Verlags unzulässig. Das gilt insbesondere für Vervielfältigungen, Übersetzungen, Mikroverfilmungen und die Einspeicherung und Verarbeitung in elektronischen Systemen.
Copyright © 1995 Campus Verlag GmbH, Frankfurt/Main
Umschlaggestaltung:
Atelier Warminski, Büdingen
Druck und Bindung:
KM-Druck, Groß-Umstadt
Gedruckt auf säurefreiem und chlorfrei gebleichtem Papier.
Printed in Germany

Die Deutsche Bibliothek – CIP-Einheitsaufnahme

Ökonomie und Gesellschaft:
Jahrbuch ... – Frankfurt/Main:
Campus Verlag
    Früher Schriftenreihe

12. Soziale Kooperation. –1995

Soziale Kooperation. – Frankfurt/
Main; New York: Campus Verlag,
1995
    (Ökonomie und Gesellschaft; 12)
    ISBN 3-593-35338-5

ISBN 3-593-35338-5

Inhalt

Editorial

„Endlich allein!" - wie der Schriftsteller Wolfgang Hildesheimer eines
seiner Bücher betitelt und damit seine Ausflüge in die Kooperations-
zwänge des menschlichen Miteinanders kommentiert. „Endlich zusammen!" - freut sich der Wissenschaftler, wenn in seinem Modell die
eigennützigen Individuen freiwillig miteinander kooperieren.
Daß Menschen kooperieren, d. h. miteinander arbeiten und dabei
Vorleistungen erbringen, ist eine unbestreitbare Tatsache. Wozu Menschen dies tun, ist leicht erklärbar: Sie ermöglichen sich durch die Kooperation wechselseitige Vorteile. Aber warum Menschen ihre Eigenin-
teressen dem Gesamtinteresse unterordnen und damit auf individuelle
Vorteile verzichten, um soziale Nachteile zu vermeiden, bedarf einer
theoretisch befriedigenden Erklärung. Und die ist nicht leicht zu geben.
Unterstellt man nämlich a priori den Menschen Kooperationswilligkeit, so hat man das, was erklärt werden soll, bereits als Motiv vorausgesetzt. Aus dem zu beweisenden Ergebnis wird unter der Hand die
erklärende Ursache, die dann wiederum das Ergebnis beweist: Er gewinnt den Jackpot, weil er Glück hat, ein System erzeugt Loyalität,
weil es die Loyalitätsfunktion erfüllt - ein semantischer Zirkelsprung
von höchster Artistik. Ganz analog ist es mit Erklärungen der sozialen
Kooperation, die altruistische Präferenzen, prosoziale Neigungen, mo-
ralische Einsichten oder Gerechtigkeitsvorstellungen unterstellen: Die
Erklärungsursache ist jeweils die Substantivierung des zu erklärenden
Verhaltens.
Möchte man diesen (zirkulären oder systemfunktionalen) Erklä-
rungsfallen entgehen, hat man nur zwei Möglichkeiten. Erstens, man
thematisiert den Zielkonflikt zwischen Eigeninteresse und sozialem
Kooperationsinteresse und versucht zu zeigen, unter welchen Bedin-

gungen prinzipiell eigennützige und rationale Individuen Kooperations-vereinbarungen eingehen und auch einhalten. Zweitens, man zeigt, wie evolutiv in der Menschheitsgeschichte Altruismus, Prosozialität, Moral sowie Gerechtigkeit in das Handlungsvermögen der Menschen Eingang gefunden haben. Im ersten Fall liegt die Lösung in der korrekten Begründung von Instanzen, die die nicht-kooperativen Verhaltensweisen hinreichend verteuern, so daß rational die kooperative Verhaltensweise zu wählen ist. Im zweiten Fall liegt die Lösung in der korrekten Begründung einer prosozialen Handlungkompetenz, die immer dann, wenn sich Kooperation auf die Dauer und im Durchschnitt lohnt, eine kooperative Verhaltensweise generiert.

Tatsächlich sind diese beiden Möglichkeiten keine Gegensätze, sondern ergänzen sich notwendigerweise. Denn strenge Eigennützigkeit und strikte individuelle Rationalität auf der einen Seite läßt eine soziale Kooperation verfehlen. Ein gewisses Maß an prosozialer Handlungskompetenz in Form einer Möglichkeit, sich selbst zu binden oder altruistisch zu sein, ist notwendig für soziale Kooperation. Prosoziale Handlungskompetenz auf der anderen Seite gerät aber in Konflikt mit dem Eigeninteresse des Menschen und wird ausbeutbar durch die Egoismen der anderen Menschen.

So verbleibt letztlich nur eine Möglichkeit, das Zustandekommen sozialer Kooperation zu erklären. Man zeigt die Divergenz zwischen individuellem und kollektivem Interesse auf und bestimmt die Arten der Verteuerung des nicht-kooperativen Verhaltens: Selbstbindung, Gewissen, Einsicht, Lernen, Altruismus, Vereinbarung, Vertrauen, Normen, Zwang ... Je nach dem Ausmaß und der Anreizstruktur der Divergenz erhält man unterschiedliche und verschieden präferierte Lösungen. Doch kann man die Prinzipien dieser Lösungen einer Systematisierung zuführen.

In dem vorliegenden Band über „Soziale Kooperation" wird genau dieses Thema - individuelle eigennützige Rationalität im Konflikt mit kollektiv erwünschter Rationalität und die Prinzipien seiner Lösung - auf verschiedenen Ebenen betrachtet: der allgemein-gesellschaftlichen, der allgemein-kollektiven, der Unternehmungs- und der Arbeitsgruppen-Ebene.

In ihrem Beitrag über „Elementare spieltheoretische Modelle sozialer Kooperation" analysieren Werner Güth und Hartmut Kliemt mit Hilfe des spieltheoretischen Instrumentariums das „Spannungsverhältnis zwischen individueller strategischer Rationalität und gemeinsamer Interessenverfolgung". Sie zeigen anhand eines „Vertrauensspiels", daß nicht nur inter-individuelle Vereinbarungsprobleme auftreten, sondern daß der Mensch auch intra-individuelle Vertrauensprobleme zu lösen hat. Solche Lösungen können u. a. im Gewissen oder in der Dauerhaftigkeit der interindividuellen Beziehungen liegen. Aber eine stringente Rückführung der sozialen Kooperation - so ihr Fazit - auf die individuelle strategische Rationalität scheint nicht möglich zu sein. - Ein sehr bemerkenswertes Ergebnis.

Im nächsten Beitrag erörtert Bernd Lahno „Vereinbarung und Vertrag" als Problem eines „sukzessiven Austausches". Auch er argumentiert spieltheoretisch und entwickelt hierzu ein sogenanntes Austausch- und Vertragsspiel, das es gegenüber dem Gefangenen-Dilemma- und dem Vertrauenspiel erlaubt, zusätzliche Optionen der Kooperation zu behandeln. Er zeigt, wie verschiedene Arten der einseitigen und wechselseitigen Selbstbindung dazu führen können, eine soziale Kooperation zu ermöglichen. Im wesentlichen sind dies formale Verträge, informelle Vereinbarungen und dauerhafte interindividuelle Beziehungen, die die Kosten des „antisozialen" Verhaltens erhöhen, entweder durch externe Sanktionsmöglichkeiten oder durch interne Androhung des Abbruchs der Geschäftsbeziehungen.

Das Problem der sozialen Kooperation unter dem Blickwinkel der „Bereitstellung eines öffentlichen Gutes aus spieltheoretischer Sicht" betrachten Wilhelm Althammer und Wolfgang Buchholz. Sie verändern die diskret-binäre Wahlsituation im Gefangenen-Dilemma in eine stetige und stellen damit den Anschluß an die übliche Darstellung der Produktion und Finanzierung eines öffentlichen Gutes in der Finanzwissenschaft her. Ausgehend von einem allgemeinen Kooperationsspiel untersuchen sie die Bedingungen und Konsequenzen unterschiedlicher Modellierungen des Bereitstellungsproblems für ein öffentliches Gut. Ihre Schlußfolgerung: Auch bei einmaligem Spiel kann kooperiert werden, vorausgesetzt, das Koordinationsproblem kann gelöst werden.

Die streng spieltheoretischen Annahmen weichen Stefan Schenk und Peter Weise in ihrem Beitrag „Zur Evolution von Kooperation" auf. Ausgehend von einem Mehr-Personen-Gefangenen-Dilemma-Spiel variieren sie verschiedene Annahmen hinsichtlich der Rationalität der Individuen, ihrer wechselseitigen Abhängigkeiten und ihres Lernvermögens aus eigenem und fremdem Verhalten. Mit Hilfe eines eigens dafür erstellten Computerprogramms simulieren sie mögliche Evolutionspfade der sozialen Kooperation. Es zeigt sich, daß das Entstehen sozialer Kooperation weniger eine Alles-oder-Nichts-Entwicklung ist, sondern vielmehr recht fragil und instabil von den Umgebungsbedingungen abhängt.

Nach der Theorie die Empirie: „Freifahrer im Test - Ein Überblick über 20 Jahre Freifahrerexperimente" betitelt Joachim Weimann seinen Beitrag. Er gibt einen umfassenden Überblick über die bisher in der Literatur dokumentierten Experimente zum Freifahrerproblem und insbesondere zum Gefangenen-Dilemma-Spiel. Gleichzeitig erörtert er die Vor- und Nachteile der experimentellen Methodik und gibt eine Einschätzung der Nützlichkeit psychologisch-ökonomischer Experimente. Hinsichtlich des Entstehens sozialer Kooperation zieht er das Fazit, daß soziales Verhalten nicht nur Resultat eines rationalen Kalküls, sondern auch Ergebnis von Emotionen und genetischer Prägung ist.

Auf Kooperation in der Unternehmung rekurrieren Max Frank, Joachim Grosser und Susanne Koch in ihrem Aufsatz über „Hierarchieversagen und die Vorteile kooperativer Führung". In Anlehnung an das Buch von Gary Miller über „Managerial Dilemmas" erörtern sie die These, daß eine Unternehmung mit flacheren Hierarchien und größerer Kooperationsbereitschaft der Manager Effizienzvorteile gegenüber einer Unternehmung aufweist, die durch Befehl und Erfolgskontrolle geprägt ist. Im wesentlichen stimmen sie dieser These zu, zeigen aber auch die einschränkenden Annahmen auf und erörtern die Schwierigkeiten, die sich bei der Auswahl multipler Gleichgewichte ergeben

Noch eine Ebene weiter nach unten steigen Wolfgang Brandes und Peter Weise, wenn sie sich mit der „Arbeitsleistung von Arbeitsgruppen als Prozeß der Selbstorganisation" befassen. Sie zeigen, daß es neben der spieltheoretisch begründeten strategisch-rationalen Kooperationsentscheidung auch Gruppendruck und internalisierte Arbeitmotivation als kooperationsfördernde Momente gibt. Kooperation ist damit ein sozialer Selbstorganisationsprozeß, in dem Arbeitsleistung und -motivation von den Individuen gemeinsam erzeugt werden, für jedes einzelne Individuum aber auch quasi Handlungsumgebung sind. Neben Gruppengleichgewichten werden andere komplexere soziale Kooperationsverhältnisse hergeleitet.

„Endlich zusammen!"Die Autoren dieses Bandes zeigen, unter welchen Bedingungen Menschen sich zur Kooperation zusammenschließen. Immer besteht allerdings ein Konflikt zwischen individuellem Eigen- und kollektivem Kooperationsinteresse. Kooperation verlangt mithin Eigen- und Fremdzwang. Insofern versteht man den abgearbeiteten Kooperateur, wenn er abends im Sessel sitzt und zur Bierflasche greift: „Endlich allein!"

Elementare spieltheoretische Modelle sozialer Kooperation

Werner Güth und Hartmut Kliemt

1. Einleitung und Überblick

Von allen klassischen Sozialtheoretikern hat wohl David Hume die tiefschürfendsten und weitsichtigsten Analysen sozialer Kooperation vorgenommen. Er verwies auf drei Hauptgründe dafür, daß Menschen ein Interesse daran haben können, miteinander zu kooperieren: „Durch Vereinigung der Kräfte wird unsere Leistungsfähigkeit vermehrt; durch Teilung der Arbeit wächst unsere Geschicklichkeit und gegenseitiger Beistand macht uns weniger abhängig von Glück und Zufall. Durch diese Vermehrung von Kraft, Geschicklichkeit und Sicherheit wird die Gesellschaft nützlich." (1740/1972 T2, 229) Hume benannte jedoch nicht nur die Grundfaktoren, die soziale Kooperation wünschenswert und gesellschaftliches Zusammenleben nützlich werden lassen. Er war sich auch bereits der Tatsache bewußt, daß das gemeinsame Interesse an den Früchten sozialer Kooperation nicht hinreichend ist, um ein individuelles Mitwirkungsinteresse zu begründen (vgl. insbesondere 1740/1972 T2, Buch 3, Teil 2, Abschn. 7, 283 ff.). Denn das gemeinsame Interesse bildet angesichts der Möglichkeit, Kooperationsfrüchte auch ohne eigenen Kooperationsbeitrag genießen zu können, als solches keinen hinreichenden Anreiz zur Mitwirkung an der Interessenverfolgung. Soziale Kooperation kann deshalb selbst dann scheitern, wenn jedermann ein Interesse an ihrem Gelingen hat.

Damit ist nicht nur der klassische Gegensatz von „Gemeinnutz und Eigennutz" angesprochen. Es geht um ein - von der altruistischen oder egoistischen Zielrichtung individueller Motive weitgehend unabhängiges - Spannungsverhältnis zwischen individueller strategischer Rationalität und gemeinsamer Interessenverfolgung. Will man Phänomene sozialer Kooperation wirklich verstehen, dann muß man vor allem dieses Spannungsverhältnis analysieren. Anders als die Klassiker der Sozialtheorie kann man sich heute dazu des modernen spieltheoretischen Instrumentariums bedienen. Dieses erlaubt es, Grundprobleme sozialer Kooperation klar zu formulieren und präzise zu behandeln. Unser Beitrag versucht deshalb, die Analyse von Elementarproblemen menschlicher Kooperation mit einer Einführung in den Gebrauch des spieltheoretischen Instrumentariums zu verbinden.

Da wir an diesem Ort selbstverständlich keine umfassende Einführung in die Spieltheorie zu geben vermögen, werden wir uns auf die sogenannte „nicht kooperative" Spieltheorie beschränken (wobei wir aus Raumgründen auf die Behandlung von Ansätzen aus dem Bereich der nicht kooperativen Verhandlungstheorie - vgl. dazu etwa den Überblicksartikel im Handbook of Game Theory, im Erscheinen, Osborne und Rubinstein, 1990, Bester, 1989 - verzichten mußten). Dieser Zweig der Spieltheorie wird mit dem Attribut „nicht kooperativ" versehen, weil er Kooperation und die Möglichkeit bindender Absprachen in der Verfolgung gemeinsamer Interessen *nicht* voraussetzt. Die nicht kooperative Spieltheorie besteht vielmehr darauf, daß kooperatives Verhalten grundsätzlich auf individuell rationales strategisches Verhalten zurückgeführt und dabei jede Art von Absprachen und Informationsflüssen explizit modelliert werden muß.

Ausgehend von einem einfachen, anschaulichen Modell spricht unser Beitrag zunächst verschiedene grundsätzliche Aspekte sozialer Kooperation in informeller Weise an (2.). Da das Gelingen sozialer Kooperation wesentlich von vertrauensvollen Vorleistungen und fairen Nachleistungen abhängt, werden wir uns im Hauptteil (3.) auf diesen Aspekt von Kooperationsproblemen konzentrieren. Wir zeigen zunächst, daß es sogar auf intra-personaler Ebene zu einem „Vertrauensproblem" kommen kann (3.1). Um zur Analyse des Vertrauensproblems im Bereich inter-personaler Interaktion überzugehen, wird dann die von uns als „Vertrauensspiel" bezeichnete Elementarsituation formal präzise eingeführt (3.2). In den nächsten Abschnitten werden die verschiedenen Faktoren untersucht, die geeignet sind, das in diesem Spiel prototypisch zum Ausdruck kommende Vertrauensproblem zu lösen. Als erstes wird ein Blick auf die mögliche Rolle eines „Gewissens" geworfen (3.3). Dann wird die Einbettung des Vertrauensspieles in Sequenzen gleichartiger Spiele untersucht; wobei endliche (3.4) ebenso wie unendliche (3.5) Wiederholungen des Basisspieles betrachtet werden. In den Schlußbemerkungen (4.) ziehen wir einige methodologische Folgerungen daraus, daß nach den im Hauptteil gewonnenen Ergebnissen eine *vollständige* Rückführung sozialer Kooperation auf strategisches Verhalten unbeschränkt rationaler Individuen ausgeschlossen scheint.

2. Grundprobleme sozialer Kooperation

2.1 Das Grundmodell der Ruderer im Boot

Man stelle sich zwei Männer vor, die in einem Boot gemeinsam das andere Ufer eines Flusses erreichen möchten (vgl. dazu auch Hume 1740/1972 T2, 233). Beide Männer haben ein gleichgerichtetes Interesse an der Flußüberquerung. Zugleich hat jedoch jeder der Männer ein - den Interessen des jeweils anderen entgegengerichtetes - Interesse, die eigenen Kräfte soweit wie möglich zu schonen und damit den eigenen Beitrag zur Erreichung des gemeinsamen Zieles so gering wie möglich zu halten.

Das Modell der beiden Ruderer weist wesentliche Elemente menschlicher Kooperationssituationen auf. Neben gemeinsamen gibt es typischerweise auch widerstreitende Interessen. Menschen können ein gemeinsames Interesse an der Herbeiführung bestimmter Resultate haben und zugleich einen Anreiz, sich der eigenen Beitragsleistung zu entziehen. Die Kooperation in der Realisierung eines gemeinsamen Interesses ist deshalb keineswegs selbstverständlich, sondern nur unter bestimmten günstigen Umständen zu erwarten; wobei diese Umstände entweder auf natürlichen Gegebenheiten beruhen oder künstlich durch soziale Normen und Institutionen geschaffen werden können.

Im Fall der beiden Ruderer geht Hume davon aus, daß die natürlichen Umstände die Kooperation zwischen den beiden Beteiligten fördern. Insbesondere kann man sich leicht vorstellen, daß etwa einer der beiden Ruderer zunächst einmal versuchsweise einen Schlag macht. Wird dieser Schlag vom anderen durch einen entsprechenden Gegenzug beantwortet, so zieht auch der erste sogleich wieder nach. Sind die beiden so „in´s Rudern gekommen", könnte nach einer gewissen Weile einer versuchen, mit dem Rudern nachzulassen. Beobachtet der andere dies, so kann er jedoch ebenfalls das Rudern einstellen, so daß die Erreichung des gemeinsamen Zieles für beide gefährdet wird. Wenn beide dies beobachten, werden sie durch den eingetretenen Schaden klug werden und jeder der beiden wird sich womöglich wieder an's Werk machen usw.

Für die Einschätzung von Kooperationsproblemen ist es aufschlußreich, verschiedene Varianten des Bootsbeispieles durchzuspielen. So könnte man sich etwa vorstellen, daß jeder der beiden Ruderer nur einen Riemen zur Verfügung hat, mit dem er nur auf der einen, ihm zugeordneten Seite des Bootes tätig werden kann. In diesem Falle würde das Boot sich im Kreise drehen, falls genau einer der beiden rudert. Zum gemeinsamen Ziel können beide nur vorankommen, wenn beide mitwirken. Der individuelle Anreiz zum Beitrag ist dann unmittelbar gegeben. Ein Konflikt könnte allenfalls mit Bezug auf die gewünschte Ruderstärke entstehen. Kooperation zur Erreichung des gemeinsamen Zieles sollte weitgehend unproblematisch sein.

Man könnte sich als ein anderes Extrem auch eine Galeere mit hunderten von Ruderern vorstellen, die nur sehr unvollkommen beobachten können, wie stark die anderen mitziehen. Hier dürfte Kooperation weit problematischer sein. Gleiches würde in dem freilich etwas unrealistischen Fall gelten, daß zwei Ruderer jeweils unabhängig voneinander genau einen gewaltigen Zug tun oder unterlassen könnten, um zum anderen Ufer zu gelangen.

Schließlich kann man sich auch vorstellen, daß es verschiedene „Typen" von Ruderern gibt. Ein Typ zieht von Hause aus mit, während der andere stets auf Freifahrten spekuliert und deshalb Anreize zum Mitziehen geboten bekommen muß. Können sich die Typen wechselseitig zuverlässig erkennen und sich zugleich aussuchen, mit wem sie in's Boot steigen, so werden sich die kooperativen Individuen suchen und finden. Sie werden zum anderen Ufer gelangen und die anderen Typen hinter sich lassen. Ist die Erkennbarkeit jedoch nicht völlig zuverlässig und/oder können sich die Ruderer ihre Partner nicht aussuchen, so wird es wiederum auf die Art des Bootes ankommen, wie erfolgreich die einzelnen Typen im Erreichen ihrer Ziele sind.

Konkrete Bilder wie das von (unterschiedlichen Typen von) Ruderern in verschiedenen Booten sind wichtig, um unsere Einbildungs- und Vorstellungskraft anzuregen. Solche Gedankenexperimente bringen unsere intuitiven Ansichten über die Grundelemente von Kooperationsproblemen zum Vorschein. In den vorliegenden Fällen scheinen die Gedankenexperimente Vermutungen wie die folgenden zu stützen:

1. Kooperation in der Verfolgung gemeinsamer Ziele ist umso wahrscheinlicher, je geringer der Interessengegensatz ausgebildet ist (der Fall von nur einem Riemen für jeden vs. dem Fall mit zwei Riemen für jeden);

2. Kooperation wird unwahrscheinlicher, wenn die Beitragsleistung des einzelnen Individuums schlechter beobachtet werden kann (der Fall des Zwei-Mann-Bootes gegenüber dem der Galeere);

3. Kooperation wird wahrscheinlicher, wenn die Interaktion häufiger wiederholt wird (der ursprüngliche Fall des Zwei-Mann-Bootes gegenüber dem von je einem gleichzeitigen „gewaltigen" Zug);

4. Kooperation hängt in ihrem Gelingen möglicherweise vom „Typ" der beteiligten Individuen und der wechselseitigen Typerkennbarkeit ab (der Fall der Ruderer, die sich zuverlässig als kooperativ oder nicht-kooperativ „veranlagt" erkennen können bzw. der Fall ununterscheidbarer Ruderertypen.)

Mit einer rein verbalen Beschreibung und Diskussion von Beispielen kommt man allerdings nicht allzuweit. Deshalb ist es nützlich, sich um eine schrittweise Präzisierung von Problemen zu bemühen, um diese möglichst klaren und eindeutigen Antworten zuführen zu können.

2.2 Erste Präzisierung einiger Grundprobleme sozialer Kooperation

2.2.1 Kooperation als Koordination

Im Beispiel der beiden Ruderer haben wir zunächst nur grobe Angaben darüber gemacht, wie die Ruderer die Ergebnisse ihrer Interaktion bewerten. Von der Rangordnung unter den Ergebnissen hängen Natur und Stärke möglicher Interessenkonflikte ab. In jenem Falle, in dem jeder der Ruderer nur einen Riemen hat, gibt es zwei grundsätzliche Ergebnisse, nämlich das, an's andere Ufer zu gelangen, und das, am diesseitigen Ufer zu verbleiben. Was diese Ergebnisse anbelangt, ist die soziale Interaktion zwischen den Ruderern unproblematisch, da beide gleichgerichtete Präferenzen hinsichtlich dieser Ergebnisse haben. Allerdings gibt es hinsichtlich der Ruderstärke noch ein Koordinationsproblem (vgl. zu Konfliktproblemen 2.2.2).

Die strategischen Eigenschaften dieses Problems wollen wir zunächst etwas näher untersuchen. Dazu betrachten wir die Interaktion der Ruderer als ein strategisches Spiel. Die Ruderer sind Spieler, die verschieden stark rudern, d. h. unterschiedliche Spielzüge durchführen können. Wir beschränken uns der Einfachheit halber auf drei Spielzüge für jeden Beteiligten. Jeder der beiden Spieler habe die Möglichkeit, entweder stark, schwach oder überhaupt nicht zu rudern. Nimmt man nun an, daß beide Ruderer es am besten finden, den Fluß durch starkes Rudern zu überqueren, am zweitbesten, durch schwaches Rudern an's Ziel zu gelangen und es am geringsten bewerten, das Ziel überhaupt nicht zu erreichen, so gibt die folgende Tabelle die Bewertungen der jeweiligen Handlungen (eigentlich Handlungssequenzen von Ruderschlägen) wieder; wobei angenommen sei, daß größere Zahlen höhere Werte repräsentieren, es für die Ruderer keine Rolle spielt, ob sie einmal einen Schlag vergeblich machen und daß ungleiches Rudern zum Kreisen des Bootes und damit zum Nichterreichen des Ziels führt:

Ruderer 1 Ruderer 2	rudert gar nicht	rudert schwach	rudert stark

rudert
 gar nicht
	0
	    0
		0
		    0
			0
			    0

rudert
 schwach
	0
	    0
		1
		    1
			0
			    0

rudert
 stark
	0
	    0
		0
		    0
			2
			    2

Tabelle 2.1   Soziale Kooperation als Koordination

Die Zeilen der Tabelle 2.1 sind Ruderer 1, die Spalten Ruderer 2 zugeordnet. Einträge in der Nordwestecke jeder Zelle beziehen sich auf den ersten, die in der Südostecke auf den zweiten Ruderer. Die Kombinationen gleichartiger Ruderstrategien (gar nicht, gar nicht), (schwach, schwach), (stark, stark) lassen einseitige Verbesserungen bei gegebenem Verhalten des jeweils anderen nicht zu. Liegt einer dieser Strategienvektoren vor, so lohnt es sich bei gegebener Strategiewahl des einen für den jeweils anderen nicht, eine andere Strategie zu wählen. Spieler, die simultan die Strategien eines solchen Strategienvektors verfolgen, vollziehen damit wechselseitig eine beste Antwort auf die Strategiewahl des jeweils anderen. In der Spieltheorie bezeichnet man Strategienvektoren mit dieser Eigenschaft als *Nash-Gleichgewichte*.

Wie das elementare Beispiel bereits zeigt, kann es in einem Spiel verschiedene Nash-Gleichgewichte geben. Allerdings ist die Durchführung der zugrundeliegenden Strategien keineswegs gleichermaßen plausibel. Insbesondere gibt es für jeden der beiden Ruderer oder Spieler zur Strategie, gar nicht zu rudern, zwei andere, die in jedem Falle zu mindestens ebenso guten und in gewissen Fällen zu besseren Ergebnissen führen. Die Strategie, nicht zu rudern, ist in diesem Sinne für jeden „dominiert". Generell wird eine Strategie eines Spielers dann als *dominiert* bezeichnet, wenn der betreffende Spieler über mindestens eine andere Strategie verfügt, die für alle möglichen Verhaltensweisen der Mitspieler niemals schlechter, aber für mindestens eine Verhaltenskonstellation der Mitspieler besser ist. Dies schließt nicht aus, daß die betreffende Strategie sogar bei jeder Verhaltenskonstellation der Mitspieler zu besseren Ergebnissen als die Vergleichsstrategie führt. In diesem Falle sagt man, daß sie die Vergleichsstrategie *stark* oder *strikt dominiert*.

Im Vergleich zu einer dominierten garantiert eine sie dominierende Strategie ein mindestens ebenso gutes Ergebnis und eröffnet dem Spieler zugleich die Chance, sich u. U. besser zu stellen. Ein rationales Individuum wird dominierte Strategien aus diesem Grunde nicht wählen. Es ist daher plausibel, dominierte Strategien als strategisch irrelevant zu vernachlässigen. Vollzieht man im vorliegenden Beispiel diesen Schritt, so erhält man eine reduzierte Tabelle der Form:

Ruderer 1 ⟍ Ruderer 2	schwach	stark
schwach	1 1	0 0
stark	0 0	2 2

Tabelle 2.2   Reduziertes Problem sozialer Kooperation als Koordination

In Tabelle 2.2 besteht das vorrangige Interesse der beiden Ruderer darin, gleich zu handeln. Insbesondere auch aufgrund der Tatsache, daß es sich beim Rudervorgang um eine Interaktion handelt, die sich in viele Teilhandlungen zerlegen läßt, wird man davon ausgehen dürfen, daß die beiden Ruderer schließlich dazu kommen, ihre Handlungen bei (stark, stark) zu koordinieren. Sie befinden sich dann in einem sogenannten *Koordinationsgleichgewicht*, bei dem die Spieler nicht nur keinen Anreiz haben, selbst abzuweichen, sondern auch nicht durch eine Abweichung des anderen bessergestellt werden können. Wenn die Präferenzen der Spieler allgemein bekannt sind, reduziert sich bei dieser Interessenübereinstimmung das Problem, soziale Kooperation auf individuell rationale Weise zu erreichen, auf ein Kommunikationsproblem. Bei hinreichendem Kommunikationsvermögen scheint dieses Problem in der Regel durch „Auszahlungsdominanz" lösbar zu sein; wobei ein Strategienvektor x von einem Strategienvektor y *(strikt) auszahlungsdominiert* wird, falls der Übergang von x zu y jeden Spieler besser stellt.

Die mit einer Strategiekombination einhergehende Auszahlungsdominanz scheint in Koordinationsspielen zunächst ein ziemlich zwingendes Kriterium auch für die individuelle Strategiewahl zu sein. Es ist allerdings hilfreich, sich an eine Anekdote zu erinnern, wonach eine Ehefrau viele Jahre zu Gunsten Ihres Mannes auf die von ihr bevorzugten Brötchenoberhälften verzichtete. Sie findet schließlich heraus, daß er zugleich die von ihm bevorzugten Unterhälften an seine Frau weitergab, um ihr einen Gefallen zu tun. Kooperation kann somit zumindest bei Unsicherheit über die Präferenzen der Partner auch in scheinbar einfachen Fällen ihre Tücken haben. Sie ist daher selbst bei Fehlen aller direkten Interessengegensätze keineswegs trivial gesichert. Wie die mannigfachen Konventionen des sozialen Lebens zeigen, bedarf menschliches Handeln nahezu stets einer koordinierenden Ordnung (vgl. zum Konzept der Konvention Lewis 1975).

2.2.2 Kooperation unter teilweise konfligierenden Interessen

Bei unbegrenzter Kommunikationsmöglichkeit vor der Interaktion und vollständiger Information über die Präferenzen des jeweiligen Partners werden Kooperationsprobleme - im allgemeinen - nicht aus Koordinationsschwierigkeiten allein, sondern darüber hinaus aus direkten Interessenkonflikten erwachsen. Um sich solchen Interessenkonflikten zu nähern, kann man in unserem einfachen Modell annehmen, daß die Bewertungen der beiden Ruderer sich unterscheiden. Der Ruderer 1 zieht es vor, durch schwaches Rudern voranzukommen, Ruderer 2 bevorzugt starkes Rudern und beide wollen in jedem Falle lieber an´s andere Ufer, als am diesseitigen zu bleiben.

Ruderer 1 Ruderer 2	gar nicht	schwach	stark

gar nicht	0
	   0
		0
		   0
			0
			   0

schwach	0
	   0
		2
		   1
			0
			   0

stark	0
	   0
		0
		   0
			1
			   2

Tabelle 2.3   Soziale Kooperation mit Interessenkonflikt

Wiederum können dominierte Strategien entfernt werden. Man erhält dann

Ruderer 1 Ruderer 2	schwach	stark

schwach	2
	   1
		0
		   0

stark	0
	   0
		1
		   2

Tabelle 2.4   Reduktion von Tabelle 2.3 zu einem „Battle of the Sexes-Spiel"

Gleichgewichtig sind hier - falls man sich auf die sogenannten reinen Strategien beschränkt, bei denen jeder genau eine seiner Strategien mit Wahrscheinlichkeit 1 wählt - nur die Strategiekombinationen (schwach, schwach) und (stark, stark). Jeder der beiden hat überdies ein Interesse daran, eines der Gleichgewichte zu erreichen. Neben den insoweit gleichgerichteten Interessen gibt es jedoch einen Konflikt darüber, welches der Gleichgewichte angestrebt werden soll.

Im Rudererbeispiel könnte man sich nun vorstellen, daß es einen Mechanismus gibt, der den beiden in fünfzig Prozent der Fälle einen schwachen und in fünfzig Prozent einen starken Zug über ein gemeinsam beobachtbares - die Handlungen koordinierendes - Signal vorschlägt (vgl. zu den korrelierten Gleichgewichten ausführlicher Güth 1992, 65 ff.). Wenn man annimmt, daß die Auszahlungswerte in den Tabellen den Axiomen der Erwartungsnutzentheorie genügen, dann könnten sich die beiden durch den „Mechanismus" eines „signalgebenden Steuermanns" in gemeinsamer Kooperation jeweils 1.5 Nutzeneinheiten sichern (wobei unterstellt sei, daß der koordinierende Steuermann zum „Nulltarif" tätig wird). Dadurch würde der inhärente Interessenkonflikt in einer im landläufigen Sinne „fairen" Weise gelöst. Eine solche „Lösung" ist zwar keineswegs die einzige denkbare. Sie mag beim gegenwärtigen Stand der Überlegungen jedoch für unsere illustrativen Zwecke genügen.

Weitere wichtige Grundsituationen sozialer Kooperation ergeben sich, wenn man zu Fällen übergeht, in denen beide Ruderer über jeweils zwei Riemen verfügen und die Arbeit auch jeweils allein verrichten könnten. Dabei denke man zunächst nur an den Fall eines einzigen „gewaltigen Zuges", über den jeder der Ruderer in Unkenntnis der Zugwahl des anderen entscheiden muß. Würden beide Ruderer nun dem eigenen Bestreben nach möglichst geringer Eigenbeteiligung nachgeben, um dem jeweils anderen die ganze Arbeit aufzuhalten, so würde ihr Boot überhaupt nicht von der Stelle kommen. Nehmen wir an, daß dies aus Sicht beider das schlechteste mögliche Ergebnis wäre. Wer nicht rudert, wird unter dieser Voraussetzung sicher nicht darauf abzielen, nicht an das gemeinsame Ziel zu gelangen. Er wird jedoch wünschen, daß der jeweils andere allein die ganze Arbeit besorgt. Der „Frei-Fahrende" würde dieses Ergebnis als das beste ansehen. Der allein Arbeitende fände diesen Fall zwar immer noch besser, als gar nicht an's Ziel zu kommen, doch schlechter als den Fall, bei dem beide rudern.

Ruderer 1 Ruderer 2	rudert (kooperiert)	rud. (kooperiert) nicht

rudert
(kooperiert)
	2
	    2
		1
		    3

rud. (koope-
riert) nicht
	3
	    1
		0
		    0

Tabelle 2.5 Soziale Kooperation im „Chicken-Spiel"

In dieser Interaktionssituation ergeben sich offenkundig zwei gleichgewichtige Strategienvektoren. Bei jedem dieser Gleichgewichte stellt ein einzelner ein Kollektivgut für beide bereit; während der andere nichts tut. Der kooperierende Ruderer würde es bevorzugen, wenn sich der andere ebenfalls am Aufwand beteiligte. Allerdings würde er es noch besser finden, die ganze Arbeit dem anderen aufzuhalsen.

In einem solchen Spiel ist es sehr schwer, ein Ergebnis vorherzubestimmen. Das ändert sich, wenn man die Interaktionssituation variiert und annimmt, daß die beiden etwas andere Wertordnungen haben. Frei zu fahren und an's andere Ufer zu gelangen, sei aus Sicht jedes der beiden besser als durch gemeinsame Anstrengung voran und dies besser als nicht vom Fleck zu kommen, während es am schlechtesten sei, allein die Arbeit übernehmen zu müssen und dem anderen eine Freifahrt zu bieten.

Ruderer 1 Ruderer 2	rudert (kooperiert)	rudert (kooperiert) nicht

rudert
(kooperiert)
	3
	    3
		1
		    4

rud. (koope-
riert) nicht
	4
	    1
		2
		    2

Tabelle 2.6 Soziale Kooperation im „Gefangenendilemma-Spiel"

Gleichgültig, was der andere Ruderer tut, zieht es jeder vor, sich selbst nicht zu beteiligen. Daher kann man die dominierte Strategie der eigenen Beteiligung jeweils eliminieren und voraussagen, daß bei individuell rationalem strategischem Verhalten keine soziale Kooperation stattfindet. Individuell rationales Verhalten führt allerdings zu einem Strategienvektor, zu dem es einen anderen gibt, durch dessen Wahl sich beide Beteiligten besserstellen könnten. Das heißt, daß der betreffende Strategienvektor auszahlungsdominiert wird. Könnten die beiden Ruderer im vorhinein über ihre Situation sprechen, so läge es für sie nahe, beidseitige Kooperation zu verabreden. Solange die Verabredung jedoch das Spiel nicht verändert, gelangen sie durch die Verabredung allein aus dieser als Gefangenendilemma bezeichneten „sozialen Falle" nicht heraus. Denn die Abweichung vom verabredeten Verhalten bleibt auch nach der Verabredung dominant.

Wenn das soziale Kooperationsproblem unter rationalen Individuen tatsächlich die Struktur des Gefangenendilemma-Spiels hat, dann scheint seine kooperative Überwindung rational ausgeschlossen. Das gilt im übrigen zumindest gleichermaßen, wenn nicht verstärkt, falls mehr als zwei Individuen in einer derartigen Situationen interagieren. Man betrachte etwa die nachfolgende Tabelle, die zentrale Aspekte der Entscheidungssituation eines beliebigen aber bestimmten Individuums in einem N-Personen-Gefangenendilemma-Spiel bei ordinaler Bewertung abbildet.

„Ich" „andere"	Fast alle a. kooperieren	Etwa 50 % a. kooperieren	Fast kein a. kooperiert
kooperieren	5	3	1
nicht-koop.	6	4	2

Tabelle 2.7   Soziale Kooperation im „N-Personen-Gefangenendilemma-Spiel"

In der Tabelle 2.7 ist nur die für alle Individuen als identisch unterstellte Präferenzordnung für die Interaktion mit den jeweils anderen angegeben. Gleichgültig, welcher der Fälle der Kooperation anderer eintritt, stets ist es für den einzelnen besser, nicht zu kooperieren. Die Beschränkung auf drei Fälle dient zur einfachen Illustration des Grundgedankens. Entscheidend ist, daß es für *jede* Anzahl, 0, 1, ..., N-1, *anderer* Kooperierender für den einzelnen stets besser ist, nicht „mitzuziehen". In solchen Fällen impliziert die Elimination dominierter Strategien, daß sich keiner an der Bereitstellung des Kollektivgutes beteiligen wird. Soziale Kooperation ergibt sich nicht als Folge individuell rationalen Verhaltens, obschon sie jeden gegenüber dem Fall allgemein unkooperativen Verhaltens besserstellen würde. (Dies könnte typischerweise etwa auf der Galeere mit großer Ruderzahl der Fall sein.)

Dieser Grundsachverhalt hat Theoretiker, die sich mit der Bereitstellung von öffentlichen Gütern befassen, von je her, jedoch in besonderem Maße in den letzten drei Jahrzehnten, beschäftigt (vgl. dazu „klassisch" Buchanan 1965 und Olson 1968). Sie stellten in der Regel einmalige N-Personen-Interaktionen in Gefangenendilemma-Situationen in den Vordergrund. Ungeachtet ihrer großen Anschaulichkeit sind solche Situationen allerdings keineswegs repräsentativ für sämtliche Kooperationsprobleme, die bei der Bereitstellung öffentlicher Güter auftreten können. Viele Probleme der Kollektivguterstellung haben eher den Charakter eines N-Personen-Chicken- als den eines N-Personen-Gefangenendilemma-Spieles. Man denke nur daran, daß etwa jede politische Mehrheitswahl letztlich von einer Stimme entschieden werden *kann* und es deshalb in der Nachbarschaft der Mehrheitsschwelle u. U. nicht mehr dominant ist, selbst nicht zur Wahl zu gehen (vgl. zu solchen Kollektivgutproblemen Taylor und Ward 1982, Palfrey und Rosenthal 1984).

In anderen Fällen zeigt sich, daß die zugrundeliegende Interaktion in einen übergreifenden Kontext eingebettet ist. Insbesondere liegt, wie ja gerade auch die Rudererbeispiele nahelegen, häufig nicht nur eine einmalige, sondern eine fortgesetzte Interaktion vor. Es geht gerade nicht um den einen „gewaltigen Zug", über dessen Durchführung oder Nicht-Durchführung in Unkenntnis der Zugwahl des (bzw. der) jeweils anderen entschieden wird, sondern um eine Vielzahl von Zügen, über die in Kenntnis des bisherigen Interaktionsverlaufes nach und nach zu entscheiden ist.

Der spieltheoretische Strategiebegriff verlangt, daß der Spielverlauf bzw. eine Partie des Spieles durch die Strategien der Spieler völlig bestimmt ist. Die Strategien jedes Spielers müssen deshalb für jeden *möglichen* Spielstand, zu dem von ihm eine Entscheidung gefordert sein könnte, eine Zugwahl vorsehen. Es ist daher klar, daß eine vollständige strategische Analyse wiederholter Spiele sehr schnell ziemlich komplex werden kann. Spieltheoretische Modellierungen müssen deshalb wesentlich auf Abstraktionen zurückgreifen, die unter Vernachlässigung gewisser Problemaspekte ausschließlich auf bestimmte grundlegende Faktoren abstellen.

Den guten Sinn kooperationsfördernder Institutionen kann man nun dadurch am besten studieren, daß man sich modellmäßig Situationen vorstellt, in denen Kooperation zwar vorteilhaft ist, solche Institutionen jedoch gerade nicht vorhanden sind. Situationen, in denen (Vor-) Leistungen im Vertrauen auf faire Nachleistungen erbracht werden müssen, rationale Akteure jedoch ohne vertrauenssichernde institutionelle Vorkehrungen zugleich rationale Gründe haben, einander zu mißtrauen, sind von dieser Art. Ökonomische Bezugsfälle reichen vom „shirking on the job" bis zum Problem, Ressourcen spezifisch widmen zu müssen (vgl. knapp Alchian und Woodward 1988, und für verwandte ältere Überlegungen zum Vertrauensproblem etwa Albach, 1980). Allerdings reicht die Bedeutung derartiger Situationen, mit denen wir uns im Hauptteil dieses Überblickes nun etwas ausführlicher befassen werden, weit über den im engeren Sinne ökonomischen Bereich hinaus (vgl. die Rolle des Mißtrauens in Hobbes' *Leviathan* 1651/1976, Humes Versprechensproblem im *Traktat über die menschliche Natur* 1748/1972 und dazu Lahno 1995).

3. Soziale Kooperation beruhend auf Vorleistungen und Vertrauen

3.1 Intra-personale Kooperationsprobleme

In Modellen strategisch rationalen Individualverhaltens werden Handlungen allein unter Rückgriff auf die rationale zukunftsgewandte Zielverfolgung erklärt. Alles Vergangene einschließlich der daraus auf die jeweilige Entscheidungssituation ausgehenden Kausaleinflüsse gehört zu den Spielregeln und insoweit zum Datenkranz des Entscheiders. Was vorbei ist, ist vorbei. Das gilt auch für vergangene Entscheidungen, die ein Individuum getroffen hat. Diese können zwar einen kausalen Einfluß auf zukünftige Erwartungen haben und insoweit zukünftiges Entscheidungsverhalten indirekt beeinflussen. Es ist jedoch keineswegs möglich, eine zukünftige Entscheidung bereits in der Gegenwart zu treffen. Die Entscheidung kann erst getroffen werden, wenn der Entscheidungszeitpunkt gekommen ist. Das gilt selbst dann, wenn man sich für die Zukunft vornimmt, eine bestimmte Entscheidung zu fällen. Sich eine Entscheidung vorzunehmen, ist nicht das gleiche, wie die Entscheidung zu treffen. Die Entscheidung existiert nicht, bis man sie getroffen hat. In dem Augenblick und der Situation, wo die Entscheidung getroffen wird, muß sie im Sinne des Modells strategisch rationalen Verhaltens allein mit Bezug auf die Zukunftserwartungen des jeweiligen Entscheiders im Entscheidungszeitpunkt erklärt werden.

Durchdenkt man dieses „teleologische" (auf zukünftige Zielerreichung gerichtete - „Telos" = „Ziel") Verhaltensmodell konsequent, so gelangt man zwangsläufig dazu, das Individuum in seine einzelnen Entscheidungsträger aufzulösen. Denn in jeder Entscheidungssituation ist der Entscheider von seinen früheren und zukünftigen „Manifestationen" abgekoppelt. Die Vergangenheit spielt für jeden dieser (einschließlich aller künftigen) Entscheider nur insoweit eine Rolle, wie sie seine gegenwärtige Spielsituation und damit seine rein zukunftsorientierten Erwartungen beeinflußt. Damit zerlegt sich unser normales Konzept einer Person, die als einheitliche Instanz Entscheidungen im Zeitablauf trifft, in verschiedene Agenten. Wir gelangen vom personalen oder globalen Spielerbegriff zu einem lokalen Begriff von Spielern, die jeweils nur genau eine Entscheidung zu treffen haben (vgl. zur Agentennormalform, die diese Sicht präzisiert, Güth 1992, Kap. IV.). Damit stellt sich jedoch bereits auf intra-personaler Ebene ein Kooperationsproblem. Wie kann ein früherer Agent der gleichen Person darauf vertrauen, daß nicht ein späterer seine besten Pläne und Absichten mit Blick auf die dann bestehende Zukunft zunichte macht?

Wir wollen die Möglichkeit intra-personaler Konflikte anhand einer einfachen Verhandlungssituation diskutieren, in der Spieler 1 den Gesamtnutzen von 10 Einheiten entweder gleich aufteilen (das ist der Zug f oder F in Abbildung 3.1) oder aber den Spieler 2 mit einem Ultimatum konfrontieren kann (dem Zug u oder U in Abbildung 3.1), das ihm selbst 9 und dem Spieler 2 nur eine Nutzeneinheit zubilligt. Wird das Ultimatum angenommen (der Zug j bzw. J in Abbildung 3.1), so erhält 1 seinem Ultimatum entsprechend die Auszahlung 9 und der Spieler 2 die Auszahlung 1. Lehnt 2 hingegen das Ultimatum ab (der Zug n bzw.

N in Abbildung 3.1), so gehen beide leer aus. Die faire Aufteilung von 5 für jeden der Spieler, soll schließlich ohne eigenen Zustimmungsakt des Spielers 2 stets als angenommen gelten.

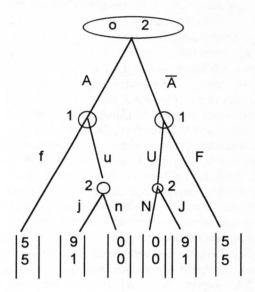

Abbildung 3.1

Gemäß Abbildung 3.1 soll Spieler 2, bevor Spieler 1 zwischen fairer Aufteilung und Ultimatum entscheidet, verkünden können, ob er das Ultimatum akzeptieren will (A) oder nicht ($\bar{A}$). Bei ausschließlich zukunftsorientiertem Rationalverhalten ist der Spieler 2 allerdings durch diese Ankündigung nicht gebunden. Unabhängig davon, ob er nun A oder $\bar{A}$ wählt, wird Spieler 2, wenn er nochmals zum Zug kommt, bei seiner Wahl zwischen j und n bzw. zwischen J und N mit den gleichen Anreizen konfrontiert. Das bedeutet, er kann seine spätere Entscheidung durch seine frühere weder mittels Elimination einer Handlungsoption präjudizieren noch die in der späteren Entscheidung auf ihn wirkenden Bewertungen von Handlungsoptionen beeinflussen. Beide Möglichkeiten gehören nicht zu den Optionen, zwischen denen Spieler 2 in der früheren Entscheidung wählen kann.

Streng genommen haben wir es in der Person des Spielers 2 mit drei Entscheidern zu tun. Mit 2_A, der über A und $\bar{A}$ entscheidet, mit 2_j, der

27

über j und n entscheidet und schließlich mit 2_J, der über J und N entscheidet. Die Interessen dieser drei Spieler oder Agenten stimmen insoweit überein, als sie sämtlich nach Ende einer Partie des Spieles jeweils genau die gleiche Auszahlung zu erwarten haben. Ihr Interessenkonflikt entsteht allein daraus, daß sie ihre Entscheidungen zu verschiedenen Spielständen (und somit im Lichte unterschiedlicher „Zukünfte") zu treffen haben. Durch intra-personale Kooperation könnten die Agenten sich besser stellen. Eine derartige Form der Kooperation läge etwa vor, wenn 2_A in irgendeiner Weise eine bindende Absprache, das Ultimatum abzulehnen, mit 2_j bzw. 2_J treffen könnte. Man könnte dann zum Beispiel von einer Bindung an die plausible Vereinbarung „2_j wählt j und 2_J wählt N" ausgehen, die dem Inhalt der Ankündigungen von 2_A entspräche. In Kenntnis der Vereinbarung und ihres bindenden Charakters würde es Spieler 1 dann nur mehr nach Ankündigung von A wagen, 2 mit dem Ultimatum zu konfrontieren. Bei Existenz derartiger bindender Absprachen zwischen seinen verschiedenen Agenten könnte Spieler 2 sich somit durch Ankündigung von $\bar{A}$ den fairer Aufteilung entsprechenden Auszahlungsanteil sichern.

Sieht man von der gänzlichen Elimination von Handlungsalternativen ab („Schiffe hinter sich verbrennen"), so können wertverändernde und insoweit bindende Absprachen zwischen den verschiedenen Agenten von 2 im wesentlichen durch zwei Mechanismen zustande kommen: Zum einen ist es möglich, daß - durch einen ihrer Agenten - die Person 2 für alle ihre Agenten mit einer externen Durchsetzungsinstanz in Verbindung tritt. Gibt es etwa eine Institution, die Abweichungen von angekündigten Handlungsplänen hinreichend negativ sanktioniert, so würde die Durchführung von $\bar{A}$ und die Ankündigung „2_j wählt j und 2_J wählt N" glaubwürdig sein und 1 rational zu fairer Aufteilung zwingen. Zum anderen kann es neben derartigen externen Sanktionsmechanismen personen-interne geben. Wenn etwa eine Person nicht nur mit Rationalität, sondern auch mit Emotionen ausgestattet ist, so können diese selbst eine strategische Funktion wahrnehmen bzw. strategisch genutzt werden (vgl. dazu ausführlich Frank 1992). Sie können völlig analog zum externen Sanktionsmechanismus zu einer Veränderung der Bewertungen führen. Allerdings ist in der sozialen Realität die Existenz interner Sanktionen und der darauf beruhenden Bindungen für außenstehende Entscheider schwerer feststellbar als die externer (vgl. zum Problem der Typeninformation 3.4.3 unten).

2_A und 2_J können beide von einer auf bindenden Absprachen (bzw. entsprechenden Emotionen) beruhenden intra-personalen Kooperation gewinnen, falls sie dem Spieler 1 die Existenz der Absprachen glaubwürdig machen können. Denn derjenige, über den bekannt ist, daß er angesichts eines Ultimatums „emotional-vergeltend" und damit nicht zukunftsgewandt rational reagiert, hat tendenziell mit weniger Ultimaten zu rechnen als der kühle Kalkulator der eigenen Interessen.

Falls die Möglichkeit der Selbstbindung für den Spieler 2 insgesamt und seine verschiedenen Agenten nicht gegeben ist, dann resultiert jedoch eine Situation intra-personaler Konkurrenz zwischen den verschiedenen Agenten oder Manifestationen des Spielers. Denn geht man davon aus, daß weder externe noch interne Bindungsmechanismen existieren, so trifft 2_J seine Entscheidung *nach* $\bar{A}$, U im Lichte seiner ursprünglichen - nicht durch interne oder externe Strafandrohung modifizierten - Präferenzen. In diesem Falle läßt sich die Wahl von N durch 2_J mit der Annahme strategisch rationalen Verhaltens nicht vereinbaren (und natürlich auch nicht die Wahl von n durch 2_j). Verhaltensweisen, deren Durchführung im Interesse jedes einzelnen ihrer Agenten und insoweit der Person insgesamt wäre, werden rational unerreichbar, weil abweichendes Verhalten für einige Agenten dominante Strategie ist.

Hier zeigt sich, daß zukunftsgewandte Rationalität eine Fähigkeit ist, deren Besitz keineswegs immer von Vorteil ist (vgl. für ein anderes Beispiel mit analoger Struktur die Analyse der sogenannten Coase-Vermutung zur intra-monopolistischen Konkurrenz bei Güth und Ritzberger 1992). Dieser Sachverhalt wird in seiner ganzen Bedeutung allerdings erst dann erkennbar, wenn wir vom Fall intra- zum Fall inter-personaler sozialer Kooperation und zugleich von Problemen glaubwürdiger Drohungen zu solchen glaubwürdiger Versprechungen übergehen. Dabei sollte allerdings klar sein, daß wesentliche Probleme der inter-personalen Kooperation genau deshalb entstehen, weil Versprechungen und Drohungen die Verbindlichkeit auf intra-personaler Ebene fehlt.

3.2 Das Vertrauensspiel

Die Abbildung 3.2 verdeutlicht eine Situation, in der Kooperation nur möglich ist, wenn der Spieler 1 eine Vorleistung im Vertrauen auf eine entsprechende Nachleistung des Spielers 2 erbringt.

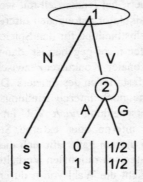

Abbildung 3.2 Das Vertrauensspiel

Spieler 1 muß zunächst zwischen N, der Nichtkooperation, die jedem Spieler $0<s<1/2$ einbringt, und V, der vertrauensvollen Vorleistung wählen. Falls Spieler 1 vertrauensvoll vorgeleistet hat, entscheidet Spieler 2 darüber, ob jeder nach (V, G) im Sinne einer gerechten Aufteilung der Kooperationsfrüchte 1/2 erhält oder aber Spieler 1 nach (V, A) leer ausgeht, während Spieler 2 eine Auszahlung von einer Nutzeneinheit erhält.

Kennen beide Spieler den gesamten Spielbaum einschließlich der Auszahlungen, so ist es klar, daß zukunftsbezogen rationales Verhalten zu der Partie „N" und der Auszahlung s für jeden führt. Spieler 1 sieht voraus, daß Spieler 2 den Zug V mit A beantworten wird. Dann kann er aber nicht besser handeln, als N zu wählen, um wenigstens $s>0$ zu erhalten. (N, A) ist das einzige *teilspielperfekte Gleichgewicht* - d. h. der einzige Strategienvektor, bei dem beide Spieler jede ihrer Entscheidungen rational mit Bezug auf sämtliche zukünftigen Konsequenzen treffen und sich dabei zugleich gegen das gegebene Verhalten des jeweils anderen nicht verbessern können (vgl. zum Konzept eines teilspielperfekten Gleichgewichts Selten 1965, 1975 und unten 3.4.2). Wenn beide Spieler simultan ihr Verhalten von (N, A) zu (V, G) änderten, dann würden sich beide auf $1/2>s$ verbessern. Ungeachtet des aus dieser Verbesserung für jeden erwachsenden Interesses an sozialer Kooperation, ist die soziale Kooperation jedoch nicht mit zukunftsbezogen rationalem Individualverhalten vereinbar. Die zuletzt getroffene Feststellung legt es nahe, nach jenen Umständen zu fragen, unter denen Kooperation im Vertrauensspiel rational werden kann. Offensichtlich könnte man hier zum einen an eine „Umwertung der Werte" denken. Wenn der Spieler 2 die Folgen der eigenen Ausbeutungshandlung A aufgrund interner oder externer Sanktionen anders bewerten würde, könnte u. U. der Anreiz zum Abweichen von der Kooperation verschwinden. Eine andere Möglichkeit ergibt sich, wenn eine Sequenz derartiger Interaktionen und nicht nur eine isolierte Einzelinteraktion betrachtet wird. Kombinationen beider Spielmodifikationen sind natürlich ebenfalls denkbar. Im folgenden sollen beide kooperationsermöglichenden Spieländerungen betrachtet werden. Zunächst werden in sehr knapper Form Auszahlungsmodifikationen und dann ausführlicher Spielwiederholungen untersucht.

3.3 Kooperationsermöglichende Auszahlungsmodifikationen

Eine Auszahlungsmodifikation kann auf zum Spieler externe oder interne Mechanismen zurückzuführen sein. Welcher Mechanismus einer solchen Modifikation auch immer zugrundeliegen mag, um strategisch relevant zu sein, wird er auf eine Veränderung der „natürlichen Rangordnung" unter den Ergebnissen hinauslaufen müssen.

3.3.1 Interne Modifikationsmechanismen

Hält man die Auszahlungen der Partie N fest, so kommt es auf die Ordnung an, die Spieler 2 unter den Ergebnissen der Partien (V, G) und (V, A) vornimmt. Alle strategisch relevanten Veränderungen können dann erfaßt werden, indem wir die Abbildung 3.1 durch Einführung eines zusätzlichen Parameters m modifizieren.

Man erkennt sogleich, daß sich für m=0 das Spiel von Abbildung 3.2 als Spezialfall aus dem Spiel der Abbildung 3.3 ergibt. Einflüsse, die von der Schadenfreude, über Vergeltungs- und Rachebedürfnisse bis zu einem moralisch bestimmten schlechten Gewissen reichen, können zu einem m≠0 führen. Falls m<0, so wird das im Falle interner Sanktionen typischerweise auf Skrupel und Gewissensbisse über die

Ausbeutung des anderen zurückzuführen sein. Ist m<-1/2, so kommt es zu einer Veränderung der „natürlichen" Rangordnung der Spielergebnisse. Nun ist das eindeutige teilspielperfekte Gleichgewicht durch (V, G) bestimmt, d. h. durch eine vertrauensvolle und faire Kooperation, die beiden Spielern mehr einbringt als in dem ausschließlich durch die „natürlichen" Auszahlungen bestimmten Spiel von Abbildung 3.2. Ein hinreichend starkes schlechtes Gewissen als Selbstbindungsmechanismus von 2 wirkt sich also jedenfalls dann zum Nutzen beider Beteiligter aus, wenn seine Existenz sicher festgestellt und damit seine Wirkung antizipiert werden kann.

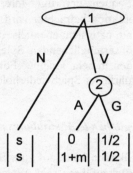

Abbildung 3.3 Verallgemeinertes Vertrauensspiel

Falls m>-1/2 gilt, reicht das Gewissen jedoch nicht aus, um den Anreiz zur Ausbeutung des anderen zu kompensieren. Denn für alle Werte m>-1/2 ist das eindeutige teilspielperfekte Gleichgewicht des Spieles von Abbildung 3.3 durch den Strategienvektor (N, A) gegeben; d. h. durch Nicht-Kooperation gepaart mit Ausbeutungsbereitschaft. Ist m sogar größer als 0, so hat man es mit jemandem zu tun, der es genießt, den anderen auszubeuten.

Interpretiert man m<-1/2 als einen verhaltensbestimmenden Parameter, dessen Erzeugung keinerlei anderweitige Nutzeneinbußen mit sich bringt, so ist klar, daß er eine „nützliche Funktion" als kooperationsförderndes Element besitzen kann. Diese Funktion kann allerdings die Existenz des zugrundeliegenden Mechanismus nicht erklären. An anderer Stelle (vgl. Güth und Kliemt, 1993) haben wir untersucht, ob und gegebenenfalls wie sich Anlagen, die zu einem verhaltenswirksamen Faktor m führen, in der biologischen Evolution herausgebildet haben könnten. Es zeigte sich dabei, daß in Interaktionen vom Typ des

Vertrauensspiels die Ausbildung eines Gewissens evolutionsstabil ist, falls jene Typen von Individuen, für die m<-1/2 von jenen mit m>-1/2 vor der Interaktion sicher unterschieden werden können. Es ergab sich zugleich, daß bei völliger Ununterscheidbarkeit der Typen die Anlage zur Ausbildung eines hinreichend starken Gewissens in Vertrauensspielen nicht evolutionsstabil ist (vgl. auch Güth und Kliemt, 1994, die Investitionen in Typenerkennbarkeit zulassen).

3.3.2 Externe Sanktionsmechanismen

Neben einer derartigen biologischen Verankerung des zugrundeliegenden kooperationsfördernden Mechanismus kann man selbstverständlich auch an eine soziale oder institutionelle denken. Die nachfolgende Abbildung skizziert eine entsprechende Einbettung des Vertrauensspieles in einen institutionellen Zusammenhang, der die strategischen Alternativen der Verpflichtung bzw. Nicht-Verpflichtung bereitstellt und damit eine gezielte Selbstbindungsentscheidung ermöglicht.

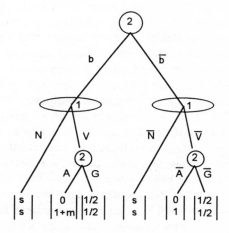

Abbildung 3.4 Vertrauensspiel mit vertraglicher Bindung

Der Spieler 2 kann in dem in Abbildung 3.4 wiedergegebenen Spiel zunächst darüber entscheiden, ob er sich zu einer gerechten Aufteilung im Vertrauensspiel verpflichtet b oder nicht b̄. Entschließt sich der Spieler dazu, sich zu binden, und bewirkt dies ein m<-1/2, so wird G für ihn rational und damit V für 1. Da dies insgesamt zu 1/2>s für beide und damit auch für 2 führt, wird 2 sich durch b binden.

So trivial diese Überlegung anhand der Graphik 3.4 ist, macht sie doch einen ganz wesentlichen Punkt klar. Die Wahl, sich zu binden oder nicht zu binden, existiert im ursprünglichen Vertrauensspiel überhaupt nicht. Zwischen den Alternativen b und b̄ kann man nur wählen, wenn man sie hat. Insbesondere die rechtliche Institution des Vertrages bzw. Versprechens sorgt dafür, daß man sie hat. Insofern ist auch unmittelbar klar, daß die übliche Sicht, nach der Vertragsfreiheit bedeutet, daß man Verträge schließen *darf*, in die Irre führt (vgl. für eine zutreffendere Sicht v. Hayek 1971, 295 ff.). Es reicht nicht aus, Absichtserklärungen abgeben zu dürfen. Das führt allenfalls zu einer unverbindlichen Erklärung - entsprechend der Wahl von A in Abbildung 3.1. Die Absprachen müssen durch eine institutionell erzeugte Erweiterung der Spielregeln auch zu einer verhaltenswirksamen Modifikation der Auszahlungserwartungen, d. h. zu einem m<-1/2 führen.

Existieren entsprechende institutionelle Bedingungen, so ermöglichen diese soziale Kooperation im Vertrauensspiel auf eine mit individuell rationaler Zielverfolgung vereinbare Weise. Die Existenz großer Märkte mit zeitlich versetzten, Vorleistungen erfordernden Transaktionen - und damit ein zentraler Bestand sozialer Kooperation - beruht nahezu gänzlich auf der Existenz derartiger Bindungsinstitutionen. Im allgemeinen interessieren wir uns allerdings in unseren sozialtheoretischen Diskussionen von Phänomenen sozialer Kooperation nicht nur für derartige institutionell ermöglichte Kooperationsformen. Wie bereits zuvor erwähnt (s. o. 2.2.2) sind vielmehr für ein grundlegendes Verständnis von Funktionen und Grenzen sozialer Institutionen gerade jene Formen sozialer Kooperation ausschlaggebend, die ohne derartige - auf Kooperationsermöglichung spezialisierte - soziale Institutionen auskommen müssen. Für solche Fälle erscheint uns dann die Frage von besonderem Interesse, ob selbst Partner, denen das Gewissen als ein funktionales Äquivalent zu äußeren Erzwingungsmechanismen fehlt, in Interaktionen vom Typ des Vertrauensspieles rational zur Kooperation gelangen können.

Ein kooperationsfördernder Faktor besteht darin, daß eine Interaktion wie das Vertrauensspiel wiederholt wird. Wenn etwa die Interaktionspartner aus irgendwelchen äußeren Gründen *aneinander* gebunden sind, kann dies u. U. die innere Selbstbindung substituieren. Zwei Ruderer, die im gleichen Boot sitzen, wissen, daß sie sich jedenfalls für eine Anzahl von Interaktionsrunden nicht ausweichen können. Zwei Vertragspartner, die eine langfristige Vertragsbeziehung - etwa unter hohen Konventionalstrafen, die den Partnerwechsel verbieten - eingegangen sind, wissen, daß sie dauerhaft miteinander interagieren und müssen dies auch hinsichtlich der vertraglich nicht spezifizierten (institutionell nicht geregelten) Aspekte ihrer Interaktion berücksichtigen. Sie werden sich möglicherweise auch in jenen Belangen kooperativ verhalten, für die eine ausdrückliche Sanktionierung unkooperativen Verhaltens nicht vorgesehen ist. (Die Ehe bildet ein besonders eingängiges Beispiel, in dem die Dauerhaftigkeit der Interaktion - unter hohen Austrittskosten - u. U. eine kooperationsfördernde Wirkung entfaltet; vgl. zu verwandten Fällen wechselseitiger Geiselnahme Williamson 1983 und Raub und Karen 1990.) In einer spieltheoretischen Analyse des wiederholten Vertrauensspieles lassen sich solche intuitiven Überlegungen zur kooperationsfördernden Wirkung der Interaktionswiederholung präzisieren.

3.4 Wiederholtes Spielen des Vertrauensspieles

In der Theorie wiederholter Spiele bezeichnet man das zu wiederholende Spiel als Basis- oder Normalspiel. Die gesamte Abfolge von Basis- bzw. Normalspielen wird im Falle unendlicher Wiederholung auch Superspiel genannt. In den folgenden wiederholten Spielen bildet das Vertrauensspiel stets das Basisspiel. Dieses wird endlich oder unendlich oft über eine Anzahl T von Runden wiederholt. Durch die Angabe des Basisspiels und der Anzahl der Wiederholungen allein ist das wiederholte Spiel jedoch noch nicht hinreichend charakterisiert. Man muß eindeutig festlegen, welche Informationen die Spieler in den Runden $t=1,...,T$ jeweils über den bisherigen Spielverlauf besitzen und wie sie die möglichen Sequenzen von Periodengewinnen bewerten.

3.4.1 Auszahlungen im wiederholten Vertrauensspiel

Wir werden unterstellen, daß in jeder Runde alle vorherigen Züge allgemein bekannt sind. Wir gehen überdies im Fall endlicher Wiederholung davon aus, daß die Spieler die ihnen jeweils zukommende Sequenz von Auszahlungen gemäß deren Durchschnitt bewerten. Bezeichnet u_i^t die Auszahlung oder den Gewinn des Spielers i, $i=1, 2$, in

Runde t, so besagt dies, daß der Spieler i in einem T-fach wiederholten Spiel mit T<∞ an der Maximierung von

$$U_i^T = \frac{1}{T} \sum_{t=1}^{T} u_i^t$$

interessiert ist.

Für eine sinnvolle Bewertung von Partien des Superspieles ist es notwendig, daß die betreffenden Folgen von Summen gegen endliche Werte konvergieren. Dies ist bei der häufig benutzten exponentiellen Diskontierung der Auszahlungen u_i^t, i=1, 2 mit Faktoren $0<\alpha_i<1$, i=1,2, sichergestellt. Man kann somit für i=1, 2 von

$$\lim_{t\to\infty} \sum_{t=1}^{T} \alpha_i^t u_i^t , \ i=1, 2$$

als den Bewertungsfunktionen des Superspieles ausgehen.

Andererseits ist es auch möglich, den unendlichen Auszahlungsstrom durch den unteren Häufungspunkt, den „limes inferior" der periodenbezogenen Auszahlungen u_i^t, i=1, 2, mit

$$U_i^\infty = \lim \inf \ (u_i^t)_{t=1}^\infty ,$$

$$= \lim_{t\to\infty} \inf \ \{ \ u_i^\tau : \tau \geq t \ \}$$

zu bewerten. Da die Auszahlung für einen ausgebeuteten kooperierenden Spieler bzw. bei Nicht-Vertrauen niedriger ist, als wenn Kooperation mit Kooperation vergolten wird, richtet diese Bewertungsfunktion das Augenmerk strikt darauf, ob Fälle von Ausbeutung oder Mißtrauen schließlich „aussterben" oder nicht. Da wir mit Blick auf das Problem sozialer Kooperation primär am Fall gleichbeibenden oder stabilen vertrauensvoll kooperativen Verhaltens in jedem Basisspiel interessiert sind, legen wir diese letztere Bewertungsfunktion zugrunde.

Mit diesen Festlegungen ist geklärt, wie die Spieler unterschiedliche Partien des (Super-)Spieles bewerten. Im Lichte dieser Bewertungen werden sie als strategisch rational verfahrende Akteure ihr Verhalten in jedem Basisspiel und damit letztlich ihre Strategie für das gesamte wiederholte Spiel bestimmen. Dazu müssen sie für alle von ihnen im Spielverlauf erreichbaren Informationsmengen (Mengen von für den jeweils ziehenden Spieler ununterscheidbaren Entscheidungsknoten) einen Zug festlegen.

Im T-fach wiederholten Vertrauensspiel gibt eine Strategie s_1^T des Spielers 1 für alle Perioden t=1,...,T und alle möglichen Spielvergangenheiten oder Partien H_t bis zur Periode t, die annahmegemäß allgemein bekannt sind, eine Entscheidung

$$s_1^T(H_t) \in \{N, V\}$$

vor. Wählt Spieler 1 den Zug $s_1^T(H_t)=N$, so kommt der Spieler 2 in der Periode t gar nicht zum Zuge. Für den Spieler 2 sind somit nur Spielvergangenheiten relevant, die um den Zug V des Spielers 1 in Periode t ergänzt wurden. Sie sind von der Form (H_t, V). Dementsprechend ist eine Strategie s_2 des Spielers 2 im T-fach wiederholten Vertrauensspiel eine Abbildung mit

$$s_2^T(H_t, V) \in \{A, G\},$$

die jeder möglichen Spielvergangenheit (H_t, V) aller Perioden t=1,...,T eine Entscheidung zwischen A und G zuweist.

Wir werden zunächst endlich oft wiederholte Vertrauensspiele mit T<∞ diskutieren. Erst wird der Fall vollständiger Information untersucht (3.4.2). Dann wird betrachtet, wie sich unvollständige Information von 1 über den Auszahlungsparameter $m \in \{\underline{m}, \overline{m}\}$ mit $\underline{m} < -1/2 < \overline{m}$ des Spielers 2 auswirkt (3.4.3). Im Anschluß daran werden wir das Vertrauenssuperspiel diskutieren (3.5).

3.4.2 Endliche Wiederholung des Vertrauensspieles bei vollständiger Information

Vollständige Information bedeutet im wesentlichen, daß die Spieler den Typ des Gegenspielers und den Spielbaum kennen. Das Konzept *vollkommener* oder *perfekter* Information stellt demgegenüber darauf ab, daß den Spielern die bisherige Geschichte des Spieles bei jedem Spielstand bekannt ist. Das gilt, falls alle Informationsmengen einelementig sind. Jeder Spieler weiß dann bei jeder seiner Entscheidungen genau, an welchem Knoten im Spielbaum er sich befindet und in welches Teilspiel er von dort aus eintritt. Rationale Spieler, die das Spiel analysieren und für alle Eventualitäten (alle möglichen Spielverläufe) einen strategischen Plan festlegen wollen, wissen, daß sie stets perfekt informiert sein werden. Sie wissen überdies, daß sie aufgrund ihrer Rationalität an jedem ihrer Entscheidungsknoten strikt zukunftsbezogen entscheiden werden. Wenn sie dem Rechnung tragen und zugleich ein Nash-Gleichgewicht anstreben wollen, so müssen sie Strategien wählen, die für das von jedem ihrer Entscheidungsknoten ausgehende Teilspiel gleichgewichtig sind. Das Konzept des *teilspielperfekten Gleichgewichtes* erfaßt diesen Gedanken, indem es verlangt, daß der Strategienvektor der Spieler ein Gleichgewicht in jedem Teilspiel induziert.

Das einfache Vertrauensspiel mit vollständiger Information ist ein Spiel mit perfekter Information. Deshalb ist auch das entsprechende wiederholte Vertrauensspiel ein Spiel mit ausschließlich einelementigen Informationsmengen und damit perfekter Information. Falls nun $T<\infty$ gilt und T den Spielern bekannt ist, können diese das wiederholte Vertrauensspiel - bei vollständiger Information über den Spielertyp - „von hinten" analysieren, um ein teilspielperfektes Gleichgewicht zu finden. Zunächst werden die von „letzten" Knoten ausgehenden Teilspiele gelöst, dann unter Antizipation der Ergebnisse des ersten Schrittes, die Lösung für die von „vorletzten" Knoten ausgehenden Teilspiele bestimmt usw. Diese Analyse erfaßt schließlich alle Teilspiele und führt für beliebige $T<\infty$ zum

Theorem 3.1: Im endlich oft wiederholten verallgemeinerten Vertrauensspiel mit vollständiger Information des Spielers 1 über den m-Wert des Spielers 2 ist für $m>-1/2$ das eindeutige teilspielperfekte Gleichgewicht des Spieles durch

$$s_1^T(H_t) = N \text{ und } s_2^T(H_t, V) = A$$

für alle Spielvergangenheiten H_t aller Perioden $t=1,...,T$ bestimmt.

Beweis: Da in der letzten Runde $t=T$ das Spiel nur noch einmal gespielt wird, muß

$$s_2^T(H_T, V) = A$$

gelten, sofern man von $m>-1/2$ (z. B. von $m=0$) ausgeht. Spieler 1 hat keine Möglichkeit, darauf nach T zu reagieren, da T die letzte Runde bildet. Bei strategisch rationalem Verhalten, ergibt sich deshalb für Spieler 1

$$s_1^T(H_T) = N.$$

In der letzten Runde t=T kommt es somit ebenso wenig zu sozialer Kooperation wie im Einmalspiel mit T=1.

Sei T>1. Unterstellt man für $t \in \{1, 2, 3, ...,T-1\}$, daß es in den künftigen Perioden t+1, t+2, ...,T keine Kooperation geben wird, so ist für Spieler 2 auch in Runde t der Zug A eindeutig besser als G, denn er bringt in Runde t einen höheren Gewinn und hat dieselben Konsequenzen für die Zukunft wie der Zug G. Aus diesem Grunde wird Spieler 1 in Periode t dann ebenfalls rationalerweise den Zug N wählen. Sofern also in t+1 die teilspielperfekte Lösung in dem beschriebenen Sinne eindeutig bestimmt ist, gilt dies auch für t. Da wir wissen, daß es in T nicht zu sozialer Kooperation im Vertrauensspiel kommt und sich dieses Resultat für $t \in \{1, 2, 3, ...,T-1\}$ von t+1 stets auf t vererbt, können wir somit für beliebige endliche T durch Induktion auf das angegebene eindeutige teilspielperfekte Gleichgewicht schließen.∴

Das Fehlen von Kooperationsanreizen in der letzten Runde eines endlich oft wiederholten Spieles mit bekanntem Endzeitpunkt wird auch als *Terminationseffekt* bezeichnet. Nach Theorem 3.1 berücksichtigen die Spieler diesen Effekt bei konsequent strategisch rationalem Verhalten von Beginn an (vgl. für die philosophische Diskussion verwandter epistemischer Paradoxien etwa Quine 1976, essay 2, Blau, 1983 und unterhaltsam Gardner 1971, Kap. 1). Aus empirisch verhaltenstheoretischer Sicht ist jedoch die Berücksichtigung des Terminationseffektes schon zu Beginn der Interaktion äußerst fragwürdig und durch vielfältige experimentelle Befunde widerlegt (vgl. etwa Stoecker, 1980, sowie Selten und Stoecker, 1986). Wir Menschen bestimmen unser Verhalten nicht rekursiv, selbst wenn die Rundenzahl relativ gering ist.

Die anfängliche Kooperation im endlich wiederholten Spiel hat Spieltheoretiker, die an der direkten empirischen Erklärungskraft ihrer Rationalwahlmodelle festhalten wollten, von je her beunruhigt. Sie haben daher versucht, soziale Kooperation angesichts von Terminationseffekten auf eine mit den spieltheoretischen Rationalitätsannahmen vereinbare Weise zu erklären. Der gegenwärtig einflußreichste derartige Versuch beruht auf der Annahme, daß es unterschiedliche Typen von Spielern gibt, und der Einbeziehung unvollständiger Information über den Spielertyp. Unseres Erachtens krankt dieser Versuch zwar insbesondere daran, daß bei unvollständiger Information die rekursive Lösung des Spieles (noch) weitaus komplizierter ist als bei vollständiger Information. Damit werden die Rationalitätserfordernisse so unrealistisch, daß die unterstellte Form individueller Rationalität kaum als wahre Erklärung des tatsächlich beobachteten Verhaltens dienen kann. Angesichts der großen Beachtung, die die Behandlung sozialer Kooperation auf der Grundlage unvollständiger Information in der Literatur gefunden hat, wäre unsere Behandlung des Themas jedoch unvollständig, würden wir auf die betreffenden - technisch anspruchsvolleren - Ansätze nicht eingehen. Dies soll daher im nächsten Abschnitt geschehen.

3.4.3 Das endlich wiederholte Vertrauensspiel bei unvollständiger Information

3.4.3.1 Modellierung unvollständiger Typeninformation und Problemstellung

Unvollständige Information im Vertrauensspiel soll besagen, daß der Spieler 1 den Auszahlungsparameter m seines Mitspielers 2 nicht mit Gewißheit kennt. Wir beschränken unsere Überlegungen auf den einfachsten Fall zweier Parameterwerte, indem wir annehmen, daß entweder $m=\underline{m}<-1/2$ für den gewissenhaften Typ oder $m=\bar{m}>-1/2$ für den nicht hinreichend gewissenhaften - kurz: „gewissenlosen" - Typ gilt. Der Spieler 1 kennt nur eine Wahrscheinlichkeitsverteilung für die beiden den Typ seines Gegenspielers bestimmenden Parameterwerte $\underline{m}$ und $\bar{m}$. Spieler 1 erwartet mit der Wahrscheinlichkeit $w(0)$, daß 2 ein gewissenhafter, Vertrauen verdienender $\underline{m}$-Typ ist. Mit Wahrscheinlichkeit $1-w(0)$ erwartet Spieler 1 hingegen, auf den gewissenlosen $\bar{m}$-Typ zu treffen. Diese Erwartungshaltung des 1 sei allgemein bekannt. Spieler 2 weiß natürlich, ob sein Auszahlungsparameter durch $m=\underline{m}$ oder durch $m=\bar{m}$ gegeben ist.

Wird das Basisspiel mit unvollständiger Information nur einmal gespielt, falls also T=1 ist, läßt sich die Spielsituation durch die Abbildung 3.5 veranschaulichen.

Die Entscheidungen des $\underline{m}$-Typs von Spieler 2 werden durch kleine, die des $\bar{m}$-Typs ebenso wie die des Spielers 1 durch große Buchstaben gekennzeichnet. Die Partie beginnt mit einem fiktiven initialen Zufallszug, der darstellungstechnisch die unvollständige Information in unvollkommene bzw. imperfekte Information transformiert und damit spieltheoretisch behandelbar macht. Spieler 2 wird über den Zufallszug informiert, während die Unsicherheit des Spielers 1 über den Typ des Spielers 2 mittels einer mehrelementigen Informationsmenge dargestellt wird.

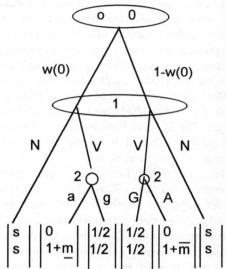

Abbildung 3.5 Das Vertrauensspiel mit unvollständiger Typeninformation

In diesem Spiel hängt die Rationalität von Vertrauen ausschließlich von den beiden Spielern gemeinsamen Annahmen über w(0) und damit von der unterstellten Typenverteilung ab. Die Durchführung von V ist für Spieler 1 im Einmalspiel rational, falls w(0)1/2 >s, da dann w(0)1/2 + (1-w(0))0>s.

Diese Bedingung wird in unseren weiteren Überlegungen zu den Auswirkungen einer Wiederholung des Vertrauensspiels mit unvollständiger Typeninformation von Bedeutung sein. Hier ist die entscheidende Frage die, ob und unter welchen Voraussetzungen eine endliche Wiederholung des Spieles auch dem gewissenlosen $\overline{m}$-Typ bei unvollständiger Typeninformation einen rationalen Anreiz zur Kooperation bieten kann.

41

3.4.3.2 Zur Anpassung der Überzeugungen (beliefs)

Die Informationsannahme für wiederholte Spiele mit T>1 muß selbstverständlich so modifiziert werden, daß die Spieler in späteren Runden zwar die früheren Entscheide persönlicher Spieler kennen, jedoch nicht notwendigerweise das Ergebnis des initialen Zufallszuges. Der Spieler 1 wird nun u. U. auch dann, wenn er den initialen Zufallszug nicht beobachten kann, aus dem Spielverlauf etwas über den Typ des anderen Spielers lernen. Wenn beispielsweise bis zu einer Runde t mit T≥t>1 das Spielverhalten von 2 eher mit dem Typ m=$\overline{m}$ als mit dem Typ m=$\underline{m}$ vereinbar ist, sollte Spieler 1 tendenziell seine a priori Erwartungen, wie sie durch w(0) beschrieben sind, im Sinne der von ihm gemachten Beobachtungen revidieren: Nach derartigen Beobachtungen sollte sich die Wahrscheinlichkeit, einem $\underline{m}$-Typ gegenüberzustehen, verringern. Die früheren Entscheidungen des Spielers 2 können somit Signalcharakter haben, d. h. den Spieler 1 zu einer Revision seiner Überzeugungen (beliefs) veranlassen.

Generell werden (a) posteriori Erwartungen aus a priori Erwartungen mittels der sogenannten Bayes Regel (Bayes, 1763) gebildet. Für die Anwendung der Regel auf Spielbäume muß man sich daran erinnern, daß mit dem Erreichen einer Informationsmenge die Wahrscheinlichkeit, in irgendeinem beliebigen Entscheidungsknoten der betreffenden Menge zu sein, trivialerweise den Wert 1 annimmt. Bezieht man diesen Sachverhalt ein, so sieht man, daß man die posteriori Wahrscheinlichkeit, in einem bestimmten Knoten einer Informationsmenge, d. h. auf einem bestimmten Pfad durch den Spielbaum zu sein, sehr einfach berechnen kann. Sie ergibt sich durch Division der a priori Wahrscheinlichkeit für das Erreichen des jeweiligen Entscheidungsknotens durch die Gesamtsumme aller a priori Wahrscheinlichkeiten, überhaupt einen Knoten aus der Informationsmenge zu erreichen.

Im konkreten Beispiel sei p(1) die Wahrscheinlichkeit, mit der Spieler 1 in Runde t=1 seinen Zug V wählt. Analog seien q(1) bzw. Q(1) die Wahrscheinlichkeiten, mit denen ein Spieler 2 vom Typ $\underline{m}$ bzw. $\overline{m}$ seine Züge g bzw. G realisiert. Wir gehen zunächst davon aus, daß die Wahrscheinlichkeit

$$w(0)p(1)q(1) + (1-w(0))p(1)Q(1)$$

für vertrauensvolle Kooperation in Runde t=1 positiv ist. Gemäß der Bayes Regel ist die posteriori Wahrscheinlichkeit w(1), mit der Spieler

1 zu Beginn von Runde t=2 den gewissenhaften Spieler 2 erwartet, nachdem er vertrauensvolle Kooperation beobachtet hat, wie folgt bestimmt:

$$w(1)=\frac{w(0)p(1)q(1)}{w(0)p(1)q(1) + (1-w(0))p(1)Q(1)}$$

Zur Veranschaulichung betrachte man die Abbildung 3.6. Der Spieler fragt sich, mit welcher Wahrscheinlichkeit er sich im Knoten x befindet. Ausgehend von seinen a priori Überzeugungen (beliefs) und dem bisherigen Spielverlauf, der in die Informationsmenge {x, y} führte, berechnet er dazu in der angegebenen Bayesschen Weise w(1).

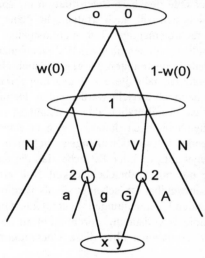

Abbildung 3.6   Fortsetzung des Vertrauensspieles aus 3.5 nach Ko-operation in der ersten Runde

Solange man sich entlang der von den Strategien der Spieler mit positiver Wahrscheinlichkeit vorgesehenen Pfade bewegt, kann man stets mit der Bayesschen Regel operieren. Ist dies jedoch nicht der Fall, so ergeben sich grundsätzliche Schwierigkeiten für eine vollständige strategische Analyse des Spiels. Denn für eine solche Analyse muß angegeben werden, wie die Spieler rationalerweise nach allen denkbaren Spielgeschichten entscheiden werden – also auch nach solchen, die eigentlich aufgrund der Wahrscheinlichkeitsverteilungen nur mit Wahrscheinlichkeit Null erreicht werden können.

Soweit die mit Wahrscheinlichkeit Null erreichten Knoten zu einelementigen Informationsmengen, von denen jeweils ein vollständiges Teilspiel ausgeht, gehören, entstehen zwar keine Schwierigkeiten. Denn in diesen Fällen kann man das strategisch rationale Verhalten für das betreffende Teilspiel ganz unabhängig von der Wahrscheinlichkeit, mit der es erreicht wird, bestimmen. Die gefunde Lösung des Teilspieles läßt sich dann in die strategische Analyse des Restspieles einbeziehen. Doch wie soll man mit mehrelementigen Informationsmengen verfahren, die aufgrund der a priori Wahrscheinlichkeiten und strategischen Pläne nur mit Wahrscheinlichkeit Null auftreten? Offenkundig muß ein Spieler, der jede denkbare Spielsituation im vorhinein in seinen Plänen berücksichtigen will, auch strategische Pläne für das Erreichen einer solchen mehrelementigen Informationsmenge machen. Das bedeutet aber, er muß Annahmen über die Wahrscheinlichkeit machen, mit der er sich jeweils in bestimmten Knoten der mehrelementigen Informationsmenge befindet, falls diese – ungeachtet ihrer Wahrscheinlichkeit von Null – dennoch erreicht werden sollte. Denn das rationale weitere Verhalten ist grundsätzlich davon abhängig, wie groß die subjektive Wahrscheinlichlichkeit dafür ist, sich in einem bestimmten Knoten der betreffenden Informationsmenge zu befinden.

Da die Bayes Regel aufgrund der Tatsache, daß die mehrelementige Informationsmenge nur mit Wahrscheinlichkeit Null erreicht werden kann, gerade nicht anwendbar ist, scheidet sie als Bestimmungsgrundlage für die betreffenden Überzeugungen (beliefs) aus. Um die strategische Analyse des Spieles vollständig durchführen zu können, müssen jedoch, wie gesagt, Annahmen über diese Überzeugungen gemacht werden.

Man könnte nun grundsätzlich beliebige Überzeugungen oder beliefs zulassen. Einleuchtenderweise wird man jedoch verlangen, daß die Überzeugungsbildung, wenn sie schon nicht nach der Bayes Regel erfolgt, wenigstens – in einem zu spezifizierenden Sinne – kohärent mit dem übrigen Vorgehen nach dieser Regel ist. Das scheint dann der Fall zu sein, wenn sich die Überzeugungen durch Erwartungen annähern lassen, die sich nach der Bayesschen Regel ergeben würden, wenn jede Informationsmenge des Spielbaumes mit einer gewissen Wahrscheinlichkeit erreicht würde. Genau diese Idee, deren Präzisierung wir uns nun am konkreten Beispiel des Vertrauensspieles zuwenden wollen, ist mit der Konzeption des sequentiellen Gleichgewichtes verfolgt worden (vgl. dazu Kreps und Wilson, 1982, sowie Güth, 1992, 104 ff.).

3.4.3.3 Bestimmung eines „teil-kooperativen" sequentiellen Gleichgewichtes im zweifach wiederholten Vertrauensspiel mit unvollständiger Typeninformation

Für die Überzeugungsbildung im Vertrauensspiel wollen wir zunächst annehmen, daß Spieler 1, falls er nur einmal ausgebeutet wird, sogleich die posteriori Wahrscheinlichkeit dafür, es mit einem vertrauenswürdigen $\underline{m}$-Typ zu tun zu haben, mit Null veranschlagt. Durch den Ausbeutungsakt „verrät" Spieler 2 dem Spieler 1 somit, daß für ihn $m=\overline{m}$ gilt.

Wir wollen nun zeigen, daß diese Annahme über die Überzeugungsbildung von Spieler 1 im Falle des wiederholten Vertrauensspieles mit T=2 ausreicht, um den Zug G in t=1 auch für den nicht-vertrauenswürdigen Typ $m=\overline{m}$ rational werden zu lassen. Das bedeutet, daß unter Einbeziehung von Typenunsicherheit und entsprechenden Überzeugungen in ein endlich wiederholtes Vertrauensspiel der Terminationseffekt, der sonst den nicht-vertrauenswürdigen Typ in allen Runden zur Ausbeutung motivieren würde, nicht auf alle früheren Runden durchschlagen muß. Selbst für den gewissenlosen kann es dann „sequentiell rational" sein, sich kooperativ wie ein gewissenhafter Typ zu verhalten, wenn man die Faktoren der Typenunsicherheit, des Signalisierens des eigenen Typs und der stufenweisen rationalen Überzeugungsbildung im Spielverlauf einbezieht.

Was das Konzept der sequentiellen Rationalität für das zweimal wiederholte Vertrauensspiel beinhaltet, läßt sich zeigen, wenn man unter der ein Anfangsvertrauen ermöglichenden Bedingung w(0)1/2 >s konkret von folgendem Strategienvektor ausgeht:

$$
s^2 = \begin{cases}
s_1^2(H_1) = V, \; s_2^2 = (H_1, V) = (g, G) \\[2ex]
s_1^2(H_2) = \begin{cases} V, & \text{falls in Runde } t = 1 \text{ gemäß } H_2 \text{ fair} \\ & \text{kooperiert oder N in Runde } t = 1 \\ & \text{gewählt wurde} \\[1ex] N & \text{sonst} \end{cases} \\[3ex]
s_2^2 = (H_2, V) = (g, A)
\end{cases}
$$

45

Prüft man nun die den Strategienvektor s^2 charakterisierende Liste beginnend mit den Entscheidungen der letzten – der zweiten Periode – auf Rationalität, so ergibt sich:

Die Rationalität von $s_2^2(H_2, V) = (g, A)$ folgt aus der Typenunterscheidung für Spieler 2. Denn unabhängig von der Geschichte H_2 ist in der letzten Runde für den gewissenhaften Typ von 2 der Zug g und für den gewissenlosen der Zug A optimal.

Die Entscheidung von 1 für V in Runde $t=2$ ist eine beste Antwort auf die sonstigen Entscheidungen und damit rational, falls $w(1)1/2 > s$. Denn dann ist der Erwartungswert von $w(1)1/2 + (1-w(1))0$, der sich durch Wahl von V ergibt, größer als der durch Wahl von N sicherzustellende Wert s.

Für die Bestimmung von $w(1)$ sind nun drei Fälle zu betrachten:

a. Gemäß der Bayes Regel ergibt sich $w(1)=w(0)$, falls die beiden Spieler ihre mit Wahrscheinlichkeit 1 geplanten Strategien des Strategienvektors in der ersten Spielrunde tatsächlich durchführen und H_2 faire Kooperation enthält. Unter der Anfangsvertrauen ermöglichenden Bedingung $w(0)/2>s$ ist folglich $w(1)/2>s$ im Fall a erfüllt.

b. Bei von den strategischen Plänen abweichender Wahl von N leuchtet die Annahme $w(1)=w(0)$ ebenfalls ein, da der Spieler 2 gar nicht zum Zuge kam. Geht man von dieser Annahme über die Überzeugungen (beliefs) aus, so ist die Bedingung $w(1)/2 > s$ auch in diesem Fall durch $w(0)/2 > s$ bestimmt.

c. Enthält H_2 weder faire Kooperation noch den Zug N seitens des Spielers 1, so muß Spieler 2 das Vertrauen des Spielers 1 in Runde $t=1$ ausgebeutet haben. Es gilt dann annahmegemäß $w(1)=0$, so daß der Zug $s_1^2(H_2)=N$ ebenfalls rational ist.

Nun ist noch die erste Periode zu betrachten. Offenbar sind auch die Entscheidung $s_1^2(H_1) = V$ und der Zug g des $\underline{m}$-Typs von Spieler 2 in Runde $t=1$ rational. Würde der $\overline{m}$-Typ von Spieler 2 in Runde $t=1$ den Zug A statt G wählen, so erhielte er $1+\overline{m}+s$ statt $1/2+1+\overline{m}$. Also ist auch G in $t=1$ rational.

Für $w(0)1/2 >s$ sind damit alle Züge rational. Bei dem zugrundegelegten Strategienvektor und den unterstellten Überzeugungen bilden sie jeweils beste Antworten auf das Verhalten des jeweils anderen. Sequentielle Rationalität fordert jedoch nicht nur, daß es überhaupt Überzeugungen (beliefs) gibt, die die strategischen Entscheidungen rechtfertigen. Darüber hinaus wird gefordert, daß sie es auf eine „konsistente" Weise tun: Man muß eine Folge vollständig gemischter

Strategienvektoren finden, die gegen s^2 konvergieren, während zugleich die nach der Bayes Regel von den Vektoren dieser Folge implizierten Überzeugungen (beliefs) gegen jene Überzeugungen (beliefs) konvergieren, die wir unterstellt haben, um s^2 zu rechtfertigen. Die Erfüllung der Konsistenzforderung soll die zuvor angesprochene Kohärenz der Überzeugungsbildung mit der Bayes Regel formal sicherstellen. Die Konsistenzforderung bezieht sich folgerichtig nur auf jene Fälle, in denen die Bayes Regel selbst nicht angewandt werden kann. Sofern die Bayes Regel zur Bestimmung der s^2 rechtfertigenden Überzeugungen oder beliefs herangezogen wurde, hat man somit nichts zu beweisen. Es ist allein die Konsistenz der unterstellten Überzeugungen (beliefs) $w(0)=w(1)$ für den Fall $(H_2)=N$ und $w(1)=0$ für den Fall der Ausbeutung von 1 in $t=1$ nachzuweisen.

Die Überzeugungen der Spieler, die in der letzten Runde gebildet werden, haben keinen Einfluß auf das Spielgeschehen. Es genügt also, ein geeignetes vollständig gemischtes Entscheidungsverhalten für Runde $t=1$ zu definieren. Ein solches Verhalten ist zum Beispiel durch die Wahl von V mit Wahrscheinlichkeit $p(1)=1-\varepsilon$, die Wahl von g mit $q(1)=1-\varepsilon^2$ und die von G mit Wahrscheinlichkeit $Q(1)=1-\varepsilon$ gegeben; wobei die Restwahrscheinlichkeiten jeweils die Wahrscheinlichkeiten des entsprechenden alternativen Zuges sind.

Offenbar konvergiert dieses Verhalten mit $\varepsilon \to 0$ gegen das von s^2 für Runde $t=1$ vorgeschriebene Verhalten.

Zu zeigen ist, daß damit zugleich jeweils auch die Folge der nach der Bayes Regel angepaßten Wahrscheinlichkeitserwartungen gegen die unterstellten beliefs konvergiert.

Die a priori Wahrscheinlichkeit dafür, N in der ersten Runde zu beobachten, beträgt $\varepsilon=w(0)\varepsilon + (1-w(0))\varepsilon$, da Spieler 1 die Strategie V mit $p(1)=1-\varepsilon$ durchführt. Die posteriori Wahrscheinlichkeit für den m-Typ nach $(H_2)=N$ ist somit für jedes ε gegeben durch

$$\frac{w(0)\varepsilon}{w(0)\varepsilon + (1 - w(0))\varepsilon}.$$

Würde man auch in diesem Falle einen Grenzübergang durchführen, so erhielte man

$$\lim_{\varepsilon \to 0} w(1) = \lim_{\varepsilon \to 0} \frac{w(0)\varepsilon}{w(0)\varepsilon + (1 - w(0))\varepsilon} = w(0)$$

47

In jedem Falle erfüllt unsere Annahme w(1)=w(0) nach dem Zug N in Runde t=1 das Konsistenzerfordernis.

Wird Spieler 1 in Runde t=1 ausgebeutet, so folgt,

$$w(1) = \frac{w(0)(1-\varepsilon)\varepsilon^2}{w(0)(1-\varepsilon)\varepsilon^2 + (1-w(0))(1-\varepsilon)\varepsilon}$$

$$= \frac{w(0)\varepsilon}{w(0)\varepsilon + 1 - w(0)} \to 0 \quad \text{für } \varepsilon \to 0,$$

d. h. auch die Annahme w(1)=0 nach Ausbeutung des 1 in Runde t=1 erfüllt das Konsistenzerfordernis. Dies beweist

Theorem 3.2: Für T=2 und w(0)/2>s ist der Strategienvektor s^2 zusammen mit den ihn rechtfertigenden Überzeugungen (beliefs) ein sequentielles Gleichgewicht.

Bei der Einschätzung der von Theorem 3.2 gemachten Aussage sollte man sich zunächst daran erinnern, daß diese voraussetzt, daß es überhaupt „geborene Kooperateure", d. h. m-Typen, gibt und zwar hinreichend viele, um w(0)/2>s sicherzustellen. Unter dieser Voraussetzung verdeutlicht das Theorem, daß selbst der m̄-Typ von Spieler 2 in früheren Runden die vertrauensvolle Vorleistung von Spieler 1 auf sequentiell rationale Weise mit fairer Nachleistung erwidern kann. Der Grund hierfür ist, daß der m̄-Typ von Spieler 2 dadurch strategisch die Erwartung des Spielers 1, mit dem m-Typ konfrontiert zu sein, erhöht oder zumindest nicht verringert, d.h. der Verzicht auf momentane Ausbeutung wird durch zukünftige Gewinnchancen überkompensiert.

Ein Mangel von Aussagen wie der in Theorem 3.2 getroffenen besteht allerdings darin, daß wir abgesehen von der Konsistenzbedingung und dem Fall fairer Kooperation in Runde t=1, für den die Bayes Regel gemäß s^2 anwendbar ist, die Erwartungen w(1) von Spieler 1 relativ willkürlich festgelegt haben. Wenn er ausgebeutet wird, schließt Spieler 1, daß der Ausbeutungsakt vom gewissenlosen m̄-Typ von Spieler 2 stammen muß, obwohl s^2 doch für beide m-Typen des Spielers 2 faire Aufteilung vorschreibt. Die Tatsache, daß die beiden Typen von unterschiedlichen Auszahlungsfunktionen gekennzeichnet sind, ändert jedoch nichts daran, daß *beide* Spieler annahmegemäß zu kleinen Abweichungen von ihren Gleichgewichtsstrategien neigen. Soweit es um Abweichungen von Gleichgewichtsstrategien und rationalem

Spiel geht, ist die Situation der beiden Typen also völlig gleichartig. Deshalb scheint es ziemlich willkürlich, nach beobachteter Abweichung auf den gewissenlosen Typ als allein möglicher Quelle einer Abweichung von der unterstellten Gleichgewichtsstrategie zu schließen. Wir halten solche Einwände gegen das Konzept des sequentiellen Gleichgewichtes für gravierend. Wir wollen deshalb im folgenden ein weitergehendes spieltheoretisches Lösungskonzept anwenden, das die Willkür bei der Spezifikation der Erwartungen beschränkt.

3.4.3.4 Prüfung des „teil-kooperativen" sequentiellen Gleichgewichtes auf Plausibilität

Um die Bayes Regel generell anwenden zu können, d.h. um wohldefinierte beliefs für alle Entscheidungssituationen zu generieren, hat Selten (1975) das Konzept des perfekten Gleichgewichtes eingeführt. Wir wollen hier allerdings aus Gründen, die im folgenden noch deutlich werden, das weitergehende Konzept uniform perfekter Gleichgewichte verwenden (vgl. Harsanyi and Selten, 1988, und die Darstellung in Güth, 1992, 122 ff.), um „somewhat arbitrary assessments of beliefs" (Kreps and Wilson, 1982, S. 260) zu vermeiden.

In einem uniform perturbierten Spiel muß jeder Zug mit einer sehr kleinen, aber positiven Mindestwahrscheinlichkeit ε realisiert werden. In dem ε-perturbierten Spiel sind nur vollständig gemischte Strategien möglich. Die Bayes Regel ist nun stets anwendbar. Alle beliefs werden von der Struktur des ε-perturbierten Spiels nach der Bayes Regel bestimmt und nicht vom analysierenden Theoretiker aufgrund mehr oder weniger plausibler Zusatzannahmen eingeführt.

Ein Gleichgewichtspunkt q des unperturbierten Spiels - des Spiels mit $\varepsilon=0$ - heißt uniform perfekt, falls es eine Folge $\{\varepsilon^k\}_{k\in N}$ von Perturbationsparametern ε^k ($\varepsilon^k>0$ für alle $k\in N$) mit $\varepsilon^k\to 0$ für $k\to\infty$ gibt, für die sich Gleichgewichte q^k der ε^k-uniform perturbierten Spiele finden lassen mit $q^k\to q$ für $k\to\infty$. Mit anderen Worten: Ein uniform perfektes Gleichgewicht läßt sich beliebig nahe durch Gleichgewichte von uniform perturbierten Spielen approximieren.

Wir werden im folgenden das Konzept des uniform perfekten Gleichgewichtes anwenden, um das Vertrauensspiel mit unvollständiger Typeninformation sowohl für T=1 als auch für T=2 zu analysieren. Das wird genügen, um beispielhaft zu verdeutlichen, in welch beschränkter Form der $\bar{m}$-Typ von Spieler 2 unter der Anforderung der uniformen Perfektheit seine Reputation beeinflussen kann, indem er das Verhalten eines $\underline{m}$-Typs imitiert.

Im Fall T=1 ist offensichtlich durch

$$s^1 = (s_1, s_2) = \begin{cases} (N, (g, A)) \text{ für } s > w(0)/2 \\ (V, (g, A)) \text{ für } s < w(0)/2 \end{cases}$$

das eindeutige uniform perfekte Gleichgewicht für alle $w(0) \in [0, 1]$ mit $w(0) \neq 2s$ bestimmt.

Für den Grenzfall $w(0)=2s$ muß man die Auszahlungserwartungen des Spielers 1 im ε-uniform perturbierten Spiel untersuchen. Wählt 1 den Zug N mit Wahrscheinlichkeit $1-\varepsilon$, so beträgt seine Auszahlungserwartung

$$(1-\varepsilon)\, s + \varepsilon \left[w(0)\frac{1-\varepsilon}{2} + (1-w(0))\frac{\varepsilon}{2} \right] = (1-\varepsilon)\, s + \varepsilon\, [(1-\varepsilon)s + (1-2s)\frac{\varepsilon}{2}]$$

$$= (1-\varepsilon)\, s + \varepsilon\, [s+\frac{\varepsilon}{2} - 2\varepsilon s],$$

während die Wahl von V mit Wahrscheinlichkeit $1-\varepsilon$ die Auszahlung

$$\varepsilon s + (1-\varepsilon) \left[w(0)\frac{1-\varepsilon}{2} + (1-w(0))\frac{\varepsilon}{2} \right] = \varepsilon s + (1-\varepsilon)[s+\frac{\varepsilon}{2} - 2\varepsilon s]$$

ergibt.

Bildet man die Differenz zwischen den beiden Ausdrücken, so ergibt sich

$$(1-\varepsilon)\, s + \varepsilon\, [s+\frac{\varepsilon}{2} - 2\varepsilon s] - \{\varepsilon s + (1-\varepsilon)[s+\frac{\varepsilon}{2} - 2\varepsilon s] \} = (1-2\varepsilon)\, \varepsilon\, (2s-\frac{1}{2});$$

wobei für hinreichend kleines $\varepsilon > 0$

$$s > \frac{1}{4} \Rightarrow (1-2\varepsilon)\, \varepsilon\, (2s - \frac{1}{2}) > 0$$

$$s < \frac{1}{4} \Rightarrow (1-2\varepsilon)\, \varepsilon\, (2s - \frac{1}{2}) < 0.$$

Somit erhalten wir auch für alle $2s=w(0) \neq 1/2$ ein eindeutiges uniform perfektes Gleichgewicht. Nur im Spezialfall $w(0)/2=1/4=s$ ist daher die Wahl von Spieler 1 beliebig.

Für den Fall T=2 gehen wir wiederum vom Strategienvektor s^2 aus. Es soll untersucht werden, ob es unter den von uniformer Perfektheit gestellten Rationalitätsanforderungen möglich ist, daß der $\overline{m}$-Typ von

50

Spieler 2 sich wie ein m-Typ verhält und in der ersten Runde t=1 entsprechend dem Strategienvektor s² den Zug G wählt. Da dann natürlich Spieler 1 in Runde t=1 den Zug V mit maximaler Wahrscheinlichkeit 1-ε realisieren muß, fragen wir konkret, ob es ein uniform perfektes Gleichgewicht gibt, dessen Züge in Periode t=1 durch (V, (g, G)) gegeben sind, während die Züge in Periode t=T=2 durch die Lösung für T=1 bestimmt sind, falls wir die a priori Erwartung w(0) durch die aufgrund der ersten Runde bestimmte posteriori Erwartung w(1) ersetzen.

Nun gilt generell w(1)=w(0) - zum Beispiel ist w(1) nach fairer Kooperation in t=1 durch

$$w(1) = \frac{w(0)(1-\varepsilon)^2}{w(0)(1-\varepsilon)^2 + (1-w(0))(1-\varepsilon)^2} = w(0)$$

und nach einer Ausbeutung durch

$$w(1) = \frac{w(0)(1-\varepsilon)\varepsilon}{w(0)(1-\varepsilon)\varepsilon + (1-w(0))(1-\varepsilon)\varepsilon} = w(0)$$

bestimmt, da sich beide Spieler in t=1 gleichartig verhalten.

Für den Typ m=m ist das Verhalten g mit maximaler Wahrscheinlichkeit stets optimal. Spieler 1 verhält sich in t=2 rational, da er sich definitionsgemäß optimal an seine posteriori Erwartung w(1) anpaßt. Für w(0)/2>s ist ferner auch der Zug V von Spieler 1 in Runde t=1 optimal. Im Bereich w(0)/2>s bleibt daher lediglich zu prüfen, ob die Entscheidung G in Periode t=1 für den m̄-Typ von Spieler 2 rational ist. Offenbar führt diese Entscheidung für ihn im ε-uniform perturbierten Spiel zu der Auszahlungserwartung

$$U_2^2(G|.) = \{\varepsilon s + (1-\varepsilon)[(1-\varepsilon)\frac{1}{2} + \varepsilon(1+\bar{m})]\} + \{\varepsilon s + (1-\varepsilon)[\frac{\varepsilon}{2} + (1-\varepsilon)(1+\bar{m})]\}.$$

Würde der m̄-Typ von Spieler 2 stattdessen in Runde t=1 den Zug A mit maximaler Wahrscheinlichkeit realisieren, so führt wegen w(1)=w(0) die Wahl von A in Runde t=1 durch den m̄-Typ von Spieler 2 für diesen in beiden Runden zum gleichen Ergebnis. Nach A erhält Spieler 2 damit insgesamt

$$U_2^2(A|.) = \{\varepsilon s + (1-\varepsilon)[\frac{\varepsilon}{2} + (1-\varepsilon)(1+\bar{m})]\} + \{\varepsilon s + (1-\varepsilon)[\frac{\varepsilon}{2} + (1-\varepsilon)(1+\bar{m})]\}.$$

Nun gilt $U_2^2(A|.) > U_2^2(G|.)$

51

$\Leftrightarrow \{\varepsilon s + (1-\varepsilon)[\frac{1}{2}\varepsilon + (1-\varepsilon)\,(1+\bar{m})]\} - \{\varepsilon s + (1-\varepsilon)[(1-\varepsilon)\frac{1}{2} + \varepsilon(1+\bar{m})\} > 0$

$\Leftrightarrow (1-\varepsilon)(1-2\varepsilon)\,[1+\bar{m} - \frac{1}{2}] > 0.$

Die letztere Relation ist - für $0 \le \varepsilon < 1/2$ - erfüllt, da nach Voraussetzung $1/2 < (1+\bar{m})$ gilt. Also hat der gewissenlose Typ des Spielers 2 im uniform perturbierten zweimal wiederholten Vertrauensspiel in Runde t=1 keinen Anreiz, sich so zu verhalten, als habe er ein hinreichend starkes Gewissen. Das beweist

Theorem 3.3: Für T=2 und $w(0)/2 > s$ ist der sequentiell gleichgewichtige Strategienvektor s^2 kein uniform perfektes Gleichgewicht.

Wenn rationales Verhalten in strategischen Spielen voraussetzt, daß die Spieler stets das ganze Spiel analysieren, so scheint es naheliegend, diese Analyse aufgrund von uniformen Perturbationen vorzunehmen. Andernfalls könnten unterschiedliche Lösungen ein und desselben Spieles sich allein aufgrund unterschiedlicher zur Analyse des Spieles gewählter (nicht-uniformer) Perturbationen ergeben. Die Unterschiedlichkeit der gewonnenen Ergebnisse wäre dann nicht vom Spiel selbst bestimmt, sondern ein „Artefakt" der gewählten Analysemethode. Ein derartiger Effekt ist methodologisch fragwürdig. Denn unterschiedliche Resultate sollten auf eine Unterschiedlichkeit der mit jeweils gleicher Methode analysierten Spiele zurückgehen (wobei allenfalls die Wahl unterschiedlicher Methoden selbst noch von einer übergeordneten einheitlichen Theorie, die an die Unterschiedlichkeit der zu analysierenden Spiele anknüpft, bestimmt sein mag). Dieser Gedanke legt es nahe, die Bestimmung der betreffenden nicht-uniformen Perturbationen nicht dem analysierenden Spieltheoretiker zu überlassen, sondern sie explizit in die Definition der jeweiligen Spiele einzubeziehen (vgl. auch Harsanyi und Selten 1988, 18, Fßn. 7). Das heißt, daß zwei Spiele, die sich nur in den zugrundegelegten nicht-uniformen Perturbationen unterscheiden, gleichwohl als unterschiedliche Spiele gelten.

Solange man keine Theorie anbietet, die aus der Struktur der Spiele selbst allgemein bestimmt, welche Art nicht-uniformer Perturbation jeweils zugrundegelegt werden sollte, kann man die Neutralität der Analysemethode nur dadurch sichern, daß man eine bestimmte Perturbationsform in allen Fällen in gleicher Weise verwendet. Diese immer gleiche Perturbationsform könnte zwar denkbarerweise auch nicht-uniform sein. Die Beweislast scheint uns jedoch hier eindeutig bei dem zu liegen, der eine bestimmte nicht-uniforme Form der Perturbation durchgängig zur Analyse aller Spiele anwenden will. Bis hierfür (bzw. für eine von der Struktur des jeweiligen Spieles diktierte unterschiedliche Wahl von Perturbationen) überzeugende Argumente vorgebracht worden sind, scheint uns letztlich der Rückgriff auf uniforme Perturbationen geboten. Allein die uniforme Perturbation scheint geeignet, unplausible von plausiblen Gleichgewichten auf der Basis einer stets gleichen Perturbationsannahme zu trennen.

Wir meinen, daß man allen Ansätzen, die soziale Kooperation angesichts von Terminationseffekten als rational erweisen wollen, indem sie Rationalitätsanforderungen abschwächen, mit Skepsis begegnen sollte. Dem angestrebten Rationalitätsnachweis entsprechend sollte im Gegenteil der Spielraum für willkürliche Annahmen möglichst eingeschränkt werden. Versucht man, dieser Forderung durch uniforme Perturbation nachzukommen, so gelangt man jedoch für das zweimal wiederholte Vertrauensspiel zum Theorem 3.3; d. h. sequentielle Gleichgewichte erfüllen die entsprechenden Anforderungen keineswegs notwendig. Da sich in analoger Weise auch für Spiele mit T>2 ausschließen läßt, daß der $\overline{m}$-Typ des Spielers 2 von einer Periode zur anderen mit Wahrscheinlichkeit 1 von G auf A umsteigt, scheint sich soziale Kooperation im endlich oft wiederholten Vertrauensspiel für $\overline{m}$ -Typen zunächst nicht als rational erweisen zu lassen. (Allerdings ist das zuvor vorgetragene diesbezügliche Argument keineswegs stark genug, um eine allgemeine Aussage zu treffen. Folgerungen aus dem Argument müssen insoweit eingeschränkt werden, als wir nur uniform perfekte Gleichgewichte in reinen Strategien betrachtet haben.)

Die vorangehenden Überlegungen ergeben sich wesentlich daraus, daß im Basisspiel des endlich wiederholten Spieles unkooperative Verhaltensweisen des zweiten Spielers dominant sind. Die Übertragbarkeit auf andere endlich wiederholte Spiele - wie etwa solche vom Typ des Gefangenendilemmas -, in deren Basisspiel unkooperative Verhaltensweisen ebenfalls dominant sind, ist daher zu vermuten. Soziale Kooperation und strategisch rationales Individualverhalten sind in solchen Spielen bei Zugrundelegung starker Rationalitätsanforderungen auch bei unvollständiger Typeninformation zumindest problematisch. Das schließt jedoch nicht aus, daß in einem unendlich oft wiederholten

Basisspiel soziale Kooperation möglich sein kann. Denn mit T=∞ gibt es keine letzte Runde und damit im Superspiel trivialerweise auch keinen Terminationseffekt.

3.5 Superspiele mit dem Vertrauensspiel als Basisspiel

Die Besonderheit von Superspielen besteht darin, daß für alle endlichen Perioden t und alle Spielvergangenheiten H_t der Periode t das auf H_t folgende Teilspiel dem Superspiel selbst entspricht. Denn nach endlich vielen Wiederholungen wird das Basisspiel in jedem erreichten Teilspiel noch unendlich oft wiederholt. (Formal kann man das dadurch verdeutlichen, daß man T-t als die einzige Zustandsvariable eines wiederholten Spiels betrachtet, die für T=∞ stationär ist.) Für Superspiele gilt nun eine allgemein als *Folk-Theorem* bezeichnete positive Aussage. Diese impliziert, daß Kooperation auch für Spieler, deren Typ im endlichen Falle kooperatives Verhalten ausschließen würde, rational sein kann. Dabei kann man sogar auf den „Kunstgriff" der unvollständigen Typeninformation und damit auf die Annahme, es gäbe genuine „Kooperateure", verzichten.

Theorem 3.4: Im unendlich oft wiederholten Vertrauensspiel mit m>-1/2 gibt es teilspielperfekte Gleichgewichte in Strategien, die a. entweder zu dauerhafter, vertrauensvoller Kooperation oder b. zu Nicht-Kooperation gepaart mit Ausbeutungsbereitschaft führen.

Beweis: Um nachzuweisen, daß es einen gleichgewichtigen Strategienvektor gibt, der zu ausschließlich vertrauensvoller Kooperation und dem Auszahlungsvektor (1/2, 1/2) in allen Runden führt, gehen wir von den sogenannten „Grimm-Strategien" aus

$$s_1^\infty (H_t)= \begin{cases} V, & \text{falls } H_t \text{ keine Abweichung von} \\ & \text{vertrauensvoller Kooperation enthält} \\ N & \text{sonst} \end{cases}$$

sowie

$$s_2^\infty (H_t, V) = \begin{cases} G, & \text{falls } H_t \text{ keine Abweichung von} \\ & \text{vertrauensvoller Kooperation enthält} \\ A & \text{sonst} \end{cases}$$

Weicht ein Spieler in der Periode $t \geq 1$ von der vertrauensvollen und fairen Kooperation erstmals ab, so sind die periodischen Gewinne ab der Periode $t+1$ stets durch den Auszahlungsvektor (s, s) bestimmt. Dies ist zugleich der limes inferior der betreffenden Folgen von Periodenauszahlungen. Gemäß der limes inferior-Definition der Auszahlungen im Superspiel führt damit jede Abweichung von der vertrauensvollen und fairen Kooperation zum Auszahlungsverlust. Keiner der Spieler hat einen Abweichungsanreiz gegen die gegebene Strategie des anderen und die Strategien bilden ein Gleichgewicht.

Es bleibt die Teilspielperfektheit des Gleichgewichtes zu zeigen. Dazu muß von den Strategien auch nach jeder Abweichung vom kooperativen Verhalten für das so erreichte Teilspiel ein Gleichgewicht vorgeschrieben werden. Das ist offensichtlich dann der Fall, wenn das dann vorgeschriebene dauerhafte Verhalten (N, A) ein Gleichgewicht bildet. Da Superspiele formal äquivalent (isomorph) zu ihren Teilspielen sind, muß somit nur der zweite Teil des Theorems gezeigt werden, daß nämlich das stationäre Lösungsverhalten (N, A) ebenfalls ein teilspielperfektes Superspielgleichgewicht bildet.

Verwendet Spieler 1 stets N, so ist die Wahl von A offenbar eine beste Antwort von 2. Antizipiert Spieler 1 umgekehrt, daß Spieler 2 ihn stets ausbeuten würde, so sollte er den Zug V vernünftigerweise vermeiden. Das stationäre Verhalten (N, A) ist somit ein Gleichgewicht des Superspieles und jedes seiner Teilspiele und somit auch teilspielperfekt.

Damit haben wir bewiesen, daß nicht nur stationäres Verhalten (N, A), sondern auch der Strategien-Vektor von Grimm-Strategien $s^\infty = (s_1^\infty, s_2^\infty)$ ein teilspielperfektes Gleichgewicht des Superspiels darstellt $\therefore$.

Gemäß dieser Anwendung des Folk-Theorems ist nicht nur vertrauensvolle, faire Kooperation, sondern auch Nicht-Kooperation gepaart mit Ausbeutungswillen in Superspielen möglich. Hier zeigt sich eine allgemeine Eigenschaft des Folk-Theorems und seiner verschiedenen Anwendungen: Es wird zwar nachgewiesen, daß Kooperation rational möglich sein kann, jedoch kein hinreichender Grund dafür angegeben, auch tatsächlich zu kooperieren. Um zu einem hinreichenden Grund für soziale Kooperation zu gelangen, sind zusätzliche Rationalitätsanforderungen erforderlich.

Im konkreten Falle könnte man als ein solches zusätzliches Rationalitätserfordernis verlangen, daß die Spieler Strategien spielen, die zu (teilspielperfekten) Gleichgewichten führen, die nicht von einem anderen (teilspielperfekten) gleichgewichtigen Strategienvektor auszahlungsdominiert werden. Im Vertrauenssuperspiel wird das stationäre Verhalten (N, A) wegen $1/2 > s$ vom Grimmstrategien-Vektor $s^\infty = (s_1^\infty, s_2^\infty)$ auszahlungsdominiert (vgl. zur Auszahlungsdominanz 2.2.1). Man könnte daher vertrauensvolle, faire Kooperation durch das Konzept teilspielperfekter Gleichgewichtspunkte rechtfertigen, die nicht von anderen teilspielperfekten Gleichgewichtspunkten auszahlungsdominiert werden.

Diese Auszeichnung eines Verhaltens, das durchgängig in allen Basisspielen zu vertrauensvoller, fairer Kooperation führt, gegenüber dem stationären Verhalten, das keinerlei Kooperation beinhaltet, scheint intuitiv ziemlich einleuchtend. Dies gilt insbesondere deshalb, weil aufgrund von einem allgemeinen Vorverständnis davon ausgegangen wird, daß die beiden in Theorem 3.4 betrachteten Gleichgewichte eine herausgehobene Stellung einnehmen. Es scheint insoweit „natürlich", daß unter den im Folk-Theorem angenommenen Bedingungen rationales Verhalten durchgängig zu vertrauensvoller, fairer Kooperation führt.

Dennoch ist die von vielen Sozialtheoretikern aus dem Folk-Theorem gezogene Schlußfolgerung, eine Rückführung sozialer Kooperation auf strategisch rationales Individualverhalten sei möglich, bei näherer Betrachtung durchaus fragwürdig (vgl. dazu und zum folgenden die Diskussion in Güth, Leininger, Stephan 1991). Insbesondere muß man hervorheben, daß alle Teilspiele des Superspieles, die für beliebig große t nach H_t bzw. (H_t, V) beginnen, dem Superspiel selbst bzw. dem Teilspiel nach dem Zug V in Runde $t=1$ völlig entsprechen. Unabhängig von H_t sieht die Zukunft an jedem erreichten Entscheidungsknoten strategisch jeweils gleich aus. Unter Zugrundelegung des teleologischen, strikt zukunftsbezogenen Modells rationalen Entscheidens ergibt sich deshalb aus Konsistenzgründen zwangsläufig die Forderung, alle diese strategisch identischen Spiele auch identisch zu lösen („was vorbei ist, ist vorbei"). Die Strategien des Strategienvektors $s^\infty = (s_1^\infty, s_2^\infty)$ sehen jedoch unterschiedliches Verhalten vor, je

56

nachdem, ob H_t eine Abweichung vom ausnahmslos kooperativen Verhalten enthält oder nicht. Daher erfüllt s^{∞} das Konsistenzerfordernis nicht. Allein die stationäre Kombination von Mißtrauen und Ausbeutungsbereitschaft erweist sich als konsistent in dem eingeführten Sinne. Konsistente teilspielperfekte Gleichgewichte schließen somit vertrauensvolle, faire Kooperation aus. Sie implizieren vielmehr ein Verhalten, das dem in endlich oft wiederholten Vertrauensspielen mit vollständiger Information entspricht.

Überdies muß man die Frage aufwerfen, welche Situationen man eigentlich durch Superspiele erfassen will. Da menschliche Planungshorizonte immer endlich sind, könnte man Superspiele als Approximationen von wiederholten Spielen mit endlich großer aber zum Ausgangszeitpunkt noch nicht genau spezifizierbarer Rundenzahl T begreifen wollen. Jene Interpretationen, die davon ausgehen, daß das wiederholte Spiel zwar endlich sei, das Ende jedoch nur mit einer gewissen - meist als gering unterstellten - Wahrscheinlichkeit in jeder Runde eintreten könne, weisen in diese Richtung. Hierzu sei allerdings angemerkt, daß ein endlicher Planungshorizont schon dann vorliegt, wenn es eine allgemein bekannte endliche obere Schranke für die Rundenzahl T gibt. Das bedeutet, daß es für die Endlichkeit des Planungszeitraumes nicht erforderlich ist, daß die Rundenzahl T allgemein bekannt ist. Und die Unbekanntheit der genauen Rundenzahl T reicht ebenfalls nicht aus, um einen unendlichen Planungshorizont zu begründen.

Wird das Superspiel als Approximation von Spielen mit endlicher, aber großer Rundenzahl aufgefaßt, so sollte man konsequenterweise nur solche Gleichgewichte als Lösungen des Superspieles zulassen, die sich durch Gleichgewichte in endlich wiederholten Spielen für $T \to \infty$ approximieren lassen. Das heißt, eine asymptotisch konvergente Approximation muß möglich sein.

Offenbar ist Mißtrauen gepaart mit Ausbeutungsbereitschaft und damit das stationäre Verhalten (N, A) das einzige asymptotisch konvergente Gleichgewicht unseres Vertrauenssuperspieles. Jene zuvor erwähnten Interpretationen, die in Superspielen Annäherungen an reale Spiele mit endlichem Planungshorizont und im Folk-Theorem den Nachweis sehen, daß soziale Kooperation rational möglich ist, werden durch das plausible Erfordernis asymptotischer Konvergenz nachhaltig in Zweifel gezogen. Wir können nach alledem nur empfehlen, schlagwortartigen Aussagen (einschließlich einiger früherer Äußerungen Kliemts), wonach das Folk-Theorem gezeigt habe, daß soziale Kooperation allein auf strategisch rationales Verhalten rückführbar sei, mit großer Vorsicht zu begegnen.

4. Schlußbemerkungen

Unsere Diskussion des Phänomens sozialer Kooperation hat einige der grundlegenden spieltheoretischen Analysemethoden eingeführt. Für ein Verständnis von Kooperationsproblemen ist die genaue Abfolge von Handlungen und damit – in der spieltheoretischen Rekonstruktion des Problems – der Spielzüge von ausschlaggebender Bedeutung. Nur so kann man die Spannung zwischen dem gemeinsamen Interesse an sozialer Kooperation und möglicherweise entgegenstehenden strategischen Anreizen verstehen. Das von uns untersuchte Vertrauensspiel verdeutlicht diese Spannung in prototypischer Weise. Nur dann, wenn man nicht Selbstbindungsmacht stillschweigend in die Lösung von Kooperationsproblemen einschmuggelt, kann man davon ausgehen, eine mit strategischem Rationalverhalten der Beteiligten kompatible Erklärung des Entstehens von sozialer Kooperation gegeben zu haben.

Unsere Darstellung und Diskussion hat allerdings auch gezeigt, daß die Rückführung von sozialer Kooperation *ausschließlich* auf strategisch rationales Individualverhalten fragwürdig ist. Letztlich werden wir zur Erklärung sozialer Kooperation mit strategischer Rationalität allein nicht auskommen, sondern gewisse Annahmen über „natürliche", in menschlichen Affekten verankerte Neigungen zu kooperativem, insbesondere vertrauensvollem und fairem Verhalten machen müssen.

Das zeigt sich, wenn man die Kooperation beinhaltenden teilspielperfekten Lösungen von wiederholten Vertrauensspielen strikten Rationalitätserfordernissen unterwirft. Sogar im Vertrauenssuperspiel scheint strikte strategische Rationalität nicht mit sozialer Kooperation vereinbar zu sein. Das unendlich oft wiederholte Spiel erscheint allerdings ohnehin nur schwerlich als eine Approximation endlich wiederholter Interaktionen. Konzentriert man sich daher von vornherein auf endlich wiederholte Spiele, so bietet sich der Ansatz der sogenannten Viererbande an (vgl. insbesondere die Beiträge Kreps, Milgrom, Roberts und Wilson 1982, Kreps und Wilson 1982, Milgrom und Roberts

1982), um nachzuweisen, daß faire Nachleistung auch für jene Spielertypen rational sein kann, die dieses Verhalten nicht aus sich heraus bevorzugen. Doch es ist, wie man an vielen Beispielen ersehen kann, kein
Zufall, daß die Methodik der Viererbande auch als „crazy perturbation
approach" bekannt wurde: Um soziale Kooperation in endlich wiederholten Spielen mit unvollständiger Information durch Reputationseffekte als rational auszuweisen, werden meist recht willkürlich Typen
eingeführt, deren Verhalten eben häufig „crazy" anmutet.

Die Kritik an der Methodik der Viererbande sollte allerdings nicht
darüber hinwegtäuschen, daß aufgrund dieses Ansatzes unser Bewußtsein für die Bedeutung von Reputationseffekten unter Bedingungen
unvollständiger Information in entscheidender Weise gestärkt worden
ist. Wer das Phänomen sozialer Kooperation umfassend aufklären will,
muß vor allem auch diese Effekte vor dem Hintergrund individuell rationalen strategischen Verhaltens zu verstehen suchen.

Wir glauben allerdings nicht, daß derartige Klärungen sich als
Erklärungen eignen. Das wirklich beobachtete Verhalten in Spiel-Experimenten etwa wird sicher nicht durch die zur Lösung von wiederholten Spielen mit unvollständiger Information notwendigen komplexen Überlegungen zur Bestimmung sequentieller Gleichgewichte
erklärt. Wie unsere vorangehende Darstellung zeigt, übertrifft bereits
in einem so einfachen Spiel wie dem zweimal wiederholten Vertrauensspiel die Komplexität der Überlegungen bei weitem die Kapazität
normaler menschlicher Akteure; wobei analoge Feststellungen für
andere komplexe Gleichgewichtsüberlegungen zu treffen wären.

Eingeschränkt rationale Entscheider versuchen, solche komplizierten strategischen Überlegungen zu vermeiden. Statt rekursiv für alle
möglichen Überzeugungen oder beliefs das Verhalten abzuleiten,
bestimmen wir Menschen unser Verhalten typischerweise partieorientiert. Das vereinfacht die Überlegungen, beinhaltet aber natürlich auch,
daß Überraschungen und unerwartete Abweichungen im Spielverlauf
auftreten können.

Die unter Ökonomen verbreitete Bereitschaft, nahezu jede
„theoretische Kröte" zu schlucken, wenn es darum geht, tatsächlich
beobachtbares Verhalten als Ausfluß strategisch rationalen Individualverhaltens zu erklären, hat mehr mit den im Fach akzeptierten Regeln
„kunstgemäßen" Vorgehens als mit realen Erklärungsproblemen zu
tun. Die reale Erklärung für soziale Kooperation liegt in den meisten
Fällen mit Sicherheit eher darin, daß Individuen in beschränkt ratio

naler Weise bestimmten Faustregeln und auch gewissen internalisierten normativen Vorgaben folgen. Im Falle sozialer Kooperation zeigt sich damit erneut, daß die strikte Anwendung des Rationalwahlansatzes kaum zur direkten, empirisch befriedigenden Erklärung beobachtbarer Verhaltensweisen geeignet ist.

Strikte Rationalwahlmodelle sollten eher als ein bedeutsamer *Ausgangs*punkt im engeren Sinne empirischer Forschung und Modellbildung gesehen werden. Sie können als Referenzmodelle der weiteren Theoriebildung dienen und haben diese Rolle mit Bezug auf das Problem sozialer Kooperation mit außerordentlichem Erfolg erfüllt. Daß der Rationalwahlansatz diese Rolle spielen kann, ist neben dem rein theoretischen Interesse, das die Herausarbeitung der Implikationen strikten Rationalverhaltens hat, Rechtfertigung genug für diesen Ansatz.

Auch wenn wir glauben, einige – wenn nicht die wesentlichsten – Aspekte einer spieltheoretischen Behandlung des Problems sozialer Kooperation im Rahmen des Rationalwahlansatzes zumindest angeschnitten zu haben, ist es klar, daß der Leser wichtige Ergänzungen aus der Literatur entnehmen muß. Wer sich über im engeren Sinne spieltheoretische Techniken zusätzlich informieren möchte, sei auf die Lehrbücher von Güth (1992) und Holler/Illing (1991) sowie - elementarer - Binmore (1992), Gibbons (1992) verwiesen. In der allgemeinen politischen Theorie haben die dem Kooperationsproblem gewidmeten Werke von Michael Taylor (1976, 1987) und Robert Axelrod (1987) sicherlich die größte Wirkung entfaltet, indem sie dort der Theorie der wiederholten Spiele zum endgültigen Durchbruch verhalfen (vgl. für deutsche Folgebeiträge zum Kooperationsproblem, die auf Taylors Ansatz aufbauen, Kliemt 1986 und Voss 1985 während auf Schüßler, 1990, als deutschsprachige Studie in der Nachfolge Axelrods verwiesen sei). Einen evolutionstheoretisch inspirierten Zugang zum Phänomen sozialer Kooperation wählt in der Nachfolge Humes und v. Hayeks auch Sugden (1986). Philosophische Bezüge zwischen Sozialvertragslehre und dem Kooperationsproblem finden sich insonderheit bei Gauthier (1986); wobei dieser freilich (vgl. Kap. 6) im Gegensatz etwa zu den hier ebenfalls einschlägigen Beiträgen von Binmore (vgl. etwa 1991) das Selbstbindungsproblem nicht hinreichend ernst nimmt. Eine Brücke zwischen ökonomischen und soziologischen Ansätzen zur Erklärung sozialer Kooperation sucht James Coleman (1991 f.) zu schlagen (vgl. knapp und anregend ähnlich auch Holländer, 1990).

Literatur

Albach, H. (1980), Vertrauen in der ökonomischen Theorie, Zeitschrift für die gesamte Staatswissenschaft 136, S. 2-11.

Alchian, A. A. and Woodward, S. (1988), The Firm Is Dead; Long Live the Firm. A Review of Oliver E. Williamson's „The Economic Institutions of Capitalism"; in: Journal of Economic Literature Vol. XXVI(March), S. 65-79.

Axelrod, R. (1987), Die Evolution der Kooperation, München und Wien.

Bayes, Th. (1763), An Essay Toward Solving a Problem in the Doctrine of Chances, Philosophical Transactions 53, The Royal society of London, S. 376-398.

Bester, H. (1989), Non-cooperative Bargaining and Imperfect Competition: A Survey. Zeitschrift für Wirtschafts- und Sozialwissenschaften (ZWS) 109, S. 265-286.

Binmore, K. (1991) Game Theory and the Social Contract, in: Selten, R. (Hrsg.), Game Equilibrium Models, Vol. II, Methods, Morals, and Markets, Berlin et al., S. 85-163.

Binmore, K. (1992), Fun and Games. A Text in Game Theory, Lexington, Ma.

Blau, U. (1983), Vom Henker, vom Lügner und ihrem Ende; in: Erkenntnis 19, S. 27-44.

Buchanan, J. M. (1965), Ethics, Expected Values, and Large Numbers, Ethics, LXXVI, S. 1-13.

Coleman, J. (1991 ff.), Grundlagen der Sozialtheorie (3 Bände), München und Wien.

Frank, R. (1992), Die Strategische Rolle der Emotionen, München und Wien.

Gardner, M. (1971), Logik unterm Galgen, Braunschweig.

Gauthier, D. P. (1986), Morals by Agreement, Oxford.

Gibbons, R. (1992), A Primer in Game Theory New York et al.

Güth, W. (1992), Spieltheorie und ökonomische Bei-Spiele, Berlin et al.

Güth, W. und Kliemt, H. (1993), Menschliche Kooperation basierend auf Vorleistungen und Vertrauen. Eine evolutionstheoretische Betrachtung, Jahrbuch für neuere politische Ökonomie, Band 12, Tübingen, S. 252-277.

Güth, W. und Kliemt, H. (1994), Competition or co-operation - On the evolutionary economics of trust, exploitation and moral attitudes, Metroeconomica 45, S. 155-187.

Güth, W., Leininger, W. und Stephan, G. (1991), On Supergames and Folk Theorems: A Conceptual Discussion; in: Selten, R. (Hrsg.), Game Equilibrium Models, Vol. II, Methods, Morals, and Markets, Berlin et al.

Güth, W. und Ritzberger, K. (1992), On Durable Goods Monopolies and the (Anti-) Coase Conjecture. University of Frankfurt and Institute of Advanced Studies, Vienna.

Harsanyi, J. C. and Selten, R. (1988), A General Theory of Equilibrium Selection in Games, Cambridge, MA.

Hayek, F.A. v. (1971), Die Verfassung der Freiheit, Tübingen.

Hobbes, Th. (1651/1976), Leviathan. Frankfurt.

Holländer, H. (1990), A Social Exchange Approach to Voluntary Cooperation; in: American Economic Review 80/5, S. 1157-1167.

Holler, M. J. und Illing, G. (1991), Einführung in die Spieltheorie, Berlin et al.

Hume, D. (1740/1972 T2), Ein Traktat über die menschliche Natur, Hamburg.

Kreps, D., Milgrom, P., Roberts, J. and Wilson, R. (1982), Rational Cooperation in the Finitely Repeated Prisoners' Dilemma; in: Journal of Economic Theory 27, S. 245-252.

Kreps, D. and Wilson, R. (1982), Sequential Equilibria; in: Econometrica Vol. 50, S. 863-894.

Kliemt, H. (1986), Antagonistische Kooperation, Freiburg und München.

Lahno, B. (1995), Versprechen. Überlegungen zu einer künstlichen Tugend, München und Wien.

Lewis, D. (1975), Konventionen, Berlin.

Milgrom, P. and Roberts, J. (1982), Predation, Reputation, and Entry Deterrence; in: Journal of Economic Theory 27, 280-312.

Olson, M. (1968), Die Logik kollektiven Handelns, Tübingen.

Osborne, M.J. und Rubinstein, A. (1990), Bargaining and Markets, San Diego, Ca.

Palfrey, Th. R. and Rosenthal, H. (1984), Participation and the Provision of Discrete Public Goods: A Strategic Analysis; in: Journal of Public Economics 24, S. 171-193.

Quine, W.V.O. (1976), The Ways of Paradox, Cambridge, Ma.

Raub, W. und Karen, G. (1990), Hostages as a Commitment Device. Mimeo. Dept. of Sociology University of Utrecht.

Schüßler, R. (1990), Kooperation unter Egoisten, München und Wien.

Selten, R. (1965), Spieltheoretische Behandlung eines Oligopolmodells mit Nachfrageträgheit, Teil I: Bestimmung des dynamischen Preisgleichgewichts, Teil II: Eigenschaften des dynamischen Preisgleichgewichts, JITE (Zeitschrift für die gesamte Staatswissenschaft) 121, S. 301-324 und 667-689.

Selten, R. (1975), Re-examination of the Perfectness Concept for Equilibrium in Extensive Games, International Journal of Game Theory 4, S. 25-55.

Selten, R. und Stoecker, R. (1986), End Behavior in Sequences of Finite Prisoner's Dilemma Supergames. A Learning Approach, Journal of Behavior and Organization 7, S. 47-70.

Stoecker, R. (1980), Experimentelle Untersuchung des Entscheidungsverhaltens im Bertrand-Oligopol, Bielefeld.

Sugden, R. (1986), The Economics of Rights, Co-operation, and Welfare, Oxford.

Taylor, M. (1976), Anarchy and Cooperation, London u. a.

Taylor, M. (1987), The Possibility of Cooperation, Cambridge: Cambridge.

Taylor, M. and Ward, H. (1982), Chickens, Whales and Lumpy Goods: Alternative Models of Public-Goods Provision; in: Political Studies, Vol. XXX, No. 350-370.

Voss, Th. (1985), Rationale Akteure und soziale Institutionen, München und Wien.

Williamson, O. E. (1983), Credible Commitments: Using Hostages to Support Exchange, in: The American Economic Review Vol. 73/4, S. 519 ff.

Sukzessiver Austausch:
Vereinbarung und Vertrag[1]

Bernd Lahno

0. Das Selbstbindungsproblem

Die Spieltheorie lehrt uns zu verstehen, warum Menschen das Bedürfnis haben, ihre zukünftigen Handlungsmöglichkeiten willentlich einzuschränken. Das ist von besonderer Bedeutung mit Bezug auf einen der fundamentalsten Aspekte unseres sozialen Lebens, den Austausch von Gütern und Leistungen.

Das Problem des sozialen Austausches läßt sich vor allem anhand des Gefangenendilemma Spieles und des Vertrauensspiels studieren. Als Paradigmen problematischer Entscheidungssituationen sind sie in der Literatur zum Teil ausführlich diskutiert worden. Das bekanntere dieser beiden Spiele ist zweifellos das Gefangenendilemma.[2] Abbildung 1 gibt die allgemeine Form dieses Spieles nach einer Normierung der Auszahlungen an.

		B			
		C	D		
A	C	1 1	a_A b_B	$a_i<0, b>1$
	D	b_A a_B	0 0	$i \in \{A,B\}$

Abbildung 1: Gefangenendilemma

---

[1] Für wesentliche Hinweise bin ich Hartmut Kliemt dankbar.
[2] Hardin (1982) bezeichnet das Gefangenendilemma als *die* charakteristische Struktur jeder sozialen Situation, in der Menschen Güter oder Leistungen tauschen wollen.

Zur Illustration der dargestellten Entscheidungsstruktur stelle man sich vor, daß zwei Personen A und B Leistungen austauschen können. „C" („Co-operation") steht jeweils für die Entscheidung, die Leistung für den jeweils anderen zu erbringen, während die Wahl von D („Defection") bedeutet, daß man dem anderen die Leistung vorenthält. Beide Akteure müssen ihre Entscheidung unabhängig von dem jeweils anderen treffen. Sie wissen, wenn sie entscheiden müssen, nicht, welche Wahl ihr Partner getroffen hat. Die Nutzenfunktionen der Akteure sind so normiert, daß bei einer Realisierung des Austausches (C, C) jeder der beiden eine Auszahlung von einer Nutzeneinheit erhält, während ohne alle Austauschhandlungen jeder nur 0 Nutzeneinheiten realisiert. Wenn nur B seine Leistung erbringt, ohne eine Gegenleistung zu erhalten, erleidet er einen besonderen Schaden ($a_B < 0$), während A einseitig profitiert ($b_A > 1$). Entsprechendes gilt im umgekehrten Fall.

Unterstellt man, daß die Handlungswahlen der beiden unabhängig voneinander erfolgen, so ist es in dieser Lage für jeden der beiden Akteure unabhängig von der Entscheidung des jeweils anderen am besten, D zu wählen, d. h. seine Leistung nicht zu erbringen. D ist jeweils dominante Strategie; das einzige Gleichgewicht des Spieles ist das Strategieprofil (D, D). Die Akteure befinden sich in einer fatalen Klemme. Obwohl ein Austausch für beide vorteilhaft wäre, scheint unter den gegebenen Bedingungen eine Realisierung des Austausches unter rational entscheidenden Individuen nicht möglich zu sein. Die Partner könnten ihr Problem lösen, wenn ihnen ein Mechanismus zur Verfügung stände, mit dem sie ihre zukünftigen Handlungen im voraus gemeinsam festlegen könnten. Die Vertragsinstitution ist ein solcher Mechanismus. Mit Hilfe eines Vertrages können die Akteure die Austauschleistungen festlegen. Die Realisierung des Austausches wird dann durch staatliche Sanktionen im Falle eines Vertragsbruchs sichergestellt.[3]

In gewisser Hinsicht ist das Gefangenendilemma ein recht spezielles Modell des bilateralen Austauschs. Vor allem die Modellannahme, daß bei der Entscheidung über den eigenen Beitrag keiner der Akteure weiß, ob der jeweils andere seinen Teil des Austausch erfüllt oder nicht, scheint in vielen realen Austauschgeschäften nicht angemessen zu sein. Es wird in der Realität häufig vorkommen - vielleicht sogar die Regel sein - , daß einer der Akteure eine gewisse Vorleistung erbringen

---

[3] Eine alternative Möglichkeit der Selbstbindung in Gefangenendilemmasituationen durch Pfänder untersuchen Raub und Keeren (1993).

muß, die der andere - zumindest zum Teil - beobachten und beurteilen kann, ehe seine eigene Leistung gefordert ist. Dies ist einer der wesentliche Gründe, ein weiteres Modell des bilateralen Austausches eingehender zu betrachten, das sog. Vertrauensspiel (Dasgupta 1988, Kreps 1990; eine ausführliche Diskussion des Spieles und darauf aufgebauter iterierter Spiele findet man in Lahno 1995).

Das Vertrauensspiel unterscheidet sich von dem Gefangenendilemma durch die Annahme, daß einer der beiden Akteure (A) seine Leistung vollständig als Vorleistung zu erbringen hat. Der zweite Akteur (B) wird über die Entscheidung des ersten informiert, ehe er selbst über seinen Beitrag zu entscheiden hat. Geht man davon aus, daß im Falle fehlender Leistung von A in jedem Falle kein Austausch zustande kommt, so erhält man durch diese Modifikation eine Austauschsituation mit der durch die extensive Form in Abbildung 2 dargestellten Struktur.

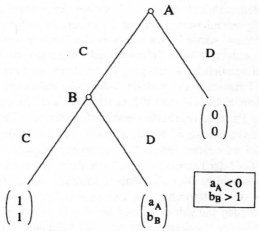

Abbildung 2: Das Vertrauensspiel

Gegenüber dem Gefangenendilemma hat A im Vertrauensspiel die Möglichkeit verloren, sich auf Kosten seines Partners zu bereichern. Die Situation von B bleibt allerdings im wesentlichen unverändert. Im Gefangenendilemma war es für ihn - gleichgültig was A tat - immer besser, seine Leistung nicht zu erbringen. Nun weiß er zwar, wenn er über seine Leistung entscheiden muß, daß A seinen Beitrag geleistet hat; für B ist es jedoch nach wie vor besser, seinerseits keine Leistung zu erbringen, da ihm die Vorteile der Leistung von A ja bereits sicher sind. Weil A dies vorhersehen kann, wird er es soweit gar nicht kommen lassen. Er wird nicht vorleisten, um B nicht die Möglichkeit zu geben, ihn auszubeuten. Auch in dem Vertrauensspiel ist das einzige Gleichgewicht (D, D).

Wie im Gefangenendilemma haben die Akteure ein gemeinsames Interesse an einer Möglichkeit der Selbstbindung. Anders als im Gefangenendilemma reicht es aber nun aus, wenn B sich einseitig an eine eigenen Leistung binden kann für den Fall, daß A eine Vorleistung erbringt. Wenn es A möglich ist zu erkennen, ob B tatsächlich gebunden ist, so wird B freiwillig die bedingte Bindung eingehen, um den Austausch zu ermöglichen. Auch hier kann ein Vertrag das Problem der Partner lösen.

Gefangenendilemma und Vertrauensspiel stellen zwei Extreme möglicher Austauschsituationen dar. Im ersten Fall muß jeder ohne Information hinsichtlich der Leistung des Partners über seinen Beitrag entscheiden, während im zweiten Fall einer der Akteure gezwungen ist, vollständig vorzuleisten, während der andere in umfassender Kenntnis des Verhaltens seines Partners entscheiden kann. Sowohl die eine wie auch die andere extreme Informationsbedingung wird in der Realität nur in Ausnahmefällen erfüllt sein. In der Regel wird keiner der Partner über die Leistungen des anderen vollständig informiert sein, wenn er seine eigene Entscheidung trifft; es wird sich z.B. die Qualität der Leistung des Partners regelmäßig erst dann vollständig beurteilen lassen, wenn die Gegenleistung bereits erbracht ist. Andererseits wird es im Normalfall mindestens einem Partner immer möglich sein, zumindest gewisse Teile der Leistung des anderen abzuwarten, ehe er selbst endgültig entscheidet. Dies alles ändert natürlich nichts daran, daß man Probleme des Austausches von Gütern und Leistungen unter rational entscheidenden Individuen anhand der durch Vertrauensspiel und Gefangenedilemma gekennzeichneten paradigmatischen Situationen gleichsam in reiner Form studieren kann.

Wie das Gefangenendilemma bildet allerdings auch das Vertrauensspiel nur einen bestimmten Aspekt eines Austausches von Gütern oder Leistungen ab. In beiden Modellen haben die Akteure jeweils nur zwei Handlungsoptionen. In der Realität jedoch werden sich den Akteuren regelmäßig verschiedene Alternativen eines möglichen Austausches stellen. Das Problem der Akteure besteht darin, die gegenseitigen Leistungen auszuhandeln und im Anschluß durchzusetzen. Die vorgestellten spieltheoretischen Modelle gehen nicht nur davon aus, daß eine

Vereinbarung über die Höhe der Leistungen unproblematisch ist oder bereits erreicht wurde, sie nehmen darüber hinaus unrealistischerweise an, daß es bei der Durchführung des Austausches nur ein Alles oder Nichts gibt. Ich werde im folgenden versuchen, ein Modell für den einfacheren und grundlegenderen Fall des sukzessiven Austauschs zu formulieren, das dieses Defizit nicht aufweist.

1. Das Austauschspiel

Wir wollen ein einfaches Modell für einen sukzessiven Austausch von Leistungen angeben. Dazu nehmen wir an, daß eine Person A ein Gut in unterschiedlicher Menge und Qualität produzieren kann. Für A stellt das produzierte Gut keinen unmittelbaren Nutzen dar, es gibt jedoch eine zweite Person B, die ein Interesse an dem Gut hat und es nicht selbst produzieren kann. A und B vereinbaren einen Tausch. Sie setzen Menge und Qualität der Leistung von A und einen Preis, den B dafür zu entrichten hat, fest. Produziert A im Anschluß das Gut und gibt es an B zu den vereinbarten Bedingungen, so soll B den vereinbarten Preis bezahlen.

Wir wollen Überlegungen über Markteinflüsse auf die möglichen Vereinbarungen von A und B ausschließen. Deshalb soll angenommen werden, daß A der einzige Akteur ist, der B die zur Disposition stehende Leistung anbieten kann, und daß B die einzige Person ist, die diese Leistung nachfragt. Wir betrachten also den klassischen Fall eines bilateralen Monopols.

Welchen Nutzen das zu produzierende Gut für B darstellt, hängt von den Anstrengungen ab, die A investiert. Wir wollen das von A zu produzierende Gut direkt in den entsprechenden Nutzeneinheiten von B messen und nehmen an, daß dieser Nutzen des Gutes einen beliebigen positiven Wert l_A annehmen kann. Die Größe l_A gibt ein Maß für die Menge und Qualität der Leistung von A aus B's Sicht an. Um eine Leistung l_A zu erbringen, muß A Kosten in Höhe von $k(l_A)$ - gemessen in den Einheiten der Nutzenfunktion von A - tragen. Wir setzen naheliegenderweise voraus, daß k eine streng monoton steigende Funktion auf IR^+ ist, für die gilt: $k(0) = 0$.

Als Gegenleistung für das Gut l_A soll B seinerseits eine Leistung l_B - gemessen in den Nutzeneinheiten von A - erbringen. Auch l_B kann einen beliebigen positiven Wert annehmen. Wir nehmen jedoch der Einfachheit halber an, daß die Leistung von B in einem für beide gleichermaßen nützlichen Gut (Geld) besteht. Eine Leistung l_B an A erzeugt also für B auch Kosten in Höhe von l_B; die Kostenfunktion von B ist mithin die Identität.

Mit einer Vereinbarung sind die Leistungen nicht auch schon erbracht. Eine Vereinbarung von A und B muß von der tatsächlichen Wahl der Akteure unterschieden werden. Wir tun dies im folgenden, indem wir vereinbarte Leistungen durch Großbuchstaben, tatsächliche Leistungen dagegen durch Kleinbuchstaben darstellen. Jede Vereinbarung kann nun als ein Paar (L_A, L_B) positiver Zahlen dargestellt werden. Die Vereinbarung wird realisiert, wenn A $l_A = L_A$ und B $l_B = L_B$ wählt; A erhält dann den Nutzen $u_A = L_B - k(L_A)$ und B den Nutzen $u_B = L_A - L_B$. Für B ist eine Vereinbarung nur dann akzeptabel, wenn das Gut, das er von A erhalten soll, für ihn einen größeren Wert hat als die von ihm zu erbringende Leistung L_B. Für jede Vereinbarung wird also gelten: $L_A \geq L_B$. Ebenso wird A nicht bereit sein, Kosten $k(L_A)$ zu tragen, wenn er nicht mindestens eine Gegenleistung in gleicher Höhe zu erwarten hat. Insgesamt muß also für jede wechselseitig lohnende Vereinbarung (L_A, L_B) gelten: $L_A \geq L_B \geq k(L_A)$. Abbildung 3 veranschaulicht diesen Zusammenhang für eine plausible Kostenfunktion.

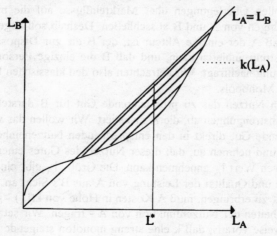

Abbildung 3: Menge der möglichen Vereinbarungen

Die schraffierte Fläche markiert genau diejenigen Punkte (L_A, L_B), die die Ungleichung erfüllen. Jede Vereinbarung, die sich für beide Partner lohnt, muß einem Punkt im Innern dieser Fläche entsprechen. Wir nehmen generell an, daß die Kostenfunktion k so geartet ist, daß die Menge $V = \{ (L_A, L_B) \mid L_A \geq L_B \geq k(L_A) \}$ innere Punkte besitzt, d.h. wir fordern, daß es positive Zahlen L_A gibt, für die gilt: $k(L_A) < L_A$.

Mit die Festlegung, daß der Nutzen der Leistung von B für beide Akteure gleichermaßen durch l_B beschrieben wird, haben wir stillschweigend angenommen, daß die Nutzenfunktionen der beiden Akteure kommensurabel sind. Da l_B variabel ist, haben wir sogar vorausgesetzt, daß der Nutzen beider Akteure mit dem gleichen Maßstab gemessen wird. Unter diesen Annahmen ist die Bildung der Summe der Nutzenwerte unproblematisch. Addieren wir die Nutzenwerte u_A und u_B für die vereinbarten Leistungen, so erhalten wir den von L_B unabhängigen Wert $L_A - k(L_A)$. Er steht für den insgesamt durch die Transaktion erzeugten zusätzlichen Nutzen. Die Höhe dieses Nutzens ist nur von der Leistung von A abhängig. Durch einen Austausch wird er realisiert und gleichzeitig auf die beiden Akteure verteilt. Für eine beliebige Vereinbarung (L_A, L_B) aus der Menge V entspricht die Differenz $L_A - k(L_A)$ dem senkrechten Abstand des Graphen der Kostenfunktion von der Hauptdiagonalen an der Stelle L_A (Abb. 3).

Während A durch seine Leistung neuen Nutzen schafft, bietet B lediglich einen Teil seiner (bereits vorhandenen) Güter zum Tausch. Er verzichtet dabei genau auf denjenigen Nutzen, der A bei einem Tausch zugute kommt. Die Differenz $L_A - k(L_A)$ gibt deshalb ein Maß für den insgesamt mir einer Realisierung der Vereinbarung erzeugten Nettonutzen an. Um die nachfolgenden Überlegungen zu vereinfachen, werden wir annehmen, daß es ein eindeutig bestimmtes L^* gibt, für das die Differenz $L_A - k(L_A)$ maximal wird.[4] Dies bedeutet, daß es aus sozialer Sicht ein optimales Produktionsniveau gibt. L^* bezeichnet jenes Maß an Leistung von A, bei dem - unabhängig von der Verteilung des Nutzens durch den angestrebten Tausch - insgesamt ein maximaler Nutzen geschaffen wird.

Nachdem sich die Partner auf die Höhe der wechselseitigen Leistungen geeinigt haben, muß der eigentliche Austausch vonstatten gehen. A muß zunächst das Gut tatsächlich produzieren und anschließend

---

[4] Man sieht leicht: Für „gutmütige" Kostenfunktionen k ist L^* diejenige positive Zahl, für die gilt: $L^* \geq k(L^*)$ und $k'(L^*) = 1$.

an B übergeben. Nach Erhalt der Leistung soll B im Gegenzug seinerseits L_b leisten. Wir nehmen zunächst an, daß die Vereinbarung keinerlei bindenden Charakter hat; die Akteure bleiben in ihren Entscheidungen über die Höhe der jeweiligen Leistungen frei.

Es müssen demnach zwei Phasen der Interaktion unterschieden werden: eine erste Phase, in der sich die beiden Partner auf die Höhe der gegenseitigen Leistungen einigen, und eine zweite Phase, in der der eigentliche Austausch stattfindet. Während wir den konkreten Ablauf der ersten Phase weitgehend offen lassen, modellieren wir die zweite Phase als ein nicht-kooperatives Spiel. Eine Vereinbarung ist ein kollektiv bestimmtes Paar von Entscheidungen für - oder besser: ein Pfad durch - dieses Spiel, das nach unseren Überlegungen die folgende Form hat:

Austauschspiel
A wählt eine Zahl $l_A \in \mathbb{R}^+$.
B wird über die Höhe von l_A informiert und wählt anschließend eine Zahl $l_B \in \mathbb{R}^+$.
A erhält die Auszahlung: $u_A = l_B - k(l_A)$, B erhält die Auszahlung: $u_B = l_A - l_B$.
Beide Spieler sollen vollständig informiert sein, d. h. sie kennen von Beginn an sämtliche Entscheidungsoptionen beider Akteure, die Abfolge der Entscheidungen und die Höhe der Auszahlungen. Außerdem sollen sie wissen, was der jeweils andere weiß, daß der andere weiß, was sie wissen usw. (d. h. die Common-knowledge-Annahme gilt).

Man sieht leicht, daß es sich bei diesem Spiel um eine Verallgemeinerung des einfachen Vertrauensspiels handelt, wobei die Spieler jeweils über eine unendliche Strategienmenge verfügen.

Durch das Austauschspiel werden die Bedingungen des Verhandlungsproblems der Akteure festgelegt. In einer Vereinbarung versuchen sie, ihre Entscheidungen zum gegenseitigen Wohl zu koordinieren. Eine Vereinbarung heißt *realisierbar*, wenn die durch die Vereinbarung festgelegte Zugfolge $l_A = L_A$ und $l_B = L_B$ individuell rational durchführbar in dem zugehörigen Austauschspiel ist. Dies bedeutet, daß die Zugfolge (L_A, L_B) der Lösungspfad eines teilspielperfekten Gleichgewichts des Austauschspieles sein muß.

Im vorliegenden Fall ist tatsächlich keine wirklich vorteilhafte Vereinbarung realisierbar. Die Auszahlungen der Akteure sind nicht direkt abhängig von einer Vereinbarung (L_A, L_B), sie hängen nur von der tatsächlichen Wahl l_A bzw. l_B ab. Rationale Spieler werden den ange-

70

strebten Austausch in keinem Falle realisieren können. Ihre Auszahlung kann im vorliegenden Spiel nur 0 betragen. Genauer:

Satz 1: Das einzige teilspielperfekte Gleichgewicht im Austauschspiel ist das Strategieprofil ($l_A = 0$; $l_B = 0$).

Man sieht dies leicht ein, wenn man die Entscheidungssituation der Akteure „von hinten" betrachtet. Ist der Entscheidungsknoten von B erreicht, so bestimmt B mit seiner Wahl von l_b, nur noch seine eigenen Kosten. Seine beste Wahl ist in jedem Falle $l_B = 0$. Da A dies vorhersehen kann, wird auch er sich an seinem Entscheidungsknoten entscheiden, keine Leistung zu erbringen. Beide Spieler gehen am Ende - unabhängig von ihrer Vereinbarung - leer aus.

Um einen vorteilhaften Austausch in der vorliegenden Situation realisieren zu können, müssen rationale Akteure über Selbstbindungsmacht verfügen. Sie müssen in der Lage sein, ihre zukünftige Entscheidung mit der Vereinbarung tatsächlich festzulegen. Die Vereinbarung muß deshalb mit einer Änderung der darauf folgenden Entscheidungssituation verbunden sein. Es soll im folgenden untersucht werden, welche Änderungen notwendig sind, damit eine Vereinbarung von A und B auch tatsächlich zu dem angestrebten vorteilhaften Austausch führt, und wie die Vereinbarung dann möglicherweise ausfallen wird.

2. Selbstbindung durch Vertrag: Das Vertragsspiel

Um den wechselseitig vorteilhaften Austausch zu verwirklichen, reicht es nicht aus, daß die Akteure sich über die zu erbringenden Leistungen einigen. Es bedarf eines gewissen Maßes an Selbstbindungsmacht. Beide Akteure haben unter den gegebenen Bedingungen ein Interesse daran, daß es eine Möglichkeit geben möge, zukünftige Handlungen mit der Vereinbarung verpflichtend festzulegen. Die formale Struktur des Austauschspiels sieht dies jedoch nicht vor. Die externe Institution des Vertrages gibt dagegen austauschwilligen Partnern eine Möglichkeit, ihre zukünftigen Handlungsentscheidungen im vorhinein zu bestimmen. Dies geschieht nicht, indem die Handlungsoptionen der Akteure tatsächlich geändert werden. Vielmehr wird nicht-vereinbarungsgemäßes Handeln mit einer Strafe bedroht, und untreue Partner werden gegebenenfalls zu Schadenersatz verpflichtet. Durch solche Maßnahmen wird die Anreizstruktur der Situation u. U. entscheidend geändert. Wie muß dies in einer Austauschsituation der vorliegenden Art geschehen, damit der Austausch gewährleistet wird?

Ich interessiere mich hier für diejenigen Eigenschaften einer Vertragsinstitution, die entscheidend für eine adäquate Lösung eines Problems der hier vorliegenden Art sind. Es soll deshalb gefragt werden, welche Auswirkungen die Vertragsinstitution auf die Situation der austauschwilligen Partner mindestens haben *muß*, damit der Austausch unter rational entscheidenden Individuen problemlos vonstatten gehen kann. Die Änderungen, die eine minimale Vertragsinstitution bei dem vorliegenden Austauschproblem bewirkt, sollen in einem modifizierten Modell dargestellt werden.

Zunächst ist klar, daß ein rationaler Akteur B in der zweiten Phase unseres Vereinbarungsspiels nach erfolgter Leistung von A nur dann hinreichend motiviert sein wird, seine vereinbarte Gegenleistung L_B - die nun keinerlei Einfluß mehr auf die bereits erfolgte Leistung von A hat - zu erbringen, wenn er mit einer hinreichend hohen Strafe P rechnen muß, falls er nur eine geringere Leistung als vereinbart anbietet. Hinreichend hoch bedeutet dabei, daß die Kosten einer Nichtbeachtung der Vereinbarung $P + l_B$ größer sind als die Kosten L_B der vereinbarungsgemäßen Leistung. B wird allerdings nur dann mit einer Strafe rechnen müssen, wenn A seinerseits vereinbarungsgemäß mindestens die Leistung L_A erbracht hat. Wir würden es als inadäquat empfinden, wenn B bei einer Minderleistung bestraft würde, obwohl der angestrebte Austausch bereits durch die Fehlhandlung von A gescheitert ist. Tatsächlich knüpft das Vertragsrecht die Verpflichtung zu einer Gegenleistung daran, daß der Vertragspartner sich seinerseits vereinbarungsgemäß verhält. B wird nur dann eine Strafe P zu erwarten haben, wenn er die Vereinbarung verletzt *und* A seinen Teil der Vereinbarung erfüllt hat. P muß mithin nicht nur von der vereinbarten Leistung L_B und der tatsächlichen Leistung l_B von B sondern ebenso von L_A und l_A abhängig sein.

Die Drohung einer solchen hinreichend hohen Strafe schafft eine bedingte Verpflichtung von B, die für sich bereits ausreicht, das vorliegende Bindungsproblem zu lösen. Man sieht leicht, daß es keinen Grund für einen zusätzlichen Bindungsmechanismus für A gibt. Der Grund, daß A seinen Teil der Vereinbarung im Austauschspiel nicht beiträgt, war, daß er vorhersehen kann, daß B unabhängig von A's Entscheidung eine Vorleistung nicht erwidern wird. Mit einer hinreichend hohen bedingten Strafe P wird B sich aber genau dann an die Vereinbarung halten, wenn A sich seinerseits vereinbarungsgemäß verhält. Dies ist bereits Anreiz genug für A, die Vereinbarung einzuhalten.

Eine (in diesem Sinne) minimale Vertragsinstitution modifiziert das Austauschspiel nach einer Vereinbarung $(L_A, L_B) \in IR^+ \times IR^+$ folgendermaßen:

Vertragsspiel

A wählt eine Zahl $l_A \in IR^+$. B wird über die Höhe von l_A informiert und wählt anschließend eine Zahl $l_B \in IR^+$.

A erhält die Auszahlung: $u_A = l_B - k(l_A)$;
B erhält die Auszahlung: $u_B = l_A - l_B - P(L_A, l_A, L_B, l_B)$,
mit $P(L_A, l_A, L_B, l_B) = 0$, falls $l_A < L_A$ oder $l_B \geq L_B$.
Beide Spieler sollen vollständig informiert sein, d. h. sie kennen von Beginn an sämtliche Entscheidungsoptionen beider Akteure, die Abfolge der Entscheidungen und die Höhe der Auszahlungen. Außerdem sollen sie wissen, was der jeweils andere weiß, daß der andere weiß, was sie wissen usw. (d. h. die Common-knowledge-Annahme gilt).

Läßt man diejenigen Fälle außer acht, in denen B indifferent ist, so wird eine Vereinbarung $(L_A, L_B) \in V$ genau dann unter rationalen Akteuren in der zweiten Phase des Vertragsspiels realisiert, falls gilt:

Für alle $l_B < L_B$: $P(L_A, l_A = L_A, L_B, l_B) > L_B - l_B$. (*)

Man beachte, daß an der zweiten Stelle des Argumentes von P in der Bedingung (*) statt l_A das Zeichen der vereinbarten Leistung L_A (groß geschrieben!) steht. Eine Bedingung für die Strafe P wird also durch (*) nur für den Fall formuliert, in dem A vereinbarungsgemäß entscheidet. Erbringt A tatsächlich vereinbarungsgemäß seine Leistung L_A, so erhält B die Auszahlung $L_A - L_B$, wenn er sich seinerseits an die Vereinbarung hält. Er erhält dagegen $L_A - l_B - p(L_A, L_A, L_B, l_B)$ für jede Wahl $l_B < L_B$. Nach der Bedingung (*) ist dies echt weniger. Außerdem ist klar, daß jede Wahl $l_B > L_B$ sich für B nicht lohnt. Die beste Antwort auf die Wahl L_A von A ist also L_B. Wählt A hingegen eine Leistung $l_A < L_A$, so muß B keine Strafe fürchten. Seine beste Antwort ist $l_B = 0$. Da wir für $l_A > L_A$ keine Bedingung für P festgelegt haben, kann man nicht mit Bestimmtheit sagen, wie B optimal reagiert. Es gilt jedoch in jedem Fall, daß eine optimale Wahl von B höchstens L_B beträgt, da jede höhere Leistung lediglich zusätzliche Kosten für B verursacht.

Unter diesen Bedingungen nun ist L_A tatsächlich die beste Wahl von A in der zweiten Phase des Vertragsspieles. Wählt er eine Leistung $l_A < L_A$, so kann er mit keiner Gegenleistung rechnen; seine Auszahlung ist maximal 0. Für $l_A = L_A$ erwartet er dagegen die Auszahlung $L_B - k(L_A)$, was wegen $(L_A, L_B) \in V$ positiv ist. Auch für ihn lohnt sich keine höhere Leistung, da dadurch zwar seine Kosten steigen, die zu erwartende Gegenleistung von B aber nicht erhöht wird.

Eine Vereinbarung, die die Bedingung (*) erfüllt, soll *vertraglich gesichert* heißen. Unsere Überlegungen lassen sich dann in dem folgenden Satz zusammenfassen:

Satz 2: Für jede vertraglich gesicherte Vereinbarung $(L_A, L_B) \in V$ gilt: Es gibt ein teilspielperfektes Gleichgewicht $(s_A; s_B)$ in dem zugehörigen Vertragsspiel mit der Eigenschaft, daß s_A die Wahl $l_A = L_A$ und s_B die Entscheidung $l_B = L_B$, falls $l_A = L_A$, und $l_B = 0$, falls $l_A < L_A$, vorschreibt.

Eine vertraglich gesicherte Vereinbarung ist also realisierbar. Nehmen wir nun an, daß jede beliebige Vereinbarung $(L_A, L_B) \in V$ vertraglich gesichert ist; d.h für jede beliebige Vereinbarung $(L_A, L_B) \in V$ soll die Bedingung (*) erfüllt sein. Auf welche gegenseitigen Leistungen werden sich in diesem Falle die beiden Akteure einigen?

Die Verhandlungstheorie (vgl. für einen Überblick Binmore & Dasgupta 1987) gibt eine Antwort auf Fragen dieser Art. In traditionellen Ansätzen wird in der Formulierung des Verhandlungsproblems vorausgesetzt, daß die individuelle Durchsetzung einer kollektiv bestimmten Vereinbarung problemlos möglich ist. Die Spieler besitzen Bindungsmacht, sie werden auf das Ergebnis der Vereinbarung festgelegt. Durch unsere Voraussetzung, daß alle Vereinbarungen $(L_A, L_B) \in V$ vertraglich gesichert sind, ist die Erfüllung dieser Bedingung für rationale Akteure gewährleistet.

Die klassischen Verhandlungstheorien gehen von einigen, axiomatisch festgelegten Eigenschaften aus, die eine Lösung des Verhandlungsproblems haben sollte; dann wird gezeigt, wie durch diese Bedingungen eine Lösung (eindeutig) bestimmt ist (für eine Zusammenfassung solcher Lösungstheorien siehe Roth 1979). Die am häufigsten benutzte Lösungstheorie für Verhandlungsprobleme dieser Art stammt von John Nash (Nash 1950).

Nash (1953) hat für seine Lösungstheorie zusätzlich eine strategische Begründung gegeben. Dabei wird der Prozeß der Verhandlung als ein nicht-kooperatives Spiel modelliert, in dem die spieltheoretische Lösung die Verhandlungslösung bestimmt. Eine alternative strategisch begründete Lösungstheorie formuliert Rubinstein (1982). Ich werde in meinen Überlegungen darauf verzichten, ein genaues Modell des Prozesses der Übereinkunft anzugeben, und stattdessen auf die klassische (bzw. eine verallgemeinerte) Nash-Lösung, die für das vorliegende Problem angemessen erscheint, zurückgreifen.

Nur solche Ergebnisse können Lösungen eines Verhandlungsproblems sein, die individuell rational und effizient im Sinne des starken Paretoprinzips sind.[5]

Eine Vereinbarung (L_A, L_B) ist individuell rational, wenn ihre Realisierung keinen der beiden Akteure schlechter stellt, als er ohne die Vereinbarung gestellt wäre. In unserem Fall bedeutet dies, daß weder $L_B - k(L_A)$ noch $L_A - L_B$ negativ sein dürfen. Jede Vereinbarung $(L_A, L_B) \in V$ erfüllt diese Bedingung.

Eine Vereinbarung (L_A, L_B) ist effizient im Sinne des starken Paretoprinzips, wenn es keine andere Vereinbarung $(L_A{}^+, L_B{}^+)$ gibt, deren Realisierung keinen der Partner schlechter und mindestens einen der beiden echt besser stellt als die Realisierung von (L_A, L_B). Unter unserer Annahme, daß es ein eindeutig bestimmtes L^* gibt, für das die Differenz $L_A - k(L_A)$ maximal wird, läßt sich die Menge aller paretoeffizienten Vereinbarungen aus V leicht bestimmen. Es ist genau die Menge derjenigen Vereinbarungen $(L_A, L_B) \in V$, für die gilt: $L_A = L^*$.

Für jede andere Vereinbarung $(L_A, L_B) \in V$ mit $L_A \neq L^*$ kann zusätzlicher Nutzen geschaffen werden, indem A statt L_A L^* wählt. Der größere Gesamtnutzen kann dann immer so aufgeteilt werden, daß mindestens einer der beiden profitiert, ohne daß der andere Schaden erleidet. Betrachten wir eine feste Vereinbarung $(L_A, L_B) \in V$ mit $L_A \neq L^*$, so ist z. B. die Vereinbarung $(L^*, L_B + L^* - L_A)$ eine Paretoverbesserung. Man sieht leicht, daß B bei beiden Vereinbarungen die gleiche Auszahlung erhält, während A bei der Verwirklichung der ursprünglichen Vereinbarung $L_B - k(L_A)$ und nach der zweiten Vereinbarung $L_B + L^* - L_A - k(L^*)$ erhält; wegen $L^* - k(L^*) > L_A - k(L_A)$ ist die zweite Auszahlung echt größer als die erste.

---

[5] Von Neumann und Morgenstern (1944) gingen ursprünglich davon aus, daß die einzig mögliche Aussage über die Lösung eines Verhandlungproblems ist, daß sie diese beiden Eigenschaften hat. Die Menge aller Ergebnisse mit diesen Eigenschaften nannten sie „Verhandlungsmenge" (bargaining set) oder „Kern" (core).

Umgekehrt kann es zu keiner Vereinbarung $(L^*, L_B) \in V$ eine Paretoverbesserung geben. Gäbe es nämlich eine solche, so gäbe es nach der obigen Überlegungen auch eine Paretoverbesserung $(L^*, L_B^+) \in V$ zu (L^*, L_B). Dies kann aber nicht sein, da bei konstantem L^* jede Änderung von L_B entweder eine Verschlechterung von B oder eine Verschlechterung von A nach sich zieht.

Wir erhalten also als Menge der individuell rationalen und paretoeffizienten Vereinbarungen des Vertragsspiels die Menge $V^* = \{(L^*; L_B) \mid L^* \geq L_B \geq k(L^*)\}$. Die Wahl von L_B entscheidet über die Verteilung des durch den Austausch realisierten Nutzens. In den Extremfällen erhalten wir für $L_B = L^*$ den Auszahlungsvektor $(L^* - k(L^*); 0)$ und für $L_B = k(L^*)$ den Auszahlungsvektor $(0; L^* - k(L^*))$; im ersten Fall erhält A den gesamten Nettonutzen, im zweiten Fall B.

Die Menge der möglichen Ergebnisse des Vertragsspieles läßt sich nun leicht in einem Nutzendiagramm darstellen (Abb. 4). Auf der waagerechten Achse wird dabei der Nutzen u_A von A und auf der senkrechten Achse der Nutzen von B abgetragen. Die Strecke, die die Punkte $(L^* - k(L^*); 0)$ und $(0; L^* - k(L^*))$ verbindet besteht aus genau denjenigen Ergebnissen des Spieles, die durch die Realisierung einer Vereinbarung aus V^* entstehen; ihre Gleichung ist: $u_B = L^* - k(L^*) - u_A$. Die schraffierte Fläche ist die sog. Verhandlungsmenge; sie besteht aus genau denjenigen Ergebnissen des Austauschspiels, die bei einer Realisierung einer beliebigen Vereinbarung aus V erzielt werden.

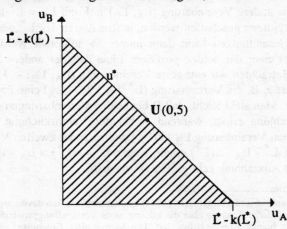

Abbildung 4: Der Nutzenraum des Vertragsspiels

Wir haben hier ein besonders einfaches Verhandlungsproblem. Die verallgemeinerte Nash-Lösung (Roth 1979) für die Verhandlungsmacht α von A und $\beta = 1 - \alpha$ von B ist derjenige Punkt der Verhandlungsmenge, für den das Produkt $u_A^\alpha \cdot u_B^{1-\alpha}$ maximal wird. Für ein einfaches Problem der hier vorliegenden Art ist dies der Punkt, bei dem A den Anteil a des maximalen Nettonutzens und B den Anteil β erhält. Die Nash-Lösung ist also der Punkt $U(\alpha) = (\alpha(L^* - k(L^*)); (1- \alpha)(L^* - k(L^*))$. Dieser Punkt teilt die Strecke u^* im Verhältnis $\alpha/1- \alpha$; er entspricht, wie man leicht nachrechnet, der Vereinbarung $(L^*; \alpha L^* + (1 - \alpha)k(L^*)) \in V$. Für a = 0,5 erhalten wir die klassische Nash-Lösung, das ist der Auszahlungsvektor $(0,5 \cdot (L^* - k(L^*)); 0,5 \cdot (L^* - k(L^*))$; die zugehörige Vereinbarung ist: $(L^*; 0,5 \cdot (L^* + k(L^*)))$. Wir fassen unsere Überlegungen in dem folgenden Satz zusammen:

Satz 3: Die (verallgemeinerte) Nash-Lösung für das Verhandlungsproblem mit vertraglich gesicherten Vereinbarungen bei einer Verhandlungsmacht α von A ist der Auszahlungsvektor $U(\alpha)$ = $(\alpha(L^* - k(L^*)); (1- \alpha)(L^* - k(L^*))$. Die zugehörige Vereinbarung ist: $(L^*; \alpha L^* + (1 - \alpha)k(L^*)) \in V$.

Der Punkt $(L^*; 0,5 \cdot (L^* + k(L^*))$ ist der Mittelpunkt der Strecke, die V aus der Geraden $L_1 = L^*$ in Abbildung 3 (siehe Markierung) ausschneidet. Entsprechend sieht man leicht, daß die der verallgemeinerten Nash-Lösung entsprechende Vereinbarung diese Strecke im Verhältnis $\alpha/(1-\alpha)$ teilt.

3. Selbstbindung in wiederholten Transaktionen

Die Vertragsinstitution hat nicht generell eine solche zentrale Bedeutung für die Realisierung wechselseitig vorteilhafter Austauschgeschäfte, wie man angesichts der spieltheoretischen Analyse der formalen Struktur von Austauschsituationen meinen möchte. In einer vielbeachteten empirischen Studie wies Macaulay (1963) darauf hin, daß viele Unternehmen bei ihren Geschäften auf den Abschluß formaler Verträge, und damit auf die Drohung staatlicher Sanktionen im Falle eines Bruchs der Vereinbarungen, teilweise oder völlig verzichten. Ein häufig genanntes Beispiel sind die Geschäftspraktiken auf den Diamantenmärkten, wo Werte in Millionenhöhe auf der Basis mündlicher Absprache und eines Handschlags transferiert werden (vgl. z. B. Axelrod 1988, 160; eine Beschreibung des Diamantenmarktes findet man in Wechsberg 1966). Transaktionen dieser Art sind typischerweise eingebettet in ein Netz andauernder Geschäftsbeziehungen. Wer sich unter diesen Bedingungen nicht als vertrauenswürdig erweist, muß damit rechnen, langfristig Schaden zu nehmen. Die Geschäftspartner werden ihm nicht mehr vertrauen, und er wird deshalb Möglichkeiten zu zukünftigen einträchtigen Geschäften verlieren.

Innerhalb einer Folge gleichartiger Interaktionen haben die Akteure die Möglichkeit, auf unerwünschtes Verhalten ihrer Partner zu reagieren. Damit wird ihnen ein Instrument der Sanktionierung an die Hand gegeben, das unter gewissen Bedingungen externe staatliche Sanktionen überflüssig macht. In der Theorie der Superspiele (eine eingehende Darstellung findet man in Fudenberg & Maskin 1986) wird dieser Gedanke präzisiert. Man betrachtet dabei eine Folge von strukturgleichen Spielen, deren Ende nicht bestimmt ist. Zu jedem Zeitpunkt besteht allerdings eine bekannte konstante Wahrscheinlichkeit $1-\rho$, daß die Folge abbricht. Die Abbruchwahrscheinlichkeit ρ ist formal äquivalent zu einer zeitlichen Diskontierung; sie heißt deshalb der Diskontfaktor des Superspiels. Die Möglichkeit, auf unerwünschtes Verhalten der Partner zu reagieren, läßt sich dann durch von der Spielgeschichte abhängige bedingte Strategien für das so geformte Gesamtspiel leicht modellieren.

Wir wollen nun ein solches Superspiel für das Austauschspiel aus Abschnitt 1 näher betrachten. Dazu nehmen wir an, daß es eine unendliche Folge von Zeitpunkten t = 1, 2, 3, ... gibt. Zu jedem Zeitpunkt sind A und B Partner in einem Austauschspiel mit festen Nutzenfunktionen u_a und u_b bis die Folge endet. Das Ende tritt zu jedem Zeitpunkt t mit der gleichen Wahrscheinlichkeit $1-\rho$ ein. Eine solche Folge von Austauschspielen soll *Austauschsuperspiel* heißen. Wir betrachten Strategien, die den Akteuren dann und nur dann vereinbarungstreues Verhalten vorschreiben, wenn alle Vereinbarungen in den vorangegangenen Spielen treu eingehalten wurden. Da die einzelnen Vereinbarungsspiele identisch sind, wollen wir annehmen, daß die Spieler nach vergleichbarer Spielgeschichte jeweils zu den gleichen Vereinbarungen (L_A, L_B) kommen. Danach schreiben ihnen ihre Superspielstrategien ein Verhalten der folgenden Form vor:

$s_A (L_A, L_B)$: Wähle $l_A = L_A$, falls zu allen vorangehenden Zeitpunkten eine Zugfolge (l_A, l_B) realisiert wurde mit $l_A \geq L_A$ und $l_B \geq L_B$. Wähle $l_A = 0$ in allen anderen Fällen.

$s_B (L_A, L_B)$: Wähle $l_B = L_B$, falls zu allen vorangehenden Zeitpunkten eine Zugfolge (l_A, l_B) realisiert wurde mit $l_A \geq L_A$ und $l_B \geq L_B$ und A auch zum gegenwärtigen Zeitpunkt mindestens $l_A = L_A$ gewählt hat. Wähle $l_B = 0$ in allen anderen Fällen.

Unter welchen Bedingungen sind solche Strategien rational durchführbar? Oder anders formuliert: Welche Vereinbarungen (L_A, L_B) sind auf diese Weise in einem Superspiel realisierbar, ohne daß auf die Drohung staatlicher Sanktionen im Falle eines Bruchs der Vereinbarung zurückgegriffen werden müßte?

Man sieht zunächst leicht, daß zu vorgegebenem $(L_A, L_B) \in V$ s_A (L_A, L_B) stets die beste Antwort auf $s_B(L_A, L_B)$ ist. Zwei Fälle sind zu betrachten. Beginnen wir mit der Lage von A zu einem beliebigen Zeitpunkt t, nachdem die Vereinbarung bereits einmal gebrochen wurde. Seine Strategie schreibt ihm vor, keine Leistung zu erbringen. Da er auch von B nach s_B (L_A, L_B) keine Leistung mehr erwarten kann, ist dies die optimale Entscheidung. Wurde die Vereinbarung dagegen immer treu erfüllt (oder wurden gar höhere Leistungen als vereinbart erbracht), so schreibt ihm seine Strategie die Wahl $l_A = L_A$ vor. Angesichts der Strategie von B ist sein Erwartungswert für die Summe seiner zukünftigen Auszahlungen für diesen Fall:

$$E_A = L_B - k(L_A) + \rho(L_B - k(L_A)) + \rho^2(L_B - k(L_A)) + \dots$$

$$= \frac{1}{1 - \rho}(L_B - k(L_A))$$

Wählt er sogar mehr als L_A, so erhält er weniger. Wählt er dagegen ein $l_A < L_A$, so ist sein Erwartungswert $E_A = -k(L_A) \leq 0$. Wegen $(L_A, L_B) \in V$ ist $l_A = L_A$ also tatsächlich seine beste Wahl.

Betrachten wir nun den Akteur B zum Zeitpunkt t. Falls die Vereinbarung zu irgendeinem vorangegangenen Zeitpunkt nicht erfüllt wurde oder A im voraufgehenden Zug ein $l_A < L_A$ wählte, folgt aus einer vollkommen analogen Überlegung, daß der von seiner Strategie vorgeschriebene Zug $l_B = 0$ optimal ist. Falls dagegen alle Entscheidungen bis zum Zeitpunkt t der Vereinbarung entsprachen und A zum Zeitpunkt t ein $l_A \geq L_A$ wählte, schreibt seine Strategie B die Wahl $l_B = L_B$ vor. Sein Erwartungswert in diesem Fall ist:

$$E_B = l_A - L_B + \frac{\rho}{1-\rho}(L_A - L_B)$$

Wählt B nun abweichend von seiner Strategie einen höheren Wert als L_B, so erhält er weniger. Wählt er einen geringeren Wert $l_B < L_B$, so werden keine Transaktionen mehr zustande kommen. Seine Auszahlung ist dann l_A - l_B, maximal also l_A. Die Strategie s_B (L_A, L_B) schreibt ihm also genau dann die optimale Entscheidung vor, wenn E_B $|\geq l_A$. Dies ist - wie einige einfache algebraische Umformungen zeigen - genau dann der Fall, wenn gilt:

$$L_B \leq \rho L_A \ (**)$$

Wir fassen unsere Überlegungen wieder in einem Satz zusammen:

Satz 4: Im Austauschsuperspiel ist zu einer Vereinbarung $(L_A, L_B) \in$ V das Strategieprofil $(s_A\ (L_A, L_B),\ s_B\ (L_A, L_B))$ genau dann ein teilspielperfektes Gleichgewicht, wenn $L_B \leq \rho L_A$.

In einer durch das Austauschsuperspiel beschriebenen Folge von Austauschsituationen können rationale Akteure eine Vereinbarung $(L_A,$ $L_B) \in V$ durchgängig ohne externe Bindungsmechanismen realisieren, wenn für die Vereinbarung und den Diskontparameter r die Bedingung (**) erfüllt ist. Wir nennen eine solche Vereinbarung *ρ-realisierbar*.

Für $\rho < 1$ ist die Menge der ρ-realisierbaren Vereinbarungen eine echte Teilmenge der Menge der lohnenden Vereinbarungen V. Abbildung 5 veranschaulicht dies graphisch.Die senkrecht schraffierte Fläche repräsentiert alle Vereinbarungen aus V, die der Bedingung $L_B \leq \rho L_A$ genügen.

Durch eine ρ-realisierbare Vereinbarung (L_A, L_B) wird in eindeutiger Weise ein Superspielgleichgewicht von der Form $(s_A\ (L_A, L_B),\ s_B$ $(L_A, L_B))$ bestimmt. Wir können eine Vereinbarung in einer Folge von Austauschspielen also als (kollektive) Auswahl eines Gleichgewichts verstehen. Auf welches Paar $(L_A, L_B) \in V$ werden sich rationale Partner einigen? Das durch diese Frage beschriebene Verhandlungsproblem unterscheidet sich von dem Verhandlungsproblem aus Abschnitt 2 insofern, als die Menge der realisierbaren Vereinbarungen durch die Be-

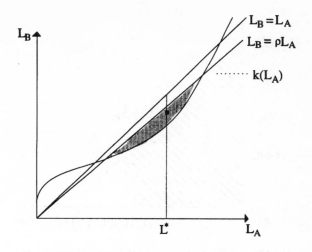

Abbildung 5: Die Menge der ρ-realisierbaren Vereinbarungen

dingung (**) nun eingeschränkt wird. Um die Frage zu beantworten, müssen wir die Menge der durch Vereinbarung möglichen Auszahlungspaare betrachten. Da die Auszahlungen im Superspiel bei Befolgung der Gleichgewichtsstrategien für beide Akteure proportional zu den Auszahlungen im Einzelspiel sind (Proportionalitätsfaktor $1/(1-\rho)$), reicht es aus, die Auszahlungen im Einzelspiel bei einer Realisierung der Vereinbarung zu betrachten. Abbildung 6 stellt die „Verhandlungsmenge" graphisch dar.

Zunächst gilt auch in diesem Fall für jede paretooptimale Vereinbarung $L_A = L^*$. Die Argumentation hierzu verläuft vollständig analog zur Argumentation aus Abschnitt 2. Ich führe sie hier deshalb nicht aus. Nach Satz 4 ist eine Vereinbarung $(L^*; L_B) \in V^*$ genau dann individuell rational und damit realisierbar, wenn $L_B \leq \rho L^*$. Die optimale realisierbare Vereinbarung für A ist deshalb $(L^*; \rho L^*)$. Sie erzeugt den Auszahlungsvekor $(\rho L^* - k(L^*); (1-\rho)L^*)$. Geht man - wie in der Verhandlungstheorie üblich - davon aus, daß die Akteure frei sind, eigenen Nutzen zu vernichten („free disposal"), so erhält man als Menge der durch lohnende und realisierbare Vereinbarungen erreichbaren Auszahlungspunkte die in Abbildung 6 schraffierte Fläche.

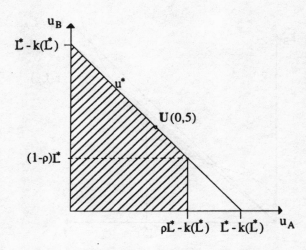

Abbildung 6: Der Nutzenraum im Austauschsuperspiel

Unser Verhandlungsproblem unterscheidet sich von dem Problem aus Abschnitt 2 also lediglich dadurch, daß der Verhandlungsmenge eine „Ecke" fehlt.

Wir können nun zwei Fälle unterscheiden. Im ersten Fall liegt $U(\alpha)$ = $(\alpha(L^* - k(L^*)); (1-\alpha)(L^* - k(L^*))$ innerhalb der Verhandlungsmenge zum Austauschsuperspiel. Dies ist genau dann der Fall, wenn:

$\alpha(L^* - k(L^*)) \leq \rho L^* - k(L^*)$, oder äquivalent hierzu:
$(\rho-a)L^* = (1-\alpha)k(L^*)$. (***)

$U(\alpha)$ ist die verallgemeinerte Nash-Lösung des Verhandlungsproblems zum Vertragsspiel aus Abschnitt 2. Die verallgemeinerte Nash-Lösung eines Verhandlungsproblems findet man, indem man untersucht, für welchen Punkt der Verhandlungsmenge das Produkt $u_A^\alpha \cdot u_B^{1-\alpha}$ maximal wird. Liegt nun die Nash-Lösung des Verhandlungsproblems zum Vertragsspiel innerhalb der Verhandlungsmenge des Austauschsuperspiels, so ist sie offenbar gleichzeitig auch dessen Nash-Lösung, da die Verhandlungsmenge des Austauschsuperspiels eine echte Teilmenge der Verhandlungsmenge zum Vertragsspiel ist. Unter der Bedingung (***) werden sich rationale Akteure also für das Austauschsuperspiel auf die gleichen wechselseitigen Leistungen einigen, wie für das Vertragsspiel.

Nehmen wir nun an, die Bedingung (***) gilt nicht. Die Nash-Lösung des Verhandlungsproblems zum Vertragsspiel liegt dann auf dem Teil von u^*, der nicht in der Verhandlungsmenge des Austauschsuperspiels liegt. Wie man sich leicht überlegt, wird das Produkt $u_A^\alpha \cdot u_B^{1-\alpha}$ dann genau für denjenigen Punkt in der Verhandlungsmenge maximal, der auf u^* liegt und den geringsten Abstand zu $U(a)$ hat. Die Nash-Lösung in diesem Fall ist also der Punkt $(\rho L^* - k(L^*); (1-\rho)L^*)$. Diese Auszahlungen gehören zu der Vereinbarung $(L^*; \rho L^*)$. Wir fassen unsere Überlegungen wieder in einem Satz zusammen:

Satz 5: Falls $(\rho-\alpha)L^* > (1-\alpha)k(L^*)$ gilt, ist die verallgemeinerte Nash-Lösung zur Verhandlungsmacht a von A für das Verhandlungsproblem zum Austauschsuperspiel der Auszahlungsvektor $(\alpha(L^* - k(L^*)); (1-\alpha)(L^* - k(L^*)))$ mit der zugehörigen Vereinbarung $(L^*; \alpha(L^* - k(L^*)) + k(L^*))$.
In allen anderen Fällen ist die verallgemeinerte Nash-Lösung der Auszahlungsvektor $(\rho L^* - k(L^*); (1-\rho)L^*)$ mit der zugehörigen Vereinbarung $(L^*; \rho L^*)$.

Wenn die Nash-Lösung des Verhandlungsproblems mit vertraglich gesicherten Vereinbarungen zu einer Vereinbarung $(L^*; L_B^*)$ führt (mit $L_B^* = \alpha L^* + (1 - \alpha)k(L^*)$), für die gilt: $\rho L^* > L_B^*$, so wird das entsprechende Verhandlungsproblem zum Austauschspiel durch die gleiche Vereinbarung gelöst; die Partner können auf den externen Sanktionsmechanismus der Vertragsinstitution zur Durchsetzung ihrer Vereinbarung in einer Folge von Austauschspielen verzichten. Gilt jedoch $\rho L^* \le L_B^*$, so werden sich die Partner nur auf die Leistungen $(L^*; \rho L^*)$ einigen, wenn sie nicht die Möglichkeit haben, ihre Vereinbarung vertraglich zu sichern. Eine Vereinbarung $(L^*; \rho L^*)$ ist aus zweierlei Gründen für A nachteilig. Erstens ist - wie unsere Überlegungen zu Satz 5 zeigen - B regelmäßig indifferent zwischen einer vereinbarungstreuen Entscheidung und dem Bruch der Vereinbarung. A wird also, wenn er sicher gehen will, B sogar einen etwas größeren Teil des Kuchens zugestehen müssen. Zweitens wird A, falls $\rho L^* < L_B^*$, schon im Falle einer Realisierung der Vereinbarung $(L^*; \rho L^*)$ echt schlechter gestellt, als es im Vertragsfall möglich wäre.
Falls - wie wir bisher stillschweigend angenommen haben - der Abschluß eines rechtlich bindenden Vertrags keine zusätzlichen Kosten verursacht, wird A also darauf bestehen, daß die Transaktionen vertraglich gesichert werden und B die Leistung L_B^* einbringt. Interessant

ist nun, daß es nicht notwendig ist, die Vereinbarung $(L^*; L_B^*)$ selbst vertraglich abzusichern. Es reicht vielmehr aus, wenn die Partner sich auf angemessene Mindestleistungen festlegen. Welche Auswirkungen Verträge über Mindestleistungen in einer Folge von Austauschsituationen haben, soll in dem folgenden Abschnitt untersucht werden.

4. Unvollständige Verträge

Wir nehmen wieder an, A und B seien die Akteure in einer Folge von Austauschsituationen mit der immer gleichen Grundstruktur eines Austauschspiels. Die Wahrscheinlichkeit, daß die Folge endet, ist zu jedem Zeitpunkt $1-\rho$. Die Akteure können in jedem Spiel Mindestleistungen L_{Amin} und L_{Bmin} vertraglich festlegen. Da die Spielsituation zu jedem Zeitpunkt die gleiche ist, gehen wir davon aus, daß alle Verträge das gleiche Paar von Mindestleistungen (L_{Amin}, L_{Bmin}) festlegen. Wir betrachten also ein Superspiel des Vertragsspiels zu der Vereinbarung (L_{Amin}, L_{Bmin}) mit dem Diskontfaktor ρ. Ein solches Spiel nennen wir *Vertragssuperspiel zu den Mindestleistungen* (L_{Amin}, L_{Bmin}).

Anders als bei unseren Überlegungen zum Vertragsspiel in Abschnitt 2 sind mit dem Vertragsabschluß die tatsächlich zu erbringenden Leistungen noch nicht festgelegt. Über die Höhe der tatsächlichen Leistungen muß eine weitere Vereinbarung getroffen werden. Eine solche Vereinbarung könnte man sich auch als stillschweigend vorstellen. Auch für diese Vereinbarung soll angenommen werden, daß sie für jedes Stufenspiel gleich ausfällt. Die Einhaltung der Vereinbarung über die tatsächliche Höhe soll durch bedingte Strategien gesichert werden. Welche Vereinbarungen lassen sich durchsetzen?

Nach den Vorüberlegungen betrachten wir zu einem Vertrag über Mindestleistungen $(L_{Amin}, L_{Bmin}) \in V$ bedingte Strategien der folgenden Form:

$s_A (L_A, L_B; L_{Amin}, L_{Bmin})$: Wähle $l_A = L_A$, falls zu allen vorangehenden Zeitpunkten eine Zugfolge (l_A, l_B) realisiert wurde mit $l_A | \geq L_A$ und $l_B \geq L_B$. Wähle $l_A = L_{Amin}$ in allen anderen Fällen.

s_B (L_A, L_B; L_{Amin}, L_{Bmin}): Wähle $l_B = L_B$, falls zu allen vorangehenden Zeitpunkten eine Zugfolge (l_A,
l_B) realisiert wurde mit $l_A \geq L_A$ und $l_B \geq$
L_B und A auch zum gegenwärtigen Zeit-
punkt mindestens $l_A = L_A$ gewählt hat. In
allen anderen Fällen wähle diejenige Entscheidung, die das Gleichgewicht für das
Einzelspiel zum gegenwärtigen Zeitpunkt
vorschreibt.

Unsere Frage läßt sich dann präzise formulieren: Für welche Vereinba-
rungen (L_A, L_B) $\in V$ bilden die Strategien s_A (L_A, L_B; L_{Amin}, L_{Bmin})
und s_B (L_A, L_B; L_{Amin}, L_{Bmin}) ein teilspielperfektes Gleichgewicht in
dem Vertragssuperspiel zu den Mindestleistungen (L_{Amin}, L_{Bmin})?
Der folgende Satz gibt Antwort auf diese Frage:

Satz 6: In dem Vertragssuperspiel zu den Mindestleistungen (L_{Amin},
L_{Bmin}) $\in V$ ist das Strategieprofil (s_A (L_A, L_B; L_{Amin},
L_{Bmin}); s_B (L_A, L_B; L_{Amin}, L_{Bmin})) mit einer zu (L_{Amin},
L_{Bmin}) paretosuperioren Vereinbarung (L_A, L_B) genau dann
ein teilspielperfektes Gleichgewicht, wenn $L_B - L_{Bmin} \leq \rho(L_A$
$- L_{Amin})$.

Betrachten wir zum Beweis zunächst die Entscheidungssituation zu
einem beliebigen Zeitpunkt t. Wurde die Vereinbarung (L_A, L_B) bereits einmal gebrochen, so schreiben die Strategien den Akteuren jeweils die Wahl der Gleichgewichtsstrategie des Einzelspiels zu jedem
künftigen Zeitpunkt vor. Die Strategien schreiben also wechselseitig
optimale Antworten vor.
    Nehmen wir nun an, daß die Vereinbarung bis zu dem betrachteten
Zeitpunkt t von beiden Akteuren erfüllt wurde. Man sieht dann leicht,
daß sich für keinen Akteur jemals eine höhere Leistung als die vereinbarte lohnt.
    A muß angesichts der Strategie s_B bei Befolgung von s_A einen zu-
künftigen Gewinn von ($L_B - k(L_A))/(1-\rho)$ erwarten, während er bei
einer geringeren Leistung ($L_{Bmin} - k(L_{Amin}))/(1-\rho)$ zu erwarten hätte.
Da (L_A, L_B) paretosuperior ist, ist eine Befolgung der Strategie optimal.
    Auch für B schreibt s_B jeweils optimale Entscheidungen vor, wenn
die Vereinbarung zu allen vorangegangenen Zeitpunkten eingehalten

wurde. Wählte A zu diesem Zeitpunkt $l_A < L_A$, so ist seine Strategie aus den gleichen Gründen wie nach einem Vertragsbruch zu einem vorangehenden Zeitpunkt optimal. Wählte A jedoch vereinbarungsgemäß $l_A = L_A$, so erwartet B bei einer Befolgung von s_B eine Auszahlung aus dem gegenwärtigen Spiel und zukünftigen Spielen von $E = l_A - L_B + (L_A - L_B) \rho/(1-\rho)$. Bricht er die Vereinbarung, so kann er dagegen höchstens mit $l_A - L_B + (L_{Bmin} - L_{Amin}) \rho/(1-\rho)$ rechnen. s_B schreibt also genau dann die optimale Wahl vor, wenn gilt:

$$l_A - L_B + \frac{\rho(L_A - L_B)}{1-\rho} \geq l_A - L_{Bmin} + \frac{\rho(L_{amin} - L_{Bmin})}{1-\rho}$$

Wie einige einfache algebraische Umformungen zeigen, ist dies genau dann erfüllt, wenn $L_B - L_{Bmin} \leq \rho(L_A - L_{Amin})$.

Betrachten wir nun anhand von Abbildung 7, welche wechselseitig vorteilhaften Vereinbarungen in einem Vertragssuperspiel zu den Mindestleistungen $(L_{Amin}, L_{Bmin}) \in V$ durchgesetzt werden können.

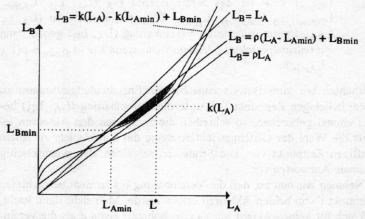

Abbildung 7: Durchsetzbare Vereinbarungen nach einem Vertrag über Mindestleistungen

Zwei Bedingungen müssen für eine Vereinbarung (L_A, L_B) gelten, damit sie unter einem Vertrag über Mindestleistungen (L_{Amin}, L_{Bmin}) im Superspiel durchsetzbar ist. Erstens muß nach dem Satz gelten : $L_B - L_{Bmin} \leq \rho(L_A - L_{Amin})$. Dies bedeutet, daß (L_A, L_B) unterhalb der Geraden g mit der Gleichung $L_B = r(L_A - L_{Amin}) + L_{Bmin}$ liegen muß. Zweitens muß die Vereinbarung eine Paretoverbesserung sein. Man

86

überzeugt sich leicht, daß für $L_A = L_{Amin}$ jede Vereinbarung unterhalb der Geraden g mindestens dieselbe Auszahlung für B garantiert wie die Vereinbarung (L_{Amin}, L_{Bmin}). A erhält genau dann keine schlechtere Auszahlung, wenn $L_B - k(L_A) \geq L_{Bmin} - k(L_{Amin})$. Alle Vereinbarungen, die die zweite Bedingung erfüllen, müssen deshalb oberhalb des Graphen von $L_B = k(L_A) - k(L_{Amin}) + L_{Bmin}$ liegen. Wir erhalten als Menge der durchsetzbaren Vereinbarungen nach einem Vertrag über Mindestleistungen diejenigen Punke, die in der schraffierten Fläche liegen.

Man könnte sich fragen, warum die Akteure überhaupt einen Vertrag über Mindestleistungen abschließen sollten, um einen Austausch zu sichern, den sie auch direkt vertraglich absichern können. Unser Modell gibt keine Antwort auf diese Frage. Das liegt vor allem daran, daß wir davon ausgegangen sind, daß Verhandlungen und Vertragsabschluß den Akteuren keine zusätzlichen Kosten verursachen. Diese idealisierende Annahme dürfte in der Realität kaum jemals zutreffen. Mehr noch, man wird regelmäßig davon ausgehen können, daß ein Vertragsabschluß umso teurer für die Partner wird, je stärker die einzelnen Leistungen spezifiziert werden. Aus dieser Sicht wird ein (unvollständiger) Vertrag über Mindestleistungen für die Geschäftspartner interessant (vgl. hierzu etwa Schmid 1983, 101 ff., insbes. 105).

Das vorgestellte Modell unvollständiger Verträge mag in anderer Hinsicht als wenig befriedigend empfunden werden. Die Sanktionsmöglichkeiten, die das Modell den Akteuren durch die bedingten Strategien zuspricht, sind relativ schwach. Während in dem Modell immer noch davon ausgegangen wird, daß nach einem Bruch der stillschweigenden Vereinbarung und sogar nach einem expliziten Vertragsbruch weitere Transaktionen angestrebt werden und bei Befolgung der Gleichgewichtsstrategien auch realisiert werden, würde man realistischerweise vielleicht erwarten, daß sämtliche Geschäftsbeziehungen abgebrochen werden, wenn die Geschäfte nicht zur beiderseitigen Zufriedenheit laufen.

Tatsächlich würde sich die Menge der durch einen unvollständigen Vertrag realisierbaren Vereinbarungen enorm vergrößern, wenn man den Partnern nach jeder Transaktion die Fähigkeit einräumte, einseitig zu entscheiden, daß überhaupt keine weiteren Vereinbarungen oder Verträge zustande kommen. Unter den gegebenen Modellannahmen ist eine solche Fähigkeit unter rationalen Akteuren jedoch nicht sonderlich plausibel. Wir sind davon ausgegangen, daß die angestrebte Transaktion nur zwischen den betrachteten Akteuren möglich ist (bilaterales Monopol). Unter diesen Bedingungen bedeutet der Abbruch der Beziehungen immer den Verzicht auf den möglichen Gewinn des Austausches. Ein Strategieprofil, das einem der Partner unter bestimmten Bedingungen den Abbruch der Geschäftsbeziehungen vorschreibt, kann deshalb im bilateralen Monopol nicht teilspielperfekt sein. Bietet nämlich der andere eine lohnende Fortsetzung an, so muß der erste in Ermangelung eines anderen Partners rationalerweise annehmen, und dies ist genau der Grund, weshalb ein rationaler Partner ihm tatsächlich eine Fortsetzung anbieten wird.

5. Schluß

Ich habe ein Modell des sukzessiven Austausches angegeben, das berücksichtigt, daß bei einer Transaktion in der Regel die Höhe der gegenseitigen Leistungen variabel ist. Die Austauschinteraktion selbst wurde durch ein nicht-kooperatives Spiel modelliert. Eine Vereinbarung kann dann als der Versuch der Partner interpretiert werden, ihre Entscheidungen in diesem Spiel im vorhinein zu koordinieren.

Das vorgestellte einfache Modell des sukzessiven Austausches hat Dilemmacharakter. Unter rationalen Akteuren ist ein wechselseitig vorteilhafter Austausch nur möglich, wenn Selbstbindungsmechanismen zur Verfügung stehen. Es wurden zwei unterschiedliche Selbstbindungsmechanismen vorgestellt und verglichen. Ich habe zunächst untersucht, welche minimalen Eigenschaften die soziale Institution des Vertrages haben muß, wenn sie das Dilemma beheben soll. Geht man davon aus, daß alle Vereinbarungen ohne zusätzliche Kosten durch einen bindenden Vertrag durchgesetzt werden können, so zeichnet die Verhandlungstheorie eine Vereinbarung als Lösung des Verhandlungsproblems aus. Rationale Akteure werden sich auf einen Austausch gemäß dieser Vereinbarung einigen. Bei einer Verwirklichung dieser Vereinbarung ist der insgesamt durch den Austausch realisierte Nutzen maximal. Er wird entsprechend der jeweiligen Verhandlungsmacht auf die Akteure verteilt.

Formelle Verträge können unter bestimmten Bedingungen durch informelle dauerhafte Beziehungen ersetzt werden. Wenn sich den

Transaktionspartnern eine hinreichend hohe Chance bietet, andauernde lohnende Geschäftsbeziehungen einzugehen bzw. aufrechtzuerhalten, ist eine externe Sanktion zur Absicherung von Vereinbarungen nicht nötig. Ich habe ein Superspielmodell angegeben, in dem sich zeigen ließ, daß die Drohung, die Geschäftsbeziehungen abzubrechen, ausreicht, die Partner zu vereinbarungsgemäßem Verhalten zu motivieren. Nicht jede Vereinbarung läßt sich jedoch auf diese Weise absichern. Je niedriger der Diskontfaktor ist, umso stärker wird die Menge der durchsetzbaren Vereinbarungen eingeschränkt. Es zeigt sich, daß vor allem die Position des Vorleistenden dabei geschwächt wird.

Rationale Akteure werden sich in einer Folge von Austauschsituationen ohne vertragliche Sicherung auf dieselben Leistungen einigen wie im vertraglich gesicherten Fall, solange die Lösung des Verhandlungsproblems bei vertraglicher Sicherung sich auch in der Folge durch bedingte Strategien durchsetzen läßt. Läßt sich dagegen die Lösung der vertraglichen Vereinbarung im Superspiel nicht durchsetzen, so wird der Vorleistende auf eine vertragliche Absicherung der Transaktionen drängen, die ihn gegenüber der Superspiellösung besserstellt. Wie das abschließende Modell unvollständiger Verträge zeigt, genügt hierzu im Einzelfall eine vertragliche Vereinbarung über wechselseitige Mindestleistungen. Das Modell zeigt, wie es möglich ist, daß wir in der sozialen Realität immer wieder formale Verträge antreffen, bei denen alle Beteiligten eine Übererfüllung der vereinbarten Leistungen erwarten, die in der Folge auch tatsächlich realisiert wird.

In allen diskutierten Fällen reicht zur Realisierung des wechselseitig vorteilhaften Austausches jeweils eine einseitige (bedingte) Bindung des Nachleistenden aus. Dies liegt an der Annahme, daß der zweite Akteur sich der Leistung des ersten bereits sicher ist, wenn er über seine Gegenleistung entscheiden muß, und der Annahme, daß beiden Akteuren die Struktur der Situation vollständig bekannt ist. Lockert man eine dieser Annahmen, so kann es notwendig werden, daß beide Akteure sich binden müssen, damit ein Austausch zum gegenseitigen Vorteil stattfinden kann.

Unter gewissen Bedingungen ist bereits dann eine wechselseitige Bindung erforderlich, wenn z. B. Unsicherheit hinsichtlich der Kostenfunktion des vorleistenden Akteurs besteht. Dieser Fall ist vor allem auch insofern interessant, als er charakteristisch für Arbeitsverträge zu sein scheint. Der Arbeitgeber wird im Regelfall gerade nicht in der Lage sein, vollständig zu beurteilen, welche Mühe ein Arbeiter oder

Angestellter aufbringen muß, um eine bestimmte Aufgabe zu erfüllen. Gerade in diesem Fall wird es auch schwierig sein, die zu erbringende Leistung eines Arbeiters vollständig zu spezifizieren. Arbeitsverträge enthalten deshalb typischerweise gewisse Mindestanforderungen, die den Arbeitgeber absichern. Der „Dienst nach Vorschrift" ist allerdings nicht das implizit erwartete Verhalten. Erwartet wird vielmehr ein formell nicht absicherbares darüberhinausgehendes Verhalten. Offenbar handelt es sich hier um unvollständige Verträge der Art, wie ich sie in Abschnitt 4 präzisiert und diskutiert habe. Die durch einen Arbeitsvertrag geregelte Austauschsituation unterscheidet sich jedoch von den hier diskutierten Situationen vor allem darin, daß einer der Akteure - der Arbeitgeber- nur unvollständig oder unvollkommen informiert ist. Eine weitergehende Untersuchung solcher Fälle wäre sicherlich aufschlußreich, kann an diesem Ort aber nicht geleistet werden.

Literatur

Axelrod, R. (1988), Die Evolution der Kooperation, München.
Binmore K.; P. Dasgupta (eds.) (1987), The Economics of Bargaining, Oxford.
Dasgupta, P. (1988), Trust as a commodity, in: D. Gambetta (ed.), Trust: Making and Breaking Cooperative Relations, Oxford.
Fudenberg, D.; E. Maskin (1986), The Folk Theorem in Repeated Games with Discounting or with Incomplete Information, Econometrica 54, S. 533-554.
Hardin, R. (1982), Exchange theory on strategic bases, Social Science Information 21, 2, S. 251-272.
Kreps, D. M. (1990), Corporate Culture and Economic Theory in: J. E. Alt; K. A. Shepsle (eds.), Perspectives on Positive Political Economy, Cambridge.
Lahno, B. (1995), Versprechen - Überlegungen zu einer künstlichen Tugend, München.
Macaulay, S. (1963), Non-Contractual Relations in Business: A Preliminary Study, American Sociological Review 28, S. 55-67.
Nash, J. (1950), The bargaining problem, Econometrica 18, S. 286-295.
Nash, J. (1953), Two-person cooperative games, Econometrica 21, S. 128-140.
Raub W.; G. Keren (1993), Hostages as a Commitment Device, Journal of Economic Behavior and Organization 21, S. 43-67.
Roth, A. (1979), Axiomatic models of bargaining, Berlin (Lecture Notes in Economics and Mathematical Systems 170).
Rubinstein, A. (1982), Perfect Equilibrium in a Bargainig Model, Econometrica 50, S. 207-211. Auch in: Binmore K.; P. Dasgupta (1987), S. 47-61.
Schmid, W. (1983), Zur sozialen Wirklichkeit des Vertrages, Berlin (Schriftenreihe zur Rechtssoziologie und Rechtstatsachenforschung 52).

von Neumann, J. and O. Morgenstern (1944), Theory of Games and Economic Behavior, Princeton (NJ).
Wechsberg, J. (1966), The Merchant Bankers, Boston.

Die Bereitstellung eines öffentlichen Gutes aus spieltheoretischer Sicht: Die Grundsachverhalte[1]

Wilhelm Althammer und Wolfgang Buchholz

1. Einleitung

Konflikte zwischen Gemeinwohl und Einzelinteresse sind spätestens seit der Aufklärung ein Standardthema bei der Analyse gesellschaftlicher Phänomene. Schon Thomas Hobbes hat bekanntermaßen die Funktion des Staates darin gesehen, die Individuen zur Kooperation zu zwingen und damit den „Naturzustand der Anarchie" zu vermeiden. Das eigennützige Streben nach möglichst großem Reichtum würde ohne staatliche Eingriffe zum „Krieg aller gegen alle" führen und somit in Widerspruch zur kollektiven Wohlstandsmehrung treten. Erst wenn die Individuen in einem Gesellschaftsvertrag gewisse Freiheiten aufgeben und dem Staat ein Gewaltprivileg zugestehen, kann die gesellschaftliche Zusammenarbeit Früchte tragen. Diese klassische Rechtfertigung staatlicher Tätigkeit wird mittlerweile relativiert. Man hat erkannt, daß die Sicherstellung sozialer Kooperation nicht allein Sache des Staates sein kann. Jede Rechtsordnung würde versagen, wenn man sich bei ihrer Durchsetzung allein auf äußeren Zwang verlassen müßte. Ohne eine gewisse innere Kooperationsbereitschaft als Art „gesellschaftlicher Zement" entfalten staatliche Aktivitäten zur Überwindung sozialer Dilemmas nur eine begrenzte Wirkung. Privaten Institutionen, die bewußt entworfen, aber sich auch unbewußt (evolutorisch) entwickelt haben können, kommt bei der Bewältigung von Koordinationsproblemen eine wichtige Rolle zu.[2]

---

[1] Wir möchten uns bei Max Frank für wertvolle Anregungen bedanken.
[2] Die Charakterisierung privater Institutionen zur Lösung von Koordinations- und Kooperationsproblemen als „gesellschaftlichen Zement" geht auf Elster (1989) zurück. Derartige Institutionen können sich beispielsweise in normge-

Etwas theoretischer formuliert besteht ein Kooperationsproblem darin, daß das Ergebnis individuell rationalen Handelns vom Standpunkt der Gesellschaft aus gesehen nicht erwünscht ist, da es bessere Ergebnisse gäbe, die aber durch isoliertes Rationalverhalten nicht erreichbar sind.[3]

Beispiele dafür gibt es viele. So sind die in letzter Zeit verstärkt ins Bewußtsein gerückten globalen Umweltprobleme wie der Treibhauseffekt oder der Schutz der Ozonschicht aktuelle Beispiele für Hardin's (1968) „Tragedy of the Commons". Es ist für jedes Land rational, keine Maßnahmen zur Vermeidung von Schäden zu übernehmen, solange man nicht sicher ist, daß alle Länder an einem Strang ziehen. Man hätte bei einem Alleingang nur die Kosten zu tragen, ohne spürbare Verbesserungen zu erzielen.

Die Verminderung des Treibhauseffekts durch Reduktion der CO_2-Emissionen bedeutet aus ökonomischer Sicht die Bereitstellung eines internationalen öffentlichen Gutes. Ganz generell liefern öffentliche Güter die Standardbeispiele für Kooperationsprobleme der zuvor beschriebenen Art: Da sie durch die Eigenschaften der Nicht-Rivalität im Konsum und der Nicht-Ausschließbarkeit charakterisiert sind, kann jede Einheit eines öffentlichen Gutes, die von einem Individuum zur Verfügung gestellt wird, von allen anderen Individuen mitkonsumiert werden. Dadurch wird die Möglichkeit des Schwarzfahrens impliziert. Es ist zwar im Interesse aller, daß hinreichend viel vom öffentlichen Gut produziert wird, aber jedes Individuum möchte gleichzeitig nicht dasjenige sein, das die Kosten der Bereitstellung zu tragen hat. Deshalb gelten auch öffentliche Güter als klassische Fälle eines Marktversagens, das durch staatliche Eingriffe zu korrigieren ist.[4]

---

richtetem Verhalten äußern. Daß sie auch Ergebnis eines evolutorischen Prozesses sein können, also Ausdruck einer „spontanen Ordnung" im Sinn von Hayek (1978) sind, wird u. a. von Schotter (1981), Sugden (1986) und Ostrom/Gardner (1993) betont.

[3] Eine andere Form von sozialen Dilemmas wird in Koordinationsproblemen gesehen: Immer dann, wenn individuelle Aktionen zu mehreren gleichgewichtigen Ergebnissen führen können, besteht die Notwendigkeit der Koordination auf ein bestimmtes Ergebnis. Nur so kann vermieden werden, daß ein Zustand erreicht wird, der von keinem der beteiligten Individuen als wünschenswert betrachtet wird. Einprägsame Beispiele dafür finden sich im Beitrag von Güth und Kliemt in diesem Band. Sugden (1986) bezeichnet die Lösungen von derartigen Koordinationsproblemen als Konventionen.

[4] Als Beispiel für diese Begründung eines Staatseingriffes bei Marktversagen sei Musgrave (1969) genannt.

Doch auch hier ist die althergebrachte Begründung für staatliche Maßnahmen mittlerweile ins Wanken geraten. So war die Sicherung des Seeverkehrs durch Leuchttürme in der volkswirtschaftlichen Literatur von Mill bis Samuelson ein beliebtes Beispiel für den Prototyp eines öffentlichen Gutes. Auf den ersten Blick liegen hier auch alle Charakteristika des reinen öffentlichen Gutes vor: Die Nutzung durch ein vorbeifahrendes Schiff beeinträchtigt die Nutzungsmöglichkeiten durch andere Schiffe in keiner Weise, und auch die Erhebung einer Nutzungsgebühr bei auf hoher See fahrenden Schiffen von Land aus scheint nicht möglich. Trotzdem wies Coase (1974) in seiner Studie nach, daß das britische Leuchtturmsystem bis in die zweite Hälfte des 19. Jahrhunderts hinein privat betrieben wurde und daß die Übernahme der Bereitstellung durch den Staat keinesfalls daran lag, daß Defizite beim Betrieb der Leuchttürme auftraten.

Die Schwächen der herkömmlichen Begründung staatlicher Eingriffe, die weitverbreitete Diagnose eines Staatsversagens und der daraus resultierende Ruf nach Deregulierung und Privatisierung mag mit ein Grund dafür sein, daß in den letzten Jahren das wissenschaftliche Interesse an der privaten Bereitstellung von öffentlichen Gütern in starkem Maße gestiegen ist.[5] Für deren Analyse ist aufgrund der strategischen Interaktion der betroffenen Individuen die Spieltheorie die Methode der Wahl.

Dabei offenbart sich jedoch eine gewisse Kluft: In der herkömmlichen Darstellung des Kooperationsproblems im Rahmen der Spieltheorie verwendet man in der Regel Modelle, in denen die Strategien der Spieler in einer diskreten binären Wahl bestehen, nämlich in den Aktionen Kooperation und Nicht-Kooperation. In der herkömmlichen Darstellung des öffentlichen Gut-Problems in der Finanztheorie haben die Individuen dagegen die Möglichkeit, ihre Beiträge zum öffentlichen Gut in beliebiger Höhe zu wählen, sie haben also einen stetigen Strategieraum.[6] Es gibt zwar einige Versuche, diese Kluft zu schließen, indem für den Zwei-Personen-Fall die Normalformen der möglichen Bereitstellungsspiele beschrieben und die zugehörigen Nash-Gleich-

---

[5] Vgl. für die Theorie des Staatsversagens die Überblicksartikel von Inman (1987) sowie Richter und Wiegard (1993).

[6] Vgl. hierzu etwa Samuelson (1955) und in der modernen Variante Bergstom/ Blume/Varian (1986).

gewichte als plausible Lösungen ermittelt werden.[7] Dies geschieht jedoch im Rahmen einer Ad-hoc-Argumentation und anhand von Beispielen, die auf speziellen und teilweise inkonsistenten Annahmen beruhen. Wir wollen im folgenden systematisch erkunden, wie sich die Modelle mit stetiger Beitragsmenge und die binären Entscheidungsmodelle in Einklang bringen lassen. Es erweist sich dabei als hilfreich, zunächst unabhängig vom öffentlichen-Gut-Modell ein Kooperationsspiel in allgemeiner Form zu charakterisieren. Dies geschieht im zweiten Kapitel. Um einen Überblick über mögliche Ergebnisse zu gewinnen, reichen einige einfache Vorstellungen darüber aus, welche Größenbeziehungen zwischen den verschiedenen Auszahlungen für ein Kooperationsspiel plausibel erscheinen. In einer gewissen Weise stellt dies den Versuch einer Axiomatisierung von Kooperationsspielen dar. Im dritten Kapitel werden wir dann untersuchen, wie unterschiedliche Modellierungen des Bereitstellungsproblems im Rahmen eines öffentlichen-Gut-Modells in dieses Schema passen. Im vierten Kapitel schließlich betrachten wir die Konsequenzen, die sich ergeben, wenn viele Individuen am Bereitstellungsspiel teilnehmen. Dabei entwickeln wir zunächst wieder eine allgemeine Charakterisierung von Kooperationsspielen, die wir dann auf das Kooperationsproblem beim öffentlichen Gut anwenden.

2. Das Grundmodell: Alternative Formen eines allgemeinen Kooperationsspiels

Wir betrachten zunächst eine symmetrische Spielsituation mit zwei identischen Beteiligten. Jedes der beiden Individuen hat zwei Handlungsalternativen: Kooperation (C) und Nicht-Kooperation (N). Je nachdem, welche Handlungskombinationen gewählt worden sind, kann ein Individuum die Nutzenniveaus $u(C,N)$, $u(N,C)$, $u(C,C)$ und $u(N,N)$ erreichen. $u(C,N)$ gibt den vom Individuum erreichten Nutzen an, wenn es selber kooperiert, das andere aber nicht. $u(N,C)$ beschreibt umgekehrt das Nutzenniveau, das sich für ein Individuum ergibt, wenn nur das andere Individuum kooperiert. $u(C,C)$ und $u(N,N)$ sind die bei

---

[7] Vgl. hierzu bereits Buchanan (1967) und Krause-Junk (1970) sowie Lipnowski/
    Maital (1983).

beidseitiger Kooperation bzw. Nicht-Kooperation von beiden Individuen erzielten Nutzen. Die Normalform dieses Spiels stellt sich dann folgendermaßen dar:

Spieler 2

	C	N
C	u(C,C)	u(C,N)
	u(C,C)	u(N,C)
N	u(N,C)	u(N,N)
	u(C,N)	u(N,N)

Spieler 1

Abbildung 1

Zuvor wurde in allgemeiner Form beschrieben, was unter einem Kooperationsspiel zu verstehen ist. In die Sprache dieses Modells übersetzt bedeutet dies, daß zwischen den hier auftretenden Nutzenniveaus bestimmte Größenbeziehungen anzunehmen sind. Gerade dadurch unterscheidet sich dann ein Kooperationsspiel von anderen Spieltypen.

a) u(C,C) > u(N,N), d. h. die beidseitige Kooperation stellt die Individuen gegenüber der Situation besser, in der jegliche Kooperation unterbleibt.

b) u(N,C) > u(N,N), d. h. ein nicht kooperierendes Individuum zieht aus der Kooperation des anderen Individuums Nutzen. Die Menge des öffentlichen Gutes, die vom jeweils anderen Individuum bereitgestellt wird, kann von dem zunächst betrachteten Individuum wegen der Eigenschaften der Nicht-Rivalität und Nicht-Ausschließbarkeit mitgenutzt werden.

c) u(C,C) > u(C,N), d. h. auch wenn ein Individuum selber kooperiert, bringt ihm die Kooperation des anderen noch einen Nutzengewinn.

d) u(N,C) > u(C,N), d. h. ein Individuum hat mehr davon, wenn es bei der Kooperation des anderen nicht kooperiert, als wenn es bei Nicht-Kooperation des anderen kooperiert. Im Falle öffentlicher

Güter läßt sich diese Annahme folgendermaßen interpretieren: Das betrachtete Individuum möchte zwar in den Genuß des öffentlichen Gutes kommen, sich aber die Opfer, die dessen Bereitstellung verursacht, möglichst ersparen. Deshalb liegt es in seinem Interesse, wenn sich die Aufwendungen für das öffentliche Gut auf das andere Individuum verlagern und es selber die vorteilhafte Position eines Freifahrers einnehmen kann.[8]

Die auf diese Weise beschriebenen Eigenschaften des Bereitstellungsspiels für ein öffentliches Gut in einer Zwei-Personen-Ökonomie lassen sich folgendermaßen darstellen:

$$\min\{u(N,C), u(C,C)\} > \max\{u(C,N), u(N,N)\}.$$

Diese Bedingung besagt nichts anderes, als daß sich ein Individuum immer besser stellt, wenn der Partner kooperiert, als wenn er nicht kooperiert.

Nash-Gleichgewichte sind dadurch noch nicht näher bestimmt. Indem weitere Annahmen getroffen werden, sind dann vier Konstellationen möglich, die für vier Untertypen des Kooperationsspiels stehen:[9]

Spieltyp (1)   u(N,C) > u(C,C) > u(N,N) > u(C,N).

Die Freifahrerposition, d. h. die Ausbeutung des Partners, ist hier für ein Individuum am günstigsten. Die beste Antwort sowohl auf Kooperation als auch auf Nicht-Kooperation ist die Nicht-Kooperation N. Als einziges Nash-Gleichgewicht in reinen Strategien ergibt sich in diesem Spiel (N,N), es liegt ein sogenanntes Gefangenendilemma vor. Gerade weil die Individuen einen unbedingten Anreiz zum Freifahrerverhalten haben, kann im Gleichgewicht keiner die Freifahrerposition tatsächlich einnehmen. Damit wird bei unkoordiniertem Verhalten keine paretooptimale Situation realisiert, da beide Individuen bei (C,C) auf ein höheres Nutzenniveau gelangen könnten.

Spieltyp(2)   u(N,C) > u(C,C) > u(C,N) > u(N,N).

---

[8]   Für den symmetrischen Fall dürfte dieses „Freifahreraxiom" ziemlich unproblematisch sein. Wenn die betrachteten Individuen allerdings sehr unterschiedliche Präferenzen für das öffentliche Gut haben, muß diese Beziehung nicht gelten.
[9]   Eine ähnliche Typologie findet sich bei Taylor/Ward (1982), bei de Jasay (1989, insbes. S. 134 ff.) und ansatzweise auch bei Althammer/Buchholz (1993).

Selbst bei Nicht-Kooperation des Partners lohnt sich für ein Individuum die Kooperation, d. h. die einseitige Bereitstellung zumindest einer gewissen Menge des öffentlichen Gutes. Dieser Fall wird plausiblerweise dann eintreten, wenn das öffentliche Gut für ein Individuum so wichtig ist, daß es eine bestimmte Mindestversorgung auf alle Fälle sicherstellen möchte. Anders als zuvor ist C die beste Antwort auf N, während nach wie vor N die beste Antwort auf C darstellt. Ein solches Spiel wird auch „Chicken"-Spiel genannt. Es gibt mit (N,C) und (C,N) zwei Gleichgewichte in reinen Strategien, die gerade so beschaffen sind, daß eines der beiden Individuen kooperiert und das andere nicht. Für die Realisierung eines Nash-Gleichgewichts liegt also kein Kooperations-, sondern ein Koordinationsproblem vor. Im Nash-Gleichgewicht kommt es - anders als beim zuvor betrachteten Spieltyp - in der Tat zu einem Freifahrerverhalten, so daß dieses in der betreffenden Situation spieltheoretisch erklärt wird.[10] Wenn sich eines der beiden Nash-Gleichgewichte einstellt, besitzt keiner der Beteiligten einen Anreiz, es durch Änderung seiner Handlungen zu verlassen. Dies ist ja gerade das Charakteristikum eines Gleichgewichts. Ein Problem entsteht allerdings insofern, als sich in einer an sich völlig symmetrischen Situation eine asymmetrische Lösung ergeben soll. Man muß deshalb außerhalb des hier beschriebenen Rahmens nach Mechanismen suchen, durch die eines der beiden Individuen in die ungünstige Situation der Ausgabenseite - des „Chickens" - gerät.

Eine in diesem Zusammenhang immer wieder angeführte Möglichkeit ist die der Selbstbindung, bei der in der üblichen Interpretation sich eines der beiden Individuen in eine Position begibt, in der es über keinerlei Möglichkeiten der Kooperation mehr verfügt.[11] Bewerkstelligen läßt sich dies etwa dadurch, daß eines der Individuen die eigenen Produktionskosten für das öffentliche Gut erhöht oder zumindest nichts zu deren Senkung unternimmt. Alternativ dazu ist auch denkbar, daß ein Individuum Abmachungen trifft, die es an der Kooperation hindern. Ferner kann ein Individuum eine harte oder schlicht auch eine engstirnige Haltung so überzeugend demonstrieren, daß der Partner mit keiner Kooperation rechnet und deshalb zur einseitigen Kooperation veranlaßt wird.[12]

---

[10] Vgl. Taylor/Ward (1982, S. 354).
[11] Vgl. hierzu bereits Schelling (1956).
[12] Die Rolle von Emotionen bei Kooperationsproblemen untersucht Frank (1988).

Die erreichte Nash-Lösung ist anders als zuvor pareto-optimal: Bei der allseitigen Kooperationslösung (C,C) würde sich ja das freifahrende Individuum schlechter stellen. Um (C,C) den Vorzug vor (C,N) zu geben, können zum einen Gerechtigkeitsgründe angeführt werden. Sind die Nutzenwerte monetäre Größen, so ist es zum anderen auch möglich, daß $u(C,C) > \{u(C,N) + u(N,C)\}/2$ gilt. Dieser Fall tritt etwa dann ein, wenn das ausgebeutete Individuum nur ein sehr niedriges Nutzenniveau erreicht. (C,C) wird man dann als „besser" ansehen, da die Gesamtauszahlung bei allseitiger Kooperation größer ist als die bei einseitiger Kooperation, und da bei entsprechender Verteilung dieser Gesamtauszahlung beide Individuen besser gestellt werden können. Bei $u(C,C) < \{u(C,N) + u(N,C)\}/2$ wird dagegen die Gesamtauszahlung maximiert, wenn eines der beiden Individuen die Freifahrerposition einnimmt.

Spieltyp (3) $u(C,C) > u(N,C) > u(C,N) > u(N,N)$.

Was die Reaktion auf Nicht-Kooperation angeht, befindet man sich in der gleichen Situation wie beim Chicken-Spiel. Jetzt ist ein Individuum aber auch dann zur Kooperation bereit, wenn es sicher sein kann, daß das andere Individuum kooperiert. Es hat also keinerlei Anreiz, eine Freifahrerposition einzunehmen. Das einzige Nash-Gleichgewicht bei diesem Spiel ist (C,C), d. h. die (einzige) pareto-optimale Allokation des Spiels. Lipnowski und Maital (1983) bezeichnen diesen Spieltyp deshalb auch als „harmony reigns".

Spieltyp (4) $u(C,C) > u(N,C) > u(N,N) > u(C,N)$.

Jetzt ist ein Individuum wiederum bereit, freiwillig zu kooperieren, wenn das andere Individuum kooperiert. Bei Nicht-Kooperation des Partners hat es aber keinen Anreiz zur Kooperation. Die beste Antwort auf C ist C, die beste Antwort auf N ist N. Die Anstrengung eines einzelnen reicht nicht aus, um die öffentliche Aktivität in hinreichend nutzenbringendem Maße zu unternehmen. Entsprechende Aktivitäten des anderen Individuums werden aber gerne unterstützt. Dieses Spiel besitzt zwei Nash-Gleichgewichte, nämlich (C,C) und (N,N).

Die auch hier pareto-optimale Lösung kann als Nash-Gleichgewicht durchgesetzt werden, muß es aber nicht. Manchmal spricht man hier auch von einem „Assurance"-Spiel.[13]

---

[13] Vgl. Sen (1967) und neuerdings Ward (1989).

Die obige Analyse läßt sich auch auf den Fall anwenden, daß keine identischen Individuen vorliegen. Dann ist es beispielsweise möglich, daß ein Spieler die Präferenzen aus Spieltyp 1 hat, also N als dominante Strategie spielt, während der andere Spieler die Präferenzen aus Spieltyp 2 aufweist, also C auf N und N auf C als jeweils beste Antwort spielt. Insgesamt sind nun 16 Kombinationen von Spielertypen möglich. In der folgenden Tabelle sind die Nash-Gleichgewichte angegeben, die resultieren, wenn unterschiedliche Typen aufeinandertreffen (in der Hauptdiagonalen hätte man identische Typen, für die die Gleichgewichte bereits oben charakterisiert wurden):

	Typ 1	Typ 2	Typ 3	Typ 4
Typ 1		N,C	N,C	N,N
Typ 2	C,N		N,C	kein GG
Typ 3	C,N	C,N		C,C
Typ 4	N,N	kein GG	C,C	

Abbildung 2

Die Tabelle ist dabei so zu lesen, daß es im vorher genannten Beispiel (Zeilenspieler vom Typ 1, Spaltenspieler vom Typ 2) im Nash-Gleichgewicht zu partieller Kooperation durch den Spaltenspieler kommt. Es zeigt sich, daß bei differierenden Präferenzen entweder ein eindeutiges Gleichgewicht oder kein Gleichgewicht existiert: Das Koordinationsproblem, das zuvor bei multiplen Gleichgewichten wie im „Chicken"-Spiel bestand, ist also durch die Asymmetrie in den Präferenzen gelöst worden. Zudem wird Kooperation nur dann völlig unterbleiben, wenn ein Spieler mit N als dominanter Strategie auf einen Spieler mit den Präferenzen des „Assurance"-Spiels trifft (Typ 2 auf Typ 4). Allerdings gelten diese Ergebnisse nur unter der Einschränkung, daß weiterhin Annahme 4 zutrifft, daß also die Präferenzen für das öffentliche Gut nicht „zu verschieden" sind.

3. Anwendung auf die Bereitstellung eines öffentlichen Gutes

Zwei als identisch angenommene Individuen werden durch eine Nutzenfunktion $u(y_i, X)$ charakterisiert. y_i steht dabei für den privaten Konsum des i-ten Individuums (i=1,2), X für die Bereitstellungsmenge des öffentlichen Gutes. Die Grenzrate der Transformation zwischen dem privaten und dem öffentlichen Gut soll überall Eins betragen, d. h. die Bereitstellungsmenge des öffentlichen Gutes wird durch die Summe der privaten Beiträge zum öffentlichen Gut gemessen. Schließlich soll jedes der beiden Individuen über eine Anfangsausstattung mit dem privaten Gut in Höhe von w verfügen. 2w steht dann für die gesamte Anfangsausstattung mit dem privaten Gut.

Im einfachsten Fall können wir davon ausgehen, daß wechselseitige Kooperation (C,C) zur symmetrischen pareto-optimalen Allokation führt. Diese stimmt mit dem Lindahl-Gleichgewicht der soeben beschriebenen Öffentlichen-Gut-Ökonomie überein, d. h. jedes der beiden Individuen würde diese Allokation als Preisnehmer wählen, falls der individuelle Steuerpreis des öffentlichen Gutes 1/2 beträgt. Beidseitige Nichtkooperation hingegen (N,N) soll einfach zu der Allokation führen, bei der nichts vom öffentlichen Gut bereitgestellt wird und die Individuen ihre Anfangsausstattung w konsumieren. Was unter einseitiger Kooperation verstanden werden soll, ist selbst in diesem einfachen Rahmen nicht ohne weiteres klar. Wir gehen zunächst davon aus, daß (C,N) diejenige Allokation beschreibt, in der das kooperierende Individuum seinen Lindahl-Beitrag zum öffentlichen Gut entrichtet, das nicht-kooperierende Individuum aber nichts zu dem öffentlichen Gut beiträgt und somit einen privaten Konsum in Höhe von w hat. Ein nicht-kooperierendes Individuum hält dann sein Versprechen, den Lindahl-Beitrag zu leisten, nicht ein.[14]

In einem Diagramm, auf dessen Koordinatenachsen die jeweiligen privaten Konsummengen y_1 und y_2 der beiden Individuen abgetragen sind,[15] sollen jetzt die Allokationen P(C,C), P(N,N), P(C,N) und P(N,C) beschrieben werden, die ein Individuum bei jeder der vier

---

[14] Eine ähnliche Beschreibung des Bereitstellungsspiels findet sich bei Cornes/Sandler (1986, S. 137 ff.).

[15] Vgl. zu Einzelheiten Buchholz (1992).

Handlungskombinationen erreicht. Die Bereitstellungsmenge des öffentlichen Gutes wird dabei implizit angegeben. Wegen $X = 2w - y_1 - y_2$ wird das Versorgungsniveau mit dem öffentlichen Gut, das bei einem gegebenen (y_1,y_2) erreicht wird, durch den Abstand zwischen $2w$ und dem y_1-Achsenabschnitt der durch (y_1,y_2) verlaufenden negativ geneigten 45°-Linie gemessen.

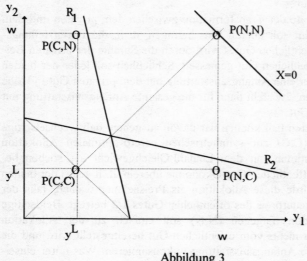

Abbildung 3

Wenn wir mit y^L das von den beiden Individuen im symmetrischen Lindahl-Gleichgewicht erreichte private Konsumniveau bezeichnen, ist also in der *ersten Spielvariante* $P(C,C) = (y^L,y^L)$, $P(N,N) = (w,w)$, $P(C,N) = (y^L,w)$ sowie $P(N,C) = (w,y^L)$. Für die zugehörigen Konsumniveaus $u(C,C)$, $u(N,N)$, $u(C,N)$ und $u(N,C)$ gelten dann die zuvor für ein Kooperationsspiel aufgelisteten Beziehungen:

a) $u(C,C) > u(N,N)$ gilt, da in (y^L,y^L) ja die Winkelhalbierende von einer Isonutzenkurve des ersten Individuums tangiert wird, so daß jeder andere Punkt auf der Winkelhalbierenden (also insbesondere $P(N,N)$) schlechter als $P(C,C)$ ist.

b) $u(N,C) > u(N,N)$ gilt, da in $P(N,C)$ und in $P(N,N)$ der private Konsum des jeweils betrachteten Individuums gleich groß ist, in $P(N,C)$ aber eine positive Menge des öffentlichen Gutes zur Verfügung steht.

c) u(C,C) > u(C,N) gilt aus dem gleichen Grund: in P(C,C) ist der private Konsum gleich, das Bereitstellungsniveau des öffentlichen Gutes aber höher als in P(C,N).

d) u(C,N) > u(N,C) gilt, weil bei gleicher Bereitstellungsmenge des öffentlichen Gutes der private Konsum höher ist als in P(C,N).

Ansonsten liegen in diesem Modell keine weiteren Größenbeziehungen zwischen den Auszahlungen fest: Es kann sowohl u(C,C) > u(N,C) als auch u(C,C) < u(N,C) und sowohl u(C,N) > u(N,N) als auch u(C,N) < u(N,N) gelten.

Zu einer weiteren Einschränkung der Möglichkeiten kann man durch Zusatzannahmen gelangen. Falls der private Konsum keinen Nutzen bringt, wenn das Bereitstellungsniveau des öffentlichen Gutes Null beträgt, ist die bei beidseitiger Nicht-Kooperation erreichte Position P(N,N) allen anderen Möglichkeiten unterlegen, so daß zumindest u(C,N) > u(N,N) gilt.

Es kann dann nur zu den Spieltypen (2) und (3) („Chicken" und „Harmony") kommen, bei denen mit Sicherheit im Nash-Gleichgewicht zumindest eine partielle Kooperation stattfindet.

Bei dieser Modellierung des Bereitstellungsspiels wirkt die Darstellung der einseitigen Kooperation allerdings nicht überzeugend: Weder ist es für das kooperierende Individuum optimal, bei fehlender Kooperationsbereitschaft des anderen Spielers den Lindahl-Beitrag zu leisten, noch ist es für das nicht-kooperierende Individuum optimal, überhaupt nichts beizutragen, wenn der andere zur Kooperation bereit ist. Letztlich handelt es sich um eine naive Vorstellung des Bereitstellungsspiels, bei der die Individuen quasi simultan ihre Beiträge „auf den Tisch legen". Eine alternative Interpretation des Spiels wäre, daß die Individuen im Simultanspiel nur eine sie bindende Entscheidung darüber äußern, ob sie zur Bereitstellung beitragen wollen oder nicht. Die konkrete Beitragshöhe liegt erst fest, wenn die Aktion des Gegenspielers bekannt ist.[16] Durch diese Modifikation ist es möglich, jeweils beste Antworten auf die Kooperationsbereitschaft des Gegenspielers zu formulieren.

Für die *zweite Spielvariante* wird deshalb unterstellt, daß bei einseitiger Kooperation der kooperierende Spieler beim Lindahl-Beitrag

---

[16] Diese Interpretation des Bereitstellungsspiels findet man auch bei Lipnowski/ Maital (1983), ohne daß sie explizit darauf hinweisen.

bleibt, während der nicht-kooperierende Spieler seine beste Antwort auf diesen Beitrag spielt. Bei beidseitiger Kooperation leistet jeder Spieler wie zuvor seinen Lindahl-Beitrag x^L. Beidseitige Nicht-Kooperation schließlich besteht darin, daß beide Spieler die Anpassungsstrategie wählen wollen und führt zum nicht-kooperativen Nash-Gleichgewicht, in dem jeder x^N beiträgt. Im Gegensatz zur ersten Variante ist Nicht-Kooperation nun eine konditionierte Strategie, die sich sowohl in der besten Antwort auf den Lindahl-Beitrag als auch im Nash-Gleichgewichtsbeitrag äußern kann. Zur Darstellung der erreichbaren Positionen kann man wiederum ein y_1-y_2-Diagramm heranziehen. Für beidseitige Kooperation gilt wieder $P(C,C) = (y^L,y^L)$. Für einseitige Kooperation des ersten Individuums gilt im Falle einer inneren Lösung $P(C,N) = (y^L,R(y^L))$, im Falle einer Randlösung landet man wieder bei der ersten Spielvariante. $R(y)$ ist dabei die für beide Individuen gleiche Reaktionsfunktion, die sich im y_1-y_2-Diagramm durch die beiden Reaktionspfade $R_1 = R(y_2)$ und $R_2 = R(y_1)$ darstellen läßt. Die beste Antwort des zweiten Individuums auf den Lindahl-Beitrag des ersten liegt dann auf seinem Reaktionspfad R_2 dort, wo R_2 die durch y^L verlaufende Parallele zur y_2-Achse schneidet. Analog erhält man $P(N,C)$ als Schnittpunkt von R_1 mit der Parallelen zur y_1-Achse im Abstand y^L. Beidseitige Nicht-Kooperation führt zum Nash-Gleichgewicht: $P(N,N)$ = (y^N,y^N) liegt also im Schnittpunkt der beiden Reaktionspfade. Die jetzt bedeutsamen Allokationen sind in der Abbildung 4 dargestellt:

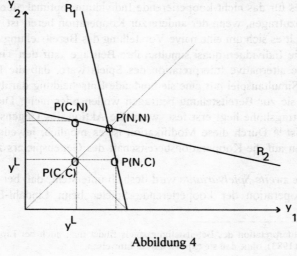

Abbildung 4

Für die Größenbeziehungen zwischen u(C,C), u(N,N), u(N,C) und u(C,N) läßt sich ohne Zusatzannahmen das folgende sagen: u(C,C) > u(N,N) ist ohnehin klar. Zu u(N,C) > u(C,C) kommt man auch sofort, da in beiden Allokationen das zweite Individuum das private Konsumniveau y^L erreicht und P(N,C) gerade so definiert ist, daß das erste Individuum dort seinen Nutzen unter der Nebenbedingung $y_2 = y^L$ maximieren soll. Also hat man sicher u(N,C) > u(C,C) >u(N,N). Zusätzlich soll jetzt angenommen werden, daß sowohl das private als auch das öffentliche Gut non-inferior ist. Dann weiß man, daß R_1 überall fallen muß[17]. R_2 ergibt sich in dem hier unterstellten Fall dadurch, daß man R_1 an der Winkelhalbierenden spiegelt, R_2 fällt also auch überall. Bei fallenden Reaktionskurven muß aber $y^L < y^N$ gelten, d. h. im Lindahl-Gleichgewicht sind die Beiträge der beiden Individuen zum öffentlichen Gut und damit dessen Bereitstellungsmenge größer als im Cournot-Nash-Gleichgewicht. Des weiteren liegen dann links von P(N,N) alle Punkte auf R_2 auf einem aufsteigenden Ast der Isonutzenkurve des ersten Individuums. Insbesondere muß sich der Nutzen des ersten Individuums also vermindern, wenn es von P(N,N) aus auf R_2 nach links wandert. Unter der Normalitätsannahme muß dann aber u(N,N) > u(C,N) gelten. Man befindet sich damit zwangsläufig im Gefangenendilemma.[18]

Diese zweite Spielvariante kann mit der ersten zusammenfallen, wenn die beste Antwort auf den Lindahl-Beitrag des anderen der Null-Beitrag ist. In diesem Fall kann auch bei der ersten Variante „Chicken" und „Harmony Reigns" ausgeschlossen werden.

Beide bisher dargestellten Varianten des Bereitstellungsspiels können dahingehend interpretiert werden, daß eine echte Bindung an Nicht-Kooperation nicht möglich ist. In der zweiten Variante ist dies offensichtlich: Sobald der Gegenspieler auch nicht kooperiert, resultiert das Nash-Gleichgewicht, von einer Bindung an ein bestimmtes Bereitstellungsniveau kann also nicht gesprochen werden. In der ersten Variante ist dies zunächst nicht so klar, da dort bei einseitiger und zweiseitiger Nicht-Kooperation der Null-Beitrag gespielt wird. Allerdings stellt hier der kooperationswillige Spieler unabhängig vom Verhalten des Gegners die Lindahl-Menge zur Verfügung. Wenn man aber un-

---

[17] Vgl. hierzu Buchholz (1992).
[18] Lichbach (1992) präsentiert eine ähnliche Modellierung des einperiodigen Bereitstellungsspiels, in erster Linie betrachtet er aber wiederholte Spiele.

terstellt, daß ein Spieler sich definitiv daran binden kann, keinen Beitrag zum öffentlichen Gut zu leisten, indem er beispielsweise seine technischen Möglichkeiten zum Beitrag zerstört („burning the bridges"), dann ist ein solches Verhalten nicht mehr rational. Es wäre nämlich besser, bei Bindung des Gegners an den Null-Beitrag und einer vorhandenen eigenen Kooperationsbereitschaft die beste Antwort auf diesen Null-Beitrag zu spielen, die im Autarkiebeitrag besteht.[19] Deshalb sollen für die *dritte Spielvariante* folgende Modifikationen getroffen werden: Beidseitige Kooperation führt wieder zum Lindahl-Gleichgewicht, während beidseitige Nicht-Kooperation die Bereitstellung gänzlich scheitern läßt. Einseitige Kooperation soll nun jedoch zu der Allokation führen, bei der ein Individuum seine Autarkiemenge des öffentlichen Gutes produziert, die vom nicht-kooperierenden Individuum mitkonsumiert wird. Im Gegensatz zur zweiten Spielvariante ist nun der Kooperationsbeitrag ein konditionierter Beitrag, der sich sowohl in der Lindahl-Menge als auch in der Autarkiemenge äußern kann.[20] Das kooperierende Individuum wählt bei letzteren im y_i-X-Diagramm auf der durch die technischen Produktionsbedingungen des öffentlichen Gutes gegebenen Transformationsgeraden, d. h. auf der negativ geneigten 45°-Linie durch den Anfangsausstattungspunkt, sein optimales Konsumgüterbündel. Dieser Punkt ist natürlich besser als der Anfangsausstattungspunkt, so daß u(C,N) > u(N,N) gilt. Daß die für ein Kooperationsspiel charakteristischen Größenbeziehungen gelten, sieht man bei den Gößenbeziehungen a), b) und d) genauso wie bei der zuvor betrachteten Spielvariante. Die Punkte P(C,C) und P(N,N) stimmen sogar völlig überein. Allein bei c) u(C,C) > u(C,N) muß man jetzt etwas komplizierter argumentieren: P(C,N) liegt als Punkt auf der Parallelen zur y_1-Achse oberhalb der Winkelhalbierenden und deshalb insbesondere oberhalb der Isonutzenkurve des ersten Individuums durch P(C,C). Wie bei der modifizierten ersten Spielvariante sind auch jetzt nur noch die beiden Konstellationen u(C,C) > u(N,C) und u(C,C) < u(N,C) („Harmony" und „Chicken") möglich.

---

[19] Bereits Buchanan (1967) vergleicht drei Handlungsalternativen für jedes Individuum: Zahlung des Lindahl-Beitrags, Wahl der Autarkiemenge und vollständiger Verzicht auf einen Beitrag. Seine Überlegungen bleiben aber mehr heuristisch.

[20] Diesen Spieltyp analysieren auch Lipnowski/Maital (1983) sowie im Anschluß daran Arnold (1991, S. 145 ff.). Anders als hier wird zur Darstellung ein auf Shibata (1971) zurückgehendes Diagramm benutzt.

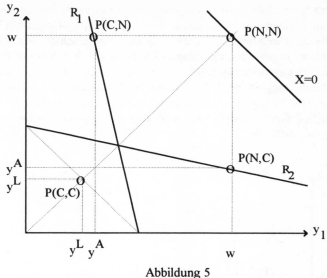

Abbildung 5

Die Darstellung der einseitigen Kooperation, wie sie dieser Beschreibung des Bereitstellungsspiels zugrunde liegt, ist in gewisser Weise problematisch, da der Grundgedanke der Möglichkeit einer Bindung noch nicht zu Ende gedacht ist. Gerade wenn man von der Interpretation ausgeht, daß eines der Individuen eine eigene Kooperation definitiv ausschließt, um das andere in die Rolle des sich anpassenden „Chickens" zu zwingen, muß man sich wieder fragen, weshalb das sich selbst bindende Individuum auf einen eigenen Beitrag zum öffentlichen Gut vollkommen verzichten sollte. In der elaboriertesten Form der Bindung reagiert nun aber das defektierende Individuum nicht nur auf den Lindahl-Beitrag des anderen wie bei der zweiten Spielvariante, sondern es maximiert bei Berücksichtigung der Reaktion des Partners seinen Nutzen. Das nicht-kooperierende Individuum handelt in dieser *vierten Spielvariante* dann als „Stackelberg-Führer" und wählt einen entsprechenden Beitrag x^S zum öffentlichen Gut, während das kooperierende Individuum seine beste Antwort auf diese Vorgabe spielt.[21]

---

[21] Eine allgemeine Charakterisierung von Stackelbergspielen für öffentliche Güter findet sich bei Varian (1994). Vgl. zum Zusammenhang zwischen Selbstbindung (commitment) und Stackelbergverhalten auch die neuere Oligopoltheorie, so z. B. Tirole (1988, insbesondere S. 314 ff.)

Bei gegebener Anfangsausstattung w mit dem privaten Gut entspricht dies dem privaten Konsumniveau $y^S = w - x^S$. Im y_1-y_2-Diagramm liegt im Falle einer inneren Lösung das sich bei „Führerschaft" des ersten Individuums ergebende Stackelberg-Gleichgewicht dort, wo der Reaktionspfad des zweiten Individuums von einer Isonutzenkurve des ersten Individuums tangiert wird. Die Allokation bei beidseitiger Nicht-Kooperation (N,N) ergibt sich dann dadurch, daß beide Individuen x^S zum öffentlichen Gut beitragen und wird also im y_1-y_2-Diagramm durch (y^S, y^S) dargestellt.[22]

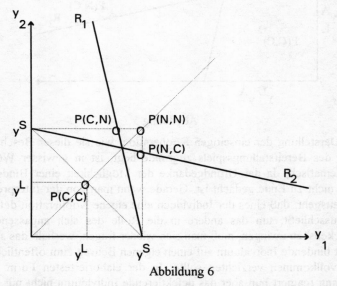

Abbildung 6

Es gelten sowohl die Größenbeziehungen a) - d) als auch u(N,N) > u(C,N). Die Begründungen hierfür sind die gleichen wie die bei der

---

[22] In der Duopoltheorie findet man für diese Konstellation der Aktionen die Bezeichnung „Stackelberg-Krieg". Auch bei dieser Variante könnte man der Frage nachgehen, welche Grundtypen sich ergeben, wenn beidseitige Nicht-Kooperation wie zuvor im Null-Beitrag oder im Nash-Gleichgewichtsbeitrag besteht. Allerdings erscheint diese Annahme im Zusammenhang mit der Bindung an eine positive Bereitstellungsmenge nicht besonders plausibel, da man dann zurecht die Frage stellen müßte, worin denn der Bindungscharakter an den „Führer-Beitrag" noch bestehen könnte, wenn in dem Augenblick, in dem der Gegenspieler nicht auf die Bindung reagiert, diese einfach wieder aufgehoben werden kann.

zuvor behandelten Spielvariante, bei der der Beitrag des nicht-kooperierenden Individuums auf Null fixiert war. Es sind also auch hier nur
die Spieltypen „Chicken" und „Harmony" möglich. Eine weitere Einschränkung ist nicht möglich, da sowohl $u(N,C) < u(C,C)$ als auch
$u(N,C) > u(C,C)$ auftreten kann. Trotz der komplexeren Beschreibung
der einseitigen Nicht-Kooperation ändert sich also gegenüber der zuvor betrachteten Spielvariante nichts im Hinblick darauf, welche
Spieltypen auftreten können.

Für die betrachteten vier Spielvarianten ergeben sich damit die folgenden Möglichkeiten für Strategiekombinationen:

	Spielvariante 1	Spielvariante 2	Spielvariante 3	Spielvariante 4
(C,C)	(x^L, x^L)	(x^L, x^L)	(x^L, x^L)	(x^L, x^L)
(C,N)	$(x^L, 0)$	$(x^L, R(x^L))$	$(x^A, 0)$	$(R(x^S), x^S)$
(N,N)	$(0,0)$	(x^N, x^N)	$(0,0)$	(x^S, x^S)

Abbildung 7

Falls die Präferenzen der Individuen dazu führen, daß eine „Chicken"-
Struktur vorliegt (wie in der ersten, dritten und vierten Variante), kann
a priori nicht gesagt werden, welches Ergebnis aus dem Bereitstellungsspiel resultiert, da drei Gleichgewichte existieren, zwei in reinen
und eines in gemischten Strategien. Es ist insbesondere nicht auszu-
schließen, daß es zu beidseitiger Nicht-Kooperation kommt, wenn entweder beide versuchen, den anderen in die Position des „Chickens" zu
drängen, oder wenn gemischte Strategien gespielt werden. In der
ersten und dritten Spielvariante wird dann nichts vom öffentlichen Gut
bereitgestellt, d. h. es resultiert eine Situation, die Lipnowski und
Maital (1983) als „Desaster" charakterisieren. Allerdings dürfte laut
Arnold (1991) dieses Ergebnis bei einer realistischen Betrachtung nicht
das Ende der Geschichte sein, da in dieser Lage die Individuen ja nichts
dazu zwingt, sich weiterhin an ihre ursprüngliche Willenserklärung
gebunden zu fühlen: Sie könnten, da sich dadurch keiner verschlech-
tern kann, beide übereinkommen, eine neue Runde zu starten, bis sie
ein Gleichgewicht erreichen. Dies kann zwar im Rahmen des hier verwendeten einperiodigen Modells nicht thematisiert werden. Allerdings
darf auch nicht übersehen werden, daß die dritte und vierte Variante
durch die Annahme einer Bindung an Nicht-Kooperation motiviert

wurden. Wäre in dieser Situation ein „recontracting"jederzeit möglich, würde man letztlich die Möglichkeit einer glaubwürdigen Bindung in Frage stellen. Arnold's Einwand dürfte also vor allem für die „naive" erste Variante von Bedeutung sein, in der nach unserer Interpretation eine echte Bindung nicht möglich ist.

Wenn jedoch eine Bindung möglich ist, stellt sich die Frage, wer zum „Chicken" wird. Im Rahmen eines Simultanspiels mit symmetrischen Individuen kann dies nicht geklärt werden, deshalb sind auch keine Aussagen darüber möglich, wie das Spielergebnis aussehen könnte. Lipnowski/Maital (1983) und Arnold (1991) präsentieren deshalb auch nur recht allgemeine Bemerkungen über die Ergebnisse, die sich ergeben können, wenn beide Spieler versuchen, in die Freifahrerposition zu gelangen. Da durch Selbstbindung eine Verteilung der Rollen vor dem eigentlichen Bereitstellungsspiel erfolgen soll, erfordert eine strategische Analyse, daß diesem eine Stufe vorgeschaltet wird, in der eines der Individuen oder beide die Möglichkeit der Selbstbindung haben.

Die Bindung selbst kann vielerlei Gestalten haben: Schelling (1956) verband mit ihr den Gedanken, daß durch sie Handlungsmöglichkeiten definitiv ausgeschlossen werden, beispielsweise durch einen Vertrag mit außenstehenden Dritten, der bei einer Abweichung von der Bindung hohe Ressourcenverluste zur Folge hat. Im Zusammenhang mit der freiwilligen Bereitstellung öffentlicher Güter untersucht Konrad (1993), wie durch die Bindung an eine bestimmte Produktionstechnik oder die strategische Verringerung des verfügbaren Einkommens das Ergebnis des Bereitstellungsspiels der zweiten Stufe beeinflußt werden kann. Buchholz und Konrad (1994) gehen der Frage nach, inwieweit unkonditionierte Einkommenstransfers zwischen den Spielern vor dem eigentlichen Bereitstellungsspiel in diesem eine Festlegung der Führer- und Folgerrolle determinieren.[23]

In den genannten Beispielen besteht Bindung in einem tatsächlichen Ressourcenaufwand oder in einer faktischen Einschränkung der Handlungsmöglichkeiten. Dem muß aber nicht so sein: Wenn man statt des Nash-Gleichgewichtskonzepts ein verfeinertes Gleichgewichtskonzept verwendet, kann allein schon die Möglichkeit der Selbstbindung aus-

---

[23] Beide Ansätze gehen im Unterschied zum obigen Bereitstellungsspiel davon aus, daß der Beitrag zum öffentlichen Gut in der zweiten Stufe stetig variiert werden kann.

reichen, das Ergebnis im folgenden Spiel zu determinieren, ohne daß die Bindung selbst unternommen werden muß. Dieser Gedanke wird im Anhang durch ein Beispiel illustriert, in dem Spieler 1 in der ersten Stufe die Möglichkeit hat, sich durch einen Ressourcenaufwand zu binden.

Bindung bedeutet immer, daß man, auch wenn die Ausgangslage zunächst symmetrisch war, eine Asymmetrie einführt. Würde man im genannten Beispiel Spieler 2 die gleiche Möglichkeit der Selbstbindung geben, so daß die beiden in der ersten Stufe simultan darüber entscheiden, ob sie sich binden sollen oder nicht, so resultieren immer ineffiziente Gleichgewichte: Van Damme (1989, S. 490) zeigt hierzu, daß dann in jedem Gleichgewicht die Spieler die Bindungskosten auf sich nehmen, so daß diese Ressourcen im Endeffekt vergeudet sind, da sich in der zweiten Stufe am Chicken-Problem nichts ändert.[24] Will man deshalb im Rahmen der freiwilligen Bereitstellung öffentlicher Güter die Selbstbindung problematisieren, so wäre die notwendige Asymmetrie plausibel zu begründen. Die Frage wäre also, warum gerade Spieler 1 die zusätzliche Aktionsmöglichkeit haben soll und Spieler 2 nicht. Lassen sich keine guten Gründe für Asymmetrien finden, so ist eine asymmetrische Lösung unplausibel.[25]

Aus diesen Überlegungen wird aber zumindest klar, daß Selbstbindung nicht faktisch unternommen werden muß. Allein schon die Möglichkeit des Ergreifens einer Option kann von rational spielenden Individuen erkannt und vorweggenommen werden, so daß die Ausführung der Bindung gar nicht mehr notwendig ist.

Unter diesem Aspekt besteht dann eine Analogie zwischen einer erfolgreichen Bindung und einer erfolgreichen Drohung in einem Verhandlungsspiel: Auch letztere zeichnet sich dadurch aus, daß sie nicht ausgeführt werden muß und trotzdem das Spielergebnis beeinflußt.

Die bisherigen Ausführungen lassen sich folgendermaßen zusammenfassen: Immer dann, wenn eine Bindung an Nicht-Kooperation möglich ist, resultiert ein „Chicken"-Spiel als Koordinationsproblem.

---

[24] Vgl. dazu auch Taylor (1987, S.45 ff), der Bindung als riskante Entscheidung analysiert.

[25] Aus diesen Gründen sah von Stackelberg (1934) in seiner Darstellung des Duopolproblems in der asymmetrischen Lösung (später als Stackelberg-Gleichgewicht bezeichnet) die unwahrscheinlichste aller möglichen Lösungen, da in seinem Modell mit symmetrischen Firmen asymmetrisches Verhalten nicht vernünftig zu begründen war.

Der sich bei öffentlichen Gütern ergebende Grundtyp eines Kooperationsproblems ist also nicht ganz so beliebig, wie es bei Cornes/Sandler (1986) erscheint, und insbesondere ist er nicht nur eine Frage der Präferenzen. Das Gleichgewicht eines „Chicken"-Spiels impliziert eine zumindest partielle Kooperation, es ist effizient, und man kann in ihm Freifahrerverhalten beobachten. Falls beide Individuen versuchen, in die Freifahrerposition zu gelangen, resultieren Allokationen, die es naheliegend erscheinen lassen, daß die Individuen eine Wiederholung des Spieles versuchen. Mithin ist für die Stabilität der Ergebnisse entscheidend, daß der Versuch der Bindung an eine bestimmte Bereitstellungsmenge von Erfolg gekrönt ist. Ist dagegen keine Bindung möglich, kommt es in der zweiten Spielvariante zu einem Gefangenendilemma. In der ersten Variante können alle vier Grundtypen resultieren. Allerdings zeigen die obigen Ausführungen, daß die Strategien in dieser Variante nicht besonders „sophisticated" sind, und daß die gewählte Struktur ein „recontracting" nahelegt.

4. Kooperation im n-Personen-Fall

Die bisherigen Überlegungen bezogen sich auf Kooperationsspiele mit lediglich zwei Beteiligten. Im folgenden sollen sie auf den Fall mit n Individuen (n>2) verallgemeinert werden.[26] Auf diese Weise wird die Struktur der Zwei-Personen Spiele noch etwas transparenter. Zunächst werden die folgenden Notationen eingeführt: $u^k(C)$ soll das Nutzenniveau eines kooperierenden Individuums bezeichnen, wenn insgesamt k Individuen (k=1,..,n) kooperieren. Entsprechend steht $u^k(N)$ (mit k=0,..,n-1) für das Nutzenniveau eines nicht-kooperierenden Individuums, wenn k andere kooperieren. Auf den Zwei-Personen-Fall bezogen gilt beispielsweise $u^2(C) = u(C,C)$, $u^1(C) = u(C,N)$ sowie $u^0(N) = u(N,N)$ und $u^1(N) = u(N,C)$.

---

[26] Vgl. zu n-Personen-Kooperationsspielen auch bereits Schelling (1973), Sandler (1992, S. 44 ff.), Taylor (1987, S. 40 ff.) und Elster (1989), deren Überlegungen im folgenden verallgemeinert, präzisiert und auf die Darstellung von Allokationen mit öffentlichen Gütern angewendet werden sollen.

Die Grundannahmen zur Charakterisierung eines Kooperationsproblems aus Abschnitt 2 lassen sich dann in naheliegender Weise auf den n-Personen-Fall übertragen:

a) $u^n(C) > u^0(N)$
   Jedes Individuum stellt sich bei allseitiger Kooperation besser als bei allseitiger Nicht-Kooperation.

b) $u^k(N)$ wächst monoton in $k = 0,...,n-1$
   Ein freifahrendes Individuum profitiert davon, wenn ein weiteres anderes Individuum kooperiert.

c) $u^k(C)$ wächst monoton in $k = 1,...,n$.
   Auch der Nutzen eines kooperierenden Individuums erhöht sich, wenn mehr Individuen kooperieren.

d) $u^k(N) > u^k(C)$ für alle $k = 1,...,n-1$.
   Bei einer vorgegebenen Zahl von k kooperierenden Individuen stellen sich die Freifahrer besser als die an der Kooperation beteiligten Individuen. Das Niveau der gemeinsamen Aktivität, das kooperierende und nicht kooperierende Individuen genießen, ist dann ja identisch; die Freifahrer ersparen sich aber zumindest teilweise den Beitrag zur gemeinsamen Aktivität.

Um in einem solchen n-Personen-Spiel Nash-Gleichgewichte ermitteln zu können, muß die optimale Reaktion eines Individuums bei gegebenen Handlungen der n-1 anderen Individuen bestimmt werden. Zu überlegen ist also, ob ein Individuum sich durch Kooperation oder Nicht-Kooperation besserstellt, wenn k andere Individuen (k=0,...,n-1) kooperieren. Dabei vergleicht ein Individuum $u^{k+1}(C)$, d. h. seinen Nutzen, den es bei Beteiligung an der Kooperation erreichen könnte, mit $u^k(N)$, d. h. seinen Nutzen, wenn es sich in die Freifahrerposition begibt. Je nachdem, ob die Differenz zwischen $u^{k+1}(C)$ und $u^k(N)$ positiv (negativ) ist, ist Kooperation (Nicht-Kooperation) seine beste Antwort. Diese Differenz gibt ja gerade den Nutzenzuwachs aus einer Beteiligung an der Bereitstellung wieder.
   Für Existenz, Lage und Eindeutigkeit eines Nash-Gleichgewichts kommt es jetzt darauf an, wie die beiden Pfade $P_N = (u^k(N))_{k=0,...,n-1}$ und $P_C = (u^{k+1}(C))_{k=0,...,n-1}$ im u-k-Diagramm zueinander liegen. Die

vier typischen Konstellationen, die dabei möglich sind, liefern dann die angestrebte Übertragung der vom Zwei-Personen-Fall vertrauten Spieltypen auf den n-Personen-Fall.

Spieltyp (1): $u^k(N) > u^{k+1}(C)$ für alle $k = 0,...,n-1$

Da Nicht-Kooperation die dominante Strategie ist, unabhängig davon, wieviele andere Individuen kooperieren, liegt das einzige Nash-Gleichgewicht bei allseitiger Nicht-Kooperation. Man befindet sich in einem n-Personen-Gefangenendilemma.[27] Im u-k-Diagramm liegt der Pfad P_N stets oberhalb des Pfads P_C.

Spieltyp (2): Es gibt ein $k^* \geq 1$, so daß
$u^k(N) > u^{k+1}(C)$ für alle $k \geq k^*$ und
$u^k(N) < u^{k+1}(C)$ für alle $k < k^*$.

Wenn die Zahl der Kooperierenden geringer ist als der kritische Wert k^*, lohnt sich für ein Individuum die Kooperation. Jedes Individuum hat ein Interesse daran, daß die gemeinsame Aktivität zumindest auf einem Minimalniveau unternommen wird, so daß es die Kooperation dem Freifahrerverhalten vorzieht, solange sich nur wenige andere Individuen an der gemeinsamen Aktivität beteiligen. Kooperieren jedoch viele Individuen, ist für ein einzelnes Individuum Freifahrerverhalten rational. Im u-k-Diagramm schneidet der Pfad P_N den Pfad P_C genau einmal, und zwar von unten im Intervall zwischen k^*-1 und k^*.

Nimmt man als Ausgangspunkt die Kooperation von k^*-2 Individuen und betrachtet die Nutzenniveaus, die zwei zunächst nicht kooperierende Individuen bei beidseitiger Kooperation, beidseitiger Nicht-Kooperation und jeweils einseitiger Kooperation erreichen, so befinden sich die beiden „marginalen" Individuen in der Situation eines „Chicken"-Spiels. Dies legt es nahe, den Spieltyp (2) als n-Personen-'Chicken'-Spiel zu bezeichnen. Es gibt genau einen Typ eines Nash-Gleichgewichts, der dadurch gekennzeichnet ist, daß gerade k^* Individuen kooperieren. Insgesamt gibt es - je nachdem, welche der k^* Individuen jeweils kooperieren - $\binom{n}{k^*}$ Gleichgewichte dieses Typs.

Aufgrund der multiplen Gleichgewichte ist das Koordinationsproblem ungleich größer als beim einfachen „Chicken"-Spiel.

---

[27] Sen (1967) bezeichnet eine derartige Situation als „Isolations-Paradoxon".

Spieltyp (3): $u^{k+1}(C) > u^k(N)$ für alle $k = 0, \ldots, 1$

Unabhängig von der Zahl der Kooperierenden ist Kooperation beste Antwort. Das einzige Nash-Gleichgewicht ist jetzt allseitige Kooperation: „Harmony Reigns". Im u-k-Diagramm liegt der Pfad P_C immer über P_N.

Spieltyp (4):   Es gibt ein $k^* \geq 1$, so daß
$u^k(N) < u^{k+1}(C)$ für alle $k \geq k^*$ und
$u^k(N) > u^{k+1}(C)$ für alle $k < k^*$.

Wenn weniger als k^* Individuen kooperieren, lohnt sich die Kooperation für kein Individuum. Es muß eine kritische Masse erreicht werden, damit ein Individuum einen ausreichenden Nutzen aus seinem eigenen Beitrag zur gemeinsamen Aktivität ziehen kann. Kooperieren jedoch k^* Individuen oder mehr, hat jedes Individuum einen Anreiz zu kooperieren. Auch hier gilt eine „single-crossing-property", allerdings schneidet der Pfad P_C den Pfad P_N nun von unten.

Es gibt genau zwei Nash-Gleichgewichte, nämlich allseitige Kooperation und allseitige Nicht-Kooperation. Deshalb kann man hier von einem n-Personen-„Assurance"-Spiel sprechen.[28]

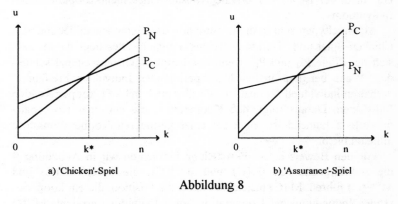

a) 'Chicken'-Spiel   b) 'Assurance'-Spiel

Abbildung 8

Im zweiten Schritt soll jetzt versucht werden, vor diesem allgemeinen Hintergrund die zuvor für den Zwei-Personen-Fall beschriebenen Be-

[28] Sen (1967) definiert ein Assurance-Spiel für einen Spezialfall des obigen Spiels, nämlich für den Fall $k^* = n-1$: Nur wenn dann alle anderen kooperieren, ist Kooperation für ein einzelnes Individuum beste Antwort, in allen anderen Fällen ist es Nicht-Kooperation.

reitstellungsspiele auf den n-Personen-Fall zu übertragen. Wir betrachten n identische Individuen, die wie zuvor durch ihre Nutzenfunktion $u(y_i, X)$ und ihre Anfangsausstattung w charakterisiert sein sollen. Die Bereitstellungsmenge des öffentlichen Gutes im zugehörigen Lindahl-Gleichgewicht sei X_L^n. Für den Beitrag eines einzelnen Individuums gilt dann $x_L^n = X_L^n/n$, und für die private Konsummenge somit $y_L^n = w - X_L^n/n$. Wie zuvor soll in der *ersten Spielvariante* Kooperation C im Lindahlbeitrag und Nicht-Kooperation im Nullbeitrag bestehen. Wenn k Individuen kooperieren, erreicht ein kooperierendes Individuum ein Nutzenniveau $u^k(C) = u(y_L^n, kx_L^n)$ (mit k=1,...,n) und ein nicht-kooperierendes Individuum den Nutzen $u(w, kx_L^n)$ (mit k=0,...,n-1). Die Grundannahmen (a) - (d) eines Kooperationsspiels sind dann erfüllt: (a) folgt im Falle identischer Individuen einfach daraus, daß ein Lindahl-Gleichgewicht pareto-optimal ist. (b) und (c) gelten, weil sich die Positionen der Individuen auf den verschiedenen Kooperationsstufen nur durch die Höhe der vom öffentlichen Gut bereitgestellten Menge, nicht aber im privaten Konsumniveau unterscheiden. Zu (d) kommt man, weil bei gleichem Niveau des öffentlichen Gutes der private Konsum eines kooperierenden Individuums um seinen Beitrag zum öffentlichen Gut niedriger ist als der private Konsum eines nicht-kooperierenden Individuums.

Als Spieltypen sind in dieser Situation das Gefangenendilemma, das Chicken-Spiel und „Harmony Reigns" möglich. Dies liegt daran, daß sich die Pfade P_N und P_C, wenn überhaupt, höchstens einmal schneiden: Wenn bei ursprünglich k kooperierenden Individuen Freifahrerverhalten individuell rational ist, gilt dies auch bei k+1 kooperierenden Individuen. Daraus folgt, daß Kooperation, die bei einer Kooperationsstufe k lohnend ist, auch bei einer geringeren Kooperationsstufe lohnend bleibt.

Für den Beweis dieser Feststellung betrachten wir in Abbildung 9 die Indifferenzkurven $\bar{u}^k(C)$ und $\bar{u}^{k+1}(C)$, die durch $M^k(C)$ und $M^{k+1}(C)$ führen. $M^j(C)$ bezeichnet dabei die Position, die ein kooperierendes Individuum bei Kooperation von j Individuen erreicht. $M^j(N)$ steht analog für die Position eines nicht-kooperierenden Individuums.

Aus der Normalitätsannahme folgt, daß der Betrag des Anstiegs von $\bar{u}^{k+1}(C)$ (von der y-Achse aus gesehen) für jeden y-Wert größer als der Betrag des Anstiegs von $\bar{u}^k(C)$ sein muß. Ansonsten ergäbe sich ein Widerspruch dazu, daß aufgrund der Non-Inferioritätsannahme die Expansionspfade für jedes vorgegebene Niveau der Grenzrate der

Substitution strikt von links unten nach rechts oben verlaufen. Wenn $M^{k-1}(N)$ nach Annahme über $\bar{u}^k(C)$ liegt, muß auch $M^k(N)$ oberhalb von $\bar{u}^{k+1}(C)$ liegen, da die horizontalen und vertikalen Abstände von $M^k(N)$ zu $M^{k+1}(C)$ die gleichen sind wie die von $M^{k-1}(N)$ zu $M^k(C)$.

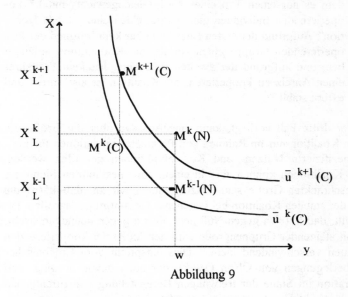

Abbildung 9

Es sind dann drei Fälle möglich:[29]

Fall 1) Es gilt bereits $u^1(C) < u^0(N)$. Die Indifferenzkurven verlaufen von der y-Achse aus gesehen sehr steil, und die Indifferenzkurve durch $M^1(C)$ schneidet die y-Achse links von $(w,0)$. In diesem Fall ist - gemäß der oben bewiesenen Feststellung - der Pfad P_N überall oberhalb des Pfads P_C. Man befindet sich in der Situation eines Gefangenendilemmas.

Fall 2) Es gilt sogar $u^n(C) > u^{n-1}(N)$. Nach der obigen Feststellung ist Kooperation die dominante Strategie: „Harmony Reigns".

---

[29] Vgl. dazu auch Gradstein/Nitzan (1990), die ein ähnliches Bereitstellungsspiel untersuchen, dabei jedoch eine konkave Produktionsfunktion für das öffentliche Gut unterstellen.

Fall 3) Es gibt ein k* (mit 1 < k* < n), so daß $u^{k*}(C) > u^{k*-1}(N)$ und $u^{k*+1}(C) < u^{k*}(N)$. Wiederum nach der zuvor bewiesenen Feststellung hat man die „single-crossing-property" gemäß Spieltyp (3). Man befindet sich in einem n-Personen-„Chicken"-Spiel, in dem es nur einen Typ eines Nash-Gleichgewichts mit k* kooperierenden Individuen gibt. Diese bilden eine „stabile Koalition". Aufgrund der ersten Beziehung hat kein Mitglied der kooperierenden Gruppe einen Anreiz, die Kooperation aufzugeben, und aufgrund der zweiten Beziehung hat kein Freifahrer einen Anreiz zu kooperieren, die Koalition ist also intern und extern stabil.[30]

Falls der dritte Fall vorliegt, kann eine Aussage über die Größe der stabilen Koalition nur im Rahmen von Parametersimulationen für konkret spezifizierte Nutzen- und Kostenfunktionen getroffen werden. Stabile Koalitionen können aber in einem ganz bestimmten Sinne nur von beschränkter Größe sein. Dazu nehmen wir an, daß k*(n) die Größe der stabilen Koalition bei gegebener Gesamtgruppengröße n ist. Dann gilt, daß k*(n)/n gegen Null geht, falls n gegen unendlich strebt, d. h. mit steigender Gruppengröße wird der Anteil der kooperierenden Individuen verschwindend klein.[31] Dies entspricht vom Ergebnis her den Überlegungen von Olson (1965), der auch davon ausging, daß Kooperation im Sinne der freiwilligen Bereitstellung von öffentlichen Gütern nur in kleinen Gruppen möglich ist.

Für den Beweis dieses Resultats wird bezüglich der Präferenzen angenommen, daß für alle y > 0 gilt: $GRS_{y,X}(y,X) \to \infty$ für $X \to \infty$.

Daraus folgt:

a)   Es gibt ein Niveau $\hat{X}$ mit $GRS_{y,X}(w, \hat{X}) > 1$

---

[30] Dabei ist wichtig, daß die Stabilitätsbedingung nur für ein einzelnes Individuum gilt, nicht aber für (Teil-) Koalitionen von Spielern. Das analoge Problem in der Industrieökonomie besteht in der Frage von stabilen Kartellen, an denen nicht alle im jeweiligen Markt aktiven Firmen beteiligt sind. D'Aspremont et.al. (1983) haben hierzu gezeigt, daß derartige stabile Kartelle bei einer endlichen Zahl von Firmen immer existieren. Barrett (1993), Carraro/Siniscalco (1993) sowie Hoel (1992) wenden diese Idee auf die freiwillige Bereitstellung eines öffentlichen Gutes an, indem sie das Problem von stabilen Koalitionen bei internationalen öffentlichen Gütern wie dem Klima untersuchen.

[31] Ein analoges Resultat zeigen Gradstein/Nitzan (1990) für den Fall, daß die Spieler gemischte Strategien verwenden, und Gradstein (1992) für den Fall eines Bereitstellungsspiels mit asymmetrischer Information.

b) $\quad X_L^n \to \infty$ für $n \to \infty$

sowie

(*) $\quad \dfrac{k*(n)}{n} \le \dfrac{\hat{X}}{X_L^n}$.

Wegen a) ist ja kein Individuum bereit zu kooperieren, wenn die anderen mindestens $\hat{X}$ bereitstellen. Die Bereitstellungsmenge des öffentlichen Gutes bei k kooperierenden Individuen beträgt (im Falle von n Gruppenmitgliedern) $k\dfrac{X_L^n}{n}$. Die Forderung $k\dfrac{X_L^n}{n} \le \hat{X}$ ergibt dann (*). Da aber X_L^n mit zunehmendem n gegen unendlich strebt, geht die rechte Seite von (*) dann gegen Null.

Für die *zweite Variante* des Bereitstellungsspiels wird wie im 2-Personen-Fall angenommen, daß die nicht-kooperierenden Individuen auf den Lindahl-Beitrag der kooperierenden Individuen in optimaler Weise reagieren, indem sie ihre beste Antwort auf die Beiträge der Kooperierenden und die der anderen (n-k-1) Nicht-Kooperierenden spielen. Wenn k Individuen kooperieren, beträgt die Bereitstellungsmenge des öffentlichen Gutes dann

$$kx_L^n + X_N^{n-k}(kx_L^n).$$

$X_N^{n-k}(kx_L^n)$ bezeichnet dabei die aggregierten Beiträge der (n-k) nicht-kooperierenden Individuen, wenn extern die Menge kx_L^n bereitgestellt wird und die Nicht-Kooperierenden sich gemäß der Cournot-Nash-Annahme verhalten. Die private Konsummenge bei den kooperierenden Individuen ist wieder $y_L^n = w - x_L^n$, bei den nicht-kooperierenden Individuen $y_N^{n-k}(kx_L^n) = w - X_N^{n-k}(kx_L^n)/(n-k)$. Es ist dabei auch möglich, daß $X_N^{n-k}(kx_L^n) = 0$ gilt, d. h. daß die nicht-kooperierenden Individuen nichts zum öffentlichen Gut beitragen. Diese Spielvariante ist dann identisch mit der vorher beschriebenen, das Nash-Gleichgewicht ist dann eine Randlösung. Dieser Fall tritt genau dann ein, wenn $GRS_{y,X}(w, kx_L^n) > 1$ ist.

Auch für diese Spielvariante läßt sich einfach zeigen, daß die Annahmen (a) bis (d) für ein Kooperationsspiel gültig sind. Bei dieser Variante lohnt sich nun Kooperation aus individueller Sicht niemals: Durch Kooperation eines zusätzlichen Individuums (Zahlung des Lindahl-Beitrags x_L^n) erhöht sich die Bereitstellungsmenge des öffentlichen Gutes um maximal x_L^n. Auf den Beitrag der zuvor schon koope-

119

rierenden Individuen zum öffentlichen Gut hat die Kooperation eines weiteren Individuums jedoch keinerlei Einfluß. Die Menge des öffentlichen Gutes, die von den nicht-kooperativ bleibenden Individuen bereitgestellt wird, bleibt entweder gleich (Fall der Randlösung) oder geht (die Normalität beider Güter vorausgesetzt) zurück.[32] Im Ausgangszustand war aber $GRS_{y,X} \geq 1$ für jedes nicht-kooperierende Individuum, so daß sich durch Entrichtung des Lindahl-Beitrags keine Nutzenerhöhung ergeben kann.

Wie bereits bei zwei Individuen kommt man also auch bei n Individuen bei der zweiten Variante des Bereitstellungsspiels stets zu einem Gefangenendilemma.

Bei der *dritten Variante* des Bereitstellungsspiels sollen wieder die kooperierenden Individuen auf die Nicht-Kooperierenden reagieren, indem sie ihre beste Antwort auf deren fehlende Bereitschaft zur Beteiligung spielen. Wenn sich (n-k) Individuen daran binden, überhaupt nichts zum öffentlichen Gut beizutragen, besteht die beste Antwort der kooperierenden Spieler darin, das Lindahl-Gleichgewicht der Stufe k, X_L^k, zu realisieren, wobei dann jeder kooperierende Spieler den k-ten Teil beiträgt. Dieses Lindahl-Gleichgewicht der Stufe k maximiert die gemeinsame Auszahlung der kooperierenden Individuen unter der Nebenbedingung, daß (n-k) Individuen nichts beitragen:

$$\max_{y_i, X} \sum_{i=1}^{k} u(y_i, X) \quad NB: \ y_i + \frac{1}{k} X = w$$

Im Gegensatz zur zweiten Variante ist nun wieder eine stabile Koalition von kooperierenden Individuen (mit $k \geq 2$) möglich, wenn $GRS_{y,X}(w, X_L^2) < 1/2$ gilt.

Bei n am Bereitstellungsspiel beteiligten Individuen ist nun auch eine *Mischung* aus der zweiten und der dritten Variante möglich, zu der es in Zwei-Personen-Ökonomien kein Gegenstück gibt: Dabei maximieren die kooperierenden Individuen wieder ihre gemeinsame Auszahlung, nun aber unter der Nebenbedingung, daß die nicht-kooperierenden Individuen ihre beste Antwort auf die Bereitstellungsmenge der k kooperierenden und der anderen (n-k-1) nicht-kooperierenden Individuen

---

[32] Allgemein gilt, daß die im Nash-Gleichgewicht erzeugte Menge des öffentlichen Gutes zurückgeht, wenn die extern bereitgestellte Menge steigt. Dies läßt sich einfach mit Hilfe von Expansionspfaden zeigen. Vgl. dazu beispielsweise Sugden (1985) und Buchholz (1990).

spielen. $X_N^{n-k}(\tilde{X})$ bezeichnet dann die Summe der Beiträge der (n-k) nicht-kooperierenden Individuen im Nash-Gleichgewicht und $X_L^k(\tilde{X})$ bezeichnet die Summe der Beiträge der kooperierenden Individuen in der symmetrischen pareto-optimalen Allokation (konditionales Lindahl-Gleichgewicht), wenn jeweils $\tilde{X}$ extern bereitgestellt wird. Ein Gleichgewicht liegt dann vor, wenn $X_N^{n-k}(.)$ und $X_L^k(.)$ wechselseitig beste Antwort aufeinander sind. Die komparative Statik bei n Personen ist völlig analog zum Zwei-Personen-Fall: Wenn die von der anderen Gruppe bereitgestellte Menge $\tilde{X}$ steigt, besteht die beste Antwort in einer Verringerung der aggregierten Menge der eigenen Gruppe. Der Grund dafür liegt darin, daß die extern bereitgestellte Menge wie eine Erhöhung der eigenen Anfangsausstattung wirkt, und daß unter der Normalitätsannahme dann sowohl das öffentliche als auch das private Gut vermehrt nachgefragt werden. Barrett (1993) zeigt zudem für diese Variante, daß stabile Koalitionen existieren können, und er führt Parametersimulationen bezüglich deren Größe durch. Das Ergebnis ist nicht besonders ermutigend: Immer dann, wenn durch Kooperation hohe Wohlfahrtsgewinne gegenüber dem nicht-kooperativen Nash-Gleichgewicht möglich wären, ist die stabile Koalition klein. Wenn allerdings aufgrund der Parameterkonstellation nur geringe Wohl-fahrtsgewinne durch Kooperation möglich sind, ist die stabile Koalition groß.

Ob die *vierte Spielvariante* auf den n-Personen-Fall übertragen werden kann, ist nicht ohne weiteres klar. Schwierig zu beschreiben ist der Fall einseitiger Kooperation.

Am naheliegendsten scheint die Variante zu sein, bei der die (n-k) nicht-kooperierenden Individuen eine Koalition bilden, die die anderen Individuen in die Position eines Stackelberg-Folgers zwingt. Jedes Mitglied der Koalition der Nicht-Kooperierenden, die kollektiv als Stackelberg-Führer operiert, wählt dann denjenigen Beitrag x_N^S zum öffentlichen Gut, bei dem die gemeinsame Auszahlung der Koalition maximiert wird. Die kooperierenden Individuen passen sich dann nut-zenmaximierend an, indem sie das konditionale Lindahl-Gleichgewicht zur exogen vorgegebenen Führer-Menge X_N^S realisieren. Da diese Variante darauf basiert, daß sich die nicht-kooperierenden Individuen in einer ersten Stufe an den Führer-Beitrag binden können, ist kaum vorstellbar, daß sich diese Form der Selbstbindung ohne jegliche Kommunikation und Zusammenarbeit im Rahmen eines rein nicht-kooperativen Spieles verwirklichen läßt. Der zunächst von uns vorgegebene Rahmen eines nicht-kooperativen Spieles würde also bei weitem gesprengt.

5. Schlußbemerkungen

In unserer Darstellung haben wir uns auf eine rein ökonomische Analyse eines einmaligen Bereitstellungsspiels für ein öffentliches Gut („one-shot-game") beschränkt. Trotzdem konnten wir zeigen, daß zumindest partielle Kooperation eine Gleichgewichtslösung darstellen kann, wodurch dann das Kooperationsproblem zu einem Koordinationsproblem wird. Dadurch verschiebt sich die Fragestellung von „wird kooperiert?" zu „wer kooperiert und trägt die Lasten, wer kann sich binden?". Asymmetrien in den Präferenzen können dieses Koordinationsproblem zwar abmildern, aber gerade bei n-Personen-Spielen sind aufgrund des hohen Koordinationsbedarfs die Grenzen der nicht-kooperativen Analyse schnell erreicht.

Nicht betrachtet haben wir die mögliche Wiederholung von Spielen, durch die sich aufgrund der dann möglichen größeren Vielfalt von Strategien Kooperation leichter bewerkstelligen läßt. Da die Ergebnisse von repetitiven Spielen stark von der Modellierung des Basisspiels beeinflußt werden, hoffen wir, durch unsere Analyse von möglichen Basisspielen für die Bereitstellung eines öffentlichen Gutes jedoch auch einen Beitrag in diese Richtung geleistet zu haben.[33]

Zudem haben wir in unserer Darstellung bewußt die soziale Dimension des Kooperationsproblems ausgeblendet. Unser Motiv dafür war, daß wir den Erklärungsgehalt von ökonomischen Standardmodellen ausloten wollten, und natürlich nicht, daß wir vom Primat der Ökonomie in den Sozialwissenschaften ausgehen und andere Erklärungsansätze geringschätzen. Mehrere Aspekte können dabei auch bei einer ausgreifenderen ökonomischen Analyse integriert werden:

Zum einen ist es möglich, Nutzeninterdependenzen in Form altruistischer Gefühle zu berücksichtigen, wenn also das Wohlergehen eines

---

[33] Zum Stand der Theorie der wiederholten Kooperationsspiele verweisen wir auf die Beiträge von Fudenberg (1992) und Pearce (1992). Eine Anwendung auf die Bereitstellung öffentlicher Güter findet sich bei Inman (1987), Lichbach (1992) sowie Taylor (1987).

einzelnen Individuums auch vom Wohlergehen anderer abhängt. Neben dieser psychologischen ist auch die soziologische Dimension in Form von sozialem Druck und Anerkennung von großer Bedeutung.[34] Gerade beim Kooperationsproblem dürfte dabei gelten, daß durch die Berücksichtigung der sozialen Dimension die Analyse gehaltvoller wird und zu einem besseren Verständnis beobachtbaren Verhaltens führt.

Anhang: Selbstbindung und Vorwärtsinduktion

Der Gedanke, daß allein schon die Möglichkeit einer Selbstbindung ausreichen kann, um das Ergebnis im eigentlichen Bereitstellungsspiel zu determinieren, soll im folgenden durch ein Beispiel illustriert werden (zur Vereinfachung werden dabei konkrete Zahlen für die Auszahlungen genommen, und es werden zunächst nur Gleichgewichte in reinen Strategien betrachtet):[35]

In der ersten Stufe des Bereitstellungsspiels hat Spieler 1 die Möglichkeit sich zu binden (B) oder darauf zu verzichten (NB), wobei die Bindung nicht kostenlos ist: Sie verringert seine Auszahlungen in der folgenden Stufe um eine Einheit.[36] In der zweiten Stufe wird dann das übliche „Chicken-Spiel" gespielt. Die extensive Form dieses Spiels sieht folgendermaßen aus:

---

[34] Aus der umfangreichen Literatur seien hier nur einige repräsentative Arbeiten zitiert: Andreoni (1990) und Palfrey/Rosenthal (1988) zum Altruismusproblem bei öffentlichen Gütern sowie Holländer (1990) zu einer ökonomischen Analyse der soziologischen Komponente.

[35] Die folgende Darstellung beruht auf Ideen von van Damme (1989, S. 488 ff), die dieser allerdings im Rahmen eines „Battle of sexes"-Spiels entwickelt.

[36] Worin die Bindung besteht, soll offen bleiben. Platt ausgedrückt reicht es, wenn sich Spieler 1 einen Stift und ein Blatt Papier kauft und „Ich spiele N" darauf schreibt. Bei van Damme vernichtet Spieler 1 einfach einen Teil seines Vermögens. Darauf basiert die Kritik von Rubinstein (1991).

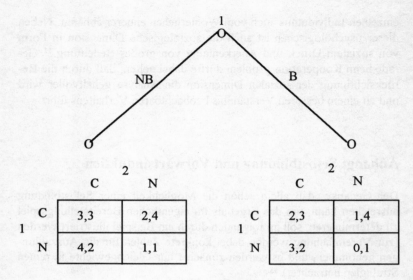

Abbildung 10a

In der Normalform dieses Spiels hat jeder Spieler 4 Strategien, und es gibt vier Gleichgewichte in reinen Strategien, die mit einem * indiziert sind:[37]

	C C	C N	N C	N N
NB C	3,3	3,3	2,4	2,4 *
NB N	4,2 *	4,2 *	1,1	1,1
B C	2,3	1,4	2,3	1,4
B N	3,2	0,1	3,2 *	0,1

Abbildung 10b

Auf diese Normalform soll nun das Kriterium der sukzessiven Eliminierung von (schwach) dominierten Strategien angewendet werden, das üblicherweise als nicht zu hartes Kriterium gilt. Dahinter steht eine bestimmte Vorstellung über die Rationalität der Spieler: Diese gehen

---

[37] Bei der Strategie des 2 bezeichnet dabei der erste Buchstabe seine Aktion für den Fall der Nichtbindung und der zweite die für den Fall der Bindung.

davon aus, daß der Gegenspieler keine dominierte Strategie spielen wird. Vor dem Spiel überlegen sie sich deshalb in einem Prozeß der „Vorwärtsinduktion", welche Strategien dominiert sind und streichen diese dann aus ihren Überlegungen über mögliche Spielzüge des Gegners.[38]

Dabei gilt zunächst, daß für Spieler 1 Bindung und Kooperation (B C) von Nichtbindung und Kooperation (NB C) dominiert wird. Spieler 2 kann daraus schließen, daß, wenn 1 sich bindet, er mit N weiterspielen wird. Für 2 wird nun (CN) von (CC) und (NN) von (NC) dominiert, nach einer Bindung wäre für ihn C am besten. Deshalb gilt wiederum für Spieler 1, daß (NB C) von (BN) dominiert wird.[39] Spieler 2 muß deshalb davon ausgehen, daß Spieler 1 N spielt, selbst wenn er sich zunächst nicht gebunden hat, für ihn ist nun (NC) dominiert von (CC). Damit kann man aber für Spieler 1 (BN) streichen: Nach der sukzessiven Eliminierung bleibt nur ein einziges Strategiepaar übrig, nämlich (NB,N),(C,C), das damit das eindeutige Gleichgewicht in nicht-dominierten Strategien ist.

Allein die Möglichkeit eines Spielers, sich durch einen Ressourcenaufwand eine zusätzliche Aktionsmöglichkeit zu verschaffen, hat also das Spiel zu seinen Gunsten verändert, ohne daß er die Aktion auch wirklich einsetzen mußte.[40]

---

[38] Van Damme (1989) diskutiert ausführlich den Zusammenhang zwischen Vorwärtsinduktion, dem Konzept der stabilen Gleichgewichte von Kohlberg/Mertens (1986) und anderen Gleichgewichtskonzepten für Normalformspiele.

[39] Allgemeiner gilt diese Dominanz, wenn die Bindungskosten geringer sind als die Auszahlungsdifferenz zwischen (BN) und (NB C). Dadurch wird eine obere Grenze für die Höhe der Bindungskosten festgelegt. Im obigen Zahlenbeispiel wurde schlicht die Gleichheit der beiden Größen unterstellt.

[40] Würde man auch gemischte Strategien in der Analyse berücksichtigen, so wäre der Parameterbereich der Bindungskosten auch von unten beschränkt, sie müßten also eine bestimmte Mindesthöhe haben. Am grundsätzlichen Ergebnis ändert sich jedoch nichts. Vgl. van Damme (1989, S. 488 ff.)

Literatur

Althammer, W. und Buchholz, W. (1993), Internationaler Umweltschutz als Koordinationsproblem, in: Wagner, A. (Hrsg.), Dezentrale Entscheidungsfindung bei externen Effekten: Innovation, Integration und internationaler Handel, Tübingen, S. 289-315.

Andreoni, J. (1990), Impure Altruism and Donations to Public Goods: A Theory of Warm Glow Giving, Economic Journal 100, S. 464-477.

Arnold, V. (1991), Theorie der Kollektivgüter, München.

Barrett, S. (1993), Self-Enforcing International Environmental Agreements, erscheint in: Oxford Economic Papers.

Bergstrom, T., Blume, L. und Varian, H. (1986), On the Private Provision of Public Goods, Journal of Public Economics 29, S. 165-173.

Buchanan, J. W. (1967), Cooperation and Conflict in Public Good Interaction, Western Economic Journal 5, S. 109-121.

Buchholz, W. (1990), Gleichgewichtige Allokationen öffentlicher Güter, Finanzarchiv N. F. 48, S. 97-126.

Buchholz, W. (1992), Isoliertes und koordiniertes Verhalten im Duopol und bei öffentlichen Gütern - eine einheitliche grafische Darstellung, Jahrbuch für Sozialwissenschaften 42, S. 336-357.

Buchholz, W. und Konrad, K. A. (1994), Strategic Transfers and Private Provision of Public Goods, erscheint in: Journal of Public Economics.

Carraro, C. und Siniscalco, D. (1993), Strategies for the International Protection of the Environment, Journal of Public Economics 52, S. 309-328.

Coase, R. (1974), The Lighthouse in Economics, Journal of Law and Economics 17, S. 357-376.

Cornes, R. und Sandler, T. (1986), The Theory of Externalities, Public Goods and Club Goods, Cambridge u.a.O.

D'Aspremont, C., Jacquemin, A., Gabszewicz, J. J. und Weymark, J. A. (1983), On the Stability of Collusive Price Leadership, Canadian Journal of Economics 16, S. 17-25.

De Jasay, A. (1989), Social Contract, Free Ride - A Study of the Public Goods Problem, Oxford.

Elster, J. (1989), The Cement of Society: A Study of Social Order, Cambridge u.a.O.

Frank, R. (1988), Passions within Reasons, New York.

Fudenberg, D. (1992), Repeated Games: Cooperation and Rationality, in: Laffont, J. J. (Hrsg.), S. 89-131.

Gradstein, M. (1992), Time Dynamics and Incomplete Information in the Provision of Public Goods, Journal of Political Economy 100, S. 581-597.

Gradstein, M. und Nitzan, S. (1990), Binary Participation and Incremental Provision of Public Goods, Social Choice and Welfare 7, S. 171-192.

Hardin, R. (1968), The Tragedy of the Commons, in: Science 162, S. 1243-1248.

Hayek, F. (1978), Law, Legislation and Liberty, Chicago.

Hoel, M. (1992), International Environmental Conventions: The Case of Uniform Reductions of Emissions, Environmental and Resource Economics 2, S. 141-159.

Holländer, H. (1990), A Social Exchange Approach to Voluntary Cooperation, American Economic Review 80, S. 1157-1167.

Inman, R. P. (1987), Markets, Governments and the „New" Political Economy, in: A. J. Auerbach und M. Feldstein (Hrsg.), Handbook of Public Economics, Vol. II, Amsterdam u.a.O., S. 647-777.

Kohlberg, E. und Mertens, J.-F. (1986), On the Strategic Stability of Equilibria, Econometrica 54, S. 1003-1037.

Konrad, K. A. (1993), Selbstbindung und die Logik kollektiven Handelns, unveröffentlichte Habilitationsschrift, München.

Krause-Junk, G. (1970), Spieltheoretische Elemente in der „reinen" Theorie öffentlicher Ausgaben, Jahrbuch für Sozialwissenschaften 21, S. 12-24.

Laffont, J. J. (1992) (Hrsg.), Advances in Economic Theory Sixth World Congress, Vol. I, Cambridge.

Lichbach, M. I. (1992), The Repeated Public Goods Game: A Solution Using Titfor-Tat and the Lindahl Point, Theory and Decision 32, S. 133-146.

Lipnowski, I. und Maital, S. (1983), Voluntary Provision of a Pure Public Good as the Game of „Chicken", Journal of Public Economics 20, S. 381-386.

Musgrave, R. A. (1969), Finanztheorie, 2. Auflage, Tübingen.

Olson, M. (1965), The Logic of Collective Action, Cambridge (Mass.).

Ostrom, E. und Gardner, R. (1993), Copying with Asymmetries in the Commons: Self-Enforcing Irrigation Systems Can Work, Journal of Economic Perspectives 7(4), S. 93-112.

Palfrey, T. R. und Rosenthal, H. (1988), Private Incentives in Social Dilemmas: The Effects of Incomplete Information and Altruism, Journal of Public Economics 35, S. 309-332.

Pearce, D. G. (1992), Explaining Cooperation and Commitment in Repeated Games, in: Laffont, J. J. (Hrsg.), S. 132-174.

Richter, W. und Wiegard, W. (1993), 20 Jahre „Neue Finanzwissenschaft", Zeitschrift für Wirtschafts- und Sozialwissenschaft 113, I. Teil S. 169-224, II. Teil S. 337-400.

Rubinstein, A. (1991), Comments on the Interpretation of Game Theory, Econometrica 59, S. 909-924.

Samuelson, P. (1956), Diagrammatic Exposition of a Theory of Public Expenditure, Review of Economics and Statistics 37, S. 350-356.

Sandler, T. (1992), Collective Action: Theory and Application, New York u.a.O.

Schelling, T. (1956), An Essay on Bargaining, American Economic Review 46, S. 281-306.

Schelling, T. (1973), Hockey Helmets, Concealed Weapons, and Daylight Saving: A Study of Binary Choices with Externalities, Journal of Conflict Research 17, S. 381-428.

Schotter, A. (1981), The Economic Theory of Social Institutions, Cambridge u.a.O.

Sen, A. K. (1967), Isolation, Assurance and the Social Rate of Discount, Quarterly Journal of Economics 81, S. 112-124.

Shibata, H. (1971), A Bargaining Model of the Pure Theory of Public Expenditure, Journal of Political Economy 79, S. 1-29.

Sugden, R. (1985), Consistent Conjectures and Voluntary Contributions to Public Goods: Why the Conventional Theory Does Not Work, Journal of Public Economics 37, S. 117-124.

Sugden, R. (1986), The Economics of Rights, Cooperation and Welfare, Oxford.

Taylor, M. (1987), The Possibility of Cooperation, Cambridge.

Taylor, M. und Ward, H. (1982), Chickens, Whales and Lumpy Goods: Alternative Models of Public Goods Provision, Political Studies 30, S. 350-370.

Tirole, J. (1988), The Theory of Industrial Organisation, Cambridge (Mass.).

Van Damme, E. (1989), Stable Equilibria and Forward Induction, Journal of Economic Theory 48, S. 476-496.

Varian, H. (1994), Sequential Contributions to Public Goods, Journal of Public Economics 53, S. 165-186.

Von Stackelberg, H. (1934), Marktform und Gleichgewicht, wieder abgedruckt in: N. Kloten und H. Möller (Hrsg.), Heinrich Freiherr von Stackelberg: Gesammelte wirtschaftswissenschaftliche Abhandlungen, Band I, Regensburg, 1992.

Ward, H. (1989), Testing the Waters: Taking Risks to Gain Reassurance in Public Good Games, Journal of Conflict Resolution 33, S. 274-308.

Zur Evolution von Kooperation

Stefan Schenk und Peter Weise

1. Einleitung

In den letzten Jahren ist mit Hilfe der Spieltheorie von verschiedenen
Autoren gezeigt worden, unter welchen Bedingungen kooperatives
Verhalten entstehen kann. Zugrunde gelegt wurden vor allem Varianten des Gefangenendilemma-Spiels, des Chicken-Spiels und des Evolu-
tions-Spiels. Es zeigte sich, daß bei konsequenter Annahme der Rationalität im Sinne von Nash Kooperation nicht entstehen kann. Erst
dann, wenn gewisse Abschwächungen an diesem Rationalitätskonzept
vorgenommen werden oder wenn ein gewisses Maß an Selbstbin-
dungskraft unterstellt wird, kann Kooperation sich entwickeln.[1]
  Problematisch bei diesen Herleitungen und Analysen ist die Annahme der strikten egoistischen Rationalität. Zwar ist richtig, daß sich
Kooperation nur dann stabilisieren kann, wenn sie sich auf Dauer und
im Durchschnitt lohnt. Fraglich ist aber, ob die Kooperationsentscheidung eine strikt egoistische sein muß. Denn die Menschen haben in der
Evolution aufgrund ihrer Lebensweise in kleinen Gruppen die Disposition für die Berücksichtigung der Konsequenzen ihres Verhaltens
gegenüber anderen erworben. Dies bedeutet, daß sie die Fähigkeit
haben, kollektiv rational zu handeln. Sie besitzen also vermutlich a
priori keine egoistische, sondern eine altruistische Rationalität.

---

[1] Siehe dazu für eine theoretische Herleitung Güth/Kliemt (in diesem Band).
Siehe auch Lahno (in diesem Band). Vgl. auch die Simulationsstudien von
Coleman (1986), Axelrod (1991), Schüßler (1990) und Hirshleifer/Martinez
Coll (1992).

In diesem Aufsatz wird daher eine andere als die spieltheoretische Rationalitätsannahme getroffen. Es wird von einer Gruppe von Individuen ausgegangen, deren Verhalten wechselseitig voneinander abhängig ist. Es wird gezeigt, wie dann Kooperation unter bestimmten Verhaltensannahmen in einer Gruppe entstehen kann. Diese Kooperation muß sich zwar auf die Dauer und im Durchschnitt für jedes Individuum lohnen, sie unterliegt aber nicht der strengen Nash-Annahme egoistischer Rationalität. Da die Beziehungen zwischen den Individuen in der Gruppe einen nicht-linearen Charakter haben, sind die entsprechenden Gleichungssysteme mathematisch nicht mehr zu lösen. Es wird daher die Vorgehensweise der Simulation gewählt.

Im ersten Teil des Aufsatzes werden Argumente vorgetragen, die begründen sollen, warum die Annahme der egoistischen Rationalität zu eng ist; gleichzeitig wird eine angemessenere Verhaltensannahme vorgeschlagen. Im nächsten Teil wird ein eigenes Simulationsmodell dargestellt. In diesem Simulationsmodell wird zum einen die Annahme gemacht, daß die Individuen individuell-rational handeln, und zum anderen angenommen, daß sie sich wechselseitig aneinander orientieren. Anschließend werden die entsprechenden Simulationsverläufe interpretiert. Im letzten Teil des Aufsatzes werden die Ursachen und Bedingungen der Kooperationsentstehung zusammengefaßt.

2. Rationalität und soziale Interdependenz

Seit etwa drei Millionen Jahren leben die Menschen als Homo habilis und als Homo erectus und dann seit einigen Hunderttausenden von Jahren als Homo sapiens nicht isoliert als Einzelwesen, sondern zusammen in kleinen Gruppen. Dieser Sachverhalt hat für die Einschätzung der Rationalität des menschlichen Handelns einige Konsequenzen: Die Evolution setzt nämlich an den Kulturen an, die sich die Menschen gegeben haben; die genetische Basis des Menschen ist dann auch durch seine Kultur beeinflußt; Emotionen und Rationalität sind dann auch kulturell bedingt; Rationalität ist letzten Endes demnach ein genetisches und kulturelles Phänomen.

Schließen sich Menschen zur Realisierung von Kooperationsgewinnen in kleinen Gruppen zusammen, so müssen sie sich Normen geben. Diese beziehen sich vor allem auf den Schutz des einzelnen gegenüber allen anderen in der Gruppe; hinzu kommen Normen, die die Aufgabenverteilung, die Nahrungsmittelaufteilung u.a.m. regeln. Diese Normen sind zunächst in Form eines Brauches oder einer Konvention und längerfristig in Form einer Tradition und Sitte vorhanden. Die Evolution setzt an zwei Stellen an: 1) Die Gruppen überleben oder gehen unter, je nachdem, ob die Normen einen Selektionsvorteil haben oder nicht. 2) Die genetische Ausstattung des Menschen verändert sich, je nachdem, ob die Gene individuelle Verhaltensweisen bewirken, die zur Reproduktion der vorteilhaften Normen beitragen oder nicht.

Im ersten Fall bewirkt die kulturelle Evolution das Entstehen überlebensermöglichender Normen; im zweiten Fall wirkt die natürliche Evolution in einer menschen-gemachten Umwelt auf die Selektion von Genen für die Ermöglichung von individuellen Verhaltensweisen hin, die das Überleben der Gruppe sichern. In der natürlichen Selektion wird nämlich nicht allein die Maximierung der persönlichen Fitness, sondern die der Gesamtfitness gefördert, die durch die Summe aus individuellem Fortpflanzungserfolg und dem mit dem Grad der Verwandtschaft gewichteten Reproduktionserfolg der genealogischen Verwandten gemessen wird. Hierdurch entsteht Kooperation auf genetisch eigennütziger Basis.[2] Daneben entsteht Kooperation in Form direkter und indirekter Reziprozität: Das simultane Geben und Nehmen (direkte Reziprozität, Tausch) wird im Zuge der Evolution ausgeweitet auf nicht-simultane Tauschbeziehungen und auf Geben und Nehmen mit unterschiedlichen Partnern, bei dem anderen Personen vergolten wird, was man von bestimmten Personen erhalten hat (indirekte Reziprozität, Norm). Es entstehen also aus der direkten Reziprozität durch die kulturelle Evolution auf individuell eigennütziger Basis Normen und altruistische Rationalität, die die Verläßlichkeit der wechselseitigen Kooperation auch zwischen Nicht-Verwandten steigern.[3]

Der Mensch entwickelt in der sozialen Interdependenz eine Identität, die Möglichkeit, sich in andere Menschen hineinzuversetzen und deren Ziele zu berücksichtigen, die Voraussicht auf zukünftige Konsequenzen seiner Handlungen, die Fähigkeit, Strategien zu entwerfen, die Fähigkeit der sprachlichen Kommunikation sowie ein Gefühl für das, was andere von ihm erwarten; kurz: Der Mensch besitzt die gene-

---

[2] Siehe hierzu Dawkins (1978) und Vogel (1993, (30) S. 16 ff.). Vgl. auch Trivers (1971) und Wuketits (1990).
[3] So Harris (1991, S. 179 ff. und passim) und Alexander (1987). Siehe auch Wintrobe (1981) und Vanberg/Congleton (1992).

tische Disposition sowohl für die Berücksichtigung möglicher Schädigungen anderer bei eigennützig-vorteilhafter Durchführung eigener Handlungen als auch für die Voraussicht eigener zukünftiger Nachteile bei Verfolgen kurzfristiger Vorteile, d. h. der Mensch besitzt eine egoistisch-altruistische Rationalität.

In der Folge werden wir daher eine Verhaltensannahme treffen, die der egoistischen Nash-Rationalität widerspricht. Die Nash-Rationalität bedeutet, daß ein Individuum bei der Wahl einer Handlung davon ausgeht, daß die anderen Individuen ihr Verhalten nicht verändern, und wird unter dieser Annahme die für das Individuum bestmögliche Verhaltensweise ergreifen: Diese Rationalität ist extrem egoistisch. Das Gegenstück hierzu wäre die extrem altruistische Rationalität: Ein Individuum wählt diejenige Verhaltensweise, die für die Gruppe die bestmögliche ist. Beide Rationalitätsannahmen sind unrealistisch und widersprechen der in der Evolution entstandenen egoistisch-altruistischen Rationalität.[4] Wir werden stattdessen annehmen, daß ein Individuum bei der Wahl einer Handlung davon ausgeht, daß die anderen Individuen ihr Verhalten dann verändern, wenn sie sich verbessern können. Dies bedeutet, daß jedes Individuum sowohl seinen eigenen Nutzen als auch die Interessen der anderen berücksichtigt. Dadurch wird der evolutiven Entwicklung des Menschen zu einer handlungs- und kommunikationsfähigen Person, die ein gewisses Maß an Vertrauen in die Kooperationsneigung der jeweils anderen Individuen hat, Rechnung getragen.

3. Simulation von Interaktionsprozessen

Im folgenden wird eine Simulationsstudie vorgestellt, die einer der Verfasser[5] entwickelt hat, um die Evolution sozialer Kooperation unter verschiedenen Annahmen untersuchen zu können. Diese Studie unterscheidet sich von den bekannten Untersuchungen von Coleman, Axelrod, Schüßler und Hirshleifer/Martinez Coll in einem wesentlichen Gesichtspunkt. In diesen Simulationsstudien wird jeweils die Annahme gemacht, daß bestimmte individuell-rationale Strategien gegeneinander spielen, diese Strategien sich im Spielablauf aber nicht verändern.

---

4 Siehe hierzu Weise (1995).
5 Diese Studie ist mittlerweile in Buchform erschienen: Schenk (1995).

Somit lernen die Individuen nichts aus ihrem eigenen Verhalten, sie lernen auch nichts aus dem Verhalten der anderen. Das Entstehen sozialer Kooperation wird mithin als Problem einer rationalen Wahl verstanden. Zu vermuten ist allerdings, daß soziale Kooperation im Zuge eines Evolutionsprozesses als Resultat von Interdependenzen der Individuen entstanden ist. Die hier entwickelte Simulationsstudie betont genau diesen Gesichtspunkt.

3.1 Interaktionen von schwach interdependenten Individuen

Im folgenden nehmen wir zunächst an, daß in einer Gruppe von Individuen jeweils zwei miteinander agieren und unter bestimmten Annahmen ihre Interaktion beibehalten oder verändern. Die Interdependenz der Individuen sei schwach in dem weiter unten definierten Sinne.

3.1.1 Annahmen zur Verhaltensänderung

Wir wollen die Kooperationsentstehung in einer stark kooperationsfeindlichen Umgebung untersuchen. Aus diesem Grund wird die Zwei-Personen-Gefangenendilemma-Situation zugrunde gelegt, da sie aus individueller Sicht das nicht-kooperative, d. h. defekte, Verhalten begünstigt (siehe dazu Tabelle 1).

Tabelle 1: Gefangenendilemma-Matrix aus der Sicht von A

		Individuum B	
		C	D
Individuum A	C	a_{11}	a_{12}
	D	a_{21}	a_{22}

Es gilt: $a_{21} > a_{11} > a_{22} > a_{12}$.

Wie leicht zu sehen ist, dominiert die Strategie D die Strategie C. Individuell-rationale Individuen A und B müßten demnach die D-Strategie wählen. Das resultierende Nash-Gleichgewicht (D, D) ist die zweitschlechteste Situation und wird von (C, C) dominiert. Individuelle und kollektive Rationalität fallen auseinander.

Wesentlich für die Begünstigung defekten Verhaltens in einer Gruppe von Individuen ist darüber hinaus die Anonymität. In einer derartigen Situation ist es den Individuen möglich, in einem „Meer der Anonymität"[6] zu verschwinden. Defekteure können also von anderen Individuen nicht erkannt werden, so daß sie mit keinen Sanktionen rechnen müssen. Dieses „Meer der Anonymität" wird durch uns mit Hilfe von zwei Arten der Trennung von Individuen simuliert:

(1) Die individuelle Trennmöglichkeit: Wenn zwei Individuen miteinander kooperiert haben, behalten sie die Paarung für das nächste Spiel bei, da die kooperative Lösung kollektiv rational ist. Defekteure verhalten sich nach der 'Hit-and-run'-Taktik und trennen sich nach jedem Spiel von ihrem Partner.

(2) Die übergeordnete Trennmöglichkeit (Abbruchwahrscheinlichkeit): Mit einer bestimmten Wahrscheinlichkeit wird eine Kooperation aufgelöst. Auf diese übergeordnete Trennung haben die Akteure keinen Einfluß. Die Abbruchwahrscheinlichkeit wirkt nach jedem Spiel auf die Paarung und ist konstant. Durch sie wird eine Trennung durch Tod eines Akteurs, Fehlleistungen eines Akteurs und ähnliches zum Ausdruck gebracht.[7]

Durch die Einführung der Trennprämissen entsteht ein sich ständig verändernder Pool von alleinstehenden Individuen, die innerhalb dieses Pools einen neuen Partner finden. Die neue Paarung erfolgt dabei per Zufall. Diese zufällige Paarung entspricht der Annahme, daß die Individuen kein Gedächtnis für die Wiedererkennung von anderen Akteuren besitzen und daher auch kein anderes Individuum gezielt suchen können, um mit ihm zu interagieren. Die Individuen haben allerdings ein Gedächtnis für die zurückliegende Behandlung durch andere.[8]

Für die erste Simulation sollen die interagierenden Individuen *schwach interdependente Individuen* sein. Unter schwach interdependenten Individuen verstehen wir Individuen, die ihr Verhalten von Überlegungen abhängig machen, die aus ihrer eigenen Sicht sinnvoll erscheinen und sich auf das erwartete Verhalten der anderen beziehen. Schwach interdependente Individuen sind aber keine rationalen Egoi-

---

6 Axelrod/Hamilton (1991, S. 90).
7 Vgl. Schüßler (1990, S. 103).
8 Der „Schatten der Zukunft" wird nicht berücksichtigt. Das bedeutet, daß die Auszahlungen der Zukunft den gleichen Stellenwert einnehmen wie gegenwärtige Auszahlungen. Eine Diskontierung der Auszahlung findet also nicht statt. Vgl. dazu Axelrod (1991, S. 12), Axelrod / Dion (1988, S. 1387) u. a. zu unterschiedlichen Annahmen.

sten i. S. von Nash,[9] sie können sich auch irrational und emotional verhalten und unterstellen darüber hinaus bestimmte durch die Erfahrung geprägte Verhaltensänderungen der anderen Individuen.

Da jedes Individuum nur zwei Handlungsmöglichkeiten hat, wird jedes Individuum durch die Wahrscheinlichkeit $P_i(C)_n$ charakterisiert, die besagt, daß das Individuum i mit der Wahrscheinlichkeit $P_i(C)_n$ kooperatives Verhalten und mit der Gegenwahrscheinlichkeit $(1 - P_i(C)_n)$ defektes Verhalten (Ausbeutungsversuch) im n-ten Spiel wählt.

Aufgrund der Wahrscheinlichkeitsannahme für das Verhalten der Individuen hat ein Akteur zwar eine Präferenz für kooperatives oder nicht-kooperatives Handeln, aber es ist nicht vorhersagbar, wie das Individuum im nächsten Spiel tatsächlich spielen wird. Das Individuum selbst weiß nicht, wie es in einer Spielrunde handelt. Es kann sich also unter Umständen auch irrational oder emotional verhalten. Wichtig ist, daß $P_i(C)_n$ nicht für alle Akteure gleich ist; durch diese Ungleichheit können somit die Unterschiede zwischen den Akteuren repräsentiert werden.

Jedes Individuum macht durch die Interaktion mit einem Partner Erfahrungen, die sich auf die Wahrscheinlichkeit $P_i(C)_n$ auswirken. Die Erfahrungen sind gleichzusetzen mit dem Gedächtnis, welches die Behandlung durch andere speichert. Für die Gedächtnistiefe m gilt, daß das Individuum die letzten m Behandlungen durch andere speichern kann. Ist das Individuum öfter kooperativ als defekt behandelt worden, wird die Wahl des Partners als C interpretiert, andernfalls als D (siehe Tabelle 2 und 3). Einen Spezialfall stellt die Gedächtnistiefe 1 dar, bei der sich das Individuum nur an die letzte Behandlung durch den Spielpartner erinnern kann.

Die Auswirkung auf $P_i(C)_n$ ist abhängig von einer individuellen Reaktionskennziffer[10] (r_i), einer Auszahlungsdifferenz (ΔAZ) und der Richtung der Veränderung[11] (Ri). Wir postulieren die folgende *Verhaltensänderungsgleichung:*

$$P_i(C)_{n+1} := P_i(C)_n + Ri \cdot \Delta AZ \cdot r_i, \text{ mit } r_i \in [0;0,1]$$

---

9 Vgl. Schüßler (1990, S. 146, Anm. 5).
10 Auch Apfelbaum (1974) führt eine Reaktionskennziffer in sein Lernmodell ein. Vgl. auch May (1983, S. 75).
11 Ri ist entweder +1 für die Richtung der Veränderung zu kooperativem Verhalten oder -1 für die Richtung der Veränderung zu defektem Verhalten.

Der Tabelle 2 ist im einzelnen zu entnehmen, wie sich die Auszahlungsdifferenzen berechnen.

Tabelle 2: Auszahlungsdifferenzen-Berechnung

Alternativenwahl im Spiel n		Auszahlungen für		Aus Sicht des Individuums i	
i	Partner	i	Partner	Δ AZ	Verhaltens-änderung in Richtung
C	C	a_{11}	a_{11}	$\mid a_{11} - a_{22} \mid$	C
C	D	a_{12}	a_{21}	$\mid a_{12} - a_{22} \mid$	D
D	C	a_{21}	a_{12}	$\mid a_{21} - a_{11} \mid$	D
D	D	a_{22}	a_{22}	$\mid a_{22} - a_{11} \mid$	C

Die Auszahlungsdifferenz beruht auf der folgenden Überlegung: Was hätte das Individuum i gewinnen können, wenn es eine andere (bessere) Wahl getroffen hätte und der Partner dann ebenfalls die für ihn beste Wahl treffen wird. Das heißt, jedes Individuum wählt bei der nächsten Wahl die für das Individuum beste Verhaltensweise unter der Annahme, daß auch der Partner dies tut.[12] Das Individuum i geht somit davon aus, daß der Partner im nächsten Spiel die gleiche Wahl trifft wie i selbst.

Aus der nachfolgenden Tabelle 3 kann entnommen werden, in welche Richtung sich $P_i(C)_n$ verändert:

Tabelle 3: Veränderungszusammenhänge von $P_i(C)_n$

Alternativenwahl im Spiel n		Verhaltens-änderung in Richtung	Änderung von $P_i(C)_n$	Richtung der Veränderung Ri
i	Partner			
C	C	C	größer	+1
C	D	D	kleiner	-1
D	C	D	kleiner	-1
D	D	C	größer	+1

---

[12] Die Nash-Annahme hingegen besagt: Welches ist für das Individuum i die beste Wahl, wenn das andere Individuum seine Wahl beibehält? Aus dieser Überlegung folgt immer die D-Wahl. Die Konstellation DD wird deshalb auch das Nash-Gleichgewicht genannt.

Die Verhaltensänderung eines Individuums hängt also nur von der Überlegung ab, ob es bei einem anderen Spielausgang mehr gewinnen kann oder nicht. Verhaltensänderungen aufgrund von Anpassungen an das Verhalten der anderen Individuen seien also zunächst ausgeschlossen. Insofern bezeichnen wir die Individuen als nur schwach interdependent.

3.1.2 Allgemeiner Untersuchungsablauf

In jeder Runde von Simulationsläufen fanden sich 50 schwach interdependente Individuen zu 25 Spielpaaren zusammen, die jeweils entsprechend dem Modell 200mal interagierten. Um eine aussagekräftige Statistik zu bekommen, wurde dieses Szenario zehnmal bei gleicher Auszahlungsmatrix wiederholt. Auf diese Weise erhielt man 50.000 Situationen, in denen jeweils eine C- oder D-Wahl getroffen wurde, somit also 100.000 individuelle Entscheidungen. Es ergaben sich insgesamt 99.800 individuelle Verhaltensänderungen. Über alle 10 Runden wurde der Durchschnitt gebildet, so daß sich eine repräsentative Durchschnittsrunde ergab. Die Durchschnittsrunden für drei verschiedene Auszahlungsmatrizen (AM_1, AM_2, AM_3) werden im folgenden dargestellt und analysiert.

3.1.3 Ergebnisse für die Auszahlungsmatrix AM_1

Zunächst wurde die folgende Auszahlungsmatrix[13] zugrunde gelegt (siehe Tabelle 4):

Tabelle 4: Auszahlungsmatrix AM_1

		Individuum B	
		C	D
Individuum A	C	3(3)	0(5)
	D	5(0)	1(1)

In jeder einzelnen der 10 Runden entstand ein hoher Prozentsatz an Kooperation. Die Durchschnittsrunde wird in Grafik 1 dargestellt.

---

[13] Es handelt sich hierbei um die Auszahlungsmatrix, die von Axelrod verwendet wurde; vgl. Axelrod (1991, S. 8).

Grafik 1: Evolution kooperativen Verhaltens für AM₁

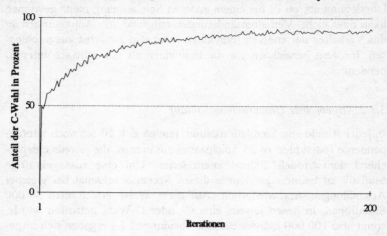

(Abbruchwahrscheinlichkeit = 0; Gedächtnistiefe = 1; Iterationen = 200)

Schon nach wenigen Iterationen, d. h. Spielen, steigt der Anteil der sich kooperativ verhaltenden Individuen drastisch an und nähert sich asymptotisch einem Gleichgewichtsanteil von circa 91 Prozent.

Über die gesamten 200 Iterationen wurde im Durchschnitt zu 85 % kooperatives Verhalten und zu 15 % defektes Verhalten von den 50 Individuen gewählt, wie die Tortengrafik 2 zeigt.

Grafik 2: Durchschnittliche C- und D-Wahlen für AM₁

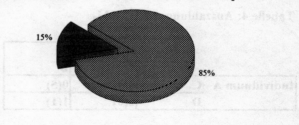

Der Anteil an Kooperation, Defektion und Ausbeutung unter den Paaren wird in der Tortengrafik 3 dargestellt.

138

Grafik 3: Durchschnittliche Kooperation, Defektion und Ausbeutung für AM_1

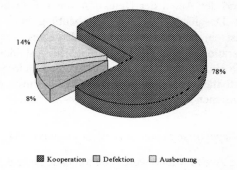

14%

78%

8%

□ Kooperation ▣ Defektion □ Ausbeutung

Im Durchschnitt befanden sich 14 % der Paare in der CD- bzw. DC-Konstellation und konnten den Spielpartner ausbeuten bzw. sind ausgebeutet worden; 8 % der Paare versuchten, sich gegenseitig auszubeuten, und der überwiegende Anteil, nämlich 78 %, befand sich in einer kooperativen Verbindung.

Im evolutionären Prozeß stellt sich die Situation folgendermaßen dar (vgl. Grafik 4):

Grafik 4: Evolution der Kooperation, Defektion und Ausbeutung für AM_1

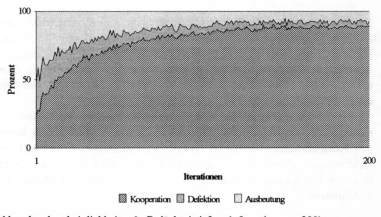

Iterationen

□ Kooperation ▣ Defektion □ Ausbeutung

(Abbruchwahrscheinlichkeit = 0; Gedächtnistiefe = 1; Iterationen = 200)

Der Anteil der Kooperation nimmt mit den Iterationen stark zu und nähert sich asymptotisch einem Kooperationsgleichgewicht von 88 %, während der Anteil der Defektion von anfänglich 25 % auf 4 % abnimmt. Desgleichen sinkt der Ausbeutungsanteil von 43 % auf 8 %. Dies ist ein sehr bemerkenswertes Ergebnis, zeigt es doch, daß sich Kooperation in einer Gruppe evolutiv herausbilden kann, auch wenn es für den einzelnen jeweils attraktiv ist, den anderen auszubeuten. Diese Attraktivität wird allerdings überwunden durch die Aussicht auf den gemeinsamen Kooperationsgewinn.

3.1.4 Ergebnisse für die Auszahlungsmatrix AM_2

Für die zweite Runde wurde die folgende Auszahlungsmatrix zugrunde gelegt (Siehe Tabelle 5). Diese Matrix unterscheidet sich von der vorhergehenden dadurch, daß nun der Anreiz, defekt zu spielen, relativ groß, der Kooperationsgewinn hingegen vergleichsweise klein ist.

Tabelle 5: Auszahlungsmatrix AM_2

		Individuum B C	D
Individuum A	C	6(6)	0(15)
	D	15(0)	5(5)

Für die Auszahlungsmatrix AM_2 stellt sich die Durchschnittsrunde folglich ganz anders dar. Die schwach interdependenten Individuen können dem großen Anreiz für defektes Verhalten nicht widerstehen; sie reizt die Aussicht auf den großen Nutzengewinn, wenn es ihnen gelingt, ihren Spielpartner auszubeuten. Wie Grafik 5 zeigt, wird nur ein Kooperationsgleichgewicht von ca. 20 % erreicht.

Für die Auszahlungsmatrix AM_2 zeigt sich schon nach einer geringen Zahl von Iterationen, daß sich das ganze System einem niedrigen Kooperationsanteil nähert. Dieser Evolutionsprozeß verläuft vergleichsweise schnell: Der Gleichgewichtsanteil wird schon nach ungefähr 16 Iterationen erreicht und wird unter kleinen Fluktuationen beibehalten.

Grafik 5: **Evolution kooperativen Verhaltens für AM$_2$**

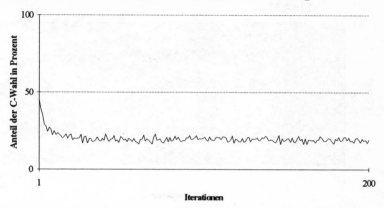

(Abbruchwahrscheinlichkeit = 0; Gedächtnistiefe = 1; Iterationen = 200)

Grafik 6: Durchschnittliche Kooperation, Defektion und Ausbeutung für AM$_2$

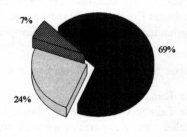

🔲 Kooperation ⬛ Defektion ⬜ Ausbeutung

Über alle 200 Iterationen und alle 10 Runden hinweg befanden sich 69 % der Paare in einer defekten Verbindung, d. h. versuchten sich gegenseitig auszubeuten; 7 % kooperierten und unter 24 % der Paarungen herrschte Ausbeutung (vgl. Tortengrafik 6).

141

Grafik 7: Evolution der Kooperation, Defektion und Ausbeutung für AM₂

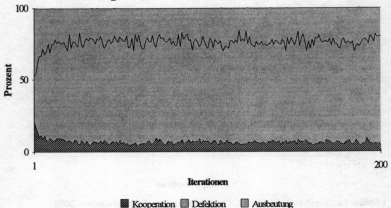

(Abbruchwahrscheinlichkeit = 0; Gedächtnistiefe = 1; Iterationen = 200)

In Grafik 7 wird deutlich, daß über alle Iterationen hinweg sich die nach wenigen Iterationen eingestellte Aufteilung der Kooperation, Defektion und Ausbeutung innerhalb der Paare nicht mehr entscheidend ändert. Auch dieses Ergebnis ist bemerkenswert: Ein zu großer Defektionsanreiz verhindert die Evolution von Kooperation.

3.1.5 Ergebnisse für die Auszahlungsmatrix AM₃

Für die dritte Runde legen wir die folgende Auszahlungsmatrix zugrunde (siehe Tabelle 6). Bei dieser Matrix ist der Defektionsanreiz etwas schwächer, der Kooperationsgewinn etwas größer als bei der vorigen Matrix, aber etwas stärker bzw. kleiner als bei der ersten Matrix.

Tabelle 6: Auszahlungsmatrix AM₃

		Individuum B C	D
Individuum A	C	8(8)	4(15)
	D	15(4)	6(6)

Der evolutionäre Verlauf zeigt ein leichtes, aber stetiges Ansteigen der Kooperation (siehe Grafik 8).

Grafik 8: Evolution kooperativen Verhaltens für AM₃

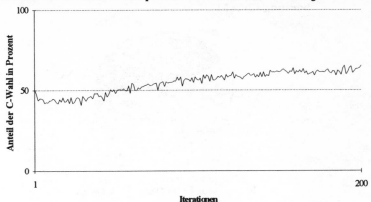

(Abbruchwahrscheinlichkeit = 0; Gedächtnistiefe = 1; Iterationen = 200)

Für die Auszahlungsmatrix AM_3 wird ein Gleichgewicht von 63 % für die C-Wahl erreicht. Im Durchschnitt entscheiden sich 55 % der Individuen zum Kooperieren (siehe Tortengrafik 9).

Grafik 9: Durchschnittliche C- und D-Wahlen für AM₃

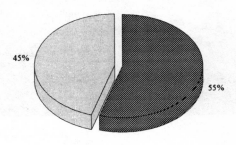

Unter diesen 55 % befinden sich 76 % in einer Kooperation, 24 % von ihnen werden durch Defekteure ausgenutzt. Auf diese Weise bilden sich unter den Paarungen im Durchschnitt 42 % Kooperationen (CC-Konstellationen), 32 % Defektionen (DD-Konstellationen) und 26 % Ausbeutungen (CD- bzw. DC-Konstellationen) (siehe Tortengrafik 10).

Grafik 10: **Durchschnittliche Kooperation, Defektion und Ausbeutung für AM$_3$**

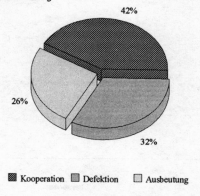

42%

26%

32%

▧ Kooperation   ▨ Defektion   □ Ausbeutung

Über die 200 Iterationen hinweg stellte sich die Evolution der Konstellationen für die Durchschnittsrunde wie in Grafik 11 dar.

Grafik 11: **Evolution der Kooperation, Defektion und Ausbeutung für AM$_3$**

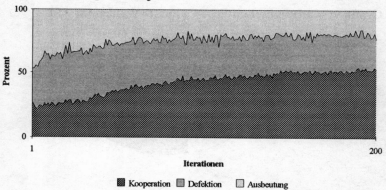

▧ Kooperation   ▨ Defektion   □ Ausbeutung

(Abbruchwahrscheinlichkeit = 0; Gedächtnistiefe = 1; Iterationen = 200)

Der Anteil der defektierenden Paare (DD-Konstellationen) bleibt über alle 200 Iterationen annähernd konstant. Der Anteil der CC-Paare nimmt im Laufe der Zeit von 24 % auf das Kooperationsgleichgewicht von 52 % zu, und der Anteil der Konstellationen, in denen ein Partner ausgenutzt wird, sinkt von 45 % auf 18 %. Bemerkenswert bei diesem

Ergebnis ist, daß sich Kooperation evolutiv steigern und stabilisieren kann, indem der Anteil der Ausbeutungsbeziehungen zurückgedrängt wird (obwohl der Defektionsanteil relativ unverändert bleibt).

3.1.6 Auswirkungen der Erhöhung der Abbruchwahrscheinlichkeit

Betrachten wir nun die Auswirkungen von Veränderungen der Abbruchwahrscheinlichkeit auf das Verhalten der schwach interdependenten Individuen. Diese Auswirkungen sind in der Grafik 12 zusammengefaßt.

Grafik 12: Auswirkungen der Abbruchwahrscheinlichkeit auf das Verhalten

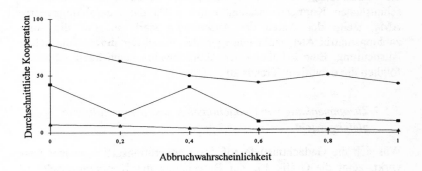

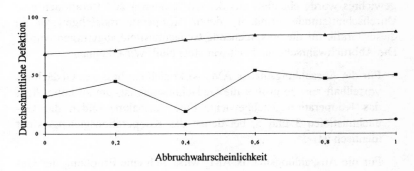

145

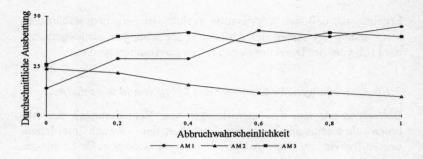

Bei Erhöhungen der Abbruchwahrscheinlichkeit ist eine Abnahme der durchschnittlichen Kooperation festzustellen. Hingegen steigt für alle drei Auszahlungsmatrizen der durchschnittliche Defektionsanteil. Für die Auszahlungsmatrizen AM_1 und AM_3, die einen größeren durchschnittlichen Kooperationsanteil ergeben als die Auszahlungsmatrix AM_2, steigt der Anteil der Ausbeutung stark an. Für die Auszahlungsmatrix AM_2 sinkt hingegen der Anteil der durchschnittlichen Ausbeutung. Eine Erhöhung der Abbruchwahrscheinlichkeit schwächt folglich die evolutiven Trends ab.

3.1.7 Zusammenhang von Gedächtnistiefe und Kooperations-gleichgewicht

Wie sich die Gedächtnistiefe auf das Kooperationsgleichgewicht auswirkt, zeigt die Grafik 13. Zur Berechnung des Kooperationsgleichgewichtes wurde ebenfalls aus den 10 Runden à 200 Iterationen eine Durchschnittsrunde ermittelt, deren Kooperationsgleichgewicht in dieser Grafik für die entsprechende Gedächtnistiefe abgetragen wurde. Die Abbruchwahrscheinlichkeit war stets Null. Wir erkennen:

- Für die Auszahlungsmatrix AM_2 wirkt sich ein besseres Gedächtnis vorteilhaft aus. Je größer die Gedächtnistiefe ist, um so höher liegt das Kooperationsgleichgewicht. Eine Ausnahme bilden die Gedächtnistiefen 3 und 5, bei denen das Kooperationsgleichgewicht identisch ist.

- Für die Auszahlungsmatrix AM_3 wirkt sich eine Erhöhung der Gedächtnistiefe negativ auf das Kooperationsgleichgewicht aus. Eine

Ausnahme bilden die Gedächtnistiefen 10 und 20, bei denen das Kooperationsgleichgewicht identisch ist.

- Für die Auszahlungsmatrix AM_1 kann kein eindeutiger Wirkungszusammenhang zwischen Gedächtnistiefe und Kooperationsgleichgewicht festgestellt werden.

Grafik 13:   Gedächtnistiefe und Kooperationsgleichgewicht

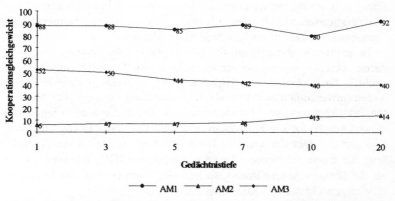

Dieses Ergebnis zeigt, daß eine Erhöhung der Gedächtnistiefe einen evolutiven Trend umkehren kann. Eine hohe Gedächtnistiefe ist einer Kooperation nicht unbedingt förderlich, kann allerdings Defektion vermindern.

3.1.8 Zusammenfassung und ökonomische Interpretation der Ergebnisse

Zusammenfassend läßt sich feststellen, daß, obwohl alle Individuen unterschiedliche kooperative Gesinnung haben und unterschiedlich auf Ausnutzung bzw. Kooperation reagieren, die Auszahlungsmatrix einen gravierenden Einfluß auf den Ausgang des evolutionären Prozesses der Kooperationsentstehung in einer Gruppe von schwach interdependenten Individuen hat. Die oben zitierten simulativen Kooperationsstudien von Coleman, Axelrod, Schüßler und Hirshleifer/Martinez Coll basieren auf der Annahme, daß bestimmte Strategien, wie die kooperative oder die defekte oder eine Variante der Tit-for-Tat-Strategie, gegeneinander spielen, sich während des Spieles aber nicht verändern. In der hier durchgeführten Simulationsstudie wird hingegen angenommen, daß Menschen gegeneinander spielen und während des Spiels lernen und außerdem ihr Verhalten auf Annahmen über Verhaltensänderungen der anderen Spieler gründen. Dadurch kann die Disposition der Menschen für kollektive Rationalität berücksichtigt werden. Es zeigt sich, daß Kooperation weniger ein individuell-strategisches Problem, sondern vielmehr ein Interdependenzproblem ist. Kooperation entsteht folglich durch sich wechselseitig verstärkende Selbstorganisationsprozesse, indem vergangene positive Kooperationserfahrungen zukünftige Kooperationsentscheidungen fördern. Bleiben diese Selbstverstärkungsprozesse aus, überwiegt defektes Verhalten.

Je größer die Auszahlung für eine geglückte Ausbeutung eines anderen Akteurs ist, um so niedriger liegt das Kooperationsgleichgewicht.[14] Ist zusätzlich die Auszahlung für beiderseitig defektes Verhalten unwesentlich niedriger als für beiderseitig kooperatives Verhalten, so defektiert der überwiegende Teil der Individuen. Liegen die Auszahlungen für die Konstellationen DD, CC und CD (a_{22}, a_{11} und a_{12}) auf ungefähr der gleichen Höhe und liegt zusätzlich die Auszahlung für einen gelungenen Ausbeutungsversuch (DC) erheblich höher als die übrigen Auszahlungen, so liegt das Kooperationsgleichgewicht (Gleichgewicht der CC-Konstellation) bei circa 50 %.[15]

3.2 Interaktionen von stark interdependenten Individuen

Im folgenden nehmen wir wiederum an, daß in einer Gruppe von Individuen jeweils zwei miteinander agieren und unter bestimmten Annahmen ihre Interaktion beibehalten oder verändern. Die Interdependenz der Individuen sei nun aber stark im weiter unten definierten Sinne.

---

[14] Rapoport/Chammah (1965a, 1965b) definieren den Index des kompetitiven Anreizes als T - S (hier: a_{21} - a_{12}). Verschiedene Autoren stellten fest, daß die zu erwartende Kooperation um so geringer ist, je größer dieser Index ist (vgl. Rapoport/Orwant (1962); Gallo/Winchell (1970, S. 235); Gallo (1968); Rapoport/Chammah (1965b); Komorita/Mechling (1967); Scodel et al. (1959); Minas et al. (1960)). Im Gegensatz dazu konnten Kershenbaum/Komorita (1970, S. 112 f.) den Zusammenhang zwischen Anreizerhöhung und Kooperationssenkung nicht zeigen.

[15] Homans (1984) und Gallo/Winchell (1970) stellten ebenfalls einen Zusammenhang zwischen den Auszahlungen und dem Spielausgang fest; vgl. Homans (1984, S. 894); Axelrod (1991, S. 126 Anm. 2); Schüßler (1990, S. 33).

3.2.1 Annahmen zur Verhaltensänderung

In der zweiten Gruppe der Simulationsläufe wird die Annahme der schwachen Interdependenz von Individuen aufgegeben. Wir nehmen stattdessen die oben gewonnene Erkenntnis auf, daß Kooperationsentstehung auf Selbstverstärkungsprozessen basiert, und untersuchen, wie sich Kooperation entwickelt, wenn die Individuen ihr Verhalten von dem Verhalten der jeweils anderen Individuen abhängig machen. Wir unterstellen, daß die Individuen durch ein Interdependenzgeflecht miteinander verbunden sind. Dies bedeutet, daß die Entscheidungsregel der Individuen sich ändert. Die Veränderung von $P_i(C)_n$ wird nun nicht mehr ausschließlich durch die Auszahlungsdifferenzen bestimmt. Die Individuen besitzen vielmehr Informationen über das Verhalten der jeweils anderen und verändern dementsprechend ihr Verhalten. Wir bezeichnen diese Individuen als *stark interdependente Individuen.*

Das Individuum erfährt nach jedem Spiel, wieviel Prozent der Paare sich in einer Kooperation, Defektion und in einer Ausbeutung befunden haben. Jedes Individuum ermittelt den Erwartungswert für die eigene D- bzw. C-Wahl, basierend auf den Auszahlungen und auf den Prozentwerten für die einzelnen Konstellationen in folgender Weise:[16]

$$EW_{n+1}(C) := a_{11} \cdot P_i(CC)_n + a_{12} \cdot \frac{P_i(CD + DC)_n}{2}$$

$$EW_{n+1}(D) := a_{21} \cdot P_i(DD)_n + a_{22} \cdot \frac{P_i(CD + DC)_n}{2}$$

$P_i(CC)_n$:   Wahrscheinlichkeit für Kooperation (CC-Konstellation).
$P_i(DD)_n$:   Wahrscheinlichkeit für Defektion (DD-Konstellation).
$P_i(CD+DC)_n$: Wahrscheinlichkeit für Ausbeutung (CD- bzw. DC-Konstellation).

Der folgenden Tabelle 7 ist zu entnehmen, wie sich die Wahrscheinlichkeit für die C-Wahl im (n+1)-ten Spiel ändert.

Das Gedächtnis des einzelnen Akteurs für seine eigenen Spielerfahrungen ist nun für die Verhaltensänderung nicht mehr relevant. Es wird folglich davon ausgegangen, daß die individuellen Erfahrungen gegenüber den Erfahrungen mit dem Verhalten der anderen vergleichsweise unbedeutend sind.

---

[16] Die Aufteilung der CD- bzw. DC-Wahrscheinlichkeiten wird in Anlehnung an Morehous (1966) vorgenommen. Vgl. auch May (1983, S. 69).

Tabelle 7: Veränderung der Kooperationswahl für die (n+1)-te Iteration nach der Erwartungswertregel

$EW_{n+1}(C) < EW_{n+1}(D)$	$EW_{n+1}(C) \geq EW_{n+1}(D)$
$P_i(C)_{n+1}$	$P_i(C)_{n+1}$
$P_i(C)_n - EW_{n+1}(D) \cdot r_i$	$P_i(C)_n + EW_{n+1}(C) \cdot r_i$

3.2.2 Allgemeiner Untersuchungsablauf

Das Verfahren der Untersuchung mit den 200 Iterationen über 10 Runden und die Bildung der Durchschnittsrunde wurde genauso gehandhabt wie bei der ersten Gruppe der Simulationsläufe. Auch in diesem Kapitel soll stets die Durchschnittsrunde dargestellt werden.

Wir konnten feststellen, daß unabhängig von der Auszahlungsmatrix stets ein Kooperationsgleichgewicht unter den Paaren von circa 0.4 Prozent erreicht wurde. Dies bedeutet, daß die Individuen, welche ihr Verhalten nach der oben beschriebenen Methode ändern, durch die Orientierung an dem Verhalten der anderen keine Kooperation unter sich entstehen lassen. Im Gegenteil: Defektion verstärkt sich wechselseitig, so daß die Individuen in eine Kooperationsfalle geraten.

Um zu untersuchen, ob die Individuen eine Chance besitzen, aus der Kooperationsfalle herauszukommen, änderten wir das Untersuchungsverfahren etwas ab. Ab der Hälfte der Iterationen ließen wir 40 Prozent der Individuen zu annähernd 100 Prozent C wählen. Die Ergebnisse zu den einzelnen Auszahlungsmatrizen werden im folgenden vorgestellt.

3.2.3 Ergebnisse für die Auszahlungsmatrizen AM_1, AM_2, AM_3

Der prozentuale Anteil an C-Wahlen fällt bei den Auszahlungsmatrizen AM_1, AM_2 und AM_3 schon nach wenigen Iterationen auf 0.4 % ab. Ab dem hundertsten Spiel wurde der Anteil der kooperativ agierenden Individuen exogen auf annähernd 40 % angehoben. Dieser Prozentsatz der zu kooperativem Verhalten gezwungenen Individuen wird im folgenden als *Grad der exogenen Einwirkung* bezeichnet.

Nach circa 30 Iterationen steigt bei der Auszahlungsmatrix AM_1 der Anteil der C-Wahlen unter den Individuen kontinuierlich an. Der Punkt, ab dem das kooperative Verhalten der Individuen allmählich ansteigt, wird im folgenden *Break-Point* genannt.

Auf diese Weise kann man den gesamten evolutionären Verlauf in drei Phasen unterteilen.

1. Phase: Kooperationsfalle, von Beginn bis zur hundertsten Iteration. In dieser Phase sinkt der Anteil der C-Wahl auf nahezu Null Prozent ab.

2. Phase: Anlaufphase, von der hundertsten Iteration bis zum Break-Point. In der 2. Phase stagniert der C-Wahl-Anteil auf dem exogen erzeugten Niveau (Grad der exogenen Einwirkung).

3. Phase: Überzeugungsphase, ab dem *Break-Point*. In der Phase 3 steigt der Anteil der C-Wahl schrittweise an. Defekteure wechseln ihr Verhalten.

Grafik 14: Evolution kooperativen Verhaltens für AM$_1$

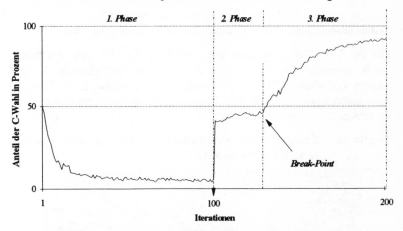

(Abbruchwahrscheinlichkeit = 0; Gedächtnistiefe = 1; Iterationen = 200)

Betrachtet man den evolutionären Verlauf von Kooperation, Defektion und Ausbeutung, läßt sich feststellen, daß für die Kooperation ebenfalls ein *Break-Point* existiert, ab welchem die Kooperation prozentual stark ansteigt (vgl. Grafik 15). Desgleichen existieren die oben beschriebenen drei Phasen.

Der Anteil der Defektion (DD-Konstellationen) und der Ausbeutung (CD- bzw. DC-Konstellationen) sinkt ab der hundertsten Iteration. Bis zur hundertsten Iteration ist auffällig, daß die Defektion annähernd 100 % ausmacht und Ausbeutung kaum möglich ist.

Grafik 15: Evolution der Kooperation, Defektion und Ausbeutung für AM$_1$

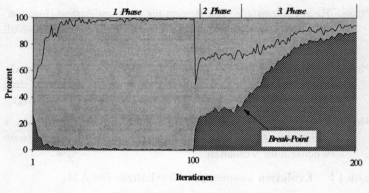

(Abbruchwahrscheinlichkeit = 0; Gedächtnistiefe = 1; Iterationen = 200)

Für die Auszahlungsmatrizen AM$_2$ und AM$_3$ läßt sich kein Wachstum der Kooperation feststellen. Nach dem exogenen Anheben des kooperativen Verhaltens auf ca. 40 % stagnieren Kooperation, Defektion und Ausbeutung (siehe Grafik 16). Hier sind die Selbstverstärkungskräfte zu schwach.

Grafik 16: Evolution der Kooperation, Defektion und Ausbeutung für AM$_2$ und AM$_3$

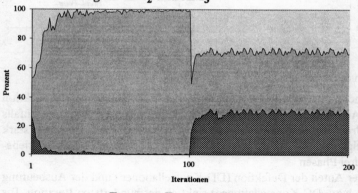

(Abbruchwahrscheinlichkeit = 0; Gedächtnistiefe = 1; Iterationen = 200)

3.2.4 Ermittlung des Schwellenwertes für Kooperationsentstehung

Existiert für die Auszahlungsmatrizen AM_2 und AM_3 ein Schwellenwert[17], ab dem Kooperation unter den Individuen entsteht? Entsteht ebenfalls Kooperation, wenn für die Auszahlungsmatrix AM_1 der *Grad der exogenen Einwirkung* herabgesetzt wird? Wo liegt der Schwellenwert für die Kooperationsentstehung?

Die Ermittlung des Schwellenwertes wurde durch verschiedene Simulationsläufe vorgenommen, in denen der exogene Anteil der kooperativ spielenden Individuen variiert wurde. (Den folgenden Tabellen 8 und 9 kann entnommen werden, für welchen Prozentsatz Kooperation entsteht und für welchen nicht.) Für jeden Grad der exogenen Einwirkung wurden aus zehn Runden à 200 Iterationen für die Abbruchwahrscheinlichkeit Null und die Gedächtnistiefe 1 eine Durchschnittsrunde gebildet und auf Kooperationsentstehung untersucht.

Tabelle 8: Schwellenwertermittlung für AM_1

Grad der exogenen Einwirkung	Kooperationsentstehung
10	nein
11	nein
.	.
.	.
40	ja
41	ja
.	.
100	ja

Wie den Tabellen 8 und 9 zu entnehmen ist, entsteht für die Auszahlungsmatrix AM_1 ab 40 % ständig kooperativ spielender Individuen immer Kooperation. Für die Auszahlungsmatrizen AM_2 und AM_3 liegt dieser Schwellenwert bei 70 % (in den Tabellen fett hervorgehoben).

---

[17] Unter einem Schwellenwert verstehen wir den geringsten prozentualen Anteil an Individuen, welche zu kooperativem Verhalten gezwungen werden müssen, um die Individuen als Gesamtheit zu kooperativem Verhalten zu führen.

Tabelle 9: Schwellenwertermittlung für AM_2 und AM_3

Grad der exogenen Einwirkung	Kooperationsentstehung
10	nein
11	nein
.	.
.	.
.	.
70	ja
71	ja
.	.
.	.
.	.
100	ja

3.2.5 Zusammenfassung und ökonomische Interpretation

Für die Individuen, die sich stark an dem Verhalten der anderen orientieren, gilt wie für die schwach interdependenten Individuen, daß die Auszahlungsmatrix einen gravierenden Einfluß auf den Grad der Kooperation, Defektion und Ausbeutung hat. Orientieren sich die Individuen ausschließlich an dem Verhalten der anderen, entsteht keine Kooperation.

Durch die Simulationsläufe der zweiten Gruppe werden die Möglichkeiten und Grenzen einer Absprache oder vertraglichen Verpflichtung zwischen Individuen abgebildet. Der Anteil von Individuen, der im Hinblick auf eine Kooperation nötig ist für eine Absprache bzw. für Verträge, hängt von der Auszahlungsmatrix ab und somit von den Gewinn- bzw. Verlustmöglichkeiten der stark interdependenten Individuen. Während der Schwellenwert bei einer Auszahlungsmatrix, deren Anreiz für defektes Verhalten niedrig ist, bei 40 % liegt, ist der Schwellenwert bei einer Auszahlungsmatrix (AM_2 und AM_3) mit hohem Index für defektes Verhalten wesentlich höher, nämlich bei 70 %.

Nach einer gewissen Anlaufphase (vgl. 2. Phase weiter oben) ist es möglich, das gesamte System, welches sich in einer Kooperationsfalle befindet, aus dieser herauszuführen. Für die Realität bedeutet das: Unter bestimmten Voraussetzungen, welche durch die Nutzenpunkte der Auszahlungsmatrix und die Entscheidungsstruktur der Individuen charakterisiert sind, ist es möglich, unter einer Gruppe von Individuen mit Hilfe von Absprachen oder Verträgen unter wenigen Individuen eine kooperationsfeindliche Situation aufzuheben. Es bedarf also eines harten Kerns unbedingt kooperationswilliger Individuen, um einen sich wechselseitig verstärkenden Evolutionsprozeß zu initiieren, der Kooperation in einer Gruppe erzeugt und stabilisiert.

3.3 Interaktionen von schwach und stark interdependenten Individuen

Bisher haben wir entweder schwach interdependente oder stark interdependente Individuen betrachtet. Führen wir schließlich beide Gruppen zusammen, indem wir schwach interdependente mit stark interdependenten Individuen interagieren lassen. Zugrunde gelegt wird die Auszahlungsmatrix AM_1. Der Simulationsablauf sei ansonsten unverändert.

3.3.1 Gleichgewicht von schwacher und starker Interdependenz

Betrachten wir 25 schwach und 25 stark interdependente Individuen, die miteinander agieren. Zwischen schwacher und starker Interdependenz herrsche also ein Gleichgewicht. Wie Grafik 17 zeigt, ergibt sich nach einer Anlaufphase von ca. 50 Iterationen eine leichte Erhöhung der C-Wahl. Nach weiteren ca. 50 Iterationen ist die Überzeugungsphase abgeschlossen, und es entwickelt sich zu annähernd 100 % eine Kooperation.

Grafik 17:   Evolution kooperativen Verhaltens

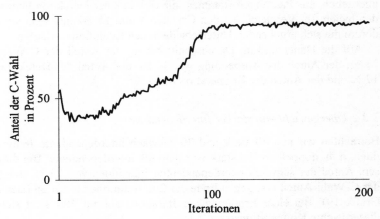

155

Die Unterschiede in der Evolution des kooperativen Verhaltens gegenüber den Situationen der Grafiken 1 und 14 sind deutlich: Zunächst
entsteht die Entwicklung aus Grafik 14 und anschließend die aus Grafik 1.

**Grafik 18: Evolution der Kooperation, Defektion und Ausbeu-
tung**

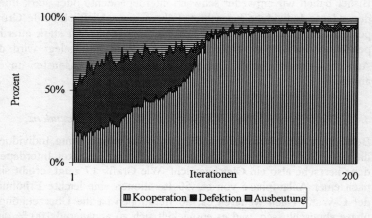

In der Paar-Statistik wird ersichtlich, daß in den ersten 100 Iterationen
der Defektionsanteil stark abnimmt (vgl. Grafik 18). Daran ist zu
erkennen, daß diejenigen Individuen, die von der D- auf die C-Wahl
übergehen, aus Paarungen stammen, die sich in einer Defektion befunden haben. Im Vergleich mit den Grafiken 4 und 15 erkennt man wiederum die sich ergebenden Unterschiede in den Evolutionsverläufen.

Auf die Dauer und im Durchschnitt betrug der Anteil der C-Wahl
75 %; der Anteil der Ausbeutung war 16 %, der Anteil der Defektion
17 % und der Anteil der Kooperation 67 %.

3.3.2 Übergewicht von starker Interdependenz

Betrachten wir nun 40 stark und 20 schwach interdependente Individuen, d. h. doppelt so viel stark wie schwach interdependente. Bei diesem Anteil der schwach interdependenten Individuen von 33 % steigt
der C-Wahl-Anteil erst gegen Ende der 200 Iterationen leicht an (siehe
Grafik 19). Bei einer Erhöhung der Iterationszahl auf 700 setzt sich
dieser leichte Kooperationstrend fort.

Grafik 19: **Evolution kooperativen Verhaltens**

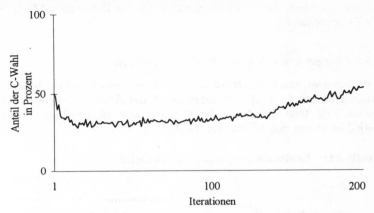

Analoges gilt für die Evolution der Kooperation. Erst ab ca. 150 Iterationen wächst die Kooperation, vor allem auf Kosten der Defektion, langsam an (siehe Grafik 20). Ein Vergleich mit den Grafiken 17, 18, 1 und 14 zeigt, daß bei einem höheren Anteil der stark interdependenten Individuen die Evolution von Kooperation schwieriger und langsamer ist.

Grafik 20: **Evolution der Kooperation, Defektion und Ausbeutung**

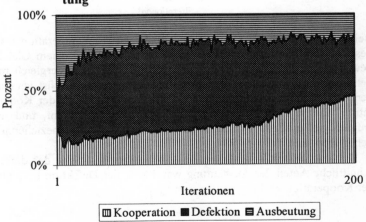

157

Der durchschnittliche Anteil der C-Wahl betrug 37 %; der durchschnittliche Anteil der Ausbeutung war 21 %, der Defektion 52 % und der Kooperation 27 %.

3.3.3 Übergewicht von schwacher Interdependenz

Betrachten wir nun den symmetrischen Fall, bei dem 40 schwach interdependente mit 20 stark interdependenten Individuen interagieren. In diesem Fall steigt der Anteil der C-Wahl stark an; das kooperative Verhalten nähert sich 100 % (vgl. Grafik 21).

Grafik 21:   Evolution kooperativen Verhaltens

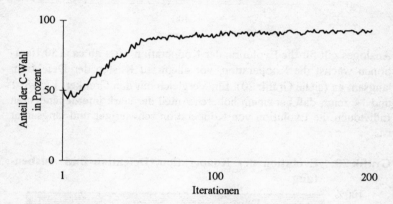

Bei den Paarungen kann ein starkes Ansteigen der Kooperation festgestellt werden, das bereits nach ca. 70 Iterationen zu einem Gleichgewicht bei knapp 100 % führt (siehe Grafik 22). Ein Vergleich mit den Grafiken 19, 20, 17, 18, 1 und 4 zeigt den sich zunächst verstärkenden und sich dann abschwächenden Evolutionsprozeß der Kooperation. Ein sehr kleines Ausmaß an Ausbeutung verbleibt, und die anfangs in großem Umfang stattfindenden Defektionsbeziehungen gehen stark zurück.

Der durchschnittliche Anteil der C-Wahl betrug 85 %; der durchschnittliche Anteil der Ausbeutung war 14 %, der Defektion 8 % und der Kooperation 78 %.

158

Grafik 22: Evolution der Kooperation, Defektion und Ausbeutung

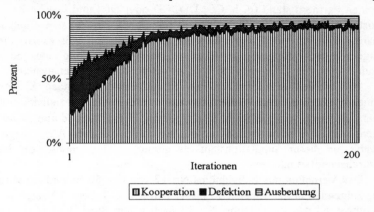

3.3.4 Schlußfolgerungen

Zusammenfassend wird deutlich, daß ein bestimmter Anteil von schwach interdependenten Individuen notwendig ist, um eine Gruppe von Individuen zur Kooperation zu führen. Wie kann man dieses Ergebnis erklären? Eine Erklärung könnte sein, daß die stark interdependenten Individuen einen gewissen Anteil von Meinungsführern benötigen, um eine eigene Meinung bilden zu können. Wenn ein zu großer Anteil von Individuen sich in erster Linie von dem Verhalten anderer abhängig macht, ist auch das Verhalten der gesamten Gruppe unbestimmt. Erst wenn eine Teil-Gruppe von Individuen vorhanden ist, die von ihrer Größe her ein eindeutiges Verhaltenszeichen setzen kann, wird eine Kooperationsentstehung möglich. Diese Deutung der Ergebnisse aus den obigen drei Varianten scheint korrekt zu sein, da unter den schwach interdependenten Individuen stets Kooperation entstand und daher angenommen werden kann, daß der Impuls für eine Kooperationsentstehung von diesen Individuen ausgeht.

3.4 Auszug aus dem Lebenslauf eines Individuums

Am Ende des Kapitels über die hier vorgestellten Computersimulationen werden wir beispielhaft eine Sequenz aus dem Lebenslauf eines Individuums darstellen. Unter dem *Lebenslauf eines Individuums* ver-

159

stehen wir eine Chronik, die uns angibt, in welcher Beziehung es zu seinen Partnern stand (d. h. CC, DD, CD oder DC) und welche Kontostandsveränderungen über alle 200 Iterationen hinweg sich ergeben haben. Die Art der Programmierung der Simulation läßt es zu, die eigene Entscheidung, die des Partners und die Auszahlung eines jeden Individuums für jedes einzelne Spiel zu betrachten und zu analysieren.

Wir werden eine Sequenz von elf aufeinanderfolgenden Spielen eines willkürlich ausgewählten schwach interdependenten Individuums darstellen und sein Verhalten interpretieren. Dieses Individuum ist aus dem achten Simulationslauf für die Auszahlungsmatrix AM_1 ausgewählt, da dieser Simulationslauf die geringste Abweichung von der Durchschnittsrunde zeigt.

Das Verhalten des Individuums Nr. 17 von den 50 Individuen wird im folgenden in den Spielen 30 bis 41 betrachtet. Tabelle 10 zeigt den Kontostand des Individuums Nr. 17 nach jedem Spiel. Ferner ist die Wahl des Partners für die einzelnen Spiele abzulesen.

Tabelle 10: Ausschnitt aus dem Lebenslauf des Individuums Nr. 17

Spiel (Iteration)	Kontostand des Individuums Nr. 17	Wahl des Individuums Nr. 17	Wahl des Spielpartners
30	81	D	D
31	82	D	D
32	83	D	D
33	83	C	D
34	86	C	C
35	86	C	D
36	87	D	D
37	88	D	D
38	91	C	C
39	94	C	C
40	99	D	C
41	99	C	D

In den Spielen 30 bis 32 befand sich Nr. 17 in einer Defektion. Im Spiel 33 zeigte Nr. 17 seine Kooperationsbereitschaft und wurde von dem

Partner ausgenutzt. Im Spiel 34 traf das Individuum Nr. 17 auf einen neuen Partner. In diesem Partner hatte Nr. 17 im Spiel 34 einen Kooperationspartner gefunden. In der Hoffnung, daß der neue Partner weiterhin kooperiert, wählte Nr. 17 erneut C. Allerdings hatte der Spielpartner von Nr. 17 in Spiel 35 eine D-Wahl getroffen und somit das sich in Sicherheit glaubende Individuum ausbeuten können. Scheinbar war Nr. 17 durch diese hinterlistige Ausbeutung kuriert worden und wählte für die nächsten beiden Spiele defekt. Im 38-sten und 39-sten Spiel befand sich Nr. 17 in einer Kooperation. Durch eine Fehlinterpretation, ein Versehen oder durch Absicht wählte Nr. 17 im 40-sten Spiel D und beutete den kooperierenden Partner aus. Im 41-ten Spiel begann das Individuum Nr. 17 wieder, seine Kooperationsbereitschaft zu zeigen.

Auf diese Weise ist es möglich, das Verhalten eines jeden einzelnen Individuums zu verfolgen. Wir weisen an dieser Stelle darauf hin, daß es sich bei der oben beschriebenen Interpretation um eine subjektive Darstellung handelt. Das Individuum ist nicht eindeutig erklärbar (interpretierbar), da durch die Verwendung der Wahrscheinlichkeit $P_i(C)_n$ das Individuum nach keinem festgelegten Muster, d. h. bei keiner konstant gehaltenen Strategie, handelt, sondern sein Verhalten auch auf erwartete Verhaltensänderungen der anderen Individuen gründet.

4. Ursachen und Bedingungen der Kooperationsentstehung

Welche Ursachen und Bedingungen der Kooperationsentstehung können wir aus unseren Simulationen folgern? Die folgenden Ursachen und Bedingungen scheinen wesentlich zu sein:

1. Häufiges Aufeinandertreffen derselben Individuen
Durch häufiges Aufeinandertreffen derselben Individuen können sich diese durch das Angleichen ihres Verhaltens gegenseitig zur Kooperation führen.[18] Denn wenn sich Individuen oft treffen, muß ein defektierendes Individuum mit Vergeltung rechnen. Es entsteht

---

[18] Vgl. Coleman (1986, S. 62).

auf diese Weise ein Drohpotential, da jedes Individuum das andere mit dem Entzug des zukünftigen Kooperationsgewinns bestrafen kann.

2. *Wiedererkennen eines früheren Spielpartners*
Je leichter und sicherer das Wiedererkennen eines Gegenspielers und dessen früher gewählter Strategie ist, d. h. je größer die Erinnerungsfähigkeit ist, desto eher ist es möglich, Kooperation durch Drohung mit dem Entzug zukünftiger Kooperationsgewinne durchzusetzen.[19] Ist einem Individuum der Spielpartner bekannt, so geht dieses Individuum erfahrungsgemäß mit einer anderen Einstellung in das Spiel. Dies bedeutet, daß ein Individuum in der Regel einem Bekannten mit kooperativem Verhalten begegnet.[20] Andererseits kann ein oft defektierendes Individuum identifiziert werden und muß somit mit Vergeltungsschlägen rechnen.

3. *Gedächtnis für die Behandlung durch andere*
Dieser Punkt ist mit dem vorhergehenden eng verbunden, allerdings bezieht sich hier das Gedächtnis auf die Aktion und nicht auf den Akteur.[21] Hier muß darauf geachtet werden, daß das Gedächtnis nicht zu gut sein darf. Denn ein zu gutes Gedächtnis kann für die Kooperationsentstehung hinderlich sein.

4. *Kooperationswilligkeit*
Wenn ein Individuum seinen Willen zur Kooperation anzeigt, kann der Spielpartner darauf reagieren und ebenfalls kooperieren. Durch das Anzeigen der Kooperationsbereitschaft kann für ein anderes kooperationswilliges Individuum der Anreiz für weiteres kooperatives Verhalten gesetzt werden. Allerdings ist dieses Signal zweischneidig: Man macht sich dadurch auch ausbeutbar.

5. *Absprachen und Verträge*
Absprachen, Verträge oder ähnliches unter einem bestimmten Anteil von Individuen können aus einer Kooperationsfalle hinausführen. Eine kleine Gruppe sich kooperativ verhaltender Individuen

---

[19] Vgl. Axelrod (1991, S. 157), vgl. Coleman (1986, S. 62).
[20] Vgl. Coleman (1986, S. 63 ff.).
[21] Vgl. Axelrod (1991, S. 157).

kann eine sich sonst defekt verhaltende Gesellschaft zur Kooperation führen, indem sie einen Kooperationskern etabliert, der dann sich selbst verstärkend wächst.

6. Anreiz für defektes Verhalten

Die Auszahlungsmatrix darf den Anreiz für defektes Verhalten nicht zu stark werden lassen. Je höher der Nutzen der Kooperation im Vergleich zum Nutzen der Defektion und der Ausbeutung ist, d. h. je geringer die Kosten der Kooperation sind, desto größer ist der Anreiz zur Kooperation. Wie oben beschrieben, sind Auszahlungsmatrizen mit einer hohen Differenz zwischen T (temptation = Auszahlung für geglückte Ausbeutung) und S (sucker's payoff = Verlust des Ausgebeuteten) für die Kooperationsentstehung abträglich. Wenn der Anreiz für defektes Verhalten zu groß ist, geht den Individuen die individuelle Rationalität über die kollektive und sie handeln defekt.

7. Nachsichtigkeit

Eine Kooperationsregel lautet: Gib nach bzw. vergib einem defektierenden Partner, sei aber nicht zu nachsichtig.[22] Wenn ein Individuum nicht vergibt, ist die Gefahr sehr groß, daß die gesamte Paarung in gegenseitigen Vergeltungsschlägen endet. Jedoch darf ein Individuum nicht zu nachsichtig sein, da sonst dem Spielpartner die Ausbeutung leicht fällt und er keinen Anreiz für kooperatives Verhalten hat.

8. Großer Schatten der Zukunft

Je höher zukünftige Kooperationserträge bewertet werden, je geringer diese abdiskontiert werden und je sicherer sie sind, d. h. je höher der Erwartungswert der zukünftigen Kooperationsgewinne ist, desto eher ist Kooperation zu erwarten.[23] Dies bedeutet, daß die Auszahlung der Zukunft wichtig wird. Wenn also die Zukunft eine sehr große Bedeutung hat, ist es zumindest möglich, Kooperation zu stabilisieren.[24] Das liegt daran, daß defektes Verhalten eines Partners vergolten werden kann. Die Angst vor dieser Ver-

---

[22] Vgl. Axelrod (1991, S. 32, 99 ff.).
[23] Vgl. Axelrod (1991, S. 113).
[24] Vgl. Axelrod (1991, S. 115 f.).

geltung ist so groß (großer Schatten der Zukunft), daß das Risiko des defekten Verhaltens nicht eingegangen wird. Dieser Punkt hängt also eng zusammen mit Punkt 2 (Wiedererkennen eines früheren Spielpartners).

9. *Altruismus*
Je weniger egoistisch jemand ist und je höher er den Nutzen des Gegenspielers schätzt, d. h. je altruistischer er ist, desto eher wird er bereit sein, auf den zusätzlichen Nutzen bei Defektion zu verzichten. Ein zu hohes Ausmaß an Altruismus ermutigt allerdings die Ausbeutung. Dieser Punkt hängt also eng zusammen mit Punkt 4 (Kooperationswilligkeit).

10. *Reziprozität*
Je gerechter jemand ist, d. h. je eher er bereit ist, gleiches mit gleichem zu vergelten, desto eher wird er bereit sein, kooperatives Verhalten des anderen mit eigener Kooperation zu entgelten.

Die Simulationen mit den schwach und stark interdependenten Individuen zeigen, daß Kooperation auch entstehen kann, wenn die Wirtschaftssubjekte sich nicht immer rational verhalten. Auffallend bei allen Simulationen, die hier behandelt wurden, ist, daß die Kooperationsentstehung bzw. der Kooperationszerfall eine Einbahnstraße ist. Dies bedeutet, daß bei sinkender oder wachsender Kooperation ein Anwachsen oder Absinken aus sich heraus nicht mehr möglich ist. Eine Wendung des Kooperationsverlaufes ist nur durch einen exogenen Eingriff, d. h. durch Zwang, Vereinbarungen oder Verträge, möglich.

5. Schlußbemerkungen

Geht man von der strengen Nash-Annahme der egoistischen Rationalität aus, so erkennt man, daß Kooperation in einem Gefangenendilemma-Spiel nicht entstehen kann. Um Kooperationsentstehung erklären zu können, muß die Nash-Annahme aufgegeben werden. Tatsächlich hat der Mensch in der Evolution eine Disposition für prosoziales Verhalten erworben. Zwar muß sich Kooperation für jedes Individuum auf die Dauer und im Durchschnitt lohnen, doch scheitert die

Kooperation nicht daran, daß die Individuen vom ausschließlich egoistischen Verhalten der jeweils anderen ausgehen. Die Individuen haben eine egoistisch-altruistische Rationalität, die auf einem gewissen Maß an Reziprozität basiert. Dies bedeutet, daß die Individuen davon ausgehen, daß ihre Entscheidungen auch Konsequenzen für die Entscheidungen der anderen haben und daß diese anderen dementsprechend ihr Verhalten verändern.

Wir haben daher in diesem Aufsatz unterstellt, daß jedes Individuum die für dieses Individuum beste Situation realisieren will unter der Annahme, daß die jeweils anderen Individuen dieses Ziel ebenfalls anstreben. Die Individuen haben also von vornherein bestimmte Annahmen über das Verhalten der anderen: Sie gehen von einer altruistischen oder kollektiven Rationalität als gemeinsamer Entscheidungsbasis aus. Das in der Spieltheorie unterstellte gemeinsame Wissen enthält also hier nicht die Nash-Annahme, sondern stattdessen die Vermutung, daß der jeweils andere Spielpartner diejenige Handlung ergreift, die seine Situation verbessert, unter der Annahme, daß der andere ebenfalls diese Vermutung hat.

Dennoch zeigt sich, daß das Entstehen von Kooperation nicht selbstverständlich ist. Es müssen vergleichsweise starke Anreize für kooperatives Verhalten und vergleichsweise starke Sanktionen des defekten Verhaltens vorhanden sein, um Kooperation entstehen zu lassen. Interessant dabei ist, daß die durch die Interdependenz entstehenden evolutiven Selbstverstärkungsprozesse durchaus zweischneidig sind. Sie können zum einen eine Kooperation verstärken, sie können zum anderen aber auch in eine Kooperationsfalle führen. Der Grund hierfür liegt darin, daß sowohl die vergangenen individuellen Kooperationserfahrungen als auch die aktuellen kollektiven Kooperationshäufigkeiten kritische Schwellenwerte übersteigen müssen, bevor ein evolutiver Kooperationsprozeß beginnen kann.

Jedenfalls ist das Entstehen von Kooperation weder ausschließlich ein Problem der individuellen rationalen Wahl noch ein Problem einer kollektiven rationalen Entscheidung. Kooperation entsteht aufgrund individueller Entscheidungen mit dem Ziel, die individuelle Situation zu verbessern, und aufgrund von Interdependenzen, die zu Selbstverstärkungsprozessen führen. Und sie gründet sich auf eine egoistisch-altruistische Rationalität.

Literatur

Alexander, R. D. (1987), The Biology of Moral Systems, New York.

Apfelbaum, E. (1974), On conflicts and bargaining, in: Berkowitz, L. (Hg.), Advances in experimental social psychology, New York.

Axelrod, R.; Dion, D. (1988), The Further Evolution of Cooperation, in: Science, Vol. 242. S. 1385 - 1390.

Axelrod, R.; Hamilton, W. D. (1991), Die Evolution der Kooperation in biologischen Systemen, in: Axelrod (1991), S. 80 - 96.

Axelrod, R. (1991), Die Evolution der Kooperation. 2. Aufl., München.

Coleman, J. S. (1986), Social Structure and the Emergence of Norms among Rational Actors, in: Diekmann, A.; Mitter, P. (Hg.), Paradoxical Effects of Social Behavior, Heidelberg, S. 55 - 83.

Dawkins, R. (1978), Das egoistische Gen, Berlin.

Gallo, P. (1968), Cooperation as a function of reward level and matrix indices, in: Paper read at the California state P.A. Convention, 1-8. Vervielfältigung nach Krivohlavy (1974).

Gallo, P.; Winchell, J. (1970), Matrix indices, large rewards, and cooperative behavior in a prisoner's dilemma game, in: Journal of social Psychology, 81. S. 235 - 241.

Harris, M. (1991), Menschen, Stuttgart.

Hirshleifer, J. und Martinez Coll, J. C. (1992), Selection, Mutation, and the Preservation of Diversity in Evolutionary Games, Papers on Economics and Evolution No. 9202.

Homans, C. (1984), „The Evolution of Cooperation" by Robert Axelrod, in: Theory and Society, 14, S. 893 - 897.

Kershenbaum, B.; Komorita, S. (1970), Temptation to defect in the prisoner's dilemma game, in: Journal of Personality and social Psychology, 16. S. 110 - 113.

Komorita, S.; Mechling, J. (1967), Betrayal and reconciliation in a two-person game, in: Journal of Personality and social Psychology, 6, S. 349 - 353.

May, T. W. (1983), Individuelles Entscheiden in sequentiellen Konfliktspielen, Bern.

Minas, J.; Scodel, A.; Marlowe, D.; Rawson, H. (1960), Some descriptive aspects of two-person, non-zero-games. II, in: Journal of conflict resolution, 4, S. 193 - 197.

Morehous, L. (1966), One-play, two-play, five-play and ten-play runs of Prisoner's Dilemma, in: Journal of conflict resolution, 10, S. 354 - 362.

Rapoport, A.; Orwant, C. (1962), Experimental games: A review, in: Behavioral science, 11, S. 444 - 458.

Rapoport, A.; Chammah, A. M. (1965a), Prisoner's Dilemma: a study in conflict and cooperation, Michigan.

Rapoport, A.; Chammah, A. M. (1965b), Sex differences in factors contributing to the level of cooperation in the PDG, in: Journal of Personality and social Psychology, 2, S. 831 - 838.

Schenk, S. (1995), Evolution kooperativen Verhaltens, Leverkusen.

Schüßler, R. (1990), Kooperation unter Egoisten: Vier Dilemmata, München.

Scodel, A.; Minas, J. S.; Ratoosh, P.; Lipetz, M. (1959), Some descriptive aspects of two-person non-zero-sum games I, in: The Journal of Conflict Resolution, 3, S. 114 - 119.

Trivers, R. L. (1971), The Evolution of Reciprocal Altruism, in: Quarterly Review of Biology, 46, S. 35 - 57.

Vanberg, V. J.; Congleton, R. D. (1992), Rationality, Morality, and Exit, in: American Political Science Review, Vol. 86, Nr 2, S. 418 - 431.

Vogel, C. (1993), Evolutionsbiologie und Moral, in: Schiefenhövel, W., Vollmer, G. und Vogel, C. (Hg.), Funkkolleg: Der Mensch, Tübingen.

Weise, P. (1995), Moral: Die Handlungsbeschränkung für den Deppen?, in: Seifert, E. K. und Priddat, B. P. (Hg.), Neuorientierungen in der ökonomischen Theorie, Marburg, S. 73 - 105.

Wintrobe, R. (1981), It Pays to Do Good, But Not to Do More Good Than It Pays: A Note on the Survival of Altruism, in: Journal of Economic Behavior and Organization, 2, S. 201 - 213.

Wuketits, F. M. (1990), Gene, Kultur und Moral, Darmstadt.

Freifahrer im Test: - Ein Überblick über 20 Jahre Freifahrerexperimente

Joachim Weimann

1. Die experimentelle Methode

> For those economists who believe that economic theory is important, but that it should be subjected to empirical test, there are two main ways to obtain the data that are needed for such tests. The conventional way in economics is to lie in bed and hope that someone else will collect the data for you. The alternative way is to collect it yourself. The latter way can be done in an uncontrolled or a controlled manner. The second of these is the experimental way. John D. Hey (1991), p. 1.

Lange Zeit galt die Ökonomik, im Unterschied zu den Naturwissenschaften, als eine prinzipiell *nicht experimentelle Disziplin* – und zwar nicht nur in der Anschauung des breiten Publikums, sondern auch der Ökonomen selbst. An dieser Einschätzung haben auch die ersten experimentellen Arbeiten Anfang der 60er Jahre zunächst wenig ändern können. Seit dieser Zeit allerdings verzeichnet die experimentelle Methode eine monoton wachsende Akzeptanz unter Ökonomen und ist mittlerweile in vielen Bereichen der wissenschaftlichen Gemeinschaft als fester Bestandteil des methodischen Instrumentariums etabliert.

Dennoch handelt es sich bei dem Experiment noch immer um eine relativ neue und keineswegs „alltägliche" Analysemethode. Insbesondere finden experimentelle Methoden bisher in der Ausbildung von Ökonomen so gut wie keine Berücksichtigung.[1] Nicht nur aus diesem Grund erscheint

---

[1] Es gibt allerdings durchaus Anlaß zu der Annahme, daß sich dies in Zukunft ändern könnte. Vgl. dazu Plott (1990).

es sinnvoll, diesen Artikel mit einigen methodischen Vorbemerkungen einzuleiten. Ökonomische Experimente stehen in einem sehr engen verwandtschaftlichen Verhältnis zu psychologischen Experimenten. Dies gilt insbesondere für die Art von Experimenten, von der im folgenden die Rede sein wird. Die Ähnlichkeit der von beiden Disziplinen angewendeten Methoden sollte jedoch nicht darüber hinwegtäuschen, daß es zwischen ihnen einige entscheidende Unterschiede gibt.

Im Idealfall haben ökonomische Experimente *primär* die Aufgabe, Theorien zu testen. Dies ist insofern ein idealer Fall, als er voraussetzt, daß eine überprüfbare Theorie existiert. Die Tatsache, daß dies nicht immer der Fall ist, hat dazu beigetragen, daß Experimente auch noch zu anderen Zwecken benutzt werden als zur „bloßen" Theorieüberprüfung. In einigen Fällen – und Freifahrerexperimente zählen dazu – haben Experimente durchaus so etwas wie „theoriebildende" Funktionen.

Betrachten wir jedoch zunächst den Idealfall. Warum sollte eine *experimentelle* Überprüfung von Theorien sinnvoll sein? Die Vorteile des Laborversuchs werden besonders deutlich, wenn wir ihn mit der üblichen Praxis, dem ökonometrischen „Feldversuch" vergleichen. Was geschieht, wenn wir eine Theorie mit ökonometrischen Methoden zu überprüfen versuchen? Um diese Frage zu beantworten, muß man sich zunächst die Struktur der zu testenden Theorie ansehen. Üblicherweise besteht sie aus zwei Teilen: den Annahmen, die die Anwendungsbedingungen der Theorie spezifizieren und den Schlüssen, die mit Mitteln der Logik aus eben diesen Annahmen gezogen werden können. Wäre da nicht der Anspruch auf empirische Relevanz, es gäbe keinen Grund, eine solche Theorie zu testen. Wenn derjenige, der sie entwickelte, richtig gerechnet hat, wenn er die Logik richtig gebrauchte, dann ist die Theorie in dem Sinne richtig, als die Schlüsse, die gezogen werden, tatsächlich aus den Voraussetzungen folgen. Wenn nur das gezeigt werden soll, erübrigt sich jede weitere Überprüfung. Wenn jedoch die Theorie eine in der Realität wiederfindbare Kausalität aufdecken soll, wenn sie also nicht die Funktion eines idealtypischen Referenzpunktes hat, sondern einen empirischen Anspruch erhebt, dann ist der Test unverzichtbar.

Was aber wird getestet? Genaugenommen werden beide Teile der Theorie überprüft, sowohl die Annahmen als auch die Schlußfolgerungen. Die einzelnen Annahmenkomplexe lassen sich wie folgt separieren. Durch die Angabe der modellexogenen und endogenen Parameter wird die Umgebung charakterisiert, in die die Theorie eingebettet ist. Von zentraler Bedeutung ist in diesem Zusammenhang die Ceteris-paribus-Klausel. Sie ist für die modellhafte Abbildung unverzichtbar und enthält eine entscheidende Hypothese bezüglich der realen Welt. Mit ihr wird behauptet, daß alles das, was durch sie aus dem Blickfeld des Modells gerät, auch tatsächlich keinen Einfluß auf das zu erklärende reale Phänomen besitzt. Die Ceteris-paribus-Annahme ist geradezu der Scheideweg zwischen Modell und Realität. Bei der Konfrontation des Modells mit empirischen Daten wird dieser Scheideweg überschritten, denn es ist klar, daß sich die Umgebung, in der die Daten erhoben wurden, insofern von der im Modell geschaffenen Umgebung unterscheidet, als in ihr die Ceteris-paribus-Annahme nicht gilt.

Ein zweiter Annahmenbereich betrifft die Institutionen, oder allgemeiner die Spielregeln, die im Modell als gültig unterstellt werden. Zentraler Bestandteil dieser Spielregeln ist die Auszahlungsfunktion, deren Angabe voraussetzt, daß Annahmen hinsichtlich des Verhaltens der Individuen, bzw. hinsichtlich ihrer Motive und Ziele, getroffen werden.

Ganz gleich, welche konkrete Gestalt alle diese Annahmen haben, es ist klar, daß das durch sie spezifizierte Modell niemals eine exakte Abbildung der Realität sein kann, sondern allenfalls eine Annäherung. Aus diesem Grund wird das Modell bei einer ökonometrischen Überprüfung um eine stochastische Variable erweitert, gewissermaßen um einen stochastischen Apparat, der alle die Einflüsse erfassen soll, die im Modell nicht abgebildet werden, in der Realität aber Einfluß auf die abhängigen Variablen ausüben.

Fassen wir zusammen, so bleibt festzuhalten, daß im Rahmen eines ökonometrischen Tests keineswegs nur ein Kausalzusammenhang überprüft wird. Es werden vielmehr ganz verschiedene Dinge gleichzeitig getestet: Ist die Ceteris-paribus-Klausel richtig angewendet? Stimmen die Hypothesen bezüglich der Handlungsmotive? Herrschen in der Realität die Spielregeln, die im Modell unterstellt wurden? Stimmen die Annahmen über den stochastischen Teil der Schätzgleichungen? Alle diese Fragen sollen mit Hilfe des jeweiligen Schätzverfahrens beantwortet werden, und zwar ausschließlich dadurch, daß angegeben wird, wie gut das Modell die Daten zu erklären vermag. Reicht diese eine Antwort für die Beantwortung der vielen Fragen?

Experimentelle Ökonomen sind in dieser Hinsicht sehr skeptisch. Vernon Smith (1989) beispielsweise glaubt, daß weder falsifizierende noch bestätigende Testergebnisse besonderen Aussagewert besitzen. Im ersten Fall ist nicht klar, welcher der verschiedenen Teile der Theorie das Scheitern verursacht hat, und im zweiten Fall kann nicht ausgeschlossen werden, daß mehrere Fehler sich in ihrer Wirkung aufgehoben haben, so daß im Ergebnis die Daten durch das falsche Modell richtig erklärt werden.[2] Der entscheidende Vorteil, den Experimente an dieser Stelle geltend machen können, besteht darin, daß sie die Möglichkeit eröffnen, die Gültigkeit der Annahmen, die im Modell getroffen wurden, *zu kontrollieren*. Im Labor lassen sich exakt die Bedingungen schaffen, die in der Theorie als gültig unterstellt wurden. Insbesondere ist es unter Laborbedingungen möglich, die Ceteris-paribus-Klausel zu erfüllen. Das hat zur Folge, daß die verschiedenen Theorieelemente voneinander getrennt werden können und einer jeweils separaten Überprüfung zugänglich sind. Insbesondere ermöglicht dies eine zweistufige Überprüfung von Theorien: Wenn sie sich unter Ceteris-paribus-Bedingungen im Labor bewähren, so können die Annahmen bezüglich der endogenen Modellparameter und die Verhaltenshypothesen als bestätigt gelten. In einem zweiten Schritt kann dann der „Scheideweg" überschritten werden, d. h. die Überprüfung der Ceteris-paribus-Klausel erfolgen, indem das Modell mit der Realität konfrontiert wird.

Experimente werden vielfach als „zu einfach" oder „zu artifiziell" kritisiert. Der Einwand besteht darin, daß man bestreitet, daß es möglich sein kann, mit Hilfe von Laboruntersuchungen Schlüsse bezüglich realen Verhaltens zu ziehen. Dabei werden zwei Dinge übersehen: Solange sich Experimente damit befassen, Theorien zu überprüfen, kann sie der Vorwurf der zu großen Einfachheit nicht treffen. Dieser Vorwurf könnte allenfalls gegen die Theorie gerichtet werden, denn das Experiment versucht, Theorien möglichst im Maßstab 1:1 abzubilden. Das zweite Mißverständnis besteht darin, daß in Experimenten der Versuch gesehen wird, Realität im Labor zu *simulieren*. Wollte man dies versuchen, so wäre in der Tat Skepsis angezeigt. Aber es handelt sich bei ökonomischen Experimenten grundsätzlich nicht um Simulationen, nicht um den Versuch, irgend etwas nachzustellen. Vielmehr geht es darum, *reale Situationen kontrolliert zu schaffen*. Den Versuchspersonen in einem Experiment soll nicht Realität vorgegaukelt werden, es wird nicht so getan „als ob", sondern die Spieler werden in *reale Situationen* versetzt, in denen sie es mit *realen Mitspielern* zu tun haben, in denen sie *reale Entscheidungen* treffen, in denen es um *reales Geld* geht. Dies alles geschieht in einer vom Experimentator kontrollierten Umgebung, und es ist diese Kontrolle, die

---

[2] Hey (1991) argumentiert sehr ähnlich, wenn auch etwas weniger radikal als Smith.

den Laborversuch von dem unterscheidet, was gemeinhin als „reale Welt" bezeichnet wird.

Mit der gleichen Argumentation läßt sich dem Vorwurf begegnen, Experimente seien ohne Aussagewert, weil sie die Versuchspersonen in eine künstliche Situation versetzen, die nichts mit realen Entscheidungen gemein habe. Wenn die im Labor geschaffene Situation zwar derjenigen entspricht, die die Theorie thematisiert, aber dennoch keinen Bezug zu realen Phänomenen aufweist, dann kann das nur heißen, daß die Theorie, die es zu überprüfen gilt, die Ceteris-paribus-Klausel falsch benutzt, daß sie wichtige Einflußfaktoren aus der Betrachtung ausschließt.[3]

Wir haben bisher den „Idealfall" betrachtet, in dem Experimente benutzt werden, um eine Theorie zu überprüfen. Wie bereits angedeutet, haben Experimente mitunter auch theoriebildende Funktion. Insbesondere entsteht eine solche immer dann, wenn beobachtbares Verhalten im Widerspruch zu grundlegenden verhaltenstheoretischen Annahmen der ökonomischen Theorie steht. Kommt es zu einer Differenz zwischen Verhaltenstheorie und Verhaltensbeobachtung, so ist dies ein Ereignis, dem nicht ohne weiteres durch Modifikation der Theorie begegnet werden kann. Die entscheidungslogische Fundierung der ökonomischen Theorie ist auf einige zentrale Voraussetzungen hinsichtlich rationalen Verhaltens angewiesen. Diese Annahmen haben fundamentale Bedeutung – nicht nur für die einzelne Theorie, sondern für das gesamte ökonomische Theoriegebäude. Aus diesem Grund können sie nicht einfach suspendiert werden, wenn sie in Widerspruch zu Beobachtungen geraten, die im Experiment gemacht werden.

Üblicherweise werden die zentralen Verhaltensannahmen der ökonomischen Theorie nicht empirisch begründet, sondern a prioristisch eingeführt. Ihre Legitimität beziehen sie im wesentlichen aus der großen Allgemeinheit, die sie in Anspruch nehmen können und die sicherstellt, daß sehr viele, sehr unterschiedliche Verhaltensweisen und Handlungsmotive durch sie abgedeckt sind. Wenn nun von diesen Annahmen abgewichen werden soll, weil nur so die Erklärung eines beobachtbaren Phänomens möglich erscheint, so wird diese Abweichung in der Regel nicht in einer noch größeren Allgemeinheit der Verhaltensannahme bestehen[4], sondern in einer

---

[3] Zu einer Auseinandersetzung mit einer Reihe weiterer, ähnlich gelagerter Vorwürfe gegen die experimentelle Methode vgl. Hey (1991), S. 11 ff.

[4] Vielfach würde dies nämlich die Verhaltenstheorie in eine reine Tautologie überführen, die dann erst recht nicht mehr in der Lage wäre irgendetwas zu erklären.

eher spezielleren Hypothese bezüglich der Motive menschlichen Handelns. Eine solche *spezielle* Hypothese bedarf jedoch der eigenständigen Begründung, will sie sich nicht des Vorwurfs der ad hoc Annahme aussetzen, und eine solche Begründung vermag das Experiment in Form eines empirischen Belegs zu liefern.

In zwei wichtigen Fällen haben Experimente die Funktion, alternative Verhaltenshypothesen zu finden und zu begründen, nämlich bei der Erklärung kooperativen Verhaltens in Freifahrerexperimenten und bei der Analyse rationalen Verhaltens unter Unsicherheit. Mit ersterem werden wir uns im folgenden ausführlich auseinandersetzen, zu letzterem seien an dieser Stelle einige kurze Bemerkungen gemacht. Üblicherweise wird Verhalten unter Unsicherheit in ökonomischen Modellen mit Hilfe der von Neumann-Morgenstern-Axiomatik abgebildet. Beginnend mit dem *Allais-Paradoxon*[5] wurden allerdings schon früh experimentelle Beobachtungen gemacht, die im Widerspruch zu der Erwartungsnutzenhypothese standen. Weitere bekannte „Anomalien" in diesem Zusammenhang sind das *Ellsberg-Paradoxon* (Ellsberg 1961) oder die *Präferenz-Umkehrung* (Kahneman und Tversky 1979). Experimente haben in diesem Zusammenhang einerseits dazu gedient, die Abweichungen des beobachtbaren Verhaltens unter Unsicherheit von den Prognosen der Erwartungsnutzentheorie aufzudecken und lieferten andererseits wertvolle Anregungen für Modifikationen der Axiomatik, wie sie beispielsweise in der *Regret-Theorie* (vgl. Loomes und Sugden 1982) oder der *Prospect-Theorie* (Kahneman und Tversky 1979) zum Ausdruck kommen.[6] Es sei an dieser Stelle nicht näher auf die verschiedenen Experimente eingegangen, die in diesem Zusammenhang durchgeführt worden sind.[7] Wichtig ist jedoch die Feststellung, daß in diesem Fall die Aufgabe experimenteller Forschung nicht allein die Überprüfung von Theorien war, sondern die experimentelle Beobachtung zusätzlich in den Dienst der Entdeckung neuer Erklärungsansätze gestellt wurde.

Welche methodischen Folgerungen ergeben sich aus den bisher beschriebenen Funktionen ökonomischer Experimente? Es seien hier nur

---

[5] Das Allais bereits 1952 in einem Experiment beobachtete. Allerdings blieben die Arbeiten von Allais lange Zeit unbeachtet. Vgl. zur Geschichte des Allais-Paradoxons Allais und Hagen (1979).

[6] Für einen ausgezeichneten Überblick sowohl über die Anomalien im Zusammenhang mit der Erwartungsnutzenhypothese als auch über die Alternativen vgl. Machina (1989). Eine neuere experimentelle Arbeit auf diesem Gebiet liefert Loomes (1991).

[7] Einen Überblick liefert Hey (1991), Part II.

zwei genannt, die insofern eine wichtige Rolle spielen, als sie ökonomische von einem großen Teil psychologischer Experimente abgrenzen.[8]

Beide Folgerungen leiten sich aus der Überlegung ab, daß ein Experiment nur dann seiner Funktion gerecht werden kann, wenn mit ihm eine Theorie möglichst exakt abgebildet wird. Das bedeutet erstens, daß im Experiment den Spielern die Anreize gegeben werden müssen, die die zugrundeliegende Theorie als wirksam unterstellt. Das heißt konkret, daß sich ökonomische Experimente monetärer Anreize bedienen müssen, denn die ökonomische Theorie geht davon aus, daß es materielle Anreize sind, die verhaltenssteuernd wirken. Zweitens bedeutet dies, daß die Spieler auch tatsächlich in die Entscheidungssituation versetzt werden müssen, die im Experiment erzeugt werden soll. Voraussetzung dafür ist, daß die Spieler davon ausgehen, daß die Regeln, die ihnen genannt werden, auch tatsächlich gelten. Das ist wiederum nur dann zu erwarten, wenn in ökonomischen Experimenten Versuchspersonen nicht hinters Licht geführt werden, wenn im Experiment grundsätzlich genau das geschieht, was der Experimentator den Spielern mitteilt. Die Glaubwürdigkeit des Experimentators ist von erheblicher Bedeutung. Ist sie nicht mehr gegeben, d. h., gehen die Versuchsteilnehmer davon aus, daß das, was der Experimentator sagt, nicht den tatsächlichen Gegebenheiten entspricht, dann besteht keine Kontrolle mehr über die Bedingungen, unter denen die Entscheidungen der Spieler fallen – und damit wäre die zentrale Eigenschaft experimenteller Untersuchungen verlorengegangen.

Zweifellos sind die beiden genannten methodischen Grundsätze wichtig und ihre Bedeutung wird von allen, die ökonomische Experimente benutzen, betont. Dennoch ist die Frage, wie puristisch diese Grundsätze anzuwenden sind, durchaus umstritten. Was die monetären Anreize angeht, so ist offensichtlich, daß kaum entschieden werden kann, wann ein solcher Anreiz stark genug ist, um allein handlungsleitend zu sein. Wie wollte man ausschließen, daß sich die Spieler auch von anderen Motiven als dem der Einkommenserzielung leiten lassen? Vielfach hat sich gezeigt, daß experimentelle Resultate, die ohne monetären Anreiz erzielt wurden, in Experimenten mit monetärem Anreiz bestätigt wurden.[9] Auf der anderen Seite spricht vieles dafür, daß das Verhalten der Versuchsteilnehmer nicht unabhängig von der Höhe der Auszahlungen sein dürfte.

---

[8] Für eine ausführliche Darstellung methodischer Details sei wiederum auf Hey (1991) verwiesen.
[9] Vgl. Smith (1989), S. 163.

Die Schwierigkeit besteht oftmals darin, daß bei Versuchen, in denen sich die Teilnehmer in einer Weise verhalten, die nicht im Einklang mit der ökonomischen Entscheidungstheorie steht, die Vermutung geäußert wird, das Verhalten der Spieler würde schon „richtig" ausfallen, wenn nur die Auszahlungen hoch genug wären. Diese Vermutung ist insofern wenig ergiebig, als nicht klar ist, was „hoch genug" heißt – und deshalb die Vermutung immer geäußert werden kann.

Man wird davon ausgehen können, daß die Frage, wie hoch monetäre Anreize gesetzt werden müssen, immer umstritten bleiben wird. Aufschluß könnte nur die systematische Variation der Auszahlungshöhe schaffen, die aber vielfach an dem damit einhergehenden erheblichen finanziellen Aufwand scheitert. Somit bleibt man auf Plausibilitätsüberlegungen angewiesen, wie etwa die, daß Auszahlungen so zu gestalten seien, daß sie bei durchschnittlichem Erfolg des Spielers dem Lohnsatz entsprechen, der bei alternativer Verwendung der eingesetzten Zeit erzielt worden wäre, und bei erfolgreichem Verhalten deutlich über diesem Satz liegt (vgl. dazu Hey 1991, der diese Faustregel einführt).

Auch die Frage, wie ehrlich der Experimentator zu sein hat, wird nicht ganz einheitlich gesehen. Mitunter – so hat es den Anschein – führt kein Weg um eine (Not-?) Lüge herum, wenn man bestimmte Resultate erzielen will. Allerdings ist bei diesem Punkt höchste Sensibilität angebracht. Wenn man bereit ist, zuzugestehen, daß Spielern in Ausnahmefällen die Unwahrheit gesagt werden darf, dann müssen die Grenzen innerhalb derer solche Ausnahmen zulässig sind, sehr eng gezogen werden. Auf gar keinen Fall darf es zu einer Situation kommen, wie sie für *psychologische* Experimente typisch ist. Unter Psychologen (und vor allem auch unter Psychologiestudenten, die in fast allen Fällen die Versuchspersonen stellen) ist es nahezu *common knowledge*, daß der Experimentator in der Regel die Unwahrheit sagt. Die von Psychologen durchgeführten Freifahrerexperimente sind zum überwiegenden Teil in einer Weise gestaltet, bei der die Versuchspersonen manipulierte Informationen erhalten. Welchen Wert haben Beobachtungen, wenn mehr oder weniger klar ist, daß die Spieler *davon ausgehen*, daß beispielsweise ihre Auszahlungen durch den Experimentator manipuliert werden?

Die Überlegungen zur Methodik experimenteller Arbeit werden zu dem Urteil führen, daß viele psychologische Experimente, die zu diesem Problem durchgeführt worden sind, aus Sicht des experimentellen Ökonomen als mehr oder weniger wertlos einzuschätzen sind, weil sie schwere methodische Fehler aufweisen. Dennoch werden wir im folgenden auch auf die Tradition psychologischer Untersuchungen zur Freifahrerproblematik eingehen. Zuvor allerdings sei das grundlegende Problem, die Freifahrerproblematik, kurz skizziert.

2. Das Freifahrerproblem

> When first discussing the prisoner's dilemma, Luce and Raiffa wrote (1957, p. 97) that there ought to be a law against it. There are laws against some prisoner's dilemmas, but modern societies seem to be inventing new ones at an alarming rate. Dawes et al. (1977), p. 1.

Freifahrerprobleme werden typischerweise anhand des Gefangenen-Dilemmas (GD) verdeutlicht. Die konstituierenden Eigenschaften des GD lassen sich wie folgt zusammenfassen:

* Die Spieler befinden sich in einer Situation, in der Verhaltensabstimmungen grundsätzlich nicht möglich sind.

* Die Auszahlungsmatrix hat die folgende Gestalt:

	Spieler 1 gesteht nicht	Spieler 1 gesteht
Spieler 2 gesteht nicht	A , A	C , D
Spieler 2 gesteht	D , C	B , B

Auszahlungen: Spieler 1, Spieler 2

Dabei ist $C > A > B > D$, woraus folgt, daß für beide Spieler gestehen *dominante Strategie* ist. Das Nash-Gleichgewicht des GD ist deshalb (B , B), und damit führt individuell rationales Verhalten zu einem kollektiv nicht rationalen Ergebnis, denn (A , A) würde beide Spieler besserstellen! Damit ist das Freifahrerproblem im Prinzip vollständig beschrieben. Es besteht darin, daß fehlende Koordinationsmöglichkeiten, bzw. die Unmöglichkeit rationaler Kooperation dazu führt, daß dezentral getroffene, individuell rationale Entscheidungen zu ineffizienten (im Sinne von Pareto-Effizienz) und damit kollektiv nicht rationalen Ergebnissen führen. Die typische Situation, in der Freifahrerprobleme auftreten, ist die private Bereitstellung öffentlicher Güter. Prohibitive Transaktionskosten verhindern, daß es innerhalb einer großen Gruppe zu direkter Verhaltensabstimmung bei der Bereitstellung öffentlicher Güter kommen kann, und die Auszahlungsmatrix hat in der Regel gerade die Struktur, die notwendig ist, um dem einzelnen eine Freifahreroption zu eröffnen:

Sei g_i der Beitrag, den das i-te Individuum zur Bereitstellung eines öffentlichen Gutes leistet und G_{-i} bezeichne die Beiträge aller Gruppenmitglieder außer i. Die Menge des öffentlichen Gutes sei z, und es sei eine einfache Technologie zu seiner Erzeugung unterstellt: $z = \text{ß } G = \text{ß}(G_{-i} + g_i)$. Ist die Produktivität des einzelnen Beitrags (gemessen durch ß) hinreichend klein, dann wird die Auszahlung für den einzelnen Spieler $p_i = z - g_i$ gerade dann maximal, wenn $g_i = 0$ ist. In diesem Fall ist die Freifahreroption – analog zum GD – wiederum dominante Strategie.

Das Freifahrerproblem verschwindet auch dann nicht, wenn GD-Spiele wiederholt gespielt werden. Bei endlich wiederholten Spielen ist nicht zu kooperieren zwar nicht länger *dominante* Strategie, aber es existiert nur eine teilspielperfekte Strategie und die besteht darin, bei allen Wiederholungen zu defektieren. Lediglich bei unendlicher Spielwiederholung sorgt das Folk-Theorem dafür, daß auch kooperative Nash-Gleichgewichte möglich werden.[10] Mitunter wird dieses Ergebnis in der folgenden Weise fehlinterpretiert: Die Annahme unendlicher Spielwiederholungen ist verzichtbar, denn man kann sie durch die Annahme eines ungewissen Spielendes ersetzen. Worauf es allein ankommt, ist, daß es kein letztes Spiel gibt, bzw. kein Spiel, von dem die Spieler *wissen*, daß es keinen Nachfolger hat. Eine solche Voraussetzung erscheint wesentlich harmloser als die unendlicher Spiele und wenn sie kooperative Gleichgewichte erzeugt, dann ließe sich auf diese Weise beobachtbare Kooperation erklären. Leider ist diese Übertragung des Folk-Theorems auf den Fall endlicher Spielwiederholungen mit ungewissem Spielende nicht zulässig. Damit nämlich kooperative Gleichgewichte in dem so entstandenen Superspiel resultieren, dürfte die Wahrscheinlichkeit dafür, daß es noch zu einer weiteren Wiederholung kommt, nicht beliebig klein werden. Sie müßte von Null weg beschränkt

---

10 Für eine leicht zugängliche Darstellung des Folk-Theorems vgl. Rasmusen (1989).

sein – und das ist eine ebenso unrealistische Annahme wie die der unendlichen Spielwiederholungen.[11]

Neben dem Fall öffentlicher Güter, an dem sich ökonomische Freifahrerexperimente fast ausschließlich orientieren, wird vor allem in der psychologischen Literatur auch das Allmende-Gut als typisches Freifahrerproblem thematisiert: Eine erneuerbare Ressource steht einer großen Gruppe zur freien Nutzung zur Verfügung, d. h., das einzelne Gruppenmitglied kann vom Konsum nicht ausgeschlossen werden. Aus der Sicht des einzelnen ist es bei hinreichend großer Gruppe wiederum dominante Strategie, keine Vorsorge für die langfristige Erhaltung der Ressource zu betreiben, sondern ohne Rücksicht auf die Regenerationsmöglichkeiten zu konsumieren. Im Gleichgewicht kommt es daher zur Übernutzung der Ressource, ein effizienter Nutzungspfad ist nicht erreichbar. Auch in der „tragedy of the commons" um Hardins (1968) berühmte Charakterisierung des Allmende-Problems zu benutzen, begegnet uns die Grundstruktur des GD. Individuell rationales Verhalten führt zu einem kollektiv nicht rationalem Resultat; alle wären bessergestellt, würde die Regenerierbarkeit der Ressource gesichert. Die Existenz einer dominanten „nicht kooperativen" Strategie verhindert jedoch, daß rationale Individuen in der Lage sind, bei dezentraler Entscheidung eine kollektiv rationale Nutzung der Ressource herbeizuführen.[12]

Aus Sicht des Spieltheoretikers besteht kein Anlaß anzunehmen, daß es einen Unterschied macht, ob sich das Freifahrerproblem in der Gestalt des öffentlichen-Gut-Problems oder des Allmende-Problems zeigt. In beiden Fällen werden rationale Spieler ihre dominante Strategie spielen, d. h. die Freifahrerposition einnehmen. Dennoch existiert zwischen den beiden Problemen ein Unterschied, der – zumindest aus Sicht der Psychologie – durchaus bedeutsam ist. Bei der Bereitstellung öffentlicher Güter müssen Individuen etwas bezahlen, um etwas zu erhalten. Um das öffentliche Gut zu erstellen, müssen sie *Zahlungsbereitschaft* offenbaren. Im Falle des Allmende-Gutes *besitzen* die Individuen ex ante etwas, auf das sie in Folge des Konsums *verzichten* müssen. In der Terminologie der Prospect-Theorie von Kahneman und Tversky ist es der zentrale Unterschied zwischen „gains" und „losses", der hier zum Ausdruck kommt und der durchaus dazu führen kann, daß sich Verhaltensunterschiede ergeben. In ökonomi-

---

[11] Vgl. dazu Güth, Leininger, Stephan (1991) und Güth, Kliemt (1992).
[12] Für eine ausführliche Analyse solcher „Common Pool" Probleme vgl. Ostrom (1990) und Ostrom, Gardner und Walker(1994).

scher Terminologie ist es eher der Unterschied zwischen „Willingness to pay" und „Willingness to accept", der die beiden Problemlagen kennzeichnet.[13]

Wenn die Freifahrerprognose der Spieltheorie im Experiment bestätigt würde, wäre es kaum notwendig, sich näher mit solchen Experimenten zu befassen. Glücklicherweise sind Menschen jedoch zu sehr viel mehr Kooperation in der Lage, als es die spieltheoretische Analyse zunächst befürchten läßt. Wenn es ein gemeinsames Ergebnis aller Freifahrerexperimente gibt, dann besteht es darin, daß striktes Freifahrerverhalten nicht beobachtet werden kann.[14] Vor diesem Hintergrund gewinnen Aspekte an Bedeutung, die bei der ausschließlich spieltheoretischen Betrachtung vernachlässigt werden konnten, weil sie bei Existenz einer dominanten Strategie irrelevant erscheinen. Der oben bereits angesprochene Unterschied zwischen öffentlichen und Allmende-Gütern gehört zu diesen Punkten. Um weitere Aspekte dieser Art aufzeigen zu können, ist es hilfreich, sich zunächst noch etwas genauer Aufschluß darüber zu verschaffen, warum es im GD zu einem ineffizienten Resultat kommt.

Betrachten wir zunächst den Fall des reinen GD, des zwei-Personen-Spiels. Zentrale Voraussetzung für die Analyse des GD ist die Annahme, daß die Spieler rational sind und daß ihre Rationalität common knowledge ist. Warum ist es unter dieser Voraussetzung nicht möglich, Kooperation zu erzeugen? Dazu müßten offensichtlich beide Spieler wechselseitig die Verpflichtung eingehen, die Freifahreroption nicht zu nutzen. Sie müßten ein *Commitment* abgeben, das sie zu kooperativem Verhalten verpflichtet. Das ist aber nicht möglich, denn es würde bedeuten, daß sie sich zu nicht rationalem Verhalten verpflichten. Da aber beide Spieler wissen, daß der jeweils andere Spieler rational ist, wäre ein solches Commitment nicht glaubwürdig. Eine Selbstbindung an nicht rationales Verhalten ist unter der

---

[13] „Willingness to pay" (WTP) und „Willingness to accept" (WTA) können sehr wohl erheblich voneinander abweichen, wie Hannemann (1991) selbst für den Fall privater Güter kürzlich gezeigt hat. Vgl. dazu auch die experimentellen Befunde von Knetsch und Sinden (1984). Solange jedoch die Freifahrerstrategie dominante Strategie ist, hat die mögliche Differenz zwischen WTP und WTA *strategische* Ursachen.

[14] Um bereits an dieser Stelle einem möglichen Mißverständnis vorzubeugen, sei darauf hingewiesen, daß damit keine grundlegende Kritik an der prognostischen Fähigkeit der Spieltheorie geübt werden soll. Die Tatsache, daß die Beobachtungen im Experiment von der theoretischen Prognose abweichen, ist keinesfalls ein Beleg für die Irrelevanz der Spieltheorie, sondern allenfalls dafür, daß im Experiment andere Regeln geherrscht haben als in dem zugrundeliegenden Spiel angenommen wurden.

Voraussetzung, daß die Rationalität der Spieler common knowledge ist, unmöglich. Aus diesem Grund ist das Commitment-Problem im GD nicht lösbar und daher Kooperation nicht zu erreichen.

Wenn wir im Experiment Kooperation beobachten, bedeutet das gleichzeitig, daß die Spieler in der Lage gewesen sind, das Commitment-Problem zu lösen. Es liegt nahe zu vermuten, daß die Frage, in welcher Weise die Spieler miteinander kommunizieren konnten und über welche Informationen sie verfügten, mit der Lösung des Commitment-Problems im Zusammenhang stehen. Gegeben diese Vermutung, gewinnen plötzlich zwei Aspekte Bedeutung (Kommunikation, Information), die bei Existenz einer dominanten Strategie bedeutungslos wären, denn eine dominante Strategie ist immer beste Antwort, ganz gleich, welche Information der Spieler besitzt und unabhängig davon, wie er mit den Mitspielern kommuniziert. Das GD führt auch unter der Annahme vollständiger Information zu einem Gleichgewicht in dem beide Spieler defektieren. Ähnliches gilt auch für die private Bereitstellung öffentlicher Güter, also die n-Personen-Verallgemeinerung des GD. Im Zusammenhang mit der Bereitstellung öffentlicher Güter gewinnt die Tatsache, daß die Präferenzen für öffentliche Güter private Information sind, an Bedeutung. Sie wird dann bedeutsam, wenn die Bereitstellung durch einen zentralen Planer erwogen wird, oder wenn die Konsumenten im Zuge von Verhandlungen die Lasten der Produktion untereinander aufzuteilen versuchen. In beiden Fällen müssen die wahren Präferenzen der Nachfrager bekannt sein, will man Effizienz erreichen. Rationale Individuen verfügen aber auch hier über eine dominante Strategie, die in der strategischen Angabe falscher Präferenzen besteht. In welcher Richtung die offenbarten Präferenzen von den wahren abweichen, hängt davon ab, welcher Zusammenhang zwischen Präferenzangabe und individuellem Beitrag besteht. Hängt der Beitrag von der geäußerten Zahlungsbereitschaft ab, wird ein rationales Individuum selbige untertreiben, ist der Beitrag unabhängig von der geäußerten Präferenz, besteht ein Anreiz, die Wertschätzung des öffentlichen Gutes zu übertreiben.

Während Ökonomen auch an dieser Stelle eine dominante Strategie sehen, fragen Psychologen nach den Motiven, die ein Individuum dazu bringen, die Unwahrheit zu sagen. Ist es ausschließlich die von den Ökonomen unterstellte individuelle Vorteilssuche, also die Aussicht, auf Kosten anderer eine Freifahrt zu ergattern? Oder ist es die Angst davor, dann, wenn man sich kooperativ verhält, von den anderen ausgebeutet zu werden? Wie gesagt, wenn die Spieler das Spiel spielen, das Ökonomen vor Augen haben, wenn sie das Problem öffentlicher Güter thematisieren, dann stellt sich die Frage nicht. Ein homo oeconomicus ist grundsätzlich furchtlos und nur auf seinen eigenen Vorteil bedacht.

Das GD läßt sich dadurch umgehen, daß man die Werte der Auszahlungsmatrix in einer Weise verändert, die zur Folge hat, daß defektieren nicht länger dominante Strategie ist. Olsons Analyse kollektiven Handelns hat gezeigt, daß es verschiedene Möglichkeiten gibt, die Auszahlungen in dieser Weise zu gestalten und daß dies einer Gruppe um so eher gelingt, je kleiner sie ist. Vor diesem Hintergrund kann nicht überraschen, daß der Einfluß der Gruppengröße auf die Kooperationsbereitschaft in einigen Experimenten untersucht worden ist.

Die Liste der Aspekte, um die sich Freifahrerexperimente gekümmert haben, ist nicht vollständig. Beispielsweise wurde untersucht, ob Kooperationsbereitschaft geschlechtsspezifisch ist, ob die Einführung anreizkompatibler Mechanismen zur wahrheitsgemäßen Offenbarung der Präferenzen führt und einiges mehr. Die Tatsache, daß die Freifahrer-Prognose der Spieltheorie nicht bestätigt werden kann, wirft eine Vielzahl von Fragen auf, die mit den unterschiedlichsten Versuchsanordnungen angegangen worden sind. Aufgrund der großen Zahl von Experimenten (insbesondere von psychologischen) ist es nicht möglich, einen Überblick über *alle* Einzelergebnisse zu geben. Im folgenden soll jedoch der Versuch unternommen werden, die zentralen Beobachtungen, die von Psychologen und Ökonomen gemacht wurden, zu referieren. Dabei werden wir folgendermaßen vorgehen: Zunächst werden einige psychologische Experimente in chronologischer Reihenfolge vorgestellt. Die meisten dieser Experimente müssen allerdings mit den bereits angesprochenen methodischen Einschränkungen versehen werden. Dies gilt jedoch nicht für eine Reihe von Experimenten, die zwar von Psychologen durchgeführt wurden, die aber methodisch an ökonomischen Experimenten orientiert sind. Im Anschluß an deren Darstellung wird die Entwicklung der ökonomischen Freifahrerexperimente diskutiert, die als ein Prozeß charakterisiert werden kann, in dessen Verlauf sich eine bestimmte Standard-Versuchsanordnung herausgebildet hat. Das Papier schließt mit einer zusammenfassenden Würdigung der bisher vorliegenden Resultate und einigen Mutmaßungen über offene Fragen und Möglichkeiten ihrer Beantwortung.

3. Psychologische Experimente

3.1 Private Bereitstellung öffentlicher Güter

Wir wollen unseren Überblick mit der vielzitierten Arbeit von John W. Sweeney (1973) beginnen. Bei ihr handelt es sich nicht nur um ein sehr frühes Beispiel für psychologische Untersuchungen des Freifahrerproblems, sie eignet sich auch sehr gut, die Möglichkeiten und Probleme psychologischer Experimente aufzuzeigen.

Sweeney's Ziel bestand darin, zwei zentrale Aussagen Olsons experimentell zu überprüfen: Erstens, daß es kleinen Gruppen eher möglich ist, Kollektivgüter zu erstellen und zweitens, daß die Bereitstellung öffentlicher Güter besser gelingt, wenn sie mit der Produktion privater Güter kombiniert wird. Zwei weitere Hypothesen die nicht unmittelbar aus der Analyse Olsons hervorgehen, sollten ebenfalls geprüft werden:

Drittens: Beitragsleistungen, die anonym erbracht werden, fallen geringer aus als solche, bei denen die Spieler von einer „Bezugsperson" beobachtet werden können und viertens: Stellen die Spieler fest, daß andere hohe Beiträge leisten, werden sie ebenfalls ihre Beiträge erhöhen.

Der Versuch, mit dessen Hilfe diese Hypothesen überprüft werden sollten, wurde mit Psychologiestudentinnen[15] durchgeführt, die durch die Teilnahme an dem Experiment eine schriftliche Hausarbeit umgehen konnten, die sie andernfalls hätten anfertigen müssen. Diese Form der Selektion von Versuchspersonen bzw. Spielern ist bei psychologischen Experimenten nicht unüblich. Das Experiment wurde in der folgenden Weise mit jeder der 93 Teilnehmerinnen einzeln durchgeführt. Der Spielerin wurde mitgeteilt, daß sie mit fünf weiteren zusammen eine Gruppe bildet und daß sich alle Teilnehmerinnen in separaten Räumen befinden. Der Experimentator gab vor, mit Hilfe einer Lautsprecheranlage zu allen Spielern gleichzeitig zu sprechen. In dem Raum, in dem sich die Versuchsperson befand, stand ein Fahrrad, an das ein Dynamo angeschlossen war. Den Spielern wurde mitgeteilt, daß die von allen 6 Teilnehmern erzeugte Energie dazu genutzt wird, um eine Glühlampe (Gruppenlampe) zu betreiben. In dem Raum befand sich weiterhin eine Vorrichtung mit 7 übereinander angeordneten Lampen. Die oberste war die Gruppenlampe

---

[15] Da die zeitgenössische Rechtschreibung an dieser Stelle Mißverständnisse erzeugen könnte, sei betont, daß hier gemeint ist, daß ausschließlich weibliche Versuchspersonen beteiligt waren.

und die restlichen 6 zeigten jeweils die Leistung der Teilnehmer an. Die Spieler konnten also während des Experiments beobachten, wie stark die Gruppenlampe leuchtete und welcher Mitspieler welchen Beitrag zu diesem öffentlichen Gut leistete. Das den Spielern gestellte Ziel bestand darin, die Gruppenlampe 10 Minuten lang hell leuchten zu lassen.

Nahezu sämtliche Informationen, die die Teilnehmer vor und während des Versuches erhielten, waren manipuliert, entsprachen nicht der Wahrheit. So wurde ihnen beispielsweise gesagt, daß es sich nicht um ein Experiment handeln würde, sondern nur darum, die technische Ausrüstung, die für einen später stattfindenden Versuch gebraucht würde, zu testen.[16] Sowohl die Beiträge der anderen fünf Spieler (die in Wahrheit nicht existierten), als auch die Leuchtstärke der Gruppenlampe wurden vom Experimentator manipuliert, und zwar in der folgenden Weise:

1) Der wesentliche Unterschied zwischen großen und kleinen Gruppen besteht darin, daß der Effekt, den der individuelle Beitrag auf das öffentliche Gut hat, bei großen Gruppen verschwindend gering, bei kleinen Gruppen dagegen spürbar ist. Um eine große bzw. kleine Gruppe zu simulieren, wurde deshalb der Einfluß, den der Energiebeitrag der einzelnen Spielerin auf die Helligkeit der Gruppenlampe hatte, variiert. Bei „kleiner Gruppe" wurde das Gruppenlicht deutlich schwächer, wenn die Versuchsperson nicht mehr in die Pedale trat, bei einer „großen Gruppe" bestand überhaupt kein Zusammenhang zwischen der Anstrengung der Spielerin und dem Gruppenlicht.

2) Neben der Effektivität der Einzelbeiträge wurden auch die Beiträge der anderen Spielerinnen manipuliert. Entweder leuchteten nur die Lampen von wenigen Spielern oder es leuchteten alle Lampen.

3) Das private Gut wurde in der folgenden Weise eingeführt: Bei den entsprechenden Teilnehmern wurde ein Aufzeichnungsgerät neben das Fahrrad gestellt, mit dessen Hilfe (für die Teilnehmerin sichtbar) die Drehzahl des Fahrrades aufgezeichnet werden konnte. Das private Gut sieht Sweeney darin, daß die Studentinnen versuchen werden, einen „guten Eindruck" auf ihren akademischen Lehrer zu machen, wenn sie dazu Gelegenheit haben. Zugleich wird mit dieser Anordnung geprüft, welchen Effekt die Beobachtung durch eine Bezugsperson hat.

---

16 Vermutlich gebrauchte Sweeney diese Ausrede, um die Glaubwürdigkeit seiner Aussagen gegenüber den Versuchsteilnehmern zu steigern. Hätte er ihnen eröffnet, daß es sich um ein Experiment handelt, wären die Psychologiestudentinnen wahrscheinlich davon ausgegangen, daß er die Unwahrheit sagt.

Die Resultate, die Sweeney erzielte, lassen sich wie folgt zusammenfassen: Gruppen, in denen die einzelne einen signifikanten Einfluß auf das zu erstellende öffentliche Gut ausüben konnte, erbrachten höhere Beiträge als „große Gruppen". Die gleichzeitige Erzeugung eines privaten Gutes hatte zur Folge, daß die Teilnehmer gleiche Anstrengungen zeigten, unabhängig davon, ob Sie sich in einer großen oder kleinen Gruppe befanden. Durch das Angebot eines privaten Gutes war es großen Gruppen möglich, in der gleichen Weise öffentliche Güter zu erzeugen wie kleinen Gruppen. Die dritte Hypothese, daß es nämlich einen Unterschied macht, ob das Verhalten der einzelnen beobachtet wird oder nicht, konnte nicht eindeutig aufgrund der Beobachtungen beurteilt werden.[17] Die vierte Hypothese, daß kooperatives Verhalten der Mitspieler die Versuchspersonen zu größerer Anstrengung verleiten würde, war dagegen eindeutig abzulehnen.

Gemessen an den methodischen Ansprüchen, die üblicherweise an *ökonomische* Experimente gestellt werden, sind die Ergebnisse von Sweeney mit größter Vorsicht zu gebrauchen. Im wesentlichen sind es drei methodische „Todsünden" die begangen wurden:

[i] Versuchspersonen und Experimentator standen in einer direkten Beziehung (Schüler – Lehrer Verhältnis), wobei nicht klar ist, ob ausgeschlossen werden kann, daß daraus eine Beeinflussung des Verhaltens resultiert.

[ii] Die Auszahlungsfunktion der Spieler war nicht eindeutig definiert,[18] und es wurden keinerlei materielle Anreize geschaffen. Deshalb ist beispielsweise nicht klar, wie „wertvoll" das private Gut für die einzelne Teilnehmerin war und ob überhaupt ein Anreiz für ernsthaftes Verhalten bestand.

[iii] Die Manipulationen der Versuchsanordnung und die Tatsache, daß Psychologiestudenten natürlich um die Manipulationsneigung der experimentellen Psychologen wissen, macht es höchst fragwürdig,

---

[17] Was nicht verwunderlich ist, da die Beobachtung der Einzelbeiträge bereits benutzt wurde um ein privates Gut zu simulieren. Es ist deshalb nicht möglich beide Effekte – privates Gut und Beobachtung – sauber zu trennen und eindeutige Schlüsse zu ziehen.

[18] Es gibt durchaus Menschen, die freiwillig auf ein fest installiertes Fahrrad (Heimtrainer) steigen und den Gesundheitseffekt sportlicher Betätigung schätzen. Andere verfügen nicht über eine solche Präferenz. Die gleiche „Tretleistung" zweier Spielerinnen läßt damit nicht den Schluß zu, beide hätten das gleiche Opfer erbracht.

ob die Versuchsteilnehmer tatsächlich geglaubt haben, was ihnen vom Experimentator erzählt wurde. Zwar hat Sweeney Interviews geführt, in denen er versuchte zu erfahren, ob ihm die Versuchspersonen geglaubt haben, aber wie glaubwürdig sind die Aussagen, die in solchen Befragungen gemacht werden? So berichtet Sweeney, daß er nach Durchführung des Experiments die Teilnehmerinnen über den wahren Ablauf unterrichtet hat und folgende Reaktion erhielt: „None of the Ss (Teilnehmer – J.W.) expressed any resentment or annoyance at having been deceived. In fact the majority were intrigued by the experiment." (p. 285) Es fällt nicht ganz leicht zu glauben, daß alle Teilnehmerinnen damit ihren wahren Empfindungen Ausdruck verliehen haben – zumal angesichts der Tatsache, daß sie von ihrem *Lehrer* danach gefragt wurden, wie sie *seine* Arbeit einschätzen.

Die relativ ausführliche Behandlung des Fahrrad-Versuches von Sweeney diente der Demonstration von Stärken und Schwächen, die viele der psychologischen Experimente kennzeichnen – wobei die Stärken vor allem in dem Einfallsreichtum bestehen, den Psychologen bei der Entwicklung von Versuchsanordnungen entwickeln.

Ansonsten ist das Experiment von Sweeney eher untypisch für die psychologische Analyse des Freifahrerproblems, und zwar deshalb, weil in ihm die Wirkung von Kommunikation zwischen den Spielern nicht untersucht wird. In der Folgezeit war dies ein zentraler Untersuchungsgegenstand. Jerdee und Rosen (1974) waren mit die ersten, die Kommunikationseffekte in n-Personen-GD-Spielen untersuchten.[19] Ihre Versuchsanordnung entsprach schon eher derjenigen, die später für Freifahrerexperimente charakteristisch wurde. Die Spieler bildeten Fünfergruppen, in denen über 10 Runden folgendes Spiel gespielt wurde:

In jeder Runde hatten die Spieler die Wahl zwischen einer kooperativen und einer nicht-kooperativen Strategie,[20] wobei letztere dominante Stra-

---

[19] Es muß an dieser Stelle betont werden, daß das GD in seiner ursprünglichen Zwei-Personen-Form in einer Unzahl von Experimenten untersucht worden ist. Dawes (1980) spricht von annähernd tausend Experimenten. Diese Experimente werden im Rahmen dieser Arbeit nicht näher untersucht, weil sie wesentliche Elemente des eigentlichen Freifahrerproblems außer acht lassen. Aus gutem Grund wurden seit Beginn der 70er Jahre nur noch n-Personen-Spiele betrachtet.

[20] Zu diesen Strategien wurde den Spielern folgende „Story" erzählt. Sie sollten sich als Manager fühlen, die die Wahl haben zwischen einer Produktionsweise, die gewinnmaximierend ist, aber negative externe Effekte auslöst und einer

tegie war. Die Auszahlungen bestanden in Punkten, die den Spielern gutgeschrieben wurden und die keinerlei monetäre Entlohnung zur Folge hatten. Die Gruppe befand sich in einem Raum, die Spieler waren nur durch Sichtblenden voneinander getrennt. Variiert wurden zwei Faktoren: Das individuelle Verhalten der Spieler war entweder für alle beobachtbar oder nicht, und der Versuch wurde entweder mit oder ohne Kommunikation der Spieler durchgeführt.[21] Die folgende Tabelle gibt die durchschnittliche Anzahl der kooperativen Strategieentscheidung für die Runden 1-5 und 6-10 an.

Runden	Geringe Kommunikation		Starke Kommunikation	
	Keine Beobachtung	Beobachtung	Keine Beobachtung	Beobachtung
1 – 5	1,9	2,6	3,0	2,8
6 – 10	1,6	1,9	3,7	3,6

Jerdee und Rosen (1974), S. 714

Die Ergebnisse zeigen recht deutlich, daß Kommunikation zwischen den Spielern zu einer deutlichen Zunahme der Kooperation führt, während die Beobachtbarkeit des Individualverhaltens kaum Einfluß auf die Strategieentscheidung zu haben scheint.

Zu einem etwas anderen Ergebnis kommt Caldwell (1976). In einem Versuch, der ähnlich aufgebaut war wie der von Jerdee und Rosen,[22] untersuchte er den Einfluß von Kommunikation der Spieler und kam dabei zu dem Ergebnis, daß die Möglichkeit der Absprache nicht dazu führt, daß es zu deutlich mehr Kooperation kommt. Allerdings müssen auch hier die gleichen methodischen Einschränkungen gemacht werden wie bei Jerdee und Rosen: Die Spieler besaßen keine monetären Anreize, so daß nicht klar ist, wie ihre Auszahlungsfunktion aussah. Wenn das Spiel nur „um Punkte" gespielt wird, ist es dann wirklich das Ziel der Spieler, die Punkt-

---

kooperativen Produktionsweise, bei der diese Effekte vermieden wurden, der Gewinn aber geringer ausfällt.

[21] In der Kommunikationsvariante hatten die Spieler nach jeder Runde Gelegenheit zur Diskussion und Absprache ihres Verhaltens.

[22] Gespielt wurde ebenfalls in Fünfergruppen, die Strategiemenge enthielt nur die beiden Elemente „Kooperation" und „Nicht-Kooperation" und gespielt wurde um Punkte, nicht um Geld.

zahl zu maximieren? Es kann zumindest nicht ausgeschlossen werden, daß auch andere Ziele eine wesentliche Rolle spielen. Vielleicht versuchen Versuchsteilnehmer dem Experimentator zu gefallen, oder haben ihren Spaß daran, einfach nur auszuprobieren, was geschieht, wenn sie sich ungewöhnlich (nicht rational?) verhalten.

Auch die weiteren Beobachtungen von Caldwell sind unter dem Vorbehalt dieses methodischen Einwandes zu sehen – dennoch sind sie nicht uninteressant. Die Versuchsteilnehmer waren je zur Hälfte männlich und weiblich. Die Frage, ob ein geschlechtsspezifischer Unterschied im Verhalten existiert, ist Ökonomen gänzlich fremd. Der homo oeconomicus ist gewissermaßen „geschlechtslos", für Ökonomen existiert nur das „rationale Individuum". Psychologen hat dagegen schon immer interessiert, ob sich Männer und Frauen in GD-Situationen unterschiedlich verhalten. Die diesbezüglich in Zwei-Personen-Spielen gesammelten Beobachtungen sind nicht eindeutig.[23] Caldwell kann in seinem Experiment keine Unterschiede zwischen dem Verhalten der weiblichen und der männlichen Teilnehmer feststellen.

Die Interaktionsmöglichkeiten der Spieler wurden über die reine Möglichkeit der Absprache hinaus erweitert, indem in einer weiteren Versuchsanordnung die Möglichkeit geschaffen wurde, Spieler zu sanktionieren. Nach jeder Runde hatten die Teilnehmer Gelegenheiten, einen Mitspieler für sein Verhalten zu bestrafen, so sie das wollten. Eine Strafe führte zu einem Punktabzug bei dem betroffenen Spieler. Bei dieser Versuchsanordnung kam es zu einem deutlichen Anstieg der Kooperation: Der Anteil der kooperativen Strategieentscheidungen stieg von 46 % auf 65 %.

Sowohl bei Jerdee und Rosen als auch bei Caldwell war der Kontakt der Versuchspersonen relativ intensiv. Dies ist insofern ein bedeutsamer Punkt, als ein großer Teil der *realen* Freifahrerprobleme in *großen Gruppen* auftritt, in denen ein solcher Kontakt und eine entsprechende Verhaltensabstimmung a priori ausgeschlossen ist. Beispiele dafür sind die Bereitstellung öffentlicher Güter (man denke etwa an die Umweltproblematik) und andere Marktversagensfälle, in denen großen Gruppen involviert sind (beispielsweise ex post moral hazard in Versicherungsmärkten). Aus diesem Grund wird in ökonomischen Freifahrerexperimenten oftmals der Versuch unternommen, die *Anonymität*, die in großen Gruppen herrscht, im Versuch zu erfassen. Dieser Aspekt findet in psychologischen Arbeiten weit weniger Berücksichtigung, und insofern ist es gerechtfertigt, das

---

[23] Vgl. die bei Caldwell S. 275 angegebene Literatur.

Freifahrerproblem in kleinen Gruppen als den zentralen Untersuchungsgegenstand der psychologischen Freifahrerversuche zu bezeichnen. Ein interessantes Beispiel dafür ist die Arbeit von Alfano und Marwell (1980), denn in ihr wird ein Freifahrerproblem einer „realen" Gruppe, also einer Gruppe, die auch außerhalb des Experiments existiert, untersucht.

Die Problemstellung, mit der sich Alfano und Marwell befassen, ist die folgende: Sie unterscheiden öffentliche Güter danach, ob sie *teilbar* oder *unteilbar* sind und fragen sich, ob Kooperation von der Teilbarkeit des öffentlichen Gutes abhängt. Aus ökonomischer Sicht ist dieser Aspekt weniger interessant, denn wenn es sich um ein reines öffentliches Gut handelt, ist Freifahren in beiden Fällen dominante Strategie. In Freifahrerexperimenten wird aus technischen Gründen fast immer ein teilbares öffentliches Gut erstellt, d. h. die Vorteile aus der Kooperation fließen den Spielern in Form eines individuellen, aufteilbaren Payoffs zu. Nicht aufteilbare Güter werden in der Regel von realen Gruppen konsumiert, und die sind nur schwer im Experiment zu kontrollieren. Es ist die Besonderheit des Experiments von Alfano und Marwell, daß es ihnen gelingt, von dieser Regel eine Ausnahme zu schaffen. Möglich wurde dies durch folgende Versuchsanordnung:

Versuchspersonen waren Studienanfänger, die gemeinsam einen Flur in einem Studentenwohnheim bewohnen würden. Der Versuch wurde zu einem Zeitpunkt durchgeführt, zu dem die Studenten zwar wußten, wo sie in Zukunft wohnen würden, aber noch nicht eingezogen waren und daher ihre Mitbewohner noch nicht kannten. Der Versuch wurde mittels Brief und Telefon abgewickelt. Jeder Teilnehmer erhielt eine Anfangsausstattung von 225 Spielmarken, die in zwei Anlagen, eine *private* und eine *öffentliche* eingezahlt werden konnten. Jede in die private Anlage investierte Marke führte zu einer Auszahlung von 2 Cent an den Einzahler, jede in die öffentliche Anlage investierte Marke führte zu einer Auszahlung von 3,2 Cent. Insgesamt wurde der Versuch zweimal mit je 40 Studenten durchgeführt. In der ersten Gruppe wurden die Erträge aus der öffentlichen Anlage für ein Gruppenprojekt verwendet, d. h. das öffentliche Gut, das mit diesen Beiträgen erstellt wurde, war nicht aufteilbar. In der zweiten Gruppe wurden die Erträge zu gleichen Teilen an alle Spieler bar ausgezahlt, d. h. hier war das öffentliche Gut teilbar.

In der zweiten Gruppe belief sich der Anteil der in die öffentliche Anlage investierten Marken auf 43 %. Wie wir noch sehen werden, ist dies ein Wert, der in etwa dem entspricht, was auch bei ähnlich gelagerten Versuchen beobachtet wurde. In der ersten Gruppe war die Kooperationsbereitschaft erheblich höher: 84 % der Spielmarken wurden in die öffentliche Anlage investiert.

Wie ist dieser Unterschied zu erklären? Alfano und Marwell führen die hohe Kooperationsbereitschaft unmittelbar auf die Unteilbarkeit des öffentlichen Gutes zurück. Diese Gutseigenschaft führe dazu, daß das öffentliche Gut in einer anderen Weise *wahrgenommen* werde als ein *identisches* aufteilbares öffentliches Gut. Das Gruppeninteresse rücke durch diese Wahrnehmung in den Vordergrund: „Thus, contributing towards the provision of a nondivisible public good produces a cognitive state in which the individual is less likely to try and maximize his or her own individual utility and more likely to act cooperatively." (p. 308)

Diese Erklärung erscheint allerdings nicht sehr überzeugend. Zunächst muß man wissen, daß die Versuchsteilnehmer der ersten Gruppe wußten, daß über die Verwendung der Erträge aus der öffentlichen Anlage im Rahmen eine Treffens zu befinden war, das nach Abschluß des Versuchs, zu Beginn des Semesters abgehalten werden sollte. Alfano und Marwell führten eine Befragung der Spieler durch (mit Hilfe eines Fragebogens), bei der sich herausstellte, daß das öffentliche Gut in den beiden Gruppen tatsächlich unterschiedlich bewertet wurde. Aber dies ist nicht, wie Alfano und Marwell behaupten, zwangsläufig Ausdruck eines reinen Wahrnehmungsunterschiedes; vielmehr sind die öffentlichen Güter in den beiden Gruppen grundverschieden! Die Autoren gehen davon aus, daß „...the payoff structure was *identical* for the two groups." (p. 307). Das ist jedoch nicht der Fall. Das Gruppenprojekt ist offensichtlich ein Gut, das aus der Sicht eines Spielers einen Nutzen haben kann, der u. U. weit größer ist, als der Nutzen aus einer entsprechend hohen Auszahlung im Falle des teilbaren öffentlichen Gutes. Für einen Studienanfänger ist es von hohem Wert, wenn er die Gelegenheit erhält, gleich zu Beginn soziale Kontakte in seinem unmittelbaren Umfeld zu knüpfen. Die beiden öffentlichen Güter sind nicht nur nicht identisch, sie sind noch nicht einmal substituierbar.

Die unterschiedlichen Beiträge sind daher keineswegs in der Weise interpretierbar, wie dies Alfano und Marwell tun. Vielmehr drängt sich die folgende Erklärung für die hohen Beiträge im Fall des Gruppenprojektes auf: Man versetze sich in die Lage eines Studienanfängers, der die Erwartung hat, mit seinen zukünftigen Kommilitonen ein Treffen zu haben, bei dem über die Verwendung des gemeinsam gespendeten Geldes beraten wird. Wohl niemand wird es als angenehm empfinden, in dem Bewußtsein zu einem solchen Treffen zu gehen, selbst keinen Beitrag geleistet zu haben. Selbst wenn die Beiträge der einzelnen Spieler nicht bekanntgegeben werden, liegt es nahe, daß der einzelne damit rechnet, von Mitspielern auf seinen Beitrag angesprochen zu werden. Er hätte dann nur zwei Möglichkeiten: entweder zu lügen oder sich sozialen Sanktionen auszusetzen. Beides mag Kosten verursachen, die im Falle des aufteilbaren öffentlichen Gutes nicht anfallen. Beiträge in die öffentliche Anlage sind in der ersten Gruppe deshalb solange rational, wie sie diese Kosten nicht überschreiten. Das aber bedeutet, daß die Struktur der Payoffs in dem von Alfano und Marwell durchgeführten Experiment nicht die Struktur besaßen, wie sie für das n-Personen-GD charakteristisch ist.

Die Problematik der bisher beschriebenen Experimente besteht darin, daß die Payoffs nicht eindeutig definiert waren. Besonders deutlich wird dieser Punkt und die daraus resultierende Schwierigkeit an dem letzten Beispiel: Da die Payoffs nicht klar sind, wird jede Interpretation des beobachteten Verhaltens willkürlich.

Auch das Experiment von Kerr und MacCoun (1985) ist unter methodischen Gesichtspunkten nicht unproblematisch, dennoch sind die Ergebnisse interessant. Es geht in diesem Versuch wieder um die Frage, ob sich Unterschiede zwischen den Geschlechtern ausmachen lassen. In diesem Fall ist es jedoch nicht das Verhalten innerhalb einer Gruppe, die sich in einer GD-Situation befindet, das auf dem Prüfstand steht, sondern das Verhalten in einem zwei-Personen-Konflikt:

Zwei Spieler müssen mit einer Handpumpe Luft in einen Behälter pumpen. Erreichen sie innerhalb von 30 Sekunden eine bestimmte Menge, so erhalten beide eine Belohnung in Höhe von 25 Cent. Beide können den jeweiligen Partner nicht direkt beobachten, sondern sehen lediglich eine Anzeige, die seine Pumpleistung zeigt. Insgesamt werden je 9 Durchgänge gespielt.

Das Experiment ist in der folgenden Weise manipuliert. Jeder Spieler (jede Spielerin) begegnet seinem (ihrem) Mitspieler(in) vor dem Versuch. In Wahrheit handelt es sich dabei jedoch um einen (eine) Experimentator(in), der (die) nur scheinbar an dem Versuch teilnimmt. Die Beiträge, die dieser „unechte" Spieler leistet, sind manipuliert. Entweder hält sich der Experimentator so sehr zurück, daß er (sie) nie allein die erforderliche Menge zusammenbekommt (Sucker-Design) oder der Experimentator pumpt so intensiv, daß er (sie) immer die notwendige Menge allein erbringt (Freifahrer-Design).

Die methodischen Fallstricke sind auch in diesem Fall die unklaren Payoffs und die Manipulation des Experiments. Die Payoffs sind nicht eindeutig, weil die Auszahlung eines Spielers eben auch davon abhängt, wieviel Mühe es ihm (oder ihr) macht, die erforderliche Luftmenge zu pumpen. Von ihr hängt es letztlich ab, ob sich die Spieler in einer echten GD-Situation befinden oder nicht. Ungeachtet dieser Schwierigkeit sind die Resultate des Versuchs insofern interessant, als sie hinlänglich bekannten Vorurteilen entsprechen:

- Männer waren *weniger* bereit, die Freifahrerposition einzunehmen, wenn sie mit einer Frau zusammen spielten.

- Frauen waren *eher* bereit freizufahren, wenn sie mit einem Mann zusammen waren.

- In der Sucker-Anordnung waren sowohl Männer als auch Frauen eher bereit, die „Arbeit allein zu machen", wenn sie eine Frau zur Partnerin hatten.

Die Frage, ob es geschlechtsspezifische Verhaltensunterschiede im sozialen Dilemma gibt, steht sicherlich nicht im Zentrum des Interesses. Dennoch wird sie immer wieder aufgeworfen und wir werden ihr noch einmal (mit einem durchaus überraschenden Resultat) begegnen.

Yamagishi und Sato (1986) untersuchen in ihrer Arbeit zwei Aspekte, die sehr viel mehr das Interesse experimenteller Psychologen und Ökonomen erregt haben. Zum einen den bereits mehrfach angesprochenen Einfluß, den Kommunikation auf das individuelle Verhalten haben kann und zum anderen die Motive, die kooperatives Verhalten bestimmen können. Wie bereits angedeutet, gewinnt die Frage, was Menschen zur Kooperation motiviert, worin ihre Ziele liegen mögen, in dem Augenblick an Bedeutung, in dem klar wird, daß sie ihre dominante Strategie nicht spielen. Zwei wesentliche Motivationen werden als bestimmend für das Verhalten im GD vermutet, nämlich die *Furcht* (fear) von anderen ausgebeutet zu werden und die *Gier* (greed) nach dem eigenen Vorteil. Beide Motive begründen Freifahrerverhalten und ihre Abwesenheit ist damit Voraussetzung für Kooperation. Yamagishi und Sato versuchen diese beiden Motive mittels der folgenden Versuchsanordnung zu isolieren:

Das Experiment wurde in Fünfergruppen durchgeführt; jeder Spieler erhielt eine Anfangsausstattung von 100 Yen, die die Spieler entweder behalten oder zur Erstellung eines öffentlichen Gutes benutzen konnten. Dieses Gut bestand in einem Bonus, der an die Gruppe in Abhängigkeit davon ausgeschüttet wurde, welchen Betrag die Spieler für die Bereitstellung des öffentlichen Gutes investieren. Dabei wurden drei Anordnungen unterschieden:

1) *Conjunctive rule (CR)*
   Der geringste Beitrag, den ein Spieler in der Gruppe geleistet hat, wird zur Grundlage der Bonusberechnung gemacht. Der Bonus beträgt in der sogenannten „low-bonus" Anordnung das zweifache, in einer high-bonus Anordnung das dreifache dieses Beitrags. Den Bonus erhalten alle Spieler, unabhängig von ihrer Investition in das öffentliche Gut.

2) *Disjunctive rule (DR)*
   Der höchste Beitrag wird zur Berechnung des hohen bzw. niedrigen Bonus herangezogen.

3) *Additive rule (AR)*
   Der Durchschnittsbeitrag aller fünf Spieler wird zur Bonusberechnung herangezogen.

Unter CR ist offensichtlich eine Freifahrt nicht möglich, d. h. daß „greed" nicht das treibende Motiv sein kann. Andererseits kann es geschehen, daß der eigene Beitrag nutzlos bleibt, weil ein anderer Spieler ihn unterboten hat[24]. Im Gegensatz dazu ist es unter DR sehr wohl möglich, keinen Beitrag zu leisten und dennoch in den Besitz des Bonus zu gelangen, während niemand fürchten muß, seinen Beitrag umsonst zu leisten. Unter AR können beide Motive wirksam werden. Da AR bei der Erstellung öffentlicher Güter der Regelfall ist, wäre es nicht uninteressant zu erfahren, welches der beiden Motive stärkeren Einfluß auf die Beitragsentscheidung hat.

Das Experiment wurde mit zwei Gruppen von Spielern durchgeführt. Die erste Gruppe bestand aus Fremden, d. h. Studenten, die sich zuvor noch nie begegnet waren, die zweite Gruppe bestand aus Freunden, die sich bereits vor dem Experiment längere Zeit kannten. Der Grund für diese unterschiedliche Wahl der Versuchspersonen ist der folgende. Die Autoren vermuten, daß das „fear" Motiv unter den Freunden keine große Rolle spielt, weil sie darauf vertrauen, daß alle zumindest einen moderaten Beitrag zur Erstellung des öffentlichen Gutes leisten werden. Aus diesem Grund müßten die Freunde eher in der Lage sein, unter CR einen hohen Bonus zu erzielen als die Fremden.

---

[24] Das CR-Spiel verfügt nur über ein einziges Nash-Gleichgewicht, das dann erreicht ist, wenn alle Spieler den höchsten Beitrag (100 Yen) leisten. Die Furcht besteht damit darin, daß die Spieler nicht die Nash-Strategie wählen.

Das Ergebnis des Experiments läßt sich wie folgt zusammenfassen: Die Höhe des Bonus hatte keinen Einfluß auf das Verhalten. Unter CR und AR leisteten die Freunde erheblich höhere Beiträge als die Fremden, während unter DR keine Unterschiede festzustellen waren. Die Beiträge unter DR waren bei den Freunden erheblich geringer als unter CR und AR.

Yamagishi und Sato interpretieren dieses Ergebnis dahingehend, daß sie „fear" als dasjenige Motiv ansehen, das bei der Produktion öffentlicher Güter dazu führt, daß Individuen keinen Beitrag leisten. Die Begründung für diese Interpretation ist die folgende. Da die Freunde unter CR erheblich höhere Beiträge leisten als die Fremden, scheint es in der Tat die Angst vor dem Verlust des eigenen Beitrags zu sein, die die Fremden von höheren Beiträgen abhält. Da sich unter AR das gleiche Bild zeigt, schlußfolgern die Autoren, daß auch unter dieser (für die Realität wichtigsten) Regel, Furcht das beherrschende Motiv für Freifahrerverhalten sei. Wichtig ist dabei die Beobachtung, daß dann, wenn eine echte Freifahrermöglichkeit besteht (DR), die Freunde genauso geringe Beiträge leisten wie die Fremden. Die Schlußfolgerung, die die Autoren daraus ziehen, besagt, daß sich die beiden Gruppen ausschließlich hinsichtlich des fear-Motivs voneinander unterscheiden Diese Interpretation erst erlaubt die Zuordnung des Verhaltens zu den einzelnen Motiven. Hätten die Freunde auch unter DR erheblich höhere Boni erzielt als die Fremden, dann hätte man lediglich auf einen grundsätzlichen Unterschied zwischen den beiden Gruppen schließen können.[25]. Allerdings übersehen die Autoren bei ihrer Interpretation der geringen Beiträge der Freunde unter DR einen wichtigen Punkt. Unter dieser Regel ist es einer Gruppe nämlich möglich, den Gruppenertrag dadurch zu maximieren, daß ein Spieler einen sehr hohen Beitrag (im Idealfall 100 %) leistet und alle anderen nichts. Wenn Seitenzahlungen möglich sind, und unter Freunden dürften diese zu bewerkstelligen sein, läßt sich auf diese Weise auch die individuelle Auszahlung maximieren. Es liegt daher nahe, daß die auffällige Beobachtung gleicher Beiträge von Freunden und Fremden unter DR auf diese Weise zu erklären ist. Sollte diese These zutreffen, ließe sich die von Yamagishi und Sato vorgebrachte Interpretation ihrer Ergebnisse nicht länger aufrechterhalten. Auch in diesem Fall mindert ein methodischer Fehler (fehlender Ausschluß von Seitenzahlungen) den Aussagewert des Experiments.

---

[25] Der sich dann lediglich auf das Niveau der Beiträge bezieht, denn die Fremden leisteten unter allen drei Regeln etwa gleichhohe Beiträge ca. 50 %, während sich die Freunde unter CR und AR auf einem Niveau von ca. 70 % bewegen.

3.2 Allmende-Problematik

Wir haben bereits darauf hingewiesen, daß die Freifahrerproblematik in zwei Ausprägungen Gegenstand psychologischer Experimente ist. Bisher haben wir uns mit der Variante befaßt, in der eine Gruppe vor der Aufgabe steht, ein öffentliches Gut zu erzeugen. Es folgt ein kurzer Blick auf einige Experimente, bei denen die Spieler bereits im Besitz einer Ressource sind und die Möglichkeit besitzen, diese mehr oder weniger stark auszubeuten.

Daß wir uns nur kurz mit dieser Art von Freifahrerexperimenten befassen, ist vor allem darin begründet, daß die methodischen Probleme, die bereits im letzten Abschnitt verschiedentlich angesprochen wurden, bei den Allmende-Experimenten verstärkt auftreten.

Das Allmende-Problem wird in der psychologischen Literatur zumeist mit den Begriffen „social trap" oder „take some game" bezeichnet. Mit „take some" wird der Unterschied zum öffentlichen Gut-Spiel betont, das als „give some game" bezeichnet wird, weil die Spieler zur Erstellung des öffentlichen Gutes etwas *hergeben* müssen. Es ist vielfach nicht die Dilemma-Struktur, die bei der Charakterisierung der Entscheidungssituation im Vordergrund steht, sondern ein Zeitkonsistenzproblem. Die zu schnelle Ausbeutung einer Ressource wird als Folge eines zeitinkonsistenten Verhaltens gedeutet, das dadurch entsteht, daß kurzfristige „Belohnungen" Menschen zu einem Verhalten verleiten, das sie langfristig bereuen. Brechner (1977) zieht explizit die Parallele zu der Situation eines Suchtkranken, der der Verlockung des kurzfristigen Rausches erliegt.

Mit dieser Charakterisierung wird man dem eigentlichen Problem allerdings nicht gerecht, denn die Dilemma-Struktur besteht darin, daß es auch im Allmende-Fall *Nash-gleichgewichtige* Strategie ist, die Freifahrerposition einzunehmen, d. h. die Ressource auszubeuten. Brechners Arbeit leidet unter diesem Mißverständnis ebenso wie die von Schroeder et al. (1983). Dazu kommt, daß sich in beiden Arbeiten alle die methodisch problematischen Punkte versammeln, die im letzten Abschnitt angesprochen worden sind. So sind die Payoffs vollkommen unklar, es gibt keinerlei monetäre Anreize und sämtliche Informationen, die die Spieler erhalten, sind manipuliert. Gleiches gilt auch für die Experimente von Samuelson et al. (1984) sowie die von Brewer und Kramer (1986). Aus diesem Grund sei auf die Darstellung dieser Experimente verzichtet.

Aufschlußreich ist dagegen die Arbeit von Fleishman (1988), und zwar nicht nur weil sie methodisch weitgehend korrekt ist, sondern vor allem auch, weil in ihr die beiden Versuchsanordnungen, „take some"

(Allmende) und „give some" (öffentliches Gut) unmittelbar miteinander verglichen werden.

An dem Experiment Fleishmans waren 170 Studenten beteiligt, die freiwillig an dem Versuch teilnahmen.[26] Gespielt wurde in Gruppen zu 5 Spielern, die in der „give some" Anordnung jeder eine Ausstattung von 100 Spielmarken erhielten. Diese Marken konnten entweder in eine private oder in eine öffentliche Anlage investiert werden. Eine in die private Anlage investierte Marke führte zu einer Auszahlung von 0,3 Cent an den Spieler, eine Investition in die öffentliche Anlage erbrachte einen Gruppenertrag von 0.6 Cent, also 0,12 Cent pro Spieler. In der „take some" Anordnung wurde den Spielern mitgeteilt, daß die öffentliche Anlage insgesamt mit 500 Marken ausgestattet sei und daß jeder Spieler maximal 100 davon nehmen und in die private Anlage investieren kann. In beiden Anordnungen wurde das Spiel 9 mal wiederholt, wobei die Anzahl der Runden den Spielern ex ante nicht bekannt war. Das Experiment wurde zwar nicht anonym durchgeführt,[27] aber zwischen den einzelnen Runden war keine Kommunikation zwischen den Spielern möglich. Nach jeder Runde wurden jeweils die insgesamt von der Gruppe geleisteten Beiträge in die öffentliche Anlage bekanntgegeben, nicht jedoch die individuellen Beiträge der einzelnen Spieler. Außer der Anordnung (take some, give some) wurde noch ein zweiter Punkt in dem Experiment variiert, und zwar das „Verhalten der anderen". Zu diesem Zweck erhielten die Spieler *nach der ersten Runde* manipulierte Informationen bezüglich des Gruppenbeitrags in die öffentliche Anlage. In der „high cooperation" Anordnung erhielten sie die Meldung, daß 380 Marken investiert worden waren (bzw. in der öffentlichen Anlage verblieben waren) und in der „low cooperation" Anordnung die Meldung, daß lediglich 120 Marken investiert worden waren.[28]

Die Ergebnisse lassen sich wie folgt zusammenfassen: Über alle Runden und beide Varianten bezüglich des Verhaltens der anderen betrachtet, wurde kein signifikanter Unterschied zwischen take some und give some Anordnung festgestellt. Die Durchschnittsbeiträge in die öffentliche Anlage

---

[26] Die Freiwilligkeit der Teilnahme wird erwähnt, weil sie nicht selbstverständlich ist. In anderen Versuchen wurde die Teilnahme an Experimenten den Studenten zur Pflicht gemacht.

[27] Die Spieler befanden sich gemeinsam in einem Raum, als sie die Instruktionen für das Spiel in Empfang nahmen.

[28] Die Werte waren so gewählt, daß sie in jedem Fall glaubwürdig waren, d. h., daß sie beispielsweise in der low cooperation Variante auch dann noch stimmen konnten, wenn ein Spieler alle 100 Marken in die öffentliche Anlage investiert hatte.

beliefen sich auf 40,22 und 41,31 Marken. Angesichts der Tatsache, daß die Dilemma-Struktur in beiden Anordnungen identisch ist, überrascht dieses Resultat nicht sonderlich. Andererseits hatten die oben angesprochenen (methodisch problematischen) Experimente auf einen signifikanten Unterschied zwischen dem Verhalten bei Allmende-Gütern und öffentlichen Gütern hingedeutet, der sich aufgrund des Experiments von Fleishman nicht bestätigen läßt. Einen durchaus bemerkenswerten Zusammenhang ergab sich zwischen der take some – give some Variante und den high cooperation – low cooperation Anordnungen. Die folgende Tabelle gibt die Durchschnittsbeiträge in Form einer 2 x 2 Matrix wieder:

	Low Cooperation	High Cooperation
Give some	45,73	36,35
Take some	36,97	43,15

Fleishman, S. 175

Während im give some-Spiel die Teilnehmer hohe Kooperation der Mitspieler mit geringen Beiträgen beantworteten und auf niedrige mit hohen Beiträgen reagierten, verhält es sich im take some-Spiel gerade umgekehrt. Während im ersten Fall „offsetting" beobachtet wurde, läßt sich der zweite als „matching" Verhalten kennzeichnen.

Fleishman (S. 176) bietet eine Erklärung für die unterschiedlichen Reaktionen auf das Verhalten der anderen an. Seine Vermutung geht dahin, daß die Spieler bei ihrer Entscheidung nicht nur deren Folgen berücksichtigen (also eine rein teleologische Bewertung vornehmen, wie sie die „rational choice-Theorie" thematisiert), sondern gewissermaßen auch eine deontologische Bewertung der jeweiligen Handlungen vornehmen. „Geben" und „Nehmen" sind dabei aus der Sicht des einzelnen unterschiedlich zu bewertende Dinge. Während es positiv ist, etwas zu geben (also gerade dann Beiträge zu leisten, wenn es die anderen nicht tun), ist es negativ, etwas zu nehmen. Letzteres ist nur dann erlaubt, wenn es auch die anderen tun.

Fleishman selbst räumt ein, daß diese Erklärung spekulativ ist (S. 177), aber angesichts der experimentellen Resultate sind Spekulationen als Vorstufe zu testbaren Hypothesen durchaus sinnvoll und willkommen. Ziehen wir nämlich an dieser Stelle ein erstes, vorsichtiges Resümee, so bleibt festzuhalten, daß die bisher referierten Beobachtungen – trotz aller methodischer Bedenken – eines klarmachen: Menschen spielen in den Experimenten nicht das Spiel, das Ökonomen im Sinn haben, wenn sie GD-Situationen analysieren, und es stellt sich die Frage, *welches* Spiel die Versuchsteilnehmer spielen. Um einer Antwort näher zu kommen, können Spekulationen durchaus hilfreich sein. Brauchbarer sind jedoch methodisch sauber durchgeführte Experimente, die genaueren Aufschluß darüber verschaffen, wie sich die Spieler im Freifahrerexperiment eigentlich verhalten. Die im nächsten Abschnitt präsentierten psychologischen Experimente behandeln zwar nach wie vor überwiegend die „kleine Gruppe", d. h. Fälle, in denen Verhaltensabstimmungen nicht an prohibitiven Transaktionskosten scheitern, dennoch liefern sie auch im Hinblick auf die Problematik großer Gruppen durchaus wertvolle Hinweise.

3.3 MCS, Kommunikation und Information

Das erste Experiment, das in diesem Abschnitt vorgestellt werden soll, fällt ein wenig aus dem Rahmen. Dawes et al. (1977) benutzen nicht nur ein ungewöhnliches Spiel als Untersuchungsgegenstand, sondern stellen auch einige ungewöhnliche Fragen mit ihrem Experiment, das folgenden Grundaufbau hat. Gespielt wird in Gruppen zu 8 Spielern. Jeder Spieler hat die Wahl zwischen den Strategien d (defect) und c (cooperate). Die Wahl von d hat zur Folge, daß der Spieler eine Auszahlung von 12 $ erhält, minus einer „Strafe" von 1,5 $, die *jedem* Spieler auferlegt wird. Entscheidet sich ein Spieler für c, so erhält er 2,5 $, ohne daß es zu einer Bestrafung kommt. Es ist klar, daß d die dominante Strategie in diesem Spiel ist, und daß dadurch ein soziales Dilemma entsteht: Wenn alle d wählen, dann gehen alle leer aus, während bei gemeinsamer Entscheidung für c jeder 2,5 $ verdienen würde.

Dawes et al. untersuchen in ihrem Experiment einerseits den Einfluß, den Kommunikation auf das Verhalten der Spieler hat und zum anderen die Frage, welche Erwartungen die Spieler bezüglich des Verhaltens der anderen Spieler bilden. Insgesamt werden vier abgestufte Kommunikationsmöglichkeiten untersucht:

N = Keine Kommunikation, d. h. den Versuchsteilnehmern ist während des Experiments nicht erlaubt, miteinander zu sprechen. I = Irrelevante Kommunikation ist zugelassen, Gespräche über die Dilemma-Situation nicht. C = Diskussion über die Dilemma-Situation ist erlaubt und V =

Diskussion über das Dilemma ist zugelassen und es muß eine (nicht bindende) Aussage über das Verhalten im Experiment gemacht werden.

Die folgende Tabelle gibt die durchschnittliche Anzahl der Entscheidungen für nicht kooperatives Verhalten wieder:

N	I	C	V
70 %	67,5 %	28 %	29 %

Dawes et al. S. 5

Ganz offensichtlich erhöht die Möglichkeit zur Kommunikation die Kooperationsfähigkeit erheblich. Auffällig ist, daß es dabei keinen Unterschied macht, ob die Diskussion eine Festlegung auf ein bestimmtes Verhalten erzwingt (wie bei V) oder nicht (wie bei C). Allerdings reicht es offenbar nicht aus, völlig unverbindlich miteinander zu plaudern, denn der Unterschied zwischen I und N ist nur sehr gering und statistisch nicht signifikant. Es bedarf der expliziten Diskussion über die Dilemma-Problematik, um durch Kommunikation Kooperation zu fördern.

Unter der Bedingung V machten Dawes et al. eine interessante Randbeobachtung. Alle Teilnehmer bekundeten die Bereitschaft zu kooperieren, aber nur etwas über 70 % hielten sich an diese Absichtserklärung. In diesem Zusammenhang erscheint die Tatsache erwähnenswert, daß die Versuchsteilnehmer bei den Experimenten zusammen in einem Raum waren, also keineswegs Anonymität herrschte. Die Erfahrungen, die Dawes et al. mit dieser offenen Versuchsanordnung machten, veranlaßten sie zu folgender Bemerkung:

„One of the most significant aspects of this study, however, did not show up in the data analysis. It is the extreme seriousness with which the subjects take the problems. Comments such as,: If you defect on the rest of us, you're going to live with it the rest of your life," where not at all uncommon." (p. 7)

Die Versuchspersonen mußten vor Abgabe ihrer Strategieentscheidung angeben, welche Entscheidung sie von den anderen Spielern erwarteten. Die auffälligste Beobachtung dabei war, daß Defektoren etwa viermal soviel d-Strategien erwarteten wie kooperative Spieler. Die These, die Dawes et al. daraus ableiten, besteht in der Annahme, daß die eigene Strategieentscheidung auch die Wahrnehmung der anderen Spieler beeinflußt. Defektoren rationalisieren ihre Entscheidung mit der Erwartung, daß es kaum zu Kooperation kommen wird, während kooperative Spieler gewissermaßen von sich auf andere schließen. Um zu überprüfen, ob es tatsächlich die Strategieentscheidung ist, die zu den unterschiedlichen Erwartungen führt, oder ob Defektoren gewissermaßen per se eine andere Erwartung bezüglich des Verhaltens ihrer Mitmenschen haben, wiederholten Dawes et al. die Versuche I und C mit folgender Variante: Neben den 8 Teilnehmern gab es 8 weitere Versuchspersonen, die die Spieler unbemerkt beobachten konnten und die ebenfalls ihre Erwartungen hinsichtlich der Strategieentscheidungen der Spieler äußerten. Es stellte sich heraus, daß die unbeteiligten Beobachter Schätzungen mit signifikant geringerer Varianz abgaben als die unmittelbar beteiligten Spieler. Offensichtlich ist es das Verhalten im Experiment, das die Erwartung prägt, und weniger der Typus des Spielers.

Das Experiment von Dawes et al. (1977) muß im Zusammenhang mit einigen sogenannten MCS-Experimenten gesehen werden, die in der Folgezeit von verschiedenen Experimentatoren durchgeführt wurden.[29] Gemeinsam war diesen Versuchen der Gebrauch einer „step level" Anordnung bei der Gestaltung des give-some-Spiels. Gespielt wurde in Gruppen von 7 bis 9 Personen. Jeder Spieler erhielt zu Beginn einen „Gutschein" über 5 $. Diesen Gutschein konnte er entweder behalten, oder in eine öffentliche Anlage investieren. Wenn eine zuvor festgesetzte (und den Spielern bekannte) Anzahl von Gutscheinen (meistens zwischen 3 und 5) investiert wurden, erhielten alle Gruppenmitglieder einen Bonus von je 10 $. Die 3-5 Spieler, die notwendig sind, um das öffentliche Gut zu erzeugen, bilden die „minimal contributing set" (MCS), nach der diese Anordnung ihren Namen hat. Das Spiel wurde jeweils nur einmal gespielt, die Entscheidungen der Spieler blieben anonym. Die Spieler wurden bar ausbezahlt und es wurde ihnen keinerlei manipulierte Information vermittelt.

Dawes et al. (1986) benutzen diese Anordnung, um eine Frage zu beantworten, mit der wir uns an anderer Stelle bereits befaßt haben. Innerhalb der psychologischen Literatur werden „greed" und „fear" als die beiden möglichen Motive für defektierendes Verhalten angesehen und die Frage, welches nun das vorherrschende ist, hatte schon bei Yamagishi und Sato im Vordergrund gestanden. Dawes et al. benutzen folgende Variation

---

[29] Die Ergebnisse dieser Untersuchungen werden in Caporal et al. (1989) zusammengefaßt.

der oben geschilderten Grundanordnung. Gespielt wird in Gruppen zu 7 Spielern. In einem ersten Experiment müssen 3 einen Beitrag leisten, damit es zur Auszahlung des Bonus kommt, in einer zweiten Anordnung 5. Das Spiel wird in drei Varianten gespielt. Neben der Basisanordnung wird eine „money back" (MB) und eine „enforced contribution" (EC) Variante verwendet. Unter MB läuft der einzelne Spieler nicht Gefahr, seinen Beitrag zu verlieren, denn sollte es nicht zur Ausschüttung des Bonus kommen, wird dennoch der Gutschein eingelöst, d. h. auch dann erhält der Spieler 5 $ und damit die gleiche Auszahlung wie derjenige, der defektiert hat. In der EC Anordnung sind die Auszahlungen auf 10 $ limitiert, d. h. wird der Bonus ausgezahlt, erhalten alle den gleichen Payoff, gleichgültig ob sie ihren Beitrag geleistet haben oder nicht. Unter MB ist offensichtlich „fear" ausgeschlossen, d. h., wenn ein Spieler *keinen* Beitrag leistet, so tut er dies nicht aus Angst, umsonst ein Opfer zu bringen, sondern, weil er auf eine Freifahrt hofft. Unter EC ist die Freifahrt und damit das Motiv „greed" ausgeschlossen, d. h., wenn unter dieser Anordnung ein Spieler keinen Beitrag leistet, so nur deshalb, weil er fürchtet, ihn zu verlieren.

Bevor wir uns die Ergebnisse ansehen, sei darauf hingewiesen, daß die „step level" Anordnungen, die hier gewählt wurden, dazu führen, daß auch in einstufigen Spielen keine dominante Strategie mehr existiert. Insbesondere ist Freifahrerverhalten nicht mehr dominante Strategie! Unter EC ist sogar eine Situation, in der alle Spieler einen Beitrag leisten, ein Nash-Gleichgewicht!

Vor diesem Hintergrund ist das Ergebnis der Experimente nicht unbedingt überraschend: Während zwischen der Basisanordnung und MB kein signifikanter Unterschied festzustellen war, stieg die Kooperationsbereitschaft unter EC deutlich an, nämlich von ca. 60 % auf über 90 %. Die Autoren deuten diese Beobachtung als eine Bestätigung dafür, daß „greed" und nicht „fear" das entscheidende Motiv eines Schwarzfahrers ist. Sie kommen damit zu dem genau gegenteiligen Ergebnis, das Yamagishi und Sato erzielt haben. Bedenkt man allerdings, daß nur unter EC die Beitragslösung ein Nash-Gleichgewicht in reinen Strategien ist, erscheint der von Dawes et al. gezogene Schluß nicht unbedingt zwingend.

Auch unter MB und in der Basisanordnung ist Freifahrerverhalten nur dann eine rationale Strategie, wenn ein Spieler die Erwartung hat, daß sein Beitrag nicht darüber entscheidet, ob der Bonus erreicht wird oder nicht. Es existiert ein Nash-Gleichgewicht in gemischten Strategien, in dem es zu Kooperation kommt. Damit gewinnt die Frage an Bedeutung, ob die beobachtbare Kooperation von 60 % durch entsprechende Erwartungen der Spieler erklärt werden kann. Um diese Frage beantworten zu können, haben Dawes et al. das Experiment mit folgendem Zusatz wiederholt: Jeder Spieler mußte auf einer Skala von Null bis 100 die Wahrscheinlichkeit angeben, mit der er davon ausgeht, daß sein Beitrag nutzlos (weil insgesamt zu wenige einen Beitrag leisten), entscheidend für die Erreichung des Bonus, oder redundant ist (weil mehr Spieler als erforderlich einen Beitrag leisten). Ohne auf die Ergebnisse im einzelnen einzugehen, läßt sich festhalten, daß insbesondere diejenigen, die Beiträge leisteten, sich nicht konsistent in bezug auf ihre Erwartungen verhielten. So glaubten 67 % der kooperativen Spieler, daß ihre Beiträge redundant seien.

Bei dem MCS-Experiment von van de Kragt et al. (1983) stand die Frage im Vordergrund, wie sich Kommunikation auswirkt. Das Ergebnis ist eindeutig: Bei allen Versuchen, in denen Kommunikation zugelassen war, kam es zu einer Absprache unter den Spielern, die regelte, wer einen Beitrag leistet und wer nicht. In 80 % der Fälle hatte dies zur Folge, daß tatsächlich genau der erforderliche Mindestbeitrag geleistet wurde, in den verbleibenden 20 % leisteten mehr Spieler als erforderlich einen Beitrag. Der Bonus wurde damit in allen Experimenten mit Kommunikation erreicht. Ohne Kommunikation wurde dieses Ziel in 27 % der Fälle verfehlt, und die optimale Anzahl Beiträge leistender Spieler wurde nur in 45 % der Fälle getroffen.

In den Gruppen, in denen Kommunikation zugelassen war, wurde die Entscheidung darüber, wer beitragen soll, in den meisten Fällen durch Losentscheid herbeigeführt, in einigen Gruppen auch durch freiwillige Bereitschaft einzelner Spieler und in wieder anderen durch eine Kombination aus beiden Mechanismen. Alle Spieler, denen die Rolle zugefallen war, einen Beitrag zu leisten, taten dies auch. Diese letzte Beobachtung ist wiederum nicht verwunderlich, denn wenn die MCS einmal bestimmt ist, dann ist es für die Mitglieder dieser Menge eine Nash-gleichgewichtige Strategie, einen Beitrag zu leisten. Da der Beitrag eines jeden notwendig ist, um das öffentliche Gut zu erstellen, besteht für die Mitglieder der MCS keine Freifahreroption mehr.[30] Insofern befinden sie sich in der gleichen Lage wie die Spieler in der „no greed" Anordnung bei Dawes et al. (1986).

In MCS-Experimenten kommen zwei zu unterscheidende Effekte als Erklärung für die beobachtbare Kooperation in Frage. Einerseits die Tat-

---

[30] Vorausgesetzt, sie unterstellen denjenigen, die nicht in der MCS sind, daß sie sich rational verhalten und keinen Beitrag leisten.

sache, daß es um ein diskretes öffentliches Gut geht und deshalb eine MCS identifiziert werden kann und andererseits die Möglichkeit der Kommunikation (die insbesondere bei van de Kragt et al. (1983) eine wichtige Rolle spielte). Um zu entscheiden, welcher dieser beiden Effekte stärker ist, übernahm in dem Experiment von van de Kragt et al. (1986) der Experimentator die Identifikation der Mitglieder der MCS. Dies geschah mittels eines Losentscheids, mit dem aus 9 Spielern 5 ausgewählt wurden, die ihren Gutschein investieren sollten, damit die Gruppe den Bonus von 10 $ erhält. Dieser Versuch wurde sowohl mit einer an die Auslosung angeschlossenen Diskussion als auch ohne Diskussion durchgeführt. Um die Auswirkung der Identifikation von Spielern als MCS-Mitglieder überprüfen zu können, wurde ein Kontrollversuch ohne Rollenzuweisung durchgeführt, und zwar ebenfalls sowohl mit als auch ohne Diskussion. Eine fünfte Versuchsanordnung, die mit „super simple" von van de Kragt et al. treffend beschrieben wird, sah vor, daß in einer Fünfergruppe *alle Spieler* ihren Gutschein investieren mußten, damit der Bonus erreicht wird. Diskussion war in dieser Anordnung nicht erlaubt. Die folgende Tabelle zeigt die Ergebnisse der fünf Anordnungen.

Anordnung	Rate der investierten Gutscheine	Rate erfolgreicher Entscheidungen (Bonus wird ausgeschüttet)
Super simple	64 %	0 %
MCS ausgelost keine Diskussion	84 %	54 %
MCS ausgelost mit Diskussion	100 %	100 %
Kontrollgruppe ohne Diskussion	47 %	60 %
Kontrollgruppe mit Diskussion	84 %	100 %

Die Ergebnisse sind eindeutig interpretierbar. Offensichtlich ist die Möglichkeit zur Diskussion die entscheidende Vorbedingung für das Entstehen von Kooperation in MCS-Spielen. Bemerkenswert ist die Tatsache, daß es in der „super simple" Anordnung nicht ein einziges Mal dazu kam, daß der

Bonus ausgezahlt werden konnte. Dies ist insofern erstaunlich, als Kooperation aller Spieler eines der beiden Nash-Gleichgewichte des Spiels ist.

Aus ökonomischer Sicht ist kooperatives Verhalten in einem MCS-Spiel zumindest weniger erstaunlich als in einem GD-Spiel. Da Freifahrerverhalten keine dominante Strategie ist, steht ein Teil der beobachteten Kooperation durchaus mit der Vorstellung individuell rationalen, eigennützigen Verhaltens in Einklang. Eine Erklärung für Kooperation, die über diesen Teil hinausgeht,[31] könnte darin bestehen, daß Spieler Beiträge leisten, um sich dadurch ein „gutes Gewissen" zu erkaufen. Diese These wird von Orbell et al. (1988) überprüft. Das dabei verwendete Spiel ist allerdings kein MCS-Spiel. Vielmehr erhalten jeweils 7 Spieler je 6 $, die sie entweder behalten oder „spenden" können. Jede Spende führt dazu, daß 6 „andere Spieler" jeweils 2 $ erhalten. In diesem Spiel ist es tatsächlich dominante Strategie, die Spende nicht zu leisten, nicht zu kooperieren. Orbell et al. teilten jeweils 14 Spieler in zwei Gruppen und untersuchten, ob es einen Unterschied macht, ob die Erträge aus den Spenden der eigenen und oder der fremden Gruppe zugute kommen. Wenn Kooperation erfolgt, weil die Spieler ein gutes Gewissen haben möchten, dann sollte es keinen Unterschied machen, wem die Spende zugute kommt. Die Ergebnisse von Orbell et al. zeigen jedoch ein anderes Bild. Während ohne Diskussionsmöglichkeit 38 % bzw. mit Diskussion 79 % der Anfangsausstattung gespendet wurden wenn die Erträge der *eigenen* Gruppe zugute kamen, waren es nur 20 % bzw. 29 % wenn die Erträge den Spielern der fremden Gruppe zuflossen.

3.4 Psychologische Experimente zu großen Gruppen

Die im letzten Abschnitt vorgestellten MCS-Experimente beziehen sich explizit auf Entscheidungssituationen, die sich in *kleinen* Gruppen stellen. Nur in kleinen Gruppen ist es möglich, Spieler gewissermaßen „beitragspflichtig" zu machen, und nur in einer kleinen Gruppe läßt sich die Spielsituation diskutieren. Wir haben eingangs die psychologische Literatur mit Hilfe dieses Kriteriums von der ökonomischen abgegrenzt und diese Form der Abgrenzung ist auch über weite Strecken zutreffend. Allerdings gibt es auch hier die Ausnahmen, die die Regel bestätigen.

---

[31] Etwa für die Beiträge, die von Spielern geleistet werden, die glauben, daß ihr Beitrag redundant sei.

Zwischen 1979 und 1981 haben Alfano, Marwell und Ames eine Serie von Experimenten durchgeführt und in verschiedenen Publikationen veröffentlicht, die sich zum überwiegenden Teil mit dem öffentlichen-Gut-Problem im Kontext einer großen Gruppe befassen. Eine Ausnahme in dieser Versuchsreihe bildet das Experiment von Alfano und Marwell (1981), das wir an anderer Stelle bereits behandelt haben und das sich mit einer realen kleinen Gruppe befaßt. Der Grundaufbau der anderen Experimente (vgl. Marwell und Ames (1979, 1980, 1981), war der folgende. Jeweils 16 weibliche und 16 männliche Versuchspersonen bildeten eine Gruppe. Den Spielern wurde allerdings mitgeteilt, daß der Versuch mit insgesamt 80 Teilnehmern durchgeführt würde. Diese falsche Information konnte gegeben werden, weil das Experiment mit Hilfe von Brief und Telefon abgewickelt wurde, so daß die Teilnehmer keine Kontrollmöglichkeit besaßen. Jeder Spieler erhielt eine Anfangsausstattung in Höhe von 225 Marken. Diese Marken konnten in zwei Anlagen investiert werden, eine private, in der jede Marke einen Auszahlung von 1 Cent an den Spieler zur Folge hatte, oder in eine öffentliche. Investitionen in die öffentliche Anlage führten nicht kontinuierlich zu einem zusätzlichen Ertrag der Gruppe, sondern je 2.000 Marken wurden 44 $ an die Gruppe ausgeschüttet, d. h. 2,2 Cent pro Marke.

Das Spiel wurde jeweils nur einmal gespielt, d. h. die Spieler trafen ihre Anlageentscheidung und wurden bar ausgezahlt. Abgesehen von der tatsächlichen Größe der Gruppe wurde den Spielern zunächst keine weitere manipulierte Information gegeben. Das Ergebnis dieses Basisversuchs bestand darin, daß 42 % aller Marken in die öffentliche Anlage investiert wurden. Zwar ist aufgrund des diskreten Charakters des öffentlichen Gutes striktes Freifahrerverhalten wiederum nicht dominante Strategie, dennoch ist dieser Wert mit individuell rationalem Verhalten kaum zu erklären.

Der Basisversuch wurde in vielfacher Weise modifiziert, und in den meisten Fällen hatte dies keine Auswirkungen auf das Verhalten der Spieler. Im einzelnen wurden folgende Varianten gespielt:

➢   Die Anfangsausstattung wurde ungleichmäßig unter den Spielern verteilt. Anstatt jeden mit 225 Marken auszustatten, variierten die Ausstattungen zwischen 165 und 405 Marken. Durchschnittsbeitrag: 53 %

➢ Der Auszahlungsplan der öffentlichen Anlage wurde verändert, der Grenzertrag der 2.000 Marken blieb nicht länger konstant, sondern nahm zu. Durchschnittsbeitrag: 51 %

➢ Das Experiment wurde in einer kleinen Gruppe von nur vier Spielern durchgeführt. Durchschnittsbeitrag: 60 %

➢ Der Versuch wurde (in der großen Gruppe) mit den gleichen Spielern wiederholt. Durchschnittsbeitrag: 47 %

➢ Die Spieler erhielten Informationen darüber, welche Gruppenbeiträge geleistet worden waren und hatten dann Gelegenheit, ihre Beitragsentscheidung zu revidieren. Die Durchschnittsbeiträge in diesen Versuchen variierten zwischen 46 % und 50 %.

➢ Die Spieler erhielten manipulierte Informationen über das Beitragsverhalten der Mitspieler und konnten wiederum ihre Beitragsentscheidung verändern. Die Durchschnittsbeiträge variierten in der nahezu gleicher Weise wie bei nicht manipulierter Information (zwischen 43 % und 50 %).

Es zeigt sich, daß alle diese Variationen auf die Beitragshöhe keinen nachhaltigen Einfluß haben. Signifikante Veränderungen im Beitragsverhalten traten nur in zwei Fällen auf:

[1] Die Auszahlungen wurden verfünffacht. Die maximale Auszahlung, die ein Spieler erhalten konnte belief sich danach auf 33,25 $. Der Effekt dieser Veränderung bestand in einem Rückgang der Durchschnittsbeiträge, die sich in dieser Anordnung zwischen 28 % und 35 % bewegten.

[2] Die zweite signifikante Abweichung trat auf, als Marwell und Ames den Versuch mit Ökonomiestudenten durchführten, anstatt mit Psychologiestudenten wie alle bisher beschriebenen Experimente. Der Effekt war deutlich und ist geeignet, Vorurteile gegen Ökonomen zu bestätigen: Der Durchschnittsbeitrag sank auf 20 %.

Die Versuche von Marwell und Ames haben auch unter Ökonomen einen relativ hohen Bekanntheitsgrad erreicht, was nicht zuletzt darauf zurückzuführen sein dürfte, daß sie sich explizit mit dem öffentlichen-Gut-Problem in einer großen Gruppe befassen.[32] Dennoch weisen die Versuche einige Eigenschaften auf, die in der Folge insbesondere von Ökonomen kritisiert worden sind. Die Versuchsanordnung entspricht eben nicht der typischen Situation, in der sich die Mitglieder großer Gruppen befinden, wenn sie ein öffentliches Gut produzieren wollen, denn Freifahrerverhalten ist keine dominante Strategie. Ein zweiter Aspekt kommt hinzu. Bei nicht wiederholten Spielen haben die Spieler keine Möglichkeit, *zu lernen.* Das bedeutet, daß die beobachtete Kooperation dadurch erklärt werden kann, daß die Spieler die ihnen offenstehende Freifahreroption nicht erkennen. Um diese Erklärung ausschließen zu können, müssen Freifahrerexperimente wiederholt gespielt werden. Das „Standard-Freifahrerexperiment" in der ökonomischen Literatur ist aus diesen Gründen ein Experiment, in dem die Spieler anonym agieren (wie in großen Gruppen), die Auszahlungsmatrix die Struktur des GD-Spiels aufweist und das Experiment wiederholt durchgeführt wird, um den Spielern die Gelegenheit zum Lernen zu geben. Während die Experimente von Marwell und Ames relativ weit von dieser Versuchsanordnung abweichen, sind die von Wilson und Sell, die im folgenden dargestellt werden, sehr stark an dem ökonomischen Standardversuch orientiert.

Das Standard-Freifahrerexperiment von Wilson und Sell (1990) wurde in Gruppen zu sechs Teilnehmern gespielt, die vor, während und nach dem Experiment keinen Kontakt hatten. Auch der Kontakt zu dem Experimentator war minimiert, da alle Informationen über ein Computernetz ausgetauscht wurden. Folgende Spielregel war den Spielern bekannt. Jeder Spieler wurde mit 40 Spielmarken ausgestattet, die in eine private und eine öffentliche Anlage investiert werden konnten. Die private Anlage erbrachte einen Cent pro Marke, die öffentliche 1.8 Cent, die gleichmäßig auf die 6 Spiele verteilt wurden. Der „marginal per capita return" (MPCR) einer in die öffentliche Anlage investierten Marke betrug also 0,3. Die Anlageentscheidung mußte insgesamt 18 mal getroffen werden, die Spieler wußten jedoch zunächst nur, daß zwischen 15 und 25 Wiederholungen erfolgen würden. Nach Ablauf der 17ten Runde wurde ihnen dann jedoch mitgeteilt, daß die nächste Runde die letzte sei. Alle Spieler wußten, daß sie ihre Payoffs im Anschluß an das Experiment in bar erhielten.

---

[32] Natürlich dürfte auch das zuletzt genannte Resultat zur Bekanntheit der Versuche beigetragen haben. Außerdem wurden die Ergebnisse u. a. im Journal of Public Economics veröffentlicht, mithin in einem angesehenen ökonomischen Journal.

Zwei Parameter wurden variiert: zum einen die Information, die die Spieler nach jeder Runde erhielten und zum anderen die Möglichkeit, vor der eigentlichen Investitionsentscheidung eine (nicht bindende) Absichtserklärung abzugeben. Wenn die Spieler Informationen erhielten, so wurden sie nach jeder Runde sowohl über ihren eigenen Payoff, als auch über die Beiträge der anderen Spieler in die öffentliche Anlage informiert. Erhielten Sie keine Information, so hieß das, daß sie weder über die Beiträge der anderen Spieler noch über ihren eigenen Payoff informiert wurden. Absichtserklärungen konnten jeweils vor der Anlageentscheidung simultan abgegeben werden. In diesen Fällen wurden alle Spieler über die Absichten der anderen informiert, und erst nachdem sie diese Information erhalten hatten, wurden (wiederum simultan) die Anlageentscheidungen getroffen. Insgesamt ergaben sich damit vier Versuchsanordnungen:

	Absichtserklärung	Information
A	Nein	Ja
B	Ja	Nein
C	Ja	Ja
D	Nein	Nein

Wilson und Sell stellen folgende Hypothese bezüglich der zu erwartenden durchschnittlichen Beiträge in den einzelnen Versuchsanordnungen auf:

$$C > A > B = D$$

Die Begründung für diese These ist nicht überzeugend, sie stützt sich nämlich maßgeblich auf eine unzutreffende Interpretation des Folk-Theorems, und deshalb sei auf die diesbezügliche Argumentation hier nicht näher eingegangen. Interessant sind dagegen die Ergebnisse. Folgende Beobachtungen wurden unabhängig von der Versuchsanordnung gemacht:

[1]   In der ersten Runde lagen die Beiträge in die öffentliche Anlage etwa zwischen 25 % und 38 % der Anfangsausstattung von 40 Marken.

[2]   Bei Wiederholung des Versuchs sanken die Beiträge, ohne bis zur letzten Runde auf Null zu fallen.

207

[3]   Es kann ein deutlicher Schlußrundeneffekt festgestellt werden, d. h. in allen Anordnungen erreichten die Beiträge in der letzten Runde jeweils ihr absolutes Minimum.

[4]   Die weiblichen Versuchsteilnehmer leisteten signifikant geringere Beiträge als die männlichen Teilnehmer.

Angesichts der bisher referierten Beobachtungen bezüglich der Frage, ob es geschlechtsspezifisches Verhalten in Dilemma-Situationen gibt, ist die letztgenannte Beobachtung überraschend – insbesondere weil sie wahrscheinlich nicht den Erwartungen entspricht. Die anderen drei Beobachtungen werden sich als durchaus typisch für das Standard-Freifahrerexperiment erweisen, wir werden daher noch verschiedentlich auf sie zu sprechen kommen. Bezüglich des Verhaltens in den einzelnen Versuchsanordnungen zeigte sich, daß sich die oben genannte These nicht bestätigen ließ. Vielmehr zeigte sich folgende Ordnung der Durchschnittsbeiträge:

$$D \geq C > B = A$$

Dieses Ergebnis ist durchaus überraschend. Es zeigt sich nämlich, daß die Beiträge dann am höchsten ausfallen, wenn die Spieler *nicht* über das Verhalten der Mitspieler informiert werden und wenn sie *keine* Möglichkeit haben, vorab ihre Investitionsabsicht kundzutun. Interpretiert man dieses Ergebnis im Zusammenhang mit den Experimenten, in denen der Einfluß von Kommunikation untersucht wurde, so zeigt sich, daß allein die Ankündigung eines bestimmten Verhaltens nicht zur Verhaltensabstimmung ausreicht. Der „face to face" Kontakt scheint eine wichtige Rolle zu spielen. Eine weitere Beobachtung ist aufschlußreich: Bei der Ankündigung des eigenen Beitrags wurde mehrheitlich übertrieben. In 53,4 % aller Fälle wurden höhere Beiträge angekündigt als dann tatsächlich erbracht wurden. Nicht einmal jede dritte (28,7 %) Ankündigung wurde auch verwirklicht. Offensichtlich haben die Spieler sehr wohl versucht, ihre Ankündigungen strategisch zu nutzen.

Sell und Wilson (1991) untersuchen den Einfluß den Information hat noch etwas genauer. Sie benutzen dabei wiederum ein Standard-Freifahrerexperiment, das sich in folgenden Punkten von dem ersten unterscheidet. Gespielt wird über 10 Runden und den Teilnehmern ist die

Anzahl der Runden bekannt. Es werden 30 Marken pro Runde und Spieler auf die beiden Anlagen alloziert, die private bringt einen Ertrag von einem Cent pro Marke, die öffentliche Anlage führt zu einer Auszahlung von 3 Cent, die auf vier Spieler verteilt werden, so daß der MPCR einer in die öffentliche Anlage investierten Marke 0,75 beträgt. Variiert wird die Information, die die Spieler nach jeder Runde erhalten. Entweder sie erhalten keine Information, weder über ihren Payoff, noch über das Verhalten der Mitspieler, oder ihnen wird der Gruppenbeitrag mitgeteilt, oder sie erhalten vollständige Informationen über das individuelle Verhalten der Mitspieler.

Die Ergebnisse unterscheiden sich teilweise von denen die Wilson und Sell 1990 erzielten. In einer Hinsicht allerdings herrscht Übereinstimmung: Auch in dem 1991 durchgeführten Versuch leisten die weiblichen Versuchsteilnehmer signifikant *niedrigere* Beiträge als die männlichen. Abbildung 1 zeigt die Durchschnittsbeiträge, die in den drei Anordnungen über die 10 Runden geleistet wurden.

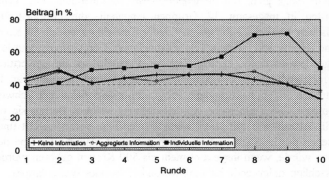

Abbildung 1

Zwei Beobachtungen sind bemerkenswert. Erstens: Es macht offensichtlich keinen Unterschied, ob die Versuchspersonen überhaupt keine Information erhalten, oder ob sie darüber informiert werden, wieviel die Gruppe insgesamt in die öffentliche Anlage investiert hat, und zweitens: Erhalten die Spieler Informationen über das Beitragsverhalten der Mitspieler, so hat dies einen signifikanten Anstieg der Beiträge in die öffentliche Anlage zu Folge. Diese Beobachtung steht im Widerspruch zu den

Resultaten von Wilson und Sell 1990, denn dort erwies sich die Information über Individualverhalten als nicht geeignet, höhere Beiträge hervorzurufen. Auch ein vom Autor durchgeführtes Experiment, in der die Information in ähnlicher Weise variiert wurde, zeigte keinen Einfluß der Informiertheit der Spieler auf das Beitragsverhalten (vgl. Weimann, 1994).

Die Versuchsanordnung des zuletzt behandelten Experiments entspricht vollkommen derjenigen, die sich im Rahmen ökonomischer Freifahrerexperimente als Standard herausgebildet hat. Die Entwicklung bis zu diesem Standard ist Gegenstand des nächsten Abschnitts.

4. Ökonomische Freifahrerexperimente

Eines der ersten ökonomischen Freifahrerexperimente war strenggenommen kein Labor- sondern ein Feldversuch. Er wurde 1972 von Peter Bohm in Schweden in Zusammenarbeit mit dem staatlichen Fernsehen durchgeführt. 605 zufällig ausgesuchte Personen wurden in die Sendeanstalt eingeladen, um an einem „Test" teilzunehmen. Die Teilnehmer wurden in insgesamt 12 Gruppen eingeteilt, die Gruppenstärke lag zwischen 11 und 27 Personen.[33] Jeder Teilnehmer erhielt 50 Kronen für seine Bereitschaft, an dem Test teilzunehmen. Den Gruppen wurde jeweils folgende Geschichte erzählt. Ziel des Versuchs sei die Bewertung einer Fernsehsendung, die bisher noch nicht ausgestrahlt worden war. Es handelte sich um ein halbstündiges Programm zweier bekannter Schwedischer Komiker. Die Teilnehmer wurden gefragt, welchen Betrag sie maximal dafür zu zahlen bereit seien, wenn sie den Film sofort an Ort und Stelle ansehen dürfen. Dabei wurde ihnen mitgeteilt, daß die Gruppe den Film sehen würde, wenn insgesamt mehr als 500 Kronen geboten würden. Die tatsächlich zu leistende Zahlung wurde in folgender Weise variiert:

Gruppe I: Zu zahlen war der Betrag, der zuvor als maximale Zahlungsbereitschaft angegeben worden war.

Gruppe II: Der zu zahlende Betrag entspricht einem festen Prozentsatz der angegebenen Zahlungsbereitschaft. Der Prozentsatz wird so ermittelt, daß die Summe aller Beiträge gerade 500 Kronen ergibt.

---

[33] Von den 605 ausgewählten Personen nahmen insgesamt 211 an dem Experiment teil. Die unterschiedlichen Gruppenstärken kamen dadurch zustande, daß eben nur ein Teil der eingeladenen Personen auch tatsächlich erschien.

Gruppe III: Die Zahlungsmodalität steht nicht a priori fest, sondern wird nach Nennung der Zahlungsbereitschaften aus insgesamt vier Varianten (Gruppe I, II, IV, V) ausgelost.

Gruppe IV: Jeder Teilnehmer muß 5 Kronen bezahlen.

Gruppe V: Es wird keine Zahlung verlangt, alle sehen den Film, falls die Zahlungsbereitschaft 500 Kronen übersteigt.

Alle diese Zahlungen wurden nur dann fällig, wenn die Grenze von 500 Kronen überschritten wurde. Kam es dazu nicht, wurde der Film nicht gezeigt, niemand hatte etwas zu zahlen und alle konnten mit ihren 50 Kronen nach Hause gehen.

Einer weiteren Gruppe wurden etwas andere Instruktionen gegeben. Zunächst wurden die Teilnehmer aufgefordert, einfach anzugeben, was ihnen die Betrachtung des Films wert wäre, ohne daß diese Angabe irgendwelche Konsequenzen hatte. In einer zweiten Runde wurden unter angeblich 100 Bewerbern 10 Plätze versteigert, die dazu berechtigten, den Film sofort zu sehen. Die höchsten 10 Gebote gewannen und die Gebote mußten gezahlt werden. Die folgende Tabelle zeigt die durchschnittlichen Zahlungsbereitschaften pro Kopf, in den insgesamt sieben Anordnungen:

Gruppe I	Gruppe II	Gruppe III	Gruppe IV	Gruppe V	Gruppe VIa	Gruppe VIb
7,61	8,84	7,29	7,73	8,78	10,19	10,33

Bohm, 1972, S. 121

Das auffälligste Ergebnis dürfte die Tatsache sein, daß zwischen den Gruppen I-V kein signifikanter Unterschied hinsichtlich der Zahlungsbereitschaften festzustellen ist. Dies ist insbesondere im Hinblick auf die beiden extremen Gruppen I und V sehr erstaunlich. Bei ökonomisch rationalem Verhalten müßten die Versuchsteilnehmer in der Gruppe I ihre Zahlungsbereitschaft untertreiben, denn nur so können sie hoffen, eine Freifahrerposition einnehmen zu können. Im Unterschied dazu wäre es unter der Regel V rational, seine Zahlungsbereitschaft stark zu übertreiben, um in den Genuß der kostenlosen Filmvorführung zu kommen. Die Tatsache, daß zwischen den beiden Gruppen kein statistisch signifikanter Unterschied auszumachen ist, kann auch nicht allein dadurch erklärt werden, daß es in keiner der Anordnungen dominante Strategie war, die Zahlungsbereitschaft mit Null anzugeben (wegen des diskreten Charakters des öffentlichen Gutes). Zumindest in der Gruppe V bestand ein starker Anreiz, die Zahlungsbereitschaft zu übertreiben.

Etwas weniger erstaunlich ist die Beobachtung, daß in der Anordnung VIa signifikant höhere Zahlungsbereitschaften gemeldet wurden, denn die Beobachtung, daß auf hypothetische Fragen mit verzerrten Angaben reagiert wird, ist durchaus mit der Vorstellung ökonomisch rationalem Verhaltens verträglich. Überraschend ist dagegen die Beobachtung, daß in VIb fast gleichhohe Zahlungsbereitschaften wie in VIa gemeldet wurden. Die Form der Versteigerung verhindert, daß die Übertreibung der wahren Zahlungsbereitschaft zu einer rationalen Strategie wird. Die Ergebnisse sind allerdings weniger überraschend, wenn man bedenkt, daß VIb von den gleichen Spielern gespielt wurde, die zuvor VIa gespielt hatten (ohne zu wissen, daß es noch eine zweite Runde geben würde). Zumindest kann man sich vorstellen, daß Teilnehmer Hemmungen hatten, zuzugeben, daß sie in dem Spiel VIa die Unwahrheit gesagt hatten.

Eine grundsätzliche methodische Schwierigkeit, die uns auch schon bei einigen psychologischen Experimenten begegnet ist, besteht darin, daß in Experimenten mit „realen Gütern" (wie einer Fernsehsendung) die Payoffs weniger klar sind als bei Experimenten, in denen es um Geld geht. Es ist in dem Experiment von Bohm beispielsweise nicht möglich zu entscheiden, ob ein niedriges Gebot nun Ausdruck strategisch untertriebener Zahlungsbereitschaft ist, oder ganz einfach Ausdruck dafür, daß der betreffende Teilnehmer die beiden Komiker, die es im Film zu sehen gibt, nicht mag. Diese methodische Schwierigkeit schränkt die Interpretierbarkeit der Experimente von Bohm stark ein. Gleiches gilt für das Experiment von Scherr und Babb 1975, in dem die Wirkung verschiedener anreizkompatibler Mechanismen bei der privaten Bereitstellung eines realen öffentlichen Gutes untersucht werden sollte. Es sei an dieser Stelle lediglich erwähnt, daß das zentrale Ergebnis von Scherr und Babb darin besteht, daß sich keinerlei Unterschied bei verschiedenen Anreizmechanismen (u. a. der Clarke-Groves-Steuer) festgestellt werden konnte.[34]

Anreizmechanismen standen auch bei dem Experiment von Vernon L. Smith 1979 im Vordergrund. Bei dem computergestützten Experiment, das in Gruppen zu je sechs Spielern gespielt wurde, wurden drei

---

[34] Es sei an dieser Stelle eingeräumt, daß der Verzicht auf eine ausführliche Darstellung des Experiments nicht nur auf das oben genannte methodische Problem zurückzuführen ist. Zusätzlich ist das Experiment in einer Weise beschrieben, die es sehr schwer macht, der Versuchsaufbau zweifelsfrei nachzuvollziehen.

Mechanismen überprüft. Zunächst erhielt jeder Spieler eine Anfangsausstattung von w. Diese konnte in ein öffentliches Gut investiert werden. Sei $y_i = w - x_i$ die Menge des privaten Gutes, das bei einem Beitrag von x_i verbleibt, dann ist der Payoff des Spielers $V^i = a_i y_i^{\alpha_i} x_i^{\beta_i}$ wobei a, α, β Parameter waren, die im Experiment variiert wurden, um unterschiedliche Lindahl-Gleichgewichte zu erzeugen. Die drei Anreizmechanismen waren die folgenden:

1. Auktions-Mechanismus

Jeder Spieler gibt ein Gebot (B_i, X_i) ab, wobei B_i der Beitrag zur Erstellung eines öffentlichen Gutes und X_i ein Vorschlag für die Gesamtmenge dieses Gutes ist. Das Mittel der X_i wird als Gruppenvorschlag interpretiert. Falls die Summe der Beiträge ausreicht, diesen Gruppenvorschlag zu finanzieren, wird jedem Spieler dieser Wert als öffentliche-Gut-Menge vorgeschlagen, wobei die Erstellungskosten gleichmäßig auf die sechs Spieler verteilt werden. Reicht die Summe der Beiträge zur Finanzierung nicht aus, so wird den Spielern folgende Kostenaufteilung vorgeschlagen: $(q - \Sigma_{j \neq i} B_j / X^G) X^G$. Dabei ist X^G der Gruppenvorschlag. Nach diesem Vorschlag geben die Spieler ein neues Tupel (B_i, X_i) als Gebot ab. Dieser Prozeß wird solange fortgesetzt, bis entweder eine einstimmige Entscheidung getroffen wird, d. h. alle sechs Spieler die gleiche Menge des öffentlichen Gutes und den gleichen Beitrag vorschlagen, oder eine zuvor festgesetzte Anzahl von „Verhandlungsrunden" überschritten wird.

Der Auktions-Mechanismus ist anreizkompatibel, da die vorgeschlagenen Beiträge nur von dem Gruppenvorschlag und den Beiträgen der anderen abhängen, nicht jedoch von dem eigenen Beitrag. Diese Eigenschaft, in Kombination mit der Einstimmigkeitsforderung, führt dazu, daß das Lindahl-Gleichgewicht dieses Spiels zugleich ein Nash-Gleichgewicht ist. Allerdings ist es nur eines unter vielen Gleichgewichten.[35]

2. Freifahrer-Mechanismus

In diesem Verfahren gaben die Spieler lediglich ein Gebot B_i ab. Daraufhin wird der Gruppendurchschnitt und der diesem entsprechende Pro-Kopf-

---

[35] Zur Ableitung des Lindahl-Gleichgewichts im Auktionsspiel vgl. Smith S. 200-202.

Beitrag berechnet und den Spielern vorgeschlagen. Der Vorschlag konnte nur einstimmig angenommen werden.

3. Quasi-Freifahrer-Mechanismus

Ähnlich wie in 1. wurden auch hier sowohl der individuelle Beitrag, als auch ein Vorschlag für den Gesamtumfang des öffentlichen Gutes gemacht. Allerdings wurde der Beitrag, der auf den einzelnen bei Erstellung des öffentlichen Gutes entfiel anders berechnet als unter 1., nämlich als qX^G. In diesem Fall wurde der eigene Beitrag also für die Berechnung der letztlich zu entrichtenden Zahlung mit herangezogen.

Genaugenommen ist das Experiment von Smith kein Freifahrerexperiment in dem hier verwendeten Sinne, denn lediglich die zweite Anordnung enthält die Randlösung $B_i = 0$ als rationale Alternative. Dazu kommt, daß durch den Abstimmungsmechanismus letztlich eine typische Kleingruppensituation geschaffen wird, denn in großen Gruppen ist die stufenweise Herbeiführung einstimmiger Entscheidungen sicherlich nicht möglich. Dennoch ist es gerechtfertigt, das Experiment an dieser Stelle vorzustellen, denn die Wirkung anreizkompatibler Mechanismen ist im Zusammenhang mit der öffentlichen-Gut-Problematik lange und intensiv diskutiert worden. Vor diesem Hintergrund sind die Beobachtungen, die Smith macht, allerdings etwas enttäuschend. Es zeigt sich nämlich, daß keinerlei signifikante Unterschiede zwischen den einzelnen Mechanismen auszumachen sind. Allerdings ist dies mit einer Einschränkung zu versehen. Bei dem Auktions-Mechanismus kam es nicht in allen Fällen zu einer Einigung unter den Spielern (was zur Folge hatte, daß das öffentliche Gut nicht erstellt wurde) während bei den anderen Mechanismen immer Einigkeit erzielt wurde. Betrachtet man nur die Versuche, in denen es unter dem ersten Mechanismus zur Erstellung des öffentlichen Gutes kam, so sind die Durchschnittsbeiträge höher als unter dem Freifahrer- bzw. Quasi-Freifahrer-Mechanismus.

In gewisser Weise wird in den Versuchen von Bohm, Scherr und Babb und Smith der zweite Schritt vor dem ersten getan. Es werden nämlich Mechanismen überprüft, die Freifahrerverhalten überwinden helfen sollen, bevor untersucht wurde, ob es überhaupt zu Freifahrerverhalten in dem von der Theorie prognostizierten Umfang kommt. Die psychologischen Experimente haben ja gezeigt, daß dies keineswegs der Fall ist. Der Versuch von Schneider und Pommerehne (1981) dient deshalb folgerichtig dem Ziel „to get an idea of the importance of free riding in the real world" (p. 690).

Um zu erfahren, wie stark der Freifahrer-Anreiz tatsächlich ist, benutzen Schneider und Pommerehne keinen üblichen Laborversuch, sondern einen geschickt gestalteten Feldversuch. 47 Ökonomiestudenten der Universität Zürich wurde angeboten, Vorabexemplare eines Lehrbuches zu erwerben, das von einem Zürcher Professor geschrieben worden war und für die Prüfungsvorbereitung der Studenten einen erheblichen Wert besaß. In einer ersten Stufe wurden den Studenten (angeblich von einer Repräsentantin des Verlages) mitgeteilt, daß 10 Exemplare versteigert würden. Zu diesem Zweck konnte jeder Student ein verdecktes Gebot abgeben und die 10 höchsten Gebote erhielten ein Lehrbuch.

Nachdem die Gebote abgegeben worden waren, unterbreitete die Verlagsrepräsentantin ein paar Tage später folgenden erweiterten Vorschlag: Wenn die Studenten, zusammen mit zwei ähnlich großen Gruppen an anderen Universitäten, insgesamt einen Betrag von 4.200 Franken bieten würden, dann wäre der Verlag in der Lage, jedem ein Exemplar zukommen zu lassen, gleichgültig wieviel er geboten hatte. In dieser Stufe des Experiment eröffnet sich für den einzelnen erstmals eine Freifahrer-Option. Zwar ist die Wahrnehmung dieser Option keine dominante Strategie, da es sich um ein diskretes öffentliches Gut handelt, aber die Wahrscheinlichkeit, gerade den entscheidenden Beitrag zu leisten ist angesichts der Gruppengröße und des hohen Betrages relativ gering.

Die dritte Stufe des Experiments wurde dadurch ermöglicht, daß den Studenten mitgeteilt wurde, daß die erforderlichen 4.200 Franken nicht erreicht worden waren. Nachdem dies bekanntgegeben worden war, ließ der Lehrbuchautor verkünden, daß es ihm gelungen sei, eine Stiftung zu finden, die sich bereiterklärt, die Differenz zwischen den studentischen Beiträgen und den geforderten 4.200 Franken zu übernehmen. Dabei wurden unter dieser „Spielregel" neue Gebote eingeholt. In dieser dritten Stufe ist es nun allerdings *dominante Strategie* keinen Beitrag zu leisten, denn ganz gleich wieviel jemand zu zahlen bereit ist, er/sie kommt auf jeden Fall in den Besitz des Buches. Die folgende Tabelle zeigt die Durchschnittsgebote in den drei Stufen (in Schweizer Franken).

Stufe 1	Stufe 2	Stufe 3
27,62	26,57	16,86

Schneider, Pommerehne S. 697

215

Das Ergebnis bestätigt den Eindruck, den auch die psychologischen Experimente vermittelt haben. Freifahrerverhalten läßt sich nachweisen, aber es ist bei weitem nicht so stark ausgeprägt, wie es die Existenz einer dominanten Strategie vermuten läßt. Insbesondere zeigt sich, daß im Falle diskreter öffentlicher Güter, bei dem der eigene Beitrag zumindest mit einer gewissen Wahrscheinlichkeit darüber entscheidet, ob alle in den Genuß des öffentlichen Gutes kommen, die Bereitschaft zum Freifahrerverhalten sehr viel geringer ausgeprägt ist als im „reinen" Fall. Allerdings kann die Kooperationsbereitschaft, die sich auf der zweiten Stufe zeigt, nicht mit einem rationalen Kalkül begründet werden. Wenn man davon ausgeht, daß die Spieler in der ersten Runde ihre wahre Zahlungsbereitschaft geäußert haben, so ist in der zweiten Runde praktisch kein Freifahrerverhalten festzustellen, obwohl die Wahrscheinlichkeit, den entscheidenden Beitrag geleistet zu haben, sehr gering war. Die auf der dritten Stufe abgegebenen Gebote legen eine Interpretation nahe, die als typisch für viele Freifahrerexperimente gelten kann. Offensichtlich ist die *strikte Freifahrerhypothese*, die darin besteht, daß die Spieler ihre dominante Strategie spielen, zu verwerfen. Dennoch wird die Freifahreroption in einem gewissen Umfang wahrgenommen, so daß es gerechtfertigt erscheint, von einer Art „schwachem Freifahrerverhalten" zu sprechen.

Das Experiment von Brubaker (1982) führt zu exakt dem gleichen Ergebnis, allerdings bei einer Versuchsanordnung, unter der dieses Resultat höchst erstaunlich ist. Brubaker offerierte zufällig ausgesuchten Bürgern von Madison Wisconsin folgendes Angebot. Sie konnten Einkaufsgutscheine im Wert von 50 $ erwerben, die in örtlichen Lebensmittelgeschäften eingelöst werden konnten. Im Versuch I wurden die Gutscheine unter den Teilnehmern versteigert, d. h. die Spieler konnten Gebote abgeben, und die höchsten 10 Gebote erhielten einen Gutschein zu einem Preis in Höhe des elften Gebotes. In der zweiten Gruppe erhielt *jeder* Teilnehmer, gleichgültig welches Gebot er abgab, einer Gutschein.

Die Prognose für den Spielausgang ist klar: In der ersten Gruppe ist es beste Strategie, die wahre Zahlungsbereitschaft für den Gutschein zu offenbaren, in der zweiten ist es dominante Strategie das Gebot Null abzugeben. Letzteres entspricht der strikten Freifahrerhypothese. Eine schwache Form dieser These würde dagegen lediglich prognostizieren, daß die Gebote in der Gruppe 2 geringer ausfallen als die in der ersten Gruppe. Allerdings muß man sich fragen, welchen Sinn es haben soll, freiwillig für ein Gut etwas zu zahlen, daß man auch umsonst erhalten kann. Jede Zahlung in Gruppe 2 ist nichts anderes als eine Umverteilung vom Spieler zum Experimentator, und warum sollte sich jemand zu einer solchen Umverteilung veranlaßt sehen? Das Ergebnis zeigt allerdings, daß offenbar eine Reihe von Teilnehmern zu einer solchen Umverteilung bereit waren. Das Durchschnittsgebot in der Gruppe 1 betrug 33,99 $ in der zweiten Gruppe belief es sich auf 22,96 $. Zwar ist der Unterschied zwischen beiden Gruppen signifikant, aber die Gebote in der zweiten Gruppe sind ganz offensichtlich nicht mit der strikten Freifahrerhypothese in Einklang zu bringen.

In einer dritten Gruppe führte Brubaker einen Schwellenwert für das öffentliche Gut ein, indem er den Teilnehmern mitteilte, daß jeder ohne Rücksicht auf sein Gebot einen Gutschein erhält, wenn insgesamt mindestens 1.015 $ geboten (und damit auch gezahlt) werden. In diesem Fall lag das Durchschnittsgebot bei 27,7 $ und damit erwartungsgemäß zwischen den Geboten der ersten beiden Gruppen.

So erstaunlich die Beobachtungen von Brubaker auch sind, sie müssen doch mit einem gewissen Vorbehalt betrachtet werden. Insbesondere sind zu dem Versuchsaufbau folgende Bemerkungen zu machen. Bei der Auswahl der Teilnehmer wurden Personen, die zufällig aus dem örtlichen Telefonbuch ausgewählt wurden, angeschrieben. Der Rücklauf betrug etwa 50 %, d. h. nur jeder zweite war bereit, sich an dem Experiment zu beteiligen. Angesichts der durchaus nicht geringen Auszahlungen ein erstaunlich geringer Anteil, und es stellt sich die Frage, in welcher Richtung die Resultate durch die „Selbstselektion" der Versuchsteilnehmer verzerrt sind.

In der zweiten Gruppe ist vollkommen unklar, welches „Gut" die Spieler mit ihren Beiträgen zu erstellen versuchen. Da keinerlei Aussage darüber gemacht wurde, was mit den Beiträgen, die trotz der bestehenden Freifahreroption geleistet wurden, geschehen würde, ist es kaum möglich, das Verhalten der Versuchsteilnehmer in dieser Anordnung zu interpretieren. In gewisser Weise muß auch Brubaker der Vorwurf gemacht werden, die Payoffs nicht ausreichend genau identifiziert zu haben. Ein weiterer Punkt kommt hinzu. Vielfach wird im Zusammenhang mit Freifahrerexperimenten die Vermutung geäußert, daß den Versuchsteilnehmern die Gelegenheit gegeben werden muß, ihre Freifahrermöglichkeit zu lernen. Diese Gelegenheit hatten die Teilnehmer an Brubakers Versuch nicht, und es kann sein, daß ein nicht geringer Teil der Gebote auf Unsicherheit und fehlende Erfahrung zurückgeführt werden muß.

Trotz dieser methodischen Einwände bleibt es dabei, daß Brubakers Beobachtungen nicht im Widerspruch zu den Ergebnissen anderer Studien stehen, auch wenn sie die Ablehnung der strikten Freifahrerhypothese unter Umständen etwas überzeichnen.

Die bisher behandelten ökonomischen Experimente sind noch ein gutes Stück von der bereits mehrfach angesprochenen Standard-Anordnung entfernt. Insbesondere die Versuche von Bohm, Schneider und Pommerehne, sowie Brubaker besitzen eher den Charakter von Feldversuchen als den von Laborexperimenten. Ein Teil der Schwierigkeiten, die die Interpretation der Ergebnisse macht, ist auf diesen Feldversuchscharakter zurückzuführen, denn es ist klar, daß es im Feldversuch sehr viel schwieriger ist, beispielsweise die Payoffs zu kontrollieren, als im Labor. Eindeutig den Charakter eines Laborexperimentes trägt dagegen der Versuch von Andreoni und Miller (1993). Es handelt sich dabei um ein Experiment, das methodisch insofern ein Idealfall ist, als es den Versuch unternimmt, eine ausformulierte Theorie zu testen. Das Modell, das überprüft werden soll ist das der berühmten „Gang of four". Kreps et al. (1982) haben in diesem Modell gezeigt, daß in endlich wiederholten Zwei-Personen-GD-Spielen Kooperation in den ersten Runden dann rational ist, wenn die Spieler mit einer gewissen Wahrscheinlichkeit davon ausgehen können, daß ihr Gegenspieler ein „Tit-for-Tat" (TfT) Spieler ist. In einem solchen Fall lohnt es sich, Reputation als kooperativer Spieler aufzubauen, um so die eventuell bestehende Kooperationsbereitschaft des Mitspielers ausnutzen zu können. Das gilt unabhängig davon, ob überhaupt ein TfT-Spieler beteiligt ist – und darum kommt es innerhalb des Modells von Kreps et al. bereits dann zu Kooperation, wenn die Wahrscheinlichkeit für die Existenz einer TfT-Strategie relativ gering ist.

Das Experiment von Andreoni und Miller unterscheidet sich von der Standard-Anordnung insbesondere dadurch, daß es ein Zwei-Personen-GD benutzt und nicht ein soziales Dilemma einer Gruppe konstruiert wird. Gespielt wurde in vier verschiedenen Anordnungen mit jeweils 14 Versuchspersonen:

1. Partner:

In jeder Runde wurden 7 Paare mittels eines Zufallsprozesses gebildet, die ein 20mal wiederholtes GD-Spiel spielen. Insgesamt werden 10 Runden in dieser Weise gespielt, d. h. daß jeder Spieler 200mal zu entscheiden hat, ob er sich kooperativ verhält oder defektiert.

2. *Stranger:*
In dieser Gruppe wurden 200 aufeinanderfolgende einstufige GD-Spiele in jeweils zufällig gebildeten Paarungen gespielt.

3. *Computer 50*
Diese Anordnung entsprach im Prinzip der Partner-Anordnung. Die einzige Ausnahme bestand darin, daß die Spieler mit einer Wahrscheinlichkeit von 50 % einen Computer als Gegenspieler zugelost bekommen konnten, der eine TfT-Strategie spielte, d. h. im ersten Spiel die kooperative Strategie wählt und in allen folgenden Runden die Strategie, die der Gegenspieler in der Vorrunde gewählt hat.

4. *Computero*
Diese Anordnung war identisch mit Computer 50, allerdings betrug die Wahrscheinlichkeit, auf einen Computer zu treffen, nur 0,1 %.

Die Resultate lassen sich wie folgt zusammenfassen. Wenn man den Prozentsatz der kooperativen Strategieentscheidungen während der 10 Runden (bei den Strangern das Mittel aus jeweils 20 Spielen) als Maß verwendet, dann zeigt sich, daß die Kooperation in allen Gruppen mit wachsender Anzahl von Runden abnimmt und in der Schlußrunde ihr Minimum erreicht. Die Computer 50-Gruppe spielte signifikant öfter kooperativ als alle anderen Gruppen, die Partner und Computero Gruppen wiesen keinen signifikanten Unterschied auf, allerdings wurde in beiden weniger kooperativ als in Computer 50 und signifikant kooperativer als in der Stranger-Anordnung gespielt.

Andreoni und Miller ziehen aus diesem Befund die Schlußfolgerung, daß einerseits die Hypothese von Kreps et al. teilweise bestätigt werden kann, andererseits aber auch gezeigt wird, daß die Spieler ein gewisses Maß an Altruismus offenbaren. Die nur teilweise Bestätigung der Hypothese des Gang of four-Modells wird darin gesehen, daß es einer relativ hohen Wahrscheinlichkeit für das Auftreten eines TfT-Spielers bedarf, um die Kooperation über das Maß hinaus zu steigern, das durch den ohnehin vorhandenen Altruismus bereits realisiert werden kann.

Der folgende Versuch von Isaak, Walker und Thomas (1984) benutzt die Standard-Anordnung, d. h. betrachtet ein n-Personen-GD-Spiel. Im wesentlichen benutzen die Autoren die bereits bei Wilson und Sell vorgestellte Versuchsanordnung. Gespielt wurde in Gruppen zu vier oder zu 10 Personen, jeder Spieler erhielt eine Ausstattung von Z_i, die in eine private oder eine öffentliche Anlage investiert werden kann. Das Spiel wird jeweils 10 Mal gespielt; die Anzahl der Wiederholungen ist den Spielern ex ante bekannt. Jede in die private Anlage investierte Marke führt zu einer Auszahlung von einem Cent, die Erträge der öffentlichen Anlage wurden so gestaltet, daß die Spieler entweder 0,3 oder 0,75 Cent pro investierter Marke erhielten. Insgesamt berechnet sich die individuelle Auszahlung damit wie folgt:

$$\pi_i = Z_i - m_i + \frac{G}{N} \left(\sum_{j \neq i} m_j + m_i \right)$$

Dabei ist N die Anzahl der Spieler und G/N (Cent) der Marginale-Pro-Kopf-Ertrag (MPCR) einer in die öffentliche Anlage investierten Marke. Insgesamt wurden drei Parameter in dem Experiment variiert, nämlich die Gruppengröße, der MPCR und die Erfahrenheit der Spieler. Die Hälfte der Experimente wurde mit erfahrenen Spielern durchgeführt. Die Kombination dieser drei Größen ergibt folgende Anordnungen:

Experi- ment	1	2	3	4	5	6	7	8
Gruppen- größe	4	4	10	10	4	4	10	10
Spieler	unerf.	erfahren	unerf.	erfahren	unerf.	erfahren	unerf.	erfahren
MPCR	.3	.3	.3	.3	.75	.75	.75	.75

Isaak, Walker, Thomas S. 120

Neben den drei genannten Parametern wurde durch den Versuch natürlich auch der Einfluß der Spielwiederholung untersucht. Insbesondere dieser Aspekt wird dabei von den Autoren als ein wichtiger Unterschied des Standard-Experiments zu den Versuchen von Marwell und Ames gesehen. Vor diesem Hintergrund und angesichts der Tatsache, daß die Versuchsanordnung sich auch in anderer Hinsicht von der von Marwell und Ames benutzten unterscheidet, muß folgende Beobachtung von Isaak et al. zunächst überraschen: Über alle 8 Experimente und alle 80 gespielten Runden betrachtet, investieren die Spieler einen mittleren Beitrag in Höhe von 42,4 % ihrer Anfangsausstattung in die öffentliche Anlage. Dazu bemerken die Autoren zurecht: „Standing alone, this looks very much like the results from M-A (Marwell und Ames – J. W.)."

Trotz dieser Ähnlichkeit fördert das Experiment von Isaak et al. erhebliche Unterschiede zu den Resultaten von Marwell und Ames zutage. Insbesondere zeigte sich eine sehr große Variabilität im individuellen Verhalten. Isaak et al. typisieren die Versuchspersonen in der folgenden Weise:

$m_i < 33\%$ – strikter Freifahrer
$m_i > 66\%$ – Lindahl-Spieler
$33\% < m_i < 66\%$ – schwacher Freifahrer

Die folgende Abbildung 2 zeigt die Anteile der drei Typen in den einzelnen Runden. Es handelt sich um gepoolte Daten über alle 8 Experimente.

Isaak, Walker, Thomas
Standard-Freifahrerexperiment

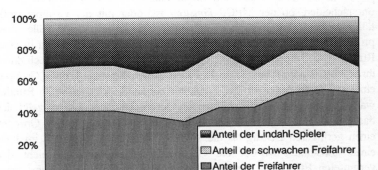

Abbildung 2

Betrachtet man die Beiträge der Gruppen in den einzelnen Runden, und verwendet die gleiche Typisierung wie oben (d. h. S $m_i < 33\%$ entspricht einer Freifahrergruppe) so wurde in 30 der insgesamt 80 Runden Freifahrerverhalten beobachtet, in 41 schwaches Freifahrerverhalten und nur in 9 Runden Lindahl-Verhalten.

Diese allgemeinen Beobachtungen stehen nicht im Widerspruch zu denen, die in anderen Experimenten gemacht wurden, denn es hat sich ja bereits mehrfach gezeigt, daß weder striktes Freifahrerverhalten, noch strikte Kooperation die vorherrschende Verhaltensweise war. Überraschend sind allerdings die erheblichen Abweichungen des individuellen wie auch des Gruppenverhaltens von dem bereits zuvor beobachteten schwachen Freifahrerverhalten. Eine weitere erstaunliche Beobachtung ist das Beitragsverhalten in der Schlußrunde. Es zeigt sich nämlich kein ausgeprägter Schlußrunden-Effekt, d. h. die Beiträge erreichen in der Schlußrunde nicht ihr absolutes Minimum und in vier der acht Versuche stieg der Durchschnittsbeitrag in der 10. Runde gegenüber Runde 9 an. Wir werden noch sehen, daß diese Beobachtung für Standard-Freifahrerexperimente eher untypisch ist.

Seit der Analyse kollektiven Handelns durch Olson gehört die These, daß große Gruppen bei der Bereitstellung öffentlicher Güter weniger erfolgreich sind als kleine, zum festen Bestandteil ökonomischer Überzeugungen. Die Variation der Gruppengröße bei Isaak et al. erlaubt eine Überprüfung dieser These. Dabei ist zu beachten, daß sich die Gruppengröße in zweierlei Weise auswirken kann. Ganz offensichtlich ist zu unterscheiden, ob der MPCR *konstant* ist, oder mit der Gruppengröße fällt. Da beide Parameter variiert wurden, lassen sich beide Fälle überprüfen. Insgesamt lassen sich 40 Vergleiche anstellen, bei denen in einer Runde zwei Gruppen nur durch die Anzahl der Spieler, nicht jedoch durch ihren MPCR unterscheiden. In 15 Fällen wiesen dabei die großen Gruppen einen größeren Anteil strikter Freifahrer auf als die kleinen, in 25 Runden war es umgekehrt. Vergleicht man die Durchschnittsbeiträge, so zeigt sich das gleiche Bild: in nur 12 von 40 Runden leisteten die großen Gruppen einen geringeren Beitrag als die kleinen. Damit zeigt sich, daß im Falle eines konstanten MPCR die Gruppengröße offensichtlich nicht den vermuteten Effekt hat. Große Gruppen sind in diesem Fall keineswegs weniger erfolgreich als kleine.

Ein vollkommen anderes Bild zeigt sich, wenn die Produktivität der Gruppenbeiträge G(Sm$_i$) konstant gehalten wird und folglich der MPCR mit steigender Anzahl von Spielern *fällt*. Zwar stehen nur jeweils 20 Beobachtungen zur Verfügung, um den entsprechenden Vergleich durchzuführen, aber dennoch sind die Ergebnisse sehr deutlich. In 17 von 20 Fällen war der Durchschnittsbeitrag in einer großen Gruppe mit geringem MPCR (.3) *geringer* als der Durchschnittsbeitrag der kleinen Gruppe mit hohem MPCR (.75). Diese Beobachtung macht bereits darauf aufmerksam, daß dem MPCR eine zentrale Rolle zuzufallen scheint. Dies bestätigt sich bei einem entsprechenden Vergleich: In 39 von 40 Fällen ist es die Gruppe mit dem höheren MPCR von .75, die den höheren Durchschnittsbeitrag erbringt im Vergleich zu der Gruppe mit einem MPCR von .3. Wir werden noch sehen, daß es starke Anzeichen dafür gibt, daß der MPCR zwar tatsächlich eine erhebliche Bedeutung besitzt, der Zusammenhang zwischen Pro-Kopf-Ertrag und Gruppengröße jedoch erheblich komplexer zu sein scheint als es die bisher referierten Versuche aufzeigen konnten.

Ebenso deutlich wie der Einfluß des Pro-Kopf-Ertrages nachgewiesen werden kann, zeigen die Versuche, daß die Erfahrenheit der Spieler *keinen* Einfluß auf das Verhalten hat. Es lassen sich keine signifikanten Verhaltensunterschiede zwischen erfahrenen und unerfahrenen Spielern nachweisen.

Fassen wir die Ergebnisse der Versuche von Isaak et al. zusammen, so können wir festhalten, daß

> ➢ Freifahrerverhalten im strikten Sinne nur in relativ geringem Umfang beobachtet werden konnte;

> ➢ starke Abweichungen vom „mittleren" Verhalten zu verzeichnen waren, das sich als „schwaches Freifahrerverhalten" charakterisieren läßt;

> ➢ der entscheidende Parameter für die Beitragshöhe der MPCR war und

> ➢ weder die Erfahrung der Spieler noch der Schlußrundeneffekt zu einem nennenswerten Anstieg des Freifahrerverhaltens führte.

Zur Bewertung dieser Beobachtungen seien die Autoren zitiert, die folgendes Resümee ziehen: „In summary, we find that there is no successful general theory which states that all individuals always free ride a lot, always free ride a little, or never free ride." (p. 141) In der Tat wird eines sehr deutlich: Offensichtlich bedarf es einer sehr differenzierten Theorie, um erklären zu können, was in Freifahrerexperimenten abläuft. So bleibt weiterhin vollkommen unklar, warum die Versuchspersonen überhaupt Beiträge leisten. Der Schlußrundeneffekt, bzw. sein Ausbleiben bei Isaak et al. ist ebenso ungeklärt wie die Tatsache, daß es auch dann zu Beiträgen kommt, wenn die Spieler über eine *dominante Strategie* verfügen. Bei Isaak et al. ist ein moderater Abfall der Beitragshöhen im Spielverlauf festzustellen, der auch in anderen Experimenten beobachtet werden konnte, und für den es ebenfalls keine überzeugende Erklärung gibt.

Das Experiment von Kim und Walker (1984) ist letztlich mit dem Ziel durchgeführt worden, zu zeigen, daß die Freifahrerhypothese *doch* bestätigt werden kann, und zwar in ihrer strikten Variante. Die Vermutung, daß dies möglich sei, leiten die Autoren aus der Beobachtung ab, daß alle bis 1984 vorliegenden Experimente, in denen sich die Freifahrerhypothese nicht bestätigte, mehr oder weniger ausgeprägte methodische Mängel aufwiesen. Die Hoffnung besteht darin, daß die Beseitigung dieser „Mängel" Freifahrerverhalten zutage fördern würde.

Eine ganze Reihe der Punkte, die Kim und Walker an den Freifahrerexperimenten bemängeln, sind auch hier bereits angesprochen worden, dennoch seien die wichtigsten noch einmal genannt (vgl. Kim und Walker S. 12):

➢ Das öffentliche Gut sollte weder „diskret" noch „unrein" sein. In der hier verwendeten Terminologie: Freifahrerverhalten sollte (in der One-Shot-Version) dominante Strategie sein.

➢ Das Optimum muß bekannt sein, d. h. die Payoffs müssen eindeutig spezifiziert werden. Da die Nutzenfunktionen der Spieler nicht bekannt sind, dürfen deshalb die Payoffs nicht die Form von Konsumgütern haben, sondern sollten monetärer Natur sein.

➢ Die ökonomischen Anreize müssen suffizient sein.

➢ Es muß sich um eine *große Gruppe* handeln. Diesen Punkt betonen Kim und Walker besonders, denn ihrer Meinung nach könnte es sein, daß in kleinen Gruppen (bis zu 10 Personen) entweder altruistische Motive oder die Hoffnung, das Verhalten anderer beeinflussen zu können, eine Rolle spielt. Dieser Punkt ist jedoch nicht ganz klar. Wenn in einer kleinen Gruppe Anonymität gesichert ist, kann Altruismus ausgeschlossen werden und selbst bei wiederholten Spielen sorgt die Schlußrunde dafür, daß Aspekte gegenseitiger Beeinflussung nicht zum Tragen kommen. Insofern kann auch in kleinen Gruppen unter geeigneten Bedingungen eine Situation geschaffen werden, in der Freifahrerverhalten in der Tat dominante Strategie ist – und nur darauf kommt es an.

➢ Die Anfangsausstattung, die den Spielern in der Regel zufließt, kann dazu führen, daß sie sich in irgendeiner Weise dem Experimentator gegenüber „verpflichtet" fühlen und deshalb Beiträge leisten. Zumindest weisen Kim und Walker zurecht darauf hin, daß der Effekt, den die Anfangsausstattung haben kann, nicht klar ist.

➤ Fehlende Anonymität, die insbesondere in vielen psychologischen Experimenten zu beobachten war, verhindert, daß Interaktionen zwischen den Spielern möglich werden, die die Payoffs verändern und so die Resultate verfälschen.

➤ Unsicherheit und Mißverständnisse auf Seiten der Versuchsteilnehmer, die ebenfalls zu verzerrten Ergebnissen führen können, sind vor allem darauf zurückzuführen, daß den Spielern in vielen Experimenten keine Gelegenheit gegeben wurde zu lernen, weil das Spiel nicht wiederholt wurde.

Alle diese Punkte versuchen Kim und Walker bei ihrem Versuchsaufbau zu beachten, um so eine „echte" Freifahrersituation zu schaffen. So werden die Versuchspersonen aus dem Telefonbuch ausgesucht, um Anonymität zu sichern. Den Spielern wird mitgeteilt, daß insgesamt 100 Personen an dem Experiment beteiligt sind (in Wahrheit waren es allerdings nur 5); die Spieler erhalten keine Anfangsausstattung; das Spiel wird an 11 aufeinanderfolgenden Tagen jeweils einmal gespielt. Der Spielablauf bestand darin, daß die Spieler telefonisch bekanntgeben konnten, wieviel Geld sie in eine öffentliche Anlage einzahlen wollten, wobei der Auszahlungsplan vorsah, daß pro eingezahltem Dollar jeder der „100" Spieler 0.02 $ erhielt. Überstieg der Gruppenbeitrag 700 $, so reduzierte sich der MPCR auf 0,005 $. Offensichtlich ist damit eine Einzahlung von 7 $ effizient in dem Sinne, daß sie den Gruppenpayoff maximiert.

Es ist klar, daß bei dieser Anordnung negative Payoffs resultieren können. Genau dies trat auch ein, so daß sich die Autoren gezwungen sahen, nach drei Spielrunden den MPCR von 0,02 auf 0,05 zu erhöhen. Die letzte Runde wurde mit einem MPCR von 0,07 gespielt.

Die fünf Spieler verhielten sich während dieses Experiments sehr unterschiedlich. Zwei leisteten in allen 11 Runden keinen Beitrag, spielten also tatsächlich die Nash-Strategie und wählten die Freifahrer-Option. Ein Spieler zahlte in allen Runden in die öffentliche Anlage ein (im Mittel 2,8 $) und die verbleibenden zwei Spieler wählten in zwei bzw. drei Runden die Freifahrerstrategie, (bei Durchschnittsbeiträgen von 1,5 $ bzw. 3 $).

Kim und Walker interpretieren dieses Ergebnis in einer etwas zweifelhaften Weise, nämlich als überzeugenden Beleg für die Freifahrerthese. Zweifelhaft ist diese Interpretation aus mehreren Gründen. Obwohl zwei strikte Freifahrer beteiligt waren, leisteten alle Spieler im Mittel immerhin noch 20 % der effizienten Beitragshöhe in jeder Runde. Die Grundgesamtheit von nur fünf Spielern ist per se kaum geeignet, statistisch signifikante Effekte aufzeigen zu können,[36] sie ist es erst recht nicht angesichts der starken Variabilität im Verhalten der Spieler. Insgesamt dürften auf der Grundlage von 5 x 11 Beobachtungen kaum Aussagen gewinnbar sein, die einer statistischen Prüfung Stand halten können. Die Beurteilung des Experiments von Kim und Walker fällt daher zwiespältig aus. Einerseits weisen die Autoren zurecht auf methodische Schwächen hin, die andere Experimente aufweisen, und vermeiden *diese* Schwächen bei ihrem Experiment konsequent, andererseits erweist sich der Versuchsaufbau seinerseits als fehlerhaft und ungeeignet, sinnvoll interpretierbare Resultate zu erzeugen. Es dürfte lohnend sein, das Experiment von Kim und Walker mit einer ausreichend großen Zahl von Spielern zu wiederholen. Daß dies bis heute nicht geschehen ist, dürfte mit den hohen Kosten erklärbar sein, die ein solches Experiment verursachen würde.

Das Experiment von Kim und Walker kann entsprechend der hier verwendeten Einteilung nicht als Standard-Freifahrerexperiment bezeichnet werden. Das gleiche gilt für das Experiment von Isaak, McCue und Plott (1985), das letztlich auch dem Zweck diente, zu zeigen, daß Freifahrerverhalten sehr wohl auftreten kann und ein durchaus bedeutsames Phänomen ist. Gespielt wurde in Gruppen zu 10 Spielern, die gemeinsam in einem Raum saßen. Jeder Spieler hatte individuelle Spielinformationen, die insbesondere einen Auszahlungsplan enthielten, aus dem hervorging, daß der MPCR aus der öffentlichen Anlage, in die die Spieler investieren konnten, *abnahm*. Da die Payoffs unterschiedlich gestaltet waren, bedeutet dies, daß die Spieler sich in der Situation befanden, die „Präferenzen" der anderen Spieler für das öffentliche Gut nicht zu kennen. Aus diesem Grund war das Lindahl-Gleichgewicht auch a priori nicht bekannt. Die Spieler erhielten eine Anfangsausstattung von 5 $ und wurden dann aufgefordert, in das öffentliche Gut zu investieren. Die Spieler wußten, daß das Spiel wiederholt wurde, aber nicht wie oft. Nach einer Reihe von Spielrunden wurde entweder Kommunikation zwischen den Spielern zugelassen (die

---

[36] Es ist vor diesem Hintergrund nicht verwunderlich, daß die Autoren auf eine statistische Analyse vollständig verzichten.

zunächst strikt untersagt war) oder es wurde das Lindahl-Gleichgewicht bekanntgegeben.

Die Ergebnisse, zu denen Isaak et al. gelangen, müssen nach Ansicht des Verfassers mit einer gewissen Vorsicht behandelt werden, denn es spricht einiges dafür, daß die Versuchsanordnung zu kompliziert war und viele Teilnehmer das Spiel ganz einfach nicht durchschaut haben. So räumen die Autoren ein, daß zwei von 9 Experimenten nicht gewertet werden konnten, weil sich Teilnehmer erkennbar gegen die Spielregeln verhielten. In einem weiteren Experiment war selbst der Experimentator nicht in der Lage, das Lindahl-Gleichgewicht korrekt zu berechnen (es nahmen nur 8 anstatt der geplanten 10 Spieler teil, darum mußte eine Neuberechnung erfolgen, die prompt falsch ausfiel). Aus diesem Grund sei hier auf eine ausführliche Darstellung des Experiments verzichtet und lediglich ein kurzer Überblick über die Ergebnisse gegeben.

Die Beiträge in die öffentliche Anlage fielen sehr gering aus (vielfach weniger als 10 % der Lindahl-Lösung). Mit Wiederholung des Spiels nahmen die Beiträge noch weiter ab, blieben aber signifikant von Null verschieden. Die Bekanntgabe des Lindahl-Gleichgewichts führte zu einem Anstieg der Beiträge, aber dieser Anstieg war nicht stabil, d. h. bei weiteren Wiederholungen des Spiels gingen die Beiträge wieder auf das alte Niveau zurück. Kommunikation der Spieler führte dagegen zu einem stabilen Anstieg der Beiträge, der allerdings geringer ausfiel als der nach der Bekanntgabe der Lindahl-Lösung.

Das Experiment von Isaak und Walker (1988) gleicht sehr stark dem von Isaak, Walker und Thomas (1984). Dennoch sei es hier ausführlich präsentiert, denn es zeigt einige der wesentlichen Beobachtungen, die sich im Standard-Freifahrerexperiment als *reproduzierbar* erwiesen haben, mit großer Deutlichkeit.

Gespielt wird über 10 Runden, wobei die Rundenzahl den Spielern bekannt ist. Die Investition in die private Anlage erbringt einen Cent pro Spielmarke, die individuelle Auszahlung der öffentlichen Anlage wird ebenso variiert wie die Gruppengröße. Das Experiment wurde mit Hilfe eines Computernetzes durchgeführt und es wurden ausschließlich erfahrene Versuchspersonen eingesetzt, die bereits früher einmal an einem Freifahrerexperiment teilgenommen hatten. Die folgende Tabelle zeigt die insgesamt vier Versuchsanordnungen:

Experiment	Gruppengröße	MPCR	Ausstattung
4L	4	.3	62
4H	4	.75	25
10L	10	.3	25
10H	10	.75	10

Isaak und Walker S. 188

Abbildung 3 gibt die Durchschnittsbeiträge in den einzelnen Anordnungen wieder

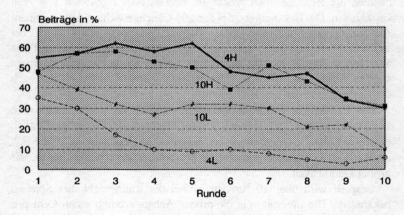

Abbildung 3

Die Resultate lassen sich scheinbar eindeutig interpretieren: Während die Gruppengröße keinen besonderen Einfluß auf die Kooperationsbereitschaft zu haben scheint, ist der MPCR sehr bedeutsam, und zwar in einer durchaus intuitiven Weise: Je höher der MPCR, desto billiger ist Kooperation und um so mehr Beiträge werden in die öffentliche Anlage geleistet. Aber diese Interpretation hat sich als voreilig erwiesen, denn Isaac, Walker und Williams (IWW) (1994) konnten zeigen, daß ein sehr viel komplexerer Zusammenhang zwischen Gruppengröße und MPCR besteht, als es der Versuch von 1988 vermuten ließ. Der IWW-Versuch ist in verschiedenen Hinsichten bemerkenswert. Sein Ziel bestand darin, zu untersuchen, ob Experimente mit sehr großen Gruppen andere Resultate zeigen als die bisher beobachteten. Um mit großen Gruppen umgehen zu können, mußten IWW einige methodisch sehr interessante Veränderungen der üblichen Laboranordnung vornehmen. Im wesentlichen wurden folgende Variationen der Standard-Anordnung vorgenommen:

⇒ Außer mit den bereits bekannten Kleingruppen von 4 und 10 Spielern wurden Spiele mit 40 und 100 Teilnehmern durchgeführt.

⇒ Damit 100 Spieler ihre Entscheidung über die Allokation der Spielmarken bekanntgeben können, reicht ein einfaches Computernetz mit 10 oder 20 Plätzen nicht aus. Deshalb wurde in Form sogenannter „multi session" Anordnungen gespielt, bei denen die Spieler Gelegenheit hatten, ihre Strategieentscheidung nacheinander in den Computer einzugeben.

⇒ Da Experimente mit großen Gruppen extrem teuer werden können, wurden die monetären Anreize teilweise durch die Möglichkeit ersetzt, extra „Credit Points" zu gewinnen.[37]

⇒ Die Multi-Session-Anordnung ermöglichte es, Spiele über 40 und 60 Runden zu spielen.

Der IWW-Versuch zeichnet sich darüber hinaus dadurch aus, daß er mit sehr hohem Aufwand durchgeführt wurde. So wurden nicht weniger als 87 Experimente gespielt, an denen insgesamt 1.908 (!) Spieler teilnahmen. Die Resultate sind wegen der hohen Zahl von Wiederholungen, die in jeder einzelnen Anordnung gespielt wurden, in hohem Maße signifikant. Im einzelnen konnten folgende Beobachtungen gemacht werden:

---

[37] Dabei handelt es sich um die im amerikanischen Universitätswesen üblichen Kreditpunkte, die für bestimmte Leistungsnachweise vergeben werden und von denen eine bestimmte Anzahl gesammelt werden müssen, um zur Abschlußprüfung berechtigt zu sein. Am Rande sei erwähnt, daß Credit-Point-Systeme gegenwärtig auch an deutschen Fakultäten eingeführt werden – beispielsweise an den wirtschaftswissenschaftlichen Fakultäten der Universitäten Bonn und Magdeburg.

Die Resultate, die Isaak und Walker 1988 erzielten, erweisen sich als robust gegenüber der Einführung einer Multi-Session-Credit-Point-Anordnung (MSCP), d. h. die Wiederholung der Experimente mit 4 bzw. 10 Spielern und einem MPCR von 0,3 oder 0,75 führte zu den gleichen Resultaten wie 1988, obwohl es nun nicht mehr um Geld (sondern Credit Points) ging und obwohl die Entscheidungen nicht mehr von allen Spielern zur gleichen Zeit im Labor getroffen wurden, sondern zu unterschiedlichen Zeitpunkten mit teilweise langen Pausen dazwischen. Diese Beobachtung ist für die folgenden Resultate der großen Gruppen wichtig, denn es zeigt, daß die folgenden Abweichungen gegenüber den Ergebnissen aus 1988 nicht auf die MSCP-Anordnung zurückgeführt werden können.

⇒ Für große Gruppen (40 und 100 Teilnehmer) läßt sich *kein* signifikanter Zusammenhang zwischen dem MPCR und der durchschnittlichen Beitragshöhe erkennen. In kleinen Gruppen (4 und 10) war dagegen dieser Zusammenhang deutlich ausgeprägt (s. o.).

⇒ Bei MPCR = 0,3 wurde in den großen Gruppen signifikant mehr in die öffentliche Anlage investiert als in den kleinen Gruppen. Die Erhöhung der Gruppenstärke hatte hier also einen beitragssteigernden (!) Effekt. Diese Beobachtung steht in unmittelbarem Widerspruch zu dem wohlbekannten Resultat Olsons, daß große Gruppen bei der Bereitstellung öffentlicher Güter grundsätzlich zu weniger Effizienz in der Lage sind als kleine.

⇒ Im Unterschied zu dem letztgenannten Befund konnte bei einem MPCR von 0,75 *kein* signifikanter Unterschied zwischen dem Verhalten der 4er, 10er, 40er und 100er Gruppen festgestellt werden.

Daß die Freifahrerhypothese in ihrer strikten Version zu verwerfen ist, zeigt sich nicht erst in dem Versuch von Isaak und Walker bzw. bei IWW, sondern war das Ergebnis fast aller bisher beschriebener Experimente.[38]

---

[38] Die einzige Ausnahme war der Versuch von Kim und Walker, in dem zumindest 2 von 5 Versuchspersonen konsequent die Freifahreroption wahrnahmen. Die Versuchsanordnung von Kim und Walker unterscheidet sich erheblich von der des Standard-Experiments – nicht zuletzt dadurch, daß die Spieler keine Anfangsausstattung erhalten und sogar negative Auszahlungen möglich sind. Es ist vor diesem Hintergrund bedauerlich, daß das Kim/Walker Experiment unter erheblichen methodischen Mängeln leidet (insbesondere weil nur 5 Personen beteiligt waren). Es könnte lohnend sein, den Versuch mit einer

Vor diesem Hintergrund gewinnen Beobachtungen an Bedeutung, die geeignet sein könnten, zu erklären, warum es zu kooperativen Verhalten in dem immer wieder beobachtbaren Umfang von ca. 50 % des effizienten Niveaus kommt. In diesem Zusammenhang ist eine Beobachtung bedeutsam, die auch in anderen Experimenten bereits gemacht wurde, bei Isaak und Walker allerdings ausgesprochen deutlich ausgeprägt ist und sich bei IWW bestätigt: Die Beiträge fallen im Spielverlauf und erreichen in der letzten Runde ihr absolutes Minimum. Der „Schlußrundeneffekt" wird von Isaak und Walker als Hinweis darauf interpretiert, daß die Beiträge der Spieler strategisch motiviert sind. Sie verweisen auf das „gang of four model" von Kreps et al. Allerdings sind bei dieser Interpretation Zweifel angebracht. Damit es zu Kooperation kommen kann, muß entsprechend des gang-of-four-Modells Reziprozität im Sinne von „Tit for Tat" vorliegen. Solche Reziprozität dürfte in großen Gruppen nur schwer herzustellen sein (das gang-of-four-Modell behandelt den zwei-Personen-Fall). Insofern ist es erstaunlich, daß in 10L höhere Beiträge geleistet wurden als in 4L! Darüber hinaus werden wir noch sehen, daß es durchaus zweifelhaft erscheinen muß, ob sich die Spieler im Standard-Freifahrerexperiment tatsächlich strategisch verhalten.

Zwei weitere Beobachtungen von IWW seien abschließend noch erwähnt: Zunächst zeigte sich, daß zwischen den einzelnen Versuchsteilnehmern ganz erhebliche Verhaltensunterschiede ausgemacht werden konnten. Diese Beobachtung ist im übrigen nicht nur für IWW kennzeichnend, sondern läßt sich immer dann ausmachen, wenn die Autoren von Freifahrerexperimenten die Daten der Einzelpersonen veröffentlichen. Bei Weimann (1994) zeigt sich, daß man deutlich verschiedene Typen unterscheiden kann, die in ihrer Kooperationsbereitschaft stark differieren.

Ebenfalls interessant sind die Beobachtungen, die IWW bei den Versuchen machten, die über 40 bzw. 60 Runden gespielt wurden. An den grundsätzlichen Verhaltensmustern änderte sich auch bei den Langspielen nichts, d. h. die Durchschnittsbeiträge waren durchweg positiv und fielen im Spielverlauf. Der Abfall der Beiträge verlief allerdings erheblich langsamer als in den Spielen über zehn Runden. Je *kürzer* ein Spiel ist, um so *schneller* fallen die Durchschnittsbeiträge.

---

tatsächlich existierenden großen Gruppe zu wiederholen. Vielleicht müßten wir dann feststellen, daß in wirklich großen Gruppen die strikte Freifahrerhypothese doch nicht verworfen werden kann.

Dieser Effekt hat zur Folge, daß sich die Verläufe der Beitragskurven in den verschiedenen Anordnungen praktisch nicht unterscheiden. An dieser Stelle dürfte ein kurzes Zwischenresümee hilfreich sein. Im wesentlichen liefert das Standard-Freifahrerexperiment sowie vergleichbare Versuchsanordnungen folgende *reproduzierbaren* Resultate:

[1] Die strikte Freifahrerhypothese muß als weitgehend falsifiziert angesehen werden (mit der in Fußnote 38 gemachten Einschränkung). Die Anfangsbeiträge in die öffentliche Anlage bewegen sich zwischen 40 % und 60 % der effizienten Beitragshöhe.

[2] Bei wiederholter Durchführung des n-Personen GD-Spiels *fallen* die individuellen Beiträge tendenziell.

[3] Bei bekannter Anzahl von Spielwiederholungen ist ein deutlicher Schlußrundeneffekt festzustellen, d. h. der Durchschnittsbeitrag erreicht in der letzten Runde mit hoher Wahrscheinlichkeit sein absolutes Minimum.

[4] Auch in der One-Shot-Version des n-Personen-GD-Spiels wählen die Versuchsteilnehmer nicht ihre dominante Strategie. Dies gilt sowohl für einmal durchgeführte Spiele als auch für die Schlußrunden in wiederholt durchgeführten Spielen.

[5] Bei wiederholten Spielen ist in allen Runden sowohl kooperatives als auch schwach oder stark ausgeprägtes Freifahrerverhalten beobachtbar.

[6] Die Höhe des MPCR der öffentlichen Anlage (der Grenznutzen aus dem öffentlichen Gut) hat dann einen signifikant positiven Einfluß auf die Kooperationsbereitschaft, wenn die Gruppen relativ klein sind. Bei großen Gruppen geht dieser Zusammenhang verloren.

Man sollte sich an dieser Stelle noch einmal vergegenwärtigen, daß *keine* der genannten Beobachtungen mit der Prognose der ökonomischen Theorie in Einklang zu bringen ist. Wir sind nicht in der Lage, unter Verwendung des ökonomischen „model of man", die im Standard-Freifahrerexperiment gemachten Beobachtungen zu erklären. Ganz besonders deutlich wird dies an einem Punkt, der auf den ersten Blick durchaus für

die Annahme ökonomisch rationalen Verhaltens spricht: Der Schlußrundeneffekt könnte zumindest als ein entsprechender Hinweis gelten.
Aber wenn die Versuchspersonen im letzten Spiel ihre Beiträge reduzieren,
weil sie erkennen, daß sie über eine *dominante* Strategie verfügen, warum
antizipieren selbst erfahrene Spieler dies nicht in den vorangehenden
Runden? Und wenn die Spieler ihre dominante Strategie erkennen, warum
folgen sie ihr nicht, sondern leisten auch im letzten Spiel noch signifikant
positive Beiträge?

Wirklich befriedigende Antworten auf diese und andere Fragen, die das
Freifahrerexperiment aufwirft, liegen bis heute nicht vor. Ein Grund dafür
dürfte die Tatsache sein, daß die Mehrzahl der Experimente nicht dem Ziel
diente, mögliche *Erklärungen* für kooperatives Verhalten zu testen oder zu
entwickeln, sondern sich darauf konzentrierte, zu prüfen, *ob* Kooperation
beobachtet werden kann oder nicht.

Das Experiment von Andreoni (1988) kann vor diesem Hintergrund als
ein Einschnitt betrachtet werden, denn es befaßt sich explizit nicht mehr
mit der Frage, ob Menschen Freifahrer sind, sondern mit zwei Hypothesen,
die erklären wollen, warum sie es nicht sind, bzw. warum sie es im
Standard-Freifahrerexperiment nicht sind. Die erste bezeichnet Andreoni
als *Lern-Hypothese* die zweite als *Strategie-Hypothese*. Erstere erklärt den
immer wieder beobachtbaren Beitragsrückgang im Standard-Freifahrerexperiment damit, daß die Versuchsteilnehmer erst im Spielverlauf lernen,
daß sie über eine Freifahrermöglichkeit verfügen. Der Beitragsrückgang
wird deshalb als Ausdruck eines zunehmenden Lernerfolges der Versuchsteilnehmer interpretiert. Die zweite Hypothese besagt, daß die Beiträge,
die die Spieler in die öffentliche Anlage leisten, *strategisch* begründet sind
– wobei „strategisch" nicht im engen spieltheoretischen Sinne zu verstehen
ist, denn welche Strategie die Spieler dabei verfolgen, wird nicht
konkretisiert. Hinter der Hypothese steht vielmehr die Vorstellung, daß die
Versuchsteilnehmer versuchen, ihre Mitspieler in irgendeiner Weise zu
beeinflussen, um sie zur Kooperation zu bewegen. Gelingt dies dadurch,
daß man selbst Beiträge leistet, so könnten diese einen Netto-Vorteil
erzeugen. Andreoni überprüft die Strategie-Hypothese durch einen Vergleich der beiden folgenden Anordnungen:

Stranger:
Aus einer Gruppe von 20 Versuchspersonen werden vier Gruppen
gebildet, die ein Standard-Freifahrerexperiment spielen. Jeder Spieler erhält
pro Runde 50 Spielmarken, die private Anlage zahlt pro Marke 1 Cent, die

233

öffentliche Anlage 0,5 Cent pro Spieler. Das Experiment läuft über 10 Runden, aber vor jeder Runde werden die Fünfergruppen mit Hilfe eines Zufallsgenerators *neu zusammengestellt*. Keiner der Spieler weiß daher, mit welchem der anderen 19 Spieler er die nächste Runde bestreiten wird. Auf diese Weise wird eine Situation geschaffen, in der eine Beeinflussung der anderen Spieler praktisch ausgeschlossen wird. Da die n + 1-te Runde mit anderen Mitspielern bestritten wird als die n-te, ist es sinnlos, in der n-ten Runde zu kooperieren, um die Mitspieler zu Kooperation in der nächsten Runde anzuregen. In gewisser Weise befinden sich die *Stranger* 10 mal in einer One-shot-Situation.[39]

Partner:
Die Partner spielten das Spiel in der gleichen Weise wie die Stranger, aber in festen Gruppen, d. h. die Spieler wußten, daß sie die 10 Runden mit den gleichen Mitspielern bestreiten würden. Es dürfte offensichtlich sein, daß dann, wenn strategische Überlegungen Ursache der Kooperation sind, dieses Motiv bei den Partnern stärker ausgeprägt sein müßte als bei den Strangern. In beiden Anordnungen wurde den Spielern nach jeder Runde mitgeteilt, wieviel insgesamt in die öffentliche Anlage investiert wurde. Abbildung 4 gibt die Duchschnittsbeiträge von Strangern und Partnern wieder. Beide Experimente wurden zwei mal durchgeführt, so daß n (Partner) = 30 und n (Stranger) = 40.

Das Resultat ist sehr überraschend: In allen 10 Runden leisten die Stranger, also diejenigen, die den *geringeren* Anlaß haben, sich strategisch zu verhalten, *höhere* Beiträge als die Partner. Dabei wächst die Differenz bis zur Runde 8 und erreicht in der letzten Runde ihren zweithöchsten Wert. Darüber hinaus weisen beide Kurven den bereits bekannten fallenden Verlauf auf und insbesondere bei den Partnern ist ein stark ausgeprägter Schlußrundeneffekt zu verzeichnen.

Abbildung 4 macht deutlich, daß die Hypothese, daß Beiträge im Standard-Freifahrerexperiment strategisch motiviert sind, bzw. darauf abzielen, die Mitspieler zur Kooperation zu bewegen, nicht zu überzeugen vermag. Diese Einsicht wird auch durch die Tatsache nicht verändert, daß

---

[39] Dies gilt insofern nur eingeschränkt, als es in frühen Runden relativ wahrscheinlich ist, daß Mitspieler in diesen Runden später noch einmal in der gleichen Gruppe sein werden. Allerdings wurden die Experimente anonym durchgeführt, so daß eine Identifizierung der Mitspieler in späteren Runden nicht möglich war. Jeder einzelne mußte sich damit sagen, daß er auch von den anderen Spielern nicht erkannt werden würde, nicht identifiziert werden kann.

das überraschende Resultat Andreonis, in einem kürzlich vom Autor durchgeführten Experiment nicht reproduziert werden konnte. Bei Weimann (1994) wiesen Stranger und Partner keinerlei signifikante Verhaltensunterschiede auf – eine Beobachtung, die ebenfalls nicht mit der Strategie-Hypothese in Einklang gebracht werden kann.

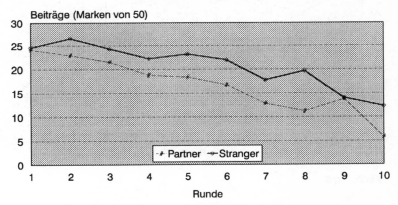

Abbildung 4

Die Lern-Hypothese untersucht Andreoni durch folgende Anordnung: In jeweils einem der beiden Partner und Stranger Experimente wurde nach 10 Runden ein zuvor nicht angekündigter „Restart" durchgeführt, d. h., den Spielern wurde mitgeteilt, daß unerwarteterweise noch Zeit für ein zweites Experiment sei. Auch dieses Experiment war auf 10 Runden angesetzt, wurde dann jedoch nach der dritten Runde abgebrochen. Abbildung 5 zeigt das Ergebnis.

Die unterschiedliche Wirkung des Restart ist offensichtlich. Während die Partner fast exakt zu dem Verhalten zurückkehren, das sie während der ersten drei Runden gezeigt haben, leisten die Stranger sehr schnell (bereits ab Runde 12) genauso geringe Beiträge wie am Ende des ersten Spiels. Während die Stranger den Restart als eine bloße Fortsetzung des Spiels begreifen, beginnen die Partner das Spiel von neuem. Wenn das Absinken der Beiträge allein darauf zurückzuführen sein soll, daß die Spieler ihre Freifahrermöglichkeit erst im Spielverlauf lernen, dann dürfte ein solcher

Verhaltensunterschied nicht auftreten, denn Partner und Stranger hatten die gleichen Lernmöglichkeiten.

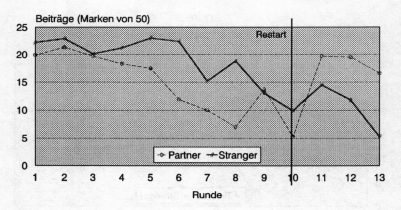

Abbildung 5

Allerdings sollte diese Beobachtung nicht zu dem Schluß führen, daß Lerneffekte im Freifahrerexperiment keine Rolle spielen. In den Experimenten von Weimann zeigt sich, daß ein Teil der Spieler sehr wohl bereit ist, die Freifahreroption wahrzunehmen – nachdem sie sie gelernt haben.

Das Experiment von Andreoni untersucht zwar Hypothesen, die das Ausbleiben des erwarteten Freifahrerverhaltens in den einschlägigen Experimenten erklären wollen, aber allein mit dem Ergebnis, daß die beiden naheliegenden Erklärungen nicht zu überzeugen vermögen. Damit bleibt am Ende der Darstellung ökonomischer Freifahrerexperimente nur die Feststellung, daß diese Experimente insgesamt mehr offene Fragen produziert haben, als sie Antworten geben konnten. Wir wissen nach wie vor nicht, warum Individuen selbst dann noch Beiträge in die öffentliche Anlage leisten, wenn es dominante Strategie ist, dies *nicht* zu tun. Wir haben nur eine ungefähre Vorstellung davon, warum es zu einem Absinken der Beiträge bei Spielwiederholung kommt, und wir können den Schlußrundeneffekt nicht überzeugend erklären.

5. Schlußbemerkung

Die experimentellen Arbeiten zur Freifahrerproblematik führen zu einem Ergebnis, das für die ökonomische Theorie unbefriedigend sein muß und das für die weitere Forschung zu einer ungewöhnlichen Konsequenz führt. Die üblichen Verhaltensannahmen in ökonomischen Modellen basieren auf zwei zentralen Elementen: Sie gehen von der Eigennützigkeit des Verhaltens aus und davon, daß sich Menschen rational verhalten. Wenn wir an der letzten Voraussetzung festhalten wollen, dann muß die erste zumindest modifiziert werden, will man das beobachtbare Verhalten im Freifahrerexperiment erklären. Eine solche Modifikation setzt voraus, daß Annahmen über die konkrete Gestalt individueller Präferenzen gemacht werden, und das ist in der Tat ungewöhnlich. Im Normalfall ökonomischer Theoriebildung werden Präferenzannahmen, die nicht empirisch begründet werden, dadurch gerechtfertigt, daß sie von größtmöglicher Allgemeinheit sind. Je schwächer die Annahmen, die man an die Nutzenfunktion stellt, um so besser für den Erklärungswert der Theorie. Im Falle des Freifahrerproblems scheint es umgekehrt zu sein. Allgemeine, a prioristische Annahmen helfen in diesem Fall nicht weiter, denn sie können nur zu der bekannten Prognose führen, daß Individuen eine dominante Strategie besitzen. Im Experiment offenbart sich jedoch, daß sie über eine solche nicht verfügen, denn rationale Individuen spielen ihre dominante Strategie.

Dennis Mueller (1986) hat die Gefahr, die damit verbunden ist, wenn allgemeine Annahmen durch spezielle ersetzt werden, sehr eindringlich beschrieben. Eine solche Forschungsstrategie, so befürchtet er, „might even lead to that most brutal and humilitating of all criticism, the criticism that our models are ad hoc."(p. 6). Ad hoc gewählte Verhaltensannahmen sind in der Tat eine Gefahr für die ökonomische Modellbildung, denn ad hoc Annahmen erlauben alles zu beweisen – auch das Gegenteil. Experimente könnten geeignet sein, die offensichtlich unausweichlichen Hypothesen über die Motive für kooperatives Verhalten einem kritischen Test zu unterziehen. Insofern ist nicht damit zu rechnen, daß die Geschichte der Freifahrerexperimente bereits abgeschlossen ist. Es steht zu erwarten, daß in Zukunft weitere Experimente durchgeführt werden müssen, um wenigstens einen Teil der offenen Fragen beantworten zu können. Gefangenen-Dilemmata sind nach wie vor ein zentrales Problem entwickelter Gesellschaften und im Zuge der weltweit wachsenden Abhängigkeiten werden sie immer mehr zu einem globalen Problem. Die zentrale Frage, wann, unter welchen Bedingungen in einem solchen Dilemma mit Kooperation zu rechnen ist, und wann nicht, bleibt deshalb auf der Tagesordnung. Welche Rolle kann die experimentelle Forschung dabei konkret spielen? Es seien abschließend zwei Bereiche genannt, in denen Erkenntnislücken durch weitere Experimente geschlossen werden können.

Die bisher vorliegenden Experimente haben eines gemeinsam: Sie betrachten allesamt das Verhalten „im Durchschnitt": Den individuellen Verhaltensweisen wird dabei wenig Aufmerksamkeit geschenkt. Aus diesem Grund ist man nicht in der Lage, Angaben dazu zu machen, ob wir es tatsächlich mit einem Durchschnittsverhalten zu tun haben, von dem der einzelne nur geringfügig abweicht, oder ob zwischen den Individuen starke Verhaltensunterschiede bestehen. Die wenigen Hinweise, die in dieser Hinsicht vorliegen (vgl. z. B. Weimann 1994), sprechen *für* erhebliche Verhaltensunterschiede. Wie sind diese zu erklären – wenn alle Spieler über die gleiche Anreizstruktur verfügen, und deshalb alle eine dominante Strategie besitzen?

Der zweite Aspekt betrifft weniger die unmittelbare experimentelle Arbeit als vielmehr das grundlegende Problemverständnis. Ziel entscheidungstheoretisch fundierter ökonomischer Theorien ist es, beobachtbares Verhalten als das Resultat eines rationalen Kalküls auszuweisen. Wohl an keinem anderen Problem als dem Freifahrerproblem ist deutlicher geworden, daß dieser Anspruch zu eng gewählt sein könnte. In der jüngsten Vergangenheit gewinnen verstärkt Ideen Beachtung, die auf eine Erweiterung des Erklärungsansatzes hinauslaufen. Menschliches Handeln ist nicht nur das Resultat rationaler Kalküle, sondern wird zugleich bestimmt von genetischen Prägungen und verhaltenspsychologisch zu deutenden Prädispositionen. Insbesondere die Arbeit von Robert Frank (1988) hat in diesem Zusammenhang Aufmerksamkeit erregt. Neben der Ratio spielen Emotionen eine entscheidende Rolle bei der Erklärung menschlichen Handelns, so lautet Franks Botschaft. Sie ist bereits verschiedentlich aufgegriffen und umgesetzt worden (vgl. Holländer 1990). Die Hinweise auf die Bedeutung von Emotionen und genetische Prägungen ist insbesondere für die Deutung experimenteller Beobachtungen bedeutsam. Vielleicht sind die Versuche, Kooperation im Freifahrerexperiment als rationale Strategie nachzuweisen, grundsätzlich zum Scheitern verurteilt, weil die Kooperation, die wir beobachten, nicht von der Ratio geleitet, sondern von Emotionen diktiert wird. Inwieweit experimentelle Forschung diesem wichtigen Aspekt Rechnung tragen kann, ist bis heute noch nicht zu beantworten. Es deutet allerdings vieles darauf hin, daß dieser Aspekt in

Zukunft nicht mehr vernachlässigt werden darf – weder im Experiment noch in der Theorie.

Literatur

Allais, M.; Hagen, O. (eds.) (1979), Expected Utility Hypothesis and the Allais Paradox: Contemporary Discussion of Decisions and Uncertainty with Allais Rejoinder, Reidel.

Alfano, G.; Marwell, G. (1980), Experiments on the Provision of Public Goods III: Nondivisibility and Free-riding in „Real Groups", Social Psychology Quarterly, 43, S. 300-309.

Andreoni, J. (1988), Why Free Ride? Strategies and Learning in Public Goods Experiments, Journal of Public Economics, 37, S. 291-304.

Andreoni, J., Miller J. H. (1993), Rational Cooperation in the Finitely Repeated Prisoners Dilemma: Experimental Evidence, The Economic Journal, 103, S. 570-585.

Bohm, P. (1972), Estimating Demand for Public Goods; An Experiment, European Economic Review, 3, S. 111-130.

Brechner, K. (1977), An Experimental Analysis of Social Traps, Journal of Experimental Social Psychology, 13, S. 552-564.

Brewer M. B.; Kramer, R. M. (1986), Choice Behaviour in Social Dilemmas: Effects of Social Identity, Group Size, and Decision Framing, Journal of Personality and Social Psychology, 50, S. 543-549.

Brubaker, E. R. (1982), Sixty-Eight Percent Free Revelation and Thirty-Two Percent Free Ride? Demand Disclosures Under Varying Conditions on Exclusion, Research in Experimental Economics, 2, S. 151-166.

Caldwell, M. D. (1976), Communication and Sex Effects in a Five-Person Prisoner's Dilemma Game, Journal of Personality and Social Psychology, 33, S. 273-280.

Caporael, C. R.; Dawes, R. M.; Orbell, J. M.; van de Kragt, A. J. C. (1989), Selfishness Examined: Cooperation in the Absence of Egoistic Incentives, Behavioral and Brain Science, 12, S. 683-739.

Chamberlin, J. R. (1978), The Logic of Collective Action: Some Experimental Results, Behavioral Science, 23, S. 441-445.

Dawes, R. M. (1980), Social Dilemmas, Annual Review of Psychology, 31, S. 169-193.

Dawes, R. M.; Mc Tavish, J.; Shaklee, H. (1977), Behaviour, Communication, and Assumptions about Other Peoples's Behaviour in a Commons Dilemma Situation, Journal of Personality and Social Psychology, 35, S. 1-11.

Dawes, R. M.; Orbell, J. M.; Simmons, R. T.; van de Kragt, A. J. C. (1986), Organizing Groups for Collective Action, American Political Science Review, 80, S. 1171-1185.

Ellsberg, D. (1961), Risk, Ambiguity and Savage Axiom, Quarterly Journal of Economics, 75, S. 643-669.

Fleishman, J. A. (1988), The Effects of Decision Framing and Others Behavior on Cooperation in a Social Dilemma, Journal of Conflict Resolution, 32, S. 162-180.

Frank, R. (1988), Passions Within Reasons. The Strategic Role of the Emotions, New York, London.

Güth, W.; Leininger, W.; Stephan, G. (1991), On Supergames and Folk Theorems: A Conceptual Discussion, in: Selten, R. (Hrsg.), Game Equilibrium Models, Vol. II, Methods, Morals, and Markets, Berlin et al.

Güth, W.; Kliemt, H. (1992), Soziale Kooperation, Diskussionspapier.

Hanemann,W. M. (1991), Willingness To Pay and Willingness To Accept: How Much Can They Differ? American Economic Review, 81, S. 635-647.

Harding, G. (1968), Tragedy of the Commons, Science, 162, S. 1243-1248.

Hey, J. D. (1991), Experiments in Economics, Oxford, Cambridge.

Holländer, H. (1990), A Social Exchange Approach to Voluntary Cooperation, American Economic Review, 80, S. 1157-1167.

Isaak, R. M.; Mc Cue, K. F.; Plott, C. R. (1985), Public Good Provision in an Experimental Environment, Journal of Public Economics, 26, S. 51-74.

Isaak, R. M.; Walker, J. M. (1988), Group Size Effects in Public Goods Provision: The Voluntary Contributions Mechanism, Quarterly Journal of Economics, S. 179-199.

Issak, R. M.; Walker, J. M.; Thomas, S. H. (1984), Divergent Evidence on Free Riding: An Experimental Examination of Possible Explanations, Public Choice, 43, S. 113-149.

Isaak, R. M., Walker J. M., Williams A. W. (1994), Group Size and the Voluntary Provision of Public Goods, Journal of Public Economics, 54, S. 1-36.

Jardee, T. H.; Rosen, B. (1974), Effects of Opportunity to Communicate and Visibility of Individual Decisions on Behavior in the Common Interest, Journal of Applied Psychology, 59, S. 712-716.

Kahneman, D.; Knetsch, J. L.; Thaler, R. H. (1990), Experimental Tests of the Endowment Effect and the Coase Theorem, Journal of Political Economy, 98, Dez., S. 1325-1348.

Kahneman, D.; Tversky, A. (1979), Prospect Theory: An Analysis of Decision under Risk, Econometrica, 47, S. 263-291.

Kerr, N.; Mac Coun, R. J. (1985), Role Expectations in Social Dilemmas: Sex Roles and Task Motivation in Groups, Journal of Personality and Social Psychology, 49, S. 1547-1556.

Kim, O.; Walker, M. (1984), The Free Rider Problem: Experimental Evidence, Public Choice, 43, S. 3-24.

Knetsch, J. L.; Sinden, J. A. (1984), Willingness to Pay and Compensation Demanded: Experimental Evidence of an unexpected Disparity in Measures of Value, Quarterly Journal of Economics, Bd. 99, Aug., S. 507-521.

Loomes, G. C. (1991), Evidence of a New Violation of the Independence Axiom, Journal of Risk and Uncertainity, 4, S. 91-108.

Loomes, G. C.; Sugden, R. (1982), Regret Theory: An Alternative Theory of Rational Choice under Uncertainity, Economic Journal, 92, S. 805-824.

Machina, M. J. (1989), Choice under Uncertainty: Problems Solved and Unsolved, in: Hey, J. D., (Ed.), Current Issues in Microeconomics, Cambridge.

Marwell, G.; Ames, R. E. (1980), Experiments on the Provision of Public Goods II: Provision Point, Stakes, Experience and the Free Rider Problem, American Journal of Sociology, 85, S. 926-937.

Marwell, G.; Ames, R. E. (1979), Experiments on the Provision of Public Goods I: Resources, Interest, Group Size, and the Free Rider Problem, American Journal of Sociology, 84, S. 1335-1360.

Marwell, G.; Ames, R. E. (1981), Economists Free Ride, Does Anyone Else, Journal of Public Economics, 15, S. 295-310.

Mueller, D. C. (1986), Rational Egoism versus Adaptive Egoism as Fundamental Postulate for a Descriptive Theory of Human Behavior, Public Choice, 51, S. 2-23.

Orbell, J. M.; Dawes, R. M.; van de Kragt, A. J. C. (1988), Explaining Discussion-Induced Cooperation, Journal of Personality and Social Psychology, 54, S. 811-819.

Ostrom, E. (1990), Governing the Commons: The Evolution of Institutions for Collective Action, New York.

Ostrom, E., Gardner, R., Walker, J. (1994), Rules, Games & Common Pool Resources, Ann Arbor.

Plott, C. (1991), Economics in 2090: The Views of an Experimentalist, Economic Journal, 101, S. 88-93.

Rasmusen, E. (1989), Games and Information. An Introduction to Game Theory, Oxford.

Samuelson, C. D.; Messick, D. M.; Rutte, C. G.; Wilke, H. A. M. (1984), Individual and Structural Solutions to Resource Dilemmas in Two Cultures, Journal of Personality and Social Psychology, 47, S. 94-104.

Sell, J.; Wilson, R. K. (1991), Levels of Information and Contributions to Public Goods, Social Forces, 70, S. 107-124.

Smith, V. L. (1979), An Experimental Comparison of Three Public Good Decision Mechanisms, The Scandinavian Journal of Economics, 81, S. 198-215.

Smith, V. L. (1989), Theory, Experiment and Economics, The Journal of Economic Perspectives, 3, S. 151-170.

Sweeney, J. (1973), An Experimental Investigation of the Free Rider Problem, Social Science Research, 2, S. 277-292.

Scherr, B., Bobb, E. (1975), Pricing Public Goods: An Experiment with Two Proposed Pricing Systems, Public Choice, 23, S. 35-48.

Schneider, F., Pommerehne, W. W. (1981), Free Riding and Collective Action: An Experiment in Public Microeconomics, Quarterly Journal of Economics, 96, S. 689-704.

Schroeder, D. A.; Jensen, T. D.; Reed, A. J.; Sullivan, D. K.; Schwab, M. (1983), The Actions of Others As Determinants of Behavior in Social Trap Situations, Journal of Experimental Social Psychology, 19, S. 522-539.

van de Kragt, A. J. C.; Orbell, J. M.; Dawes, R. M. (1983), The Minimal Contributing Set As a Solution to Public Goods Problems, American Political Science Review, 77, S. 112-122.

Weimann, J. (1994), Individual Behaviour in a Free Riding Experiment, Journal of Public Economics, 54, S. 185-200.

Wilson, R. K.; Sell, J. (1990), „Liar, Liar, Pants on Fire": Cheap Talk and Signaling in Repeated Public Good Settings, Texas A&M University, Discussion Paper.

Yamagishi, T.; Sato, K. (1986), Motivational Bases of the Public Goods Problem, Journal of Personality and Social Psychology, 50, S. 67-73.

Hierarchieversagen und die Vorteile kooperativer Führung: Anmerkungen zu Gary Millers „Managerial Dilemmas"

Max Frank, Joachim Grosser und Susanne Koch*

Einleitung

Heutzutage beantworten nicht wenige Ökonomen die Frage, warum Güterströme innerhalb von Unternehmen nicht durch das freie Spiel von Angebot und Nachfrage, sondern durch Autoritätsbeziehungen gelenkt werden, mit Varianten eines Arguments, das auf Coase (1937) zurückgeht: Unter bestimmten Voraussetzungen erzielt der Markt schlechtere Resultate als hierarchische Allokationsmechanismen. Rationale Individuen, die sich erreichbare Effizienzgewinne nicht entgehen lassen, entscheiden sich aus diesem Grund dafür, ihre Beziehungen hierarchisch zu strukturieren. Dieses Begründungsmuster dominiert die institutionentheoretische Forschung in einer Weise, die es allein bereits rechtfertigt, auf Gary Millers Buch *„Managerial Dilemmas: The Political Economy of Hierarchy"* im Rahmen einer Besprechung ausdrücklich aufmerksam zu machen.

Miller bestreitet, daß mit Hierarchien eine effiziente Bewältigung von Allokationsproblemen, bei denen Märkte versagen, zu erreichen sei. Sein Argument ruht auf zwei Säulen: Zum einen versucht er nachzuweisen, daß es analog zum Versagen von Märkten Hierarchieversagen gibt. Durch die Tücken der Versagenslogik scheitern Hierarchien an den gleichen Umständen, die bereits für unzureichende Allokationsleistungen des Markts verantwortlich sind. Demzufolge eröffnen Autoritätsbeziehungen keinen Königsweg ins gelobte Land erstbester Allokationen.

* Dieser Beitrag entstand im Rahmen des Seminars zur Wirtschaftstheorie an der Universität Regensburg. Wir verdanken den Teilnehmern dieses Seminars zahlreiche kritische Anmerkungen. Besonderen Dank schulden wir Winfried Vogt.

Allerdings werden hierarchische Strukturen durch diese Einsicht noch nicht zwangsläufig als ökonomisch zweckmäßiges Entscheidungsverfahren diskreditiert. Es könnte ja immerhin gelten, daß Hierarchie das beste aller unzulänglichen Entscheidungsverfahren darstellt. Um diesem Einwand zu begegnen, präsentiert Miller eine zweite Säule seiner Kritik an hierarchischen Strukturen, für die er einen Gedanken von Kreps (1990) aufnimmt und weiterentwickelt. Eine effiziente Unternehmensführung besteht demnach nicht darin, Befehle zu erteilen und deren Ausführung zu kontrollieren und nötigenfalls zu erzwingen. Miller versucht vielmehr, Möglichkeiten aufzuzeigen, durch einen kooperativen Führungsstil die Ursachen der Effizienzverluste zu eliminieren, denen mit anderen institutionellen Vorkehrungen nicht beizukommen ist. Demzufolge sind hierarchische Strukturen nach Millers Ansicht nicht nur mit Defiziten behaftet, sondern es gibt zudem eine bessere Alternative. Seine These lautet, daß mit flacheren Hierarchien und vermehrter Kooperationsbereitschaft der Unternehmensleitung Wohlfahrtsgewinne zu realisieren sind.[1] Diese Überlegungen durchkreuzen die etablierten Denkmuster in der Analyse von Institutionen. Miller läßt die bloße Existenz von Hierarchien nicht als Indiz für deren überlegene Effizienzeigenschaften gelten, um nachträglich zu rekonstruieren, worauf sich diese Überlegenheit gründet. Er stellt sich mit seiner Kritik auch nicht auf die Seite radikaler Ökonomen, die in der Tradition von Marglin (1974) unternehmensinterne Autoritätsrelationen hauptsächlich unter Verteilungsaspekten untersuchen.

Im folgenden skizzieren wir zunächst die wesentlichen Argumentationsschritte von Miller (Abschnitt 1). Im anschließenden zweiten Teil merken wir einige kritische Punkte an, die nach unserer Ansicht zu berücksichtigen wären, um Millers Ansatz von einem (unbestritten befruchtenden) Denkanstoß zu einer fundierten Kritik an hierarchischen Entscheidungsverfahren fortentwickeln zu können.

---

[1] Diese These ist insbesondere in der betriebswirtschaftlichen Organisationslehre keineswegs neu. Beyer (1993) bietet hierzu einen aufschlußreichen Überblick, in dem er vorwiegend betriebswirtschaftliche Literatur mikroökonomisch aufarbeitet.

1. Zur Begründung der Überlegenheit kooperativer Führung

1.1 Eine Skizze des Erklärungsprogramms der Institutionenökonomik

Seit dem eingangs zitierten Beitrag von Coase hat es sich eingebürgert, Institutionen im allgemeinen und unternehmensinterne Strukturen im besonderen auf zwei Ebenen zu analysieren. Auf der ersten Ebene betrachtet man ein Unternehmen zunächst als einen Pool von Handlungsmöglichkeiten.[2] Zu diesem Zweck definiert man eine Allokation als eine Liste von Verhaltensweisen, die angibt, welches Unternehmensmitglied welche Beiträge der unterschiedlichen Inputfaktoren liefert, und welche Anteile am Wert des so erzeugten Outputs die einzelnen Mitglieder jeweils erhalten. Es ist offenkundig, daß in der Regel innerhalb eines Unternehmens eine Vielzahl unterschiedlicher Allokationen erreicht werden kann. Demzufolge benötigt man einen Mechanismus, der aus der Menge der möglichen Allokationen jenen Verhaltensplan auswählt, welcher letztendlich durchgeführt wird. Mit der Definition eines solchen Entscheidungsmechanismus begibt man sich auf die zweite Ebene der institutionenökonomischen Untersuchung. Auf dieser Ebene beschreibt man ein Unternehmen als eine Struktur von Verfügungskompetenzen.[3] Die Verfügungskompetenz eines Unternehmensmitglieds gibt das Recht des betreffenden Akteurs an, allgemein verbindliche Entscheidungen über die Einsatzmenge eines oder mehrerer Faktoren zu treffen, sowie gegebenenfalls die Verteilung des erzeugten Werts festzulegen. Im folgenden werden wir die konkrete Ausgestaltung der Verfügungskompetenzen auch als 'Organisationsstruktur' oder als 'Allokationsmechanismus' bezeichnen.

Die Institutionenökonomik beschäftigt sich vor diesem konzeptionellen Hintergrund mit zwei Fragestellungen. Zum einen wird versucht vorherzusagen, welcher Aktionsplan sich unter einer gegebenen Struktur von Verfügungsrechten einstellen wird. Allen Beteiligten wird unterstellt, daß sie im Rahmen ihrer Kompetenzen ihren individuellen

---

[2] Vgl. Vanbergs Interpretation des Organisationsmodells von Coleman in Coleman (1979), 93 ff.

[3] „Eine *Institution* ist im hier verwendeten Sinne ein auf ein bestimmtes Zielbündel abgestelltes System von Normen einschließlich deren Garantieinstrumente... Sie steuert, wenn auch natürlich nicht perfekt, das soziale Handeln der Individuen" Richter (1990), 572, Hervorhebung im Original.

Nutzen maximieren. Demzufolge ergibt sich diese Vorhersage als das Gleichgewicht des 'Spiels', das durch die Menge der Unternehmensmitglieder (Spieler), deren Verfügungsrechte (individuell zulässige Strategien) und deren Präferenzen (Auszahlungsfunktionen) charakterisiert ist. Zum anderen werden unterschiedliche Verteilungen von Kompetenzen miteinander verglichen. Den Ausgangspunkt dieses Vergleichs stellt der Umstand dar, daß sich je nach der konkreten Ausgestaltung der Kompetenzstruktur ein anderes Gleichgewicht einstellen wird. Eine Organisationsstruktur wird als effizient bezeichnet, wenn sie Verhaltensweisen erzeugt, die jedem Unternehmensmitglied einen höheren Nutzen stiften als die gleichgewichtigen Aktionspläne aller alternativen Kompetenzverteilungen.

1.2 Das Versagen traditioneller Allokationsmechanismen: Märkte, Verhandlungen, Abstimmung und Hierarchie

Probleme dezentraler Organisationsstrukturen

Es ist zunächst naheliegend sich vorzustellen, daß es mit Hilfe dezentraler Allokationsverfahren möglich ist, die Produktion in einem Unternehmen effizient zu organisieren. Miller faßt nun im ersten Teil seines Buches die Gründe zusammen, aus denen solche Mechanismen, also Märkte, Verhandlungen oder Abstimmung, versagen.

Zunächst wendet er sich dabei der Frage zu, welche Probleme Marktlösungen von Unternehmensbeziehungen aufwerfen. Ausgangspunkt der Analyse ist hier, daß Märkte nur dann zu effizienten Allokationen führen, wenn weder asymmetrische Informationen noch Marktmacht oder Externalitäten vorliegen. Das Dilemma im Produktionsprozeß besteht darin, daß Arbeitsteilung zwar grundsätzlich Effizienzgewinne ermöglicht. Spezialisierung und Teamproduktion führen aber genau zu Externalitäten, Informationsasymmetrien und Monopolmacht, so daß es durch strategisches Verhalten der Teammitglieder zu einer ineffizienten Allokation kommt.

Nun führt die Tatsache allein, daß der Markt als Koordinator der unternehmensinternen Beziehungen versagt, nicht zwangsläufig zu Hierarchie. Miller zeigt aber in den nächsten Kapiteln seines Buches, daß auch Verhandlungen und Abstimmungen zu ineffizienten Ergebnissen führen: Die Grundidee von Verhandlungen besteht darin, daß zwei Verhandlungspartner gemeinsam den durchzuführenden Aktionsplan und die Verteilung anfallender Erträge festlegen. Diese Organisationsstruktur stößt auf Probleme, wenn das Verhandlungsergebnis nur unter Aufwendung von Kosten zu erreichen ist. Unter solche Transaktionskosten fällt der Zeitaufwand für den eigentlichen Verhandlungsprozeß, in dem insbesondere unterschiedliche Verteilungsinteressen der Verhandlungspartner gegeneinander ausgeglichen werden müssen. Auch die konkrete Spezifikation von Rechten und Pflichten sowie die nachträgliche Überprüfung des vereinbarungsgemäßen Verhaltens der Akteure erfordert den Einsatz wertvoller Ressourcen. Durch Transaktionskosten wird der erzielte Überschuß gemindert. Vollends problematisch werden Verhandlungsmechanismen, wenn absehbar ist, daß sich im Verlauf des Vollzugs der erreichten Vereinbarung Umstände einstellen können, die eine Abweichung von den vereinbarten Aktionen allgemein wünschenswert machen. In diesem Fall wäre der Versuch, für alle zukünftigen Möglichkeiten die jeweils adäquaten Verhaltensweisen auszuhandeln, vergleichsweise kostspielig. Im Gegensatz dazu könnte ein hierarchisches Entscheidungsverfahren schnell und ohne größere Umstände auf neu aufgetretene Situationen reagieren. Für den Fall asymmetrischer Verteilung der Informationen bezüglich der Präferenzen der Verhandlungspartner haben Myerson und Satterthwaite (1983) nachgewiesen, daß es nicht möglich ist, durch einen Verhandlungsprozeß ein effizientes Resultat zu erreichen. Ähnliches gilt für Abstimmung als Allokationsmechanismus: Miller verweist hier auf Arrow (1963), nach dem der einzige Abstimmungsmechanismus, der neben anderen wünschenswerten Eigenschaften systematisch effiziente Ergebnisse liefert, die Diktatur ist.

Hierarchieversagen

Das Versagen dezentraler Allokationsmechanismen könnte zu der Vermutung führen, daß durch eine hierarchische Firmenorganisation alle Effizienzprobleme zu lösen sind. Es zeigt sich aber (und Miller bespricht dies ausführlich im Mittelteil seines Buches), daß dies nicht zutrifft. Ein Grund für das Hierarchieversagen ist darin zu sehen, daß arbeitsteilige Entscheidungsprozesse vorteilhaft sind: Erstens benötigt die Entscheidungsebene Informationen von untergeordneten Stellen. Zweitens kann die Produktivität des Entscheidungsprozesses durch Arbeitsteilung und Spezialistenwissen erhöht werden. Es gibt demnach potentielle Effizienzgewinne der Delegation von Entscheidungskompetenzen. Diese Wohlfahrtszuwächse können allerdings nicht vollständig realisiert werden, wenn sich die entscheidungsbefugten Spezialisten strikt an ihren Individualinteressen orientieren, anstatt die Auswirkungen ihrer Entscheidungen auf andere Unternehmensmitglieder ins Kalkül zu ziehen. Auch aus diesem Dilemma gibt es vermeintliche Auswege. Zunächst kann versucht werden, bereits bei der Personaleinstellung nur solche Mitarbeiter auszuwählen, die von den Präferenzen her zum Unternehmen 'passen'. Im Normalfall wird dieser Versuch daran scheitern, daß eine solche Personalauswahl vielfältige Kosten verursacht: Allein die Festlegung, welche Präferenzstruktur zum Unternehmen paßt, ist aufwendig. Zudem hat jeder Bewerber für eine mit Entscheidungsbefugnissen ausgestattete Position einen Anreiz, seine wahren Präferenzen zu verschleiern, um die Kompetenzen bestmöglich für seine persönlichen Zwecke einsetzen zu können.

Eine weitere Möglichkeit zur Lösung des Dilemmas bietet die Schaffung von Anreizmechanismen, um die Firmenmitglieder am strategischen Verhalten gegen das Unternehmen zu hindern. Hier zeigt sich jedoch ebenfalls, daß nur eine Scheinlösung erreicht wird. Am Beispiel der Akkordentlohnung illustriert Miller zunächst das Problem: Bei vollständiger Information ist die Unternehmensführung in der Position eines Monopsonisten, der das Leistungsangebot der Untergebenen durch den Lohnsatz steuert. Bekanntlich ist das Gleichgewicht einer solchen Konstellation ineffizient. Zusätzliche Probleme ergeben sich u. a. dadurch, daß die Unternehmensleitung Technologien und Präferenzen nicht genau genug kennt, um einen effizienten Lohnsatz festsetzen zu können.

Allgemein läßt sich zeigen, daß Anreizmechanismen sowohl bei versteckten Eigenschaften als auch bei versteckten Handlungen zu ineffizienten Ergebnissen führen. Ein risikoaverser Agent kann nicht voll gegen zufällige Ertragsschwankungen versichert werden, ohne ihm zugleich jeden Leistungsanreiz zu nehmen. Ein ganz ähnliches Problem stellt sich, wenn die Höhe des Ertrags von den Einzelleistungen aller Mitglieder eines Teams abhängt. Bei ineffizient geringen Erträgen kann sich jedes Teammitglied hinter der Behauptung verschanzen, es habe die vorgeschriebene Leistung erbracht und die Ertragseinbußen seien auf die Bummelei der anderen Teammitglieder zurückzuführen. Holmstrom (1982) konzipiert ein Entlohnungsschema, mit dem sich der effiziente Produktionsplan als Gleichgewicht implementieren läßt. Dabei besteht der 'Trick' darin, jedes einzelne Teammitglied für Ertragsminderungen unter das effiziente Niveau zur Rechenschaft zu ziehen. Nach diesem Anreizschema wird jedem Akteur für den Fall zu geringer Erträge eine ausreichend hohe Lohneinbuße angedroht, die individuelle Abweichungen vom effizienten Leistungsniveau unattraktiv machen. Eswaran und Kotwal (1984) zeigen jedoch auf, daß sich mit diesem Verfahren das Anreizproblem nur verlagert. Da sich die Lohnsumme bereits bei den geringsten Ertragsausfällen drastisch vermindert, besteht für die Unternehmensleitung der Anreiz, sich mit einem Teammitglied gegen das restliche Team zu verbünden: Das betreffende Individuum erbringt nach Absprache mit der Firmenleitung eine geringe Leistung. Dadurch fällt der Ertrag gering aus und das Unternehmen realisiert hohe Einsparungen an Lohnkosten, die zwischen dem Überläufer und der Unternehmensführung zum beiderseitigen Vorteil verteilt werden können. Demzufolge ist es mit dem von Holmstrom vorgeschlagenen Verfahren nicht wirklich möglich, das Anreizproblem in Teams zu lösen.

Gewährleistet ein Markt für Unternehmenseigentum effiziente Managemententscheidungen?

Ein Großteil dieser Argumente gegen die Effizienz hierarchischer Organisationsstrukturen wäre hinfällig, würden Konkurrenzmechanismen opportunistische Verhaltensstrategien des Managements ausreichend sanktionieren. Ein mögliches Disziplinierungsinstrument für die Manager bestünde in der Gefahr, von anderen, weniger opportunistischen Managern durch eine Übernahme des Eigentums am Unternehmen verdrängt zu werden. Die Eindringlinge könnten antizipieren, daß das Unternehmen unter ihrer Verwaltung einen höheren Wert hätte. Daher könnten sie auf dem Markt für Unternehmenseigentum mit einer Preisofferte auftreten, zu der die bisherigen Eigentümer bereit wären, ihre Anteile zu verkaufen. Dies scheitert jedoch daran, daß es für den einzelnen Anteilseigner rational ist, seine eigenen Anteile zu behalten, kann er doch damit rechnen, daß nach einer Übernahme seine Anteile dem Wert des neuen Unternehmens entsprechen. Im Gegensatz dazu kann er durch einen Verkauf an die Eindringlinge nur einen Teil dieses Wertzuwachses realisieren, da letztere ansonsten keinen Anreiz hätten, sich um den Erwerb des Unternehmens zu bemühen. Dieses Trittbrettfahrerverhalten der Aktionäre führt dazu, daß Übernahmedrohungen in ihrer Wirkung sehr limitiert sind.[4]

1.3 Kooperativer Führungsstil zur Lösung des Management Dilemmas

Die im ersten Teil des Buches behandelten Möglichkeiten, die Beziehungen in Unternehmen zu strukturieren, führen aus unterschiedlichen Gründen zu ineffizienten Resultaten. Die Logik dieses Versagens läßt sich allgemein durch einen Widerspruch zwischen der individuellen und der kollektiven Rationalität (Nutzenmaximierung vs. Effizienz) charakterisieren. Miller präsentiert das 2-Personen-Gefangenen-Dilemma als den Prototyp einer Situation, in der dieser Konflikt auftritt. Alle bislang diskutierten Organisationsstrukturen kann man vor diesem Hintergrund als Versuche interpretieren, der Ineffizienz des Gleichgewichts durch Modifikationen der Spielregeln im Bereich der Verfügungsrechte beizukommen.

Angesichts des Scheiterns dieses Unterfangens versucht Miller einen anderen Weg aus dem Dilemma aufzuzeigen. Nach seiner Auffassung ist es die Aufgabe der Unternehmensleitung, durch einen kooperativen Führungsstil die Erwartungen der Firmenmitglieder so zu koordinieren, daß sich ein effizientes Gleichgewicht einstellt.[5]

Kooperationsmöglichkeiten in wiederholten Spielen

Versteht man die Unternehmung als einen Ort dauerhafter Beziehung von Wirtschaftssubjekten, so kann man das Auftreten von effizienten Gleichgewichten aus der Theorie wiederholter Spiele erklären. Miller veranschaulicht den Gedankengang am Beispiel des Gefangenen-Dilemmas. Wird das Spiel nur ein einziges Mal gespielt, so entscheidet sich jeder der Beteiligten aus individuellen Vorteilhaftigkeitsüberlegungen für die ineffiziente Strategie. Erstreckt sich die Produktionsbeziehung über mehrere Perioden, so stellt sich gleichfalls das ineffiziente

---

[4] Vgl. Grossman und Hart (1980).
[5] Eine interessante Alternative zu dieser Vorgehensweise wird bei Casson (1992) diskutiert. Dort wirkt die Unternehmensführung direkt auf die Präferenzen der Unternehmensmitglieder ein und modifiziert so die individuellen Auszahlungen in einer Weise, die ein effizientes Gleichgewicht sicherstellt.

Ergebnis ein, sofern jeder Spieler davon ausgeht, daß die Zusammenarbeit zu einem bestimmten Zeitpunkt endet. Ist die Produktionsbeziehung hingegen auf Dauer angelegt, so daß jeder Akteur wenigstens mit einer positiven Wahrscheinlichkeit mit einer weiteren 'Spielrunde' rechnet, so ändert sich das strategische Szenario drastisch. Nunmehr kann nämlich jeder Akteur seinen Kollegen damit drohen, deren Abweichen von der effizienten Strategie zu vergelten, indem er gleichfalls die ineffiziente Verhaltensweise wählt. Unter bestimmten Voraussetzungen erleiden die Mitspieler dadurch langfristig eine Nutzeneinbuße, die durch den mit der ineffizienten Strategie kurzfristig erzielten Nutzengewinn nicht aufgewogen wird. Angesichts dieser Drohung entscheiden sich die Mitspieler im eigenen(!) Interesse für effiziente Aktionen. Wenn alle Unternehmensmitglieder solche Drohstrategien spielen, weicht offenbar niemand von der effizienten Verhaltensweise ab.

Aus dieser Konstruktion zieht Miller Schlußfolgerungen für die effiziente Organisation von Arbeitsgruppen: Die Arbeitsbeziehungen müssen langfristig sein, da bei nur kurzfristiger Zusammenarbeit die zukünftigen Sanktionen für abweichendes Verhalten nicht abschreckend genug sind. Weiterhin wird die Gruppe Aktivitäten entwickeln, die das wechselseitige Vertrauen stärken; je geringer die Unsicherheit ist, ob der Gegenüber sich an die effiziente Strategie hält, desto größer wird die Bereitschaft des einzelnen sein, sich effizient zu verhalten. Schließlich weist Miller darauf hin, daß sich in erfolgreichen Arbeitsgruppen immer eine reziproke Norm entwickelt, die wechselseitig sicherstellt, daß jeder Abweichler bestraft wird.

Funktioniert diese Art horizontaler Kooperation, so wirkt hierarchische Kontrolle von außen auf die Gruppe produktivitätsmindernd. Zeiten, in denen die Gruppe nicht arbeitet, sondern ihre sozialen Beziehungen pflegt, dienen dann dazu, das wechselseitige Vertrauen zu stärken. Der Versuch, diese „unproduktiven Pausen" zu verkürzen, destabilisiert die Verhaltenserwartungen und provoziert demzufolge abweichendes Verhalten. Ohne Möglichkeiten, außerhalb der konkreten Produktionsaktivitäten in vertrauensbildende soziale Beziehungen treten zu können, vermindert sich für den einzelnen Akteur der Anreiz, die effiziente Strategie zu spielen, die ja nur dann individuell rational ist, wenn er sich darauf verlassen kann, daß sich auch alle anderen Unternehmensmitglieder effizient verhalten.

Auch ein vertikales Dilemma, wie etwa oben bei der Akkordentlohnung und dem Problem der Teamproduktion dargestellt, läßt sich in dauerhaften Produktionsbeziehungen lösen. Die Durchsetzung eines effizienten Gleichgewichtes innerhalb unterschiedlicher Hierarchieebenen ist jedoch schwieriger als bei Arbeitsgruppen, da im Normalfall der direkte Kontakt zwischen den Spielern - dem Management auf der einen und den Untergebenen auf der anderen Seite - fehlt. Es ist deshalb in diesem Fall besonders wichtig, daß eine Verhaltensnorm etabliert wird und die Führung glaubwürdig machen kann, daß sie diese Norm einhält. Generell gilt jedoch, daß sowohl horizontale als auch vertikale Dilemmata effizient gelöst werden können, wenn die Unternehmensbeziehungen hinreichend langfristig sind und es gelingt, entsprechende Normen einzuführen.

Das Problem multipler Gleichgewichte

Die pure Möglichkeit, ein effizientes Gleichgewicht zu erreichen, hilft bei der Lösung realer Probleme nicht weiter. Dies wird in einem einfachen Gedankenexperiment deutlich. Wenn ein Spieler davon ausgeht, daß alle seine Kollegen die ineffiziente Verhaltensweise wählen werden, dann ist es für ihn aufgrund der angenommenen Auszahlungsstruktur rational, sich gleichfalls ineffizient zu verhalten. Das gleiche trifft für jeden seiner Kollegen zu. Demzufolge existiert neben dem effizienten Gleichgewicht ein weiteres Gleichgewicht, in welchem alle Akteure in jeder Periode ihrer Zusammenarbeit ineffiziente Leistungsniveaus realisieren. Der Unterschied zwischen diesen beiden Gleichgewichten besteht hauptsächlich in den jeweils zugrundeliegenden Verhaltenserwartungen: Die Erwartung effizienter Leistungsbeiträge erzeugt zusammen mit entsprechenden Sanktionserwartungen effiziente Aktionen. Ganz analog bestätigt im anderen Fall das tatsächlich zu beobachtende Verhalten die Erwartung ineffizienter Aktionen.

Miller zieht daraus den offensichtlichen Schluß, daß die Theorie wiederholter Spiele allein keine Voraussage über das erreichte Gleichgewicht in langfristigen Beziehungen machen kann und daß es nicht zwangsläufig zu einem effizienten Gleichgewicht kommen wird. Das Problem besteht darin, daß es zu effizienten oder ineffizienten Ergebnissen kommen kann, je nachdem, welche Erwartungen innerhalb der Unternehmung vorherrschen. Infolgedessen versucht er einen Weg aufzuzeigen, wie ein effizientes Gleichgewicht aus der Menge der vielen möglichen ausgewählt werden kann.

Die Auswahl eines solchen Gleichgewichts stützt sich nach Miller auf eine – bereits etablierte – Konvention. Ein Beispiel für eine solche Konvention ist der Austausch von Geschenken: Es ist Konvention, daß dem Geschenk ein Gegengeschenk folgt, insofern stimmen die wechselseitigen Erwartungen überein. Auch die Effizienzlöhne kann man als gift exchange interpretieren: dem „Geschenk" der höheren Entlohnung folgt die Erwartung der höheren Anstrengung und vice versa. Aufgabe des Managements ist es also, eine „corporate culture" der Kooperation zu schaffen. Dieses Kooperationsklima ist durch Normen und Konventionen charakterisiert, in denen sich die allgemeine Erwartung ausdrückt, jedes Unternehmensmitglied verhielte sich so, daß der effiziente Produktionsplan realisiert werden kann. Die Konsequenz dieser Kooperationserwartungen ist offensichtlich, daß der effiziente Plan tatsächlich zur Durchführung kommt, daß sich die Erwartungen also im nachhinein als zutreffend erweisen. Es ist einleuchtend, daß eine solche Unternehmenskultur zusammenbricht, wenn es nicht-sanktionierte Verletzungen der Kooperationsnormen gibt. Miller illustriert dies am Fall einer Gipsmine in Indiana, bei welcher der Versuch einer neuen Unternehmensleitung, die Mitarbeiter stärker zu überwachen, darin endete, daß diese ebenfalls ihre Kooperation einstellten: Es entstand ein Zyklus der sich verstärkenden Rigidität. Glaubwürdige Verhaltensankündigungen gerade auf Leitungsseite sind demnach Voraussetzung dafür, daß ein effizientes Gleichgewicht Bestand hat.

Maßnahmen zur Erreichung eines bestimmten Gleichgewichtes

Der besondere Anreiz für Manager, eine ineffiziente Strategie zu wählen, wenn alle anderen die effiziente Strategie spielen, liegt darin, daß dadurch kurzfristig Profitsteigerungen möglich sind, die für die Aufstiegschancen nützlich sein können. Es gibt nun zwei Möglichkeiten, eine glaubwürdige Bindung an die Kooperationsstrategie zu erreichen: Die Schaffung einer Kooperations-Reputation und konstitutionelle Selbstbindung.

Zum Aufbau einer Reputation ist insbesondere die Kommunikation zwischen den Hierarchieebenen notwendig, wie Miller an einigen Beispielen illustriert. Dies kann durch regelmäßig einberufene Betriebsversammlungen geschehen, auf denen die Unternehmensleitung Vorschläge und Anregungen der Belegschaft hört, oder durch „Management-by-Walking-Around". Aber auch nonverbale Kommunikation spielt eine wichtige Rolle, wie sie durch den Gebrauch von Symbolen geschieht. Ein solches Symbol kann etwa die Aufgabe von Managementprivilegien sein (reservierter Parkplatz etc.) und dient dazu, die prinzipielle Gleichwertigkeit von Führungsebene und Belegschaft zu verdeutlichen. Wie stark das Kooperationsvertrauen und damit die glaubwürdige Bindung ist, die auf diese Art aufgebaut werden kann, hängt stark von der Persönlichkeit der Führungspersonen ab. Insofern ist es sinnvoll, zusätzlich eine institutionelle Selbstbindung in der Weise zu schaffen, daß Eigentumsrechte umverteilt werden. Dies kann generell durch eine Beteiligung untergeordneter Hierarchieebenen an Entscheidungsprozessen geschehen, etwa in Form der Einrichtung eines Betriebsrats, durch eine gewisse Entscheidungsautonomie der einzelnen Arbeitsteams oder durch Formen der Gewinnbeteiligung. Auch die Einschränkung der Überwachung (z. B. die Abschaffung der Stechuhr) ist eine Umverteilung von Verfügungsrechten, die Kooperationserwartungen fördert. Auch jede Art der Humankapitalbildung, die die Führung den Arbeitskräften finanziert, führt dazu, daß diese in die Dauerhaftigkeit der Arbeitsbeziehung und in die Kooperationsbereitschaft der Führung vertrauen.

Insgesamt läßt sich, so Miller, mit den eben vorgestellten Maßnahmen bewirken, daß aus der Menge der vielen bei wiederholten Spielen erreichbaren Gleichgewichte ein effizientes ausgewählt werden kann, indem die Erwartungen der Firmenmitglieder geeignet koordiniert werden.

2. Ungelöste Probleme kooperativer Führung

2.1 Die Fallstricke kontrafaktischer Aussagen und die Notwendigkeit einer Theorie der Erwartungsbildung

Der entscheidende Kunstgriff, von dem sich Miller die Ausschöpfung ansonsten nicht realisierbarer Effizienzgewinne verspricht, besteht offenbar darin, die Beziehungen innerhalb eines Unternehmens als ein wiederholtes Spiel zu betrachten. Unter dieser Voraussetzung ist es prinzipiell möglich, für den Fall abweichenden Verhaltens eines Unternehmensmitglieds glaubhafte Vergeltungsstrategien zu formulieren, welche den potentiellen Abweichler von eben diesem Verhalten abschrecken.

Die Schwierigkeit dieser Argumentation liegt darin, daß in einer entsprechend begründeten Gleichgewichtsstrategie für Situationen, die für alle erkennbar niemals eintreffen werden, (Vergeltungs-) Aktionen spezifiziert werden müssen.[6] Lewis (1973) spricht in diesem Zusammenhang von „counterfactuals". Ob kontrafaktische Sätze sinnvoll sind, läßt sich erst vor dem Hintergrund einer „background theory" klären. Das klassische Beispiel von Lewis ist der Satz: „If kangaroos had no tails, they would topple over", eine kontrafaktische Aussage. Die erforderliche background theory wäre z. B. eine „mechanische Statik der Tiere". Nur vor diesem Hintergrund ließe sich durch geschickte Parametervariation der Frage nachgehen, ob die Tiere nun wirklich umfielen, so sie denn keinen Schwanz hätten.[7] Übertragen auf unser Problem steht ein Spieler, der eine Abweichung von der effizienten Gleichgewichtsstrategie in Erwägung zieht, vor der Frage, mit welcher Reaktion seines Mitspielers er in diesem Fall zu rechnen hat. Zwar zeigt sich im Rahmen der oben angestellten Überlegungen, daß ein einzelner Akteur nicht abweicht, *wenn* er davon ausgeht, daß ihm dann entsprechende Vergeltungsmaßnahmen drohen, die er durch effizientes Verhalten abwenden könnte. *Ob* er sich allerdings gerade diese Erwartung über seine Mitspieler bildet und sich entsprechend effizient verhält, oder ob er nicht statt dessen von durchweg ineffizienten Aktivitäten seiner Kollegen ausgeht, und sich demzufolge gleichfalls für die ineffiziente Aktion entscheidet, läßt sich nicht vorhersagen, solange man nicht über eine elaborierte Theorie der individuellen Erwartungsbildung (eine background theory) verfügt.[8] Ohne eine solche Theorie läßt sich zwischen diesen beiden Verhaltenshypothesen nicht weiter diskriminieren, da der jeweils zu beobachtende Spielverlauf keine Indizien liefert, um die Hypothese für Konstellationen abseits des Gleichgewichts zu bestätigen oder zu verwerfen. Gleichwohl ist es für

---

[6]   „A perfectly rational player will not deviate from his equilibrium strategy. But a profile of strategies is in equilibrium because of what *would* happen if a player *were* to deviate." (Binmore, 1990, 152, Hervorhebung im Original).

[7]   Vgl. dazu auch Selten/Leopold (1981).

[8]   Unterschiedliche Ansätze so verstandener notwendiger „background theories" lassen sich aus Erkenntnissen aus der experimentellen Psychologie motivieren: Menschen besitzen kein unbegrenztes Erinnerungsvermögen (bounded recall) und Menschen tendieren dazu, komplexen Entscheidungssituationen mit Hilfe von Daumenregeln zu begegnen (Automatentheorie).

die letztlich gewählten Aktivitäten gerade nicht bedeutungslos, von welchen Aktionen der Mitspieler man in Situationen ausgeht, die im 'regulären' Spielverlauf gar nicht auftreten. Die für Millers Argumentation zentrale Aussage, daß dauerhaft angelegte Produktionsbeziehungen effiziente Gleichgewichtsstrategien zugänglich machen, ist infolgedessen nicht voraussetzungslos erfüllt. Sie impliziert die Vorstellung, Verhaltenserwartungen, wie sie durch die Drohstrategie beschrieben sind, könnten sich als Resultat eines differenzierter modellierten Erwartungsbildungsprozesses einstellen. Diese Annahme birgt allerdings auch die Gefahr, das von Miller propagierte kooperative Managementkonzept obsolet zu machen: Stellen wir uns vor, die Unternehmensmitglieder seien in ihrem Entscheidungsprozeß zu der Einsicht gelangt, daß die eine Erwartungshypothese (Vergeltung bei Abweichen) zu einem effizienten Gleichgewicht führt, während mit der anderen (durchgängig ineffizientes Verhalten aller Mitspieler) ein geringeres Nutzenniveau erzielt wird. Um die eigenen Aktivitäten optimal bestimmen zu können, muß jeder Spieler abwägen, welche dieser beiden Hypothesen plausibler ist. Er muß sich also konkrete Erwartungen über das Verhalten seiner Kollegen bilden. Ein Kriterium, an dem sich dieser Erwartungsbildungsprozeß orientieren könnte, wären die Auszahlungen, die sich in den verschiedenen Gleichgewichten ergäben. Nun könnte ein Spieler auf den folgenden Gedanken verfallen: Die Erwartungshypothese 'Vergeltung bei Abweichen' ist deshalb plausibler, als die alternative Hypothese 'alle Kollegen verhalten sich durchweg ineffizient' weil die erste in ein Gleichgewicht führt, in dem höhere Auszahlungen erzielt werden, als im Gleichgewicht, das sich infolge der zweiten Erwartungshypothese einstellt.[9]
Mit dieser Form der Erwartungsbildung wäre dem kooperativen Führungsstil als Instrument der Erwartungskoordination die Grundlage entzogen: Wenn alle Spieler die geschilderte Überlegung anstellen, denkt jeder, alle seine Mitspieler würden ein Abweichen von der effizienten Strategie mit Vergeltungsmaßnahmen ahnden. Für jeden wäre die beste Reaktion auf diese (erwartete) Verhaltensweise, die effiziente Strategie zu wählen. Demzufolge ergäbe sich das effiziente

---

[9] Ein kurzer Blick auf die von Harsanyi und Selten (1988) geprägte Theorie der Lösung von Spielen mit multiplen Gleichgewichten genügt, um zu erkennen, daß die Erwartungsbildung nach dem Kriterium der Auszahlungsdominanz weder das einzig denkbare noch ein in irgendeiner Hinsicht 'ausgezeichnetes' Erwartungskonzept darstellt.

Gleichgewicht unabhängig von irgendwelchen koordinierenden Managementaktivitäten. Allein die spezifische Art der Erwartungsbildung gewährleistet bereits, daß die Akteure ihre strategische Situation in einer Weise wahrnehmen, die in ein effizientes Gleichgewicht führt. Oben ist gezeigt worden, daß Millers Argument um eine Theorie der Erwartungsbildung ergänzt werden muß. Nimmt man hingegen diese Ergänzung vor, so erweist sich, daß die von Miller betonte Notwendigkeit, den Prozeß der Erwartungsbildung auf ein kooperatives Betriebsklima hinzulenken, durchaus nicht in jedem Fall gegeben ist.

Der Mangel an einer ausdifferenzierten Theorie der Erwartungsbildung zeigt sich auch an einer anderen Schwäche der Argumentation von Miller. Kooperative Führung erzeugt nach Millers Ansicht das erwünschte Verhalten der Arbeitnehmer als Reaktion auf entsprechende Kooperationssignale von seiten des Managements. Bei den Adressaten dieser Signale müssen dabei spezifische Erwartungen bereits vorausgesetzt werden, damit ein Manager sicher sein kann, daß sein Signal in der beabsichtigten Weise wirkt. Nur wenn die Arbeiter als Folge des beobachteten Signals erwarten, daß sich das Management kooperativ verhält, kommt die von Miller anvisierte neue Rolle der Unternehmensführung zum Zuge, Verhaltensdispositionen zu erzeugen, die in ein effizientes Gleichgewicht führen.

Welche Theorie der Erwartungsbildung man auch favorisieren mag, der gemeinsam notwendige Grundgedanke für das kooperative Management heißt: history matters. Nur wenn frühere Aktionen des Managers die Entscheidungen und/oder Erwartungen der Arbeiter in Folgeperioden beeinflussen, kommt diesen Aktivitäten eine Signalfunktion zu. Dabei entgeht man zwar den geschilderten Schwierigkeiten einer Argumentation, die sich auf die Modellierung einer konkreten Verhaltenserwartung für den im Spielverlauf nicht erreichbaren Fall einer einseitigen Abweichung durch einen Arbeiter stützt. Jeder Akteur orientiert sich in dieser Sichtweise ja nur an den Signalen, die er im bisherigen Verlauf des Spiels empfangen hat. Überlegungen bezüglich der Vielfalt möglicher Konsequenzen letztlich nicht gewählter Aktionen spielen hingegen keine Rolle. Ungelöst bleibt aber vorerst immer noch das Problem multipler Gleichgewichte. Miller fordert, mittels geeigneter Signale die Erwartungen so zu koordinieren, daß das angestrebte Gleichgewicht Fokalcharakter besitzt. Dazu muß eine Kooperationskonvention (wieder im Sinne von Lewis) etabliert bzw. gesichert werden.

Dabei sieht man sich mit zwei Problemen konfrontiert:

Zum einen ist nicht von vornherein ausgemacht, welche Auswirkung eine bestimmte Aktivität der Unternehmensleitung auf das Verhalten der anderen Unternehmensmitglieder entfaltet. Für den hier diskutierten Bereich der Firmentheorie ist die Reputation der Akteure die entscheidende Komponente zur Selektion des gewünschten Gleichgewichts. Damit die von Miller vorgeschlagenen Aktionen von den Arbeitnehmern als Signal kooperativen Verhaltens interpretiert werden, müssen sie innerhalb einer bereits etablierten Konvention (bezogen auf gesellschaftliche oder firmenspezifische Situation sowie auf die persönliche Reputation des Akteurs) vorgenommen werden. Ein identisches Signal kann - kontextabhängig - kooperationsstabilisierend oder -destabilisierend wirken: Ein ausgesprochen umgänglicher Führungsstil wird von den Mitgliedern eines bislang autoritär geleiteten Unternehmens anders interpretiert werden, als von den Angestellten einer Firma mit ohnedies flachen Hierarchien. Daraus ergeben sich naturgemäß auch unterschiedliche Auswirkungen auf die Verhaltensdispositionen der Akteure. Demzufolge muß die Berücksichtigung existierender Konventionen der Leitfaden für die Politikempfehlung an die Manager sein.

Das zweite Problem ist die Frage nach der Relevanz früherer Aktionen des einen Spielers für die Entscheidungen eines anderen Spielers in späteren Runden: Gibt es überhaupt Aktivitäten, mit denen im Sinne von Miller das Verhalten der Unternehmensmitglieder auf das kooperative effiziente Gleichgewicht hin strukturiert werden kann? Rubinstein (1991) verweist in diesem Zusammenhang auf „general principles", entwickelt von Harsanyi (1977): Steht die frühere Aktion in einem engen Zusammenhang mit dem folgenden Spiel und/oder enthüllt die frühere Aktion unbekannte Information? Je stärker man diese Fragen bejaht, desto eher kommt einer solchen Aktion Signalwirkung zu und umso leichter ist es möglich, die Erwartungen der Mitspieler zu koordinieren. Ob und in welchem Ausmaß dies der Fall ist, entscheidet darüber, inwiefern durch kooperative Führung der potentielle Vorteil langfristiger Produktionsbeziehungen tatsächlich in Effizienzzuwächse gegenüber beispielsweise versagenden Marktbeziehungen umgemünzt werden kann.

2.2 Die Dialektik der Organisationsgestaltung

Nehmen wir für einen Augenblick an, dem Management sei es tatsächlich möglich, die Erwartungen der Teilnehmer in einem wiederholten Spiel auf ein bestimmtes Gleichgewicht hin zu koordinieren. Dies sei insbesondere für effiziente Allokationen der Fall, die in den korrespondierenden einmaligen Spielen nicht als Gleichgewicht erreicht werden können. Angesichts des Umstands, daß wiederholte Spiele typischerweise eine Vielzahl von Gleichgewichten aufweisen, stellt sich der Unternehmensleitung jedoch zunächst ein Wahlproblem: Welches dieser Gleichgewichte ist durch geeignete Koordinationsaktivitäten anzusteuern?

Unversehens steht man erneut vor eben jenem Problem, welches man gelöst zu haben glaubte, indem man die Produktionsbeziehung als ein wiederholtes Spiel mit koordinierten Verhaltenserwartungen konzipierte: Ursprünglich bestand die Aufgabe darin, den organisatorischen Rahmen so zu gestalten, daß aus der Vielfalt der möglichen Allokationen ein effizienter Handlungsplan zum Zuge kommt. Märkte, Verhandlungen, Abstimmungsverfahren und Hierarchie kommen dafür grundsätzlich in Frage. Miller zeigt jedoch, daß all diese Mechanismen mit Problemen behaftet sind, welche erst durch dauerhaft angelegte Beziehungen in den Griff zu bekommen sind. Anders als diese institutionellen Strukturen eröffnen unendlich oft wiederholte Spiele unter leidlich plausiblen Voraussetzungen den Zugang zu effizienten Zuständen. Sie erlauben es jedoch zugleich, (nahezu) jede andere technisch mögliche Strategiekombination als Gleichgewicht zu etablieren. Offenbar ist die Frage, welcher Mechanismus gewährleiste, daß aus dieser Alternativenmenge nur effiziente Allokationen ausgewählt werden, ein getreues Abbild des ursprünglichen Organisationsproblems. Gesucht ist ein Entscheidungsverfahren, das die vielen möglichen Aktivitäten zur Koordination der Erwartungen (und die damit jeweils korrespondierenden gleichgewichtigen Produktionsaktivitäten) in eine für alle Beteiligten verbindliche Rangfolge bringt, so daß schließlich ein bestimmtes Koordinationsmuster als 'das beste' identifiziert und umgesetzt werden kann.

Die einschränkende Voraussetzung, nur effiziente Allokationen zur Konkurrenz zuzulassen, ist hier wenig hilfreich. Man überlegt sich leicht, daß mit allgemeiner Zustimmung zu einer bestimmten Rangfolge kaum zu rechnen ist: Aus der Perspektive des einzelnen Akteurs unterscheiden sich die vielen Gleichgewichte des wiederholten Spiels durch den Nutzen, den er jeweils erreicht. Dabei lassen sich in aller Regel sogar ineffiziente Allokationen finden, die von großen Teilen der Akteure bestimmten effizienten Alternativen strikt vorgezogen werden. Demzufolge besteht ein Verteilungskonflikt, der sich in der Heterogenität der individuellen Präferenzen bezüglich der anzustrebenden Allokationen niederschlägt. Gerade dieser Interessenkonflikt stellt in mannigfaltigen Erscheinungsformen jenes Problem dar, an dessen effizienter Bewältigung Märkte, Verhandlungen, Wahlen und hierarchische Strukturen scheitern. Mithin kommen diese Mechanismen auch nicht als generell effiziente Lösungen des Problems der Auswahl eines Koordinationsmusters in Frage. Bestehende Interessenkonflikte erneut ohne Effizienzeinbußen durch häufige Wiederholungen des gleichen Spiels beizulegen, ist hier nicht möglich: Die Auswahl eines von vielen Gleichgewichten eines unendlich oft wiederholten Spiels ist per definitionem eine Angelegenheit, die vor Beginn der ersten Periode des Spiels erledigt sein muß. Andernfalls könnte entweder der Produktionsprozeß nicht beginnen, oder die Akteure befänden sich in eben jenem anomischen Zustand unzähliger sich wechselseitig bestätigender Erwartungen, aus welchem sie durch koordinierende Managementaktivitäten befreit werden sollten. Wie also werden diese Interessengegensätze gelöst, und wie erfolgt die Auswahl jenes Gleichgewichts, das durch geeignete Maßnahmen angesteuert werden soll? Indem Miller diese Frage nicht thematisiert, blendet er zugleich die 'Politische Ökonomie der kooperativen Führung' aus seiner Betrachtung aus.

2.3 Koordination von Erwartungen - ein freies Gut?

Ein weiterer Punkt in Millers Argumentation verdient eine kritische Untersuchung. Miller behauptet, vermittels geeignet koordinierter Erwartungen sei es möglich, in dauerhaften Produktionsbeziehungen first-best Resultate zu erzielen. Dies ist gleichbedeutend damit, daß sämtliche Ressourcen des Pools 'Firma' entweder produktiv eingesetzt werden oder den Unternehmensmitgliedern (beispielsweise in Form von Einkommen) zugute kommen. Hingegen fallen - so das Argument - keine Transaktionskosten an, jegliche Form der Ressourcenverwendung geht ohne irgendwelche Reibungsverluste vonstatten. Darin besteht gerade der große Vorzug gegenüber anderen organisatorischen

Strukturen, in denen Interessenkonflikte opportunistisch ausgefochten werden, wodurch sich vielfältige Effizienzeinbußen durch Überwachungskosten, Anreizverträglichkeitsbeschränkungen usw. ergeben. Zugleich jedoch wird eingeräumt, die Vielzahl der Gleichgewichte in einer dauerhaften Produktionsbeziehung stelle ein Problem dar, welches durch Managementstrategien gelöst werden müsse. Bei näherer Betrachtung zeigt sich, daß sich die Kosten für die Managementleistung 'Erwartungskoordination' nicht grundlegend von den Ausgaben für die Kontrolle des Verhaltens untergeordneter Instanzen (sei es durch unmittelbare Überwachung oder durch ausgefeilte Handlungsanreize) unterscheiden. In allen Fällen handelt es sich darum, daß Ressourcen anderen, produktiven oder unmittelbar nutzenstiftenden Verwendungen entzogen werden, um ein bestimmtes Verhalten der Firmenmitglieder zu gewährleisten. Insoweit sind jene Aktivitäten, die der Stabilisierung von Kooperationserwartungen dienen, als Kosten zu verbuchen, die unvermeidlich aufgewendet werden müssen, um die anvisierten produktiven Transaktionen durchführen zu können.

Nicht nur die Umsetzung eines vorgegebenen Gleichgewichts per Erwartungskoordination verursacht Kosten. Nach den obigen Ausführungen ist es unumgänglich, einen Mechanismus zu installieren, welcher aus der Menge erreichbarer Gleichgewichte ein bestimmtes auswählt. Die Beherrschung des Vieldeutigkeitsproblems kann auch auf dieser Ebene Kosten verursachen. Dies ist umso wahrscheinlicher, als sich mit der Auswahl eines der vielen Gleichgewichte ein ausgeprägter Interessenkonflikt zwischen allen Beteiligten verbindet. Für jeden Akteur ist es individuell rational, Ressourcen einzusetzen, um die Gleichgewichtsauswahl möglichst günstig zu gestalten und unattraktive Verteilungseigenschaften abzuwenden. Bei anderen organisatorischen Ausgestaltungen der Unternehmung ergäben sich nicht notwendig solche Verluste aus Rent-Seeking Aktivitäten, wenngleich bekanntlich auch Märkte, Verhandlungen, Abstimmung und Hierarchie jeweils spezifische Transaktionskosten verursachen.

Die genauere Berücksichtigung von Transaktionskosten stellt Millers Ergebnisse unter einen wichtigen Vorbehalt: Die behauptete Überlegenheit koordinierter Erwartungen in wiederholten Spielen gegenüber anderen Organisationsformen gilt nur, sofern die Effizienzgewinne nicht durch zusätzliche Transaktionskosten aufgezehrt werden. Anders gewendet: Es ist ein Faktum, daß ökonomische Beziehungen durch Märkte, Verhandlungen, Wahlen oder Hierarchien vermittelt werden.

Dies erfolgt häufig, obgleich für die beteiligten Wirtschaftssubjekte prinzipiell die Option bestünde, sich langfristig aneinander zu binden und so die Kosten beispielsweise für die Vereinbarung und Umsetzung vertraglicher Abmachungen einzusparen. Wenn diese Möglichkeit tatsächlich nicht ergriffen wird, so müssen die kurzfristigen Lösungen in irgendeiner Hinsicht vorgezogen werden. Hohe Kosten der Beherrschung des Vieldeutigkeitsproblems in wiederholten Spielen können ein Grund hierfür sein.

3. Fazit

Der Leserin mit Interesse an institutionentheoretischen Fragestellungen ist die Lektüre von Millers Buch uneingeschränkt anzuraten. Was man sich davon erwarten darf, ist zum einen eine eindrucksvolle Darstellung der Zusammenhänge zwischen verschiedenen partiellen Einsichten aus dem weiteren Einzugsgebiet der Institutionenökonomik. Zum anderen eröffnet Miller eine originelle Sicht der Aufgabe der Unternehmensführung. Was die Leserin jedoch möglicherweise vermissen wird, ist eine fundierte theoretische Analyse der Funktionsweise und des Leistungspotentials des propagierten Managementkonzepts. Die von Miller anvisierten Effizienzreserven lassen sich mittels kooperativer Führung nur unter einer Reihe einschränkender Voraussetzungen ausschöpfen, die in Millers Untersuchung nicht deutlich werden. Wir zögern nicht einzuräumen, daß sich unsere Kritik in weiten Teilen auf Argumente stützt, die sich auf den gegenwärtig unbefriedigenden Stand der Auswahltheorie in Spielen mit multiplen Gleichgewichten beziehen. Insoweit wäre die Forderung nach einer fundierten Ableitung von Millers Thesen aus first principles weit überzogen. Unbestritten bleibt, daß Miller dem Kanon traditioneller Organisationstypen eine interessante Alternative hinzufügt und so der Institutionenökonomik eine bislang kaum berücksichtigte Dimension komparativ - institutioneller Analyse eröffnet.

Literatur

Arrow, Kenneth J. (1963), Social Choice and Individual Values, New York etc.

Beyer, Heinrich (1993), Interne Koordination und Partizipatives Management, Marburg.

Binmore, Ken (1990), Essays on the Foundations of Game Theory, Oxford.

Casson, Mark (1991), The Economics of Business Culture, Oxford.

Coleman, James, S. (1979), Macht und Gesellschaftsstruktur, Tübingen.

Coase, Ronald H. (1937), „The Nature of the Firm", Economica 4, 386 - 405.

Eswaran, Mukesh; Kotwal, Ashok (1984), „The Moral Hazard of Budget Breaking", Rand Journal of Economics 15, S. 578–581.

Grossman, Sanford J.; Hart, Oliver D. (1980), „Takeover Bids, the Free-Rider Problem, and the Theory of Corporation", Bell Journal of Economics 11, S. 42–64.

Harsanyi, John (1977), Rational Behavior and Bargainig Equilibrium in Games and Social Situations, Cambridge.

Harsanyi, John C.; Selten, Reinhard (1988), A general theory of equilibrium selection in games, Cambridge/London.

Holmstrom, Bengt (1982), „Moral Hazard in Teams", Bell Journal of Economics 13, S. 324–340.

Kreps, David M. (1990), Corporate culture and economic theory, in Alt, James E.; Shepsle, Kenneth A. (eds): Perspectives on Positive Political Economy, Cambridge.

Lewis, David (1973), Counterfactuals, Oxford.

Marglin, Stephen A. (1974), „What do bosses do? The origins and functions of hierarchy in capitalist production", Review of Radical Political Economics 6, S. 33 - 60.

Miller, Gary (1992), Managerial Dilemmas, Cambridge.

Myerson, Roger B.; Satterthwaite, Mark A. (1983), „Efficient Mechanisms for Bilateral Trading", Journal of Economic Theory 29, S. 265–281.

Richter, Rudolf (1990), Sichtweise und Fragestellungen der Neuen Institutionenökonomik, Zeitschrift für Wirtschafts- und Sozialwissenschaften, 110, S. 571 - 591.

Rubinstein, Ariel (1991), „Comments on the Interpretation of Game Theory", Econometrica 59, S. 909-924.

Selten, Reinhard; Leopold, Ulrike (1982), „Subjunctive Conditionals in decision theory and game theory", in: Stegmüller, Wolfgang; Wolfgang Balzer und Wolfgang Spohn (Hrg.): Philosophy of Economics, Berlin/New York.

Arbeitsleistung von Arbeitsgruppen als Prozeß der Selbstorganisation

Wolfgang Brandes und Peter Weise

1. Die Bedeutung von Arbeitsleistung und Arbeitsgruppen

Das Thema Arbeitsleistung ist ein Dauerbrenner sowohl der politischen als auch der wirtschafts- und sozialwissenschaftlichen Diskussion. Gegenwärtig wird vor allem auf drei Entwicklungen aufmerksam gemacht, die es nahelegen, sich mit dem Thema Arbeitsleistung verstärkt zu befassen: das seit langem ansteigende Freizeit-Arbeitszeit-Verhältnis, die Zunahme des internationalen Wettbewerbs und bestimmte produktionsstrukturelle Veränderungen.

Steigt der Freizeitanteil gegenüber dem Arbeitszeitanteil an der Lebenszeit an, gewinnen Erfahrungen aus freizeitweltlichen Handlungsbedingungen größeres Gewicht. Sie zeichnen sich gegenüber denen aus der Arbeitswelt durch ein geringeres Maß an Kontrolle und Zwang aus.[1] Deshalb wird es für die Menschen tendenziell schwieriger, sich den Zwängen und Leistungsanforderungen der Arbeitswelt, die nun verstärkt verspürt werden, anzupassen und zu unterwerfen. Man kann auch formulieren, daß die Kosten der Leistungsmotivation steigen, wenn durchschnittlich mehr Zeit in weniger hierarchischen Umgebungen verbracht wird. So stellt auch der Soziologe Scheuch fest: „Für Menschen mit ausführenden Tätigkeiten wird die Unterschiedlichkeit einer vom Arbeitsablauf bestimmten Berufsarbeit und einer reichlicheren und vor allem von weniger verbindlichen Konventionen bestimmten Freiheit in der Freizeit größer" (1988, S. 60).

---

[1] Diese Unterschiede haben Elias/Dunning (1971) ausführlich beschrieben und analysiert. Dabei spielt der Begriff der „Affektkontrolle" eine wichtige Rolle.

Zunehmender internationaler Wettbewerb ist für jedes Land mit starker Außenhandelsverflechtung eine Herausforderung, die eigene Wettbewerbsposition zu sichern. Die Unternehmungen sehen sich durch zunehmenden Wettbewerbsdruck gezwungen, die Produktionskosten zu senken und/oder die Arbeitsproduktivität zu steigern. Eines der Mittel hierfür sehen sie in einer Umstrukturierung der Arbeitsorganisation zugunsten der Einführung von mehr Arbeitsgruppen. Mehr Arbeitsgruppen bedeuten erstens eine gewisse Dezentralisierung der vorherrschenden hierarchischen Arbeitsorganisation. Dies kann insofern zu Kostensenkungen führen, als eine oder mehrere Hierarchieebenen mit entsprechenden Leitungspositionen überflüssig werden; das sattsam bekannte Stichwort in diesem Zusammenhang heißt „lean production". Zweitens erhöht Dezentralisierung die Autonomie der unteren Ebenen, die die wichtigsten Kandidaten für die Bildung von Arbeitsgruppen sind. Der Autonomiegewinn von Arbeitsgruppen kann auf verschiedene Weisen Produktivitätsgewinne bewirken; Beispiele sind: a) Vor allem nicht-triviale Arbeitsaufgaben lassen sich „vor Ort" oft effektiver organisieren, als es durch zentralisierte Vorgaben möglich ist. b) Damit einher geht auch eine Erhöhung des Anreizes, technische und organisatorische Innovationen zu erkennen und durchzusetzen. c) Die Bereitschaft, diese Möglichkeiten zu nutzen, läßt sich durch die Verlagerung der Qualitätskontrolle vom Endprodukt zum Arbeitsgruppenprodukt, für das die Arbeitsgruppe aufgrund ihres Autonomiegewinns gestiegene Verantwortung trägt, nachhaltig fördern. Allerdings besteht eine notwendige Bedingung für die Realisierung solcher Produktivitätsgewinne darin, daß die Neuorganisation tatsächlich zu größerer Autonomie der Arbeitsgruppen führt, was wiederum eine gewisse Abtrennbarkeit des Gruppenprodukts vom gesamten Produktionsprozeß erfordert (vgl. Simon 1991, S. 33).

Schließlich weist Casson (1991, S. 11 f.) auf folgendes hin. Die Verkürzung der Produktlebenszyklen mache Innovationen zu einem dauernden statt intermittierenden Prozeß, weshalb Ausbildung und Flexibilität auf Seiten der Arbeitskräfte wichtiger würden. Damit stiegen auch die Anforderungen an die Unternehmungen, die Loyalität ihrer Mitarbeiter zu fördern. In dieselbe Richtung zielten Konsequenzen aus der Ausweitung von Dienstleistungstätigkeiten. Immer mehr Menschen verrichteten Tätigkeiten, die schwierig zu überwachen seien, z. B. weil sie alleine oder in kleinen Gruppen arbeiteten. Unter diesen

Bedingungen lohne es sich nicht, einen Überwacher einzustellen. Hohe Dienstleistungsproduktivität erfordere daher die „Selbstüberwachung" der Beschäftigten.

Die große Bedeutung, die der Arbeitsleistung beigemessen wird, läßt sich auch an aktuellen Diskussionen ablesen. So hat die Bertelsmann-Stiftung die Arbeitsmotivation von Arbeitern und Angestellten mit Hilfe umfangreicher Befragungen untersuchen lassen und eine Konferenz über das Thema „Arbeitsmotivation und Führung" initiiert (Heidemann 1987; Bertelsmann Stiftung und Institut für Wirtschaft und Gesellschaft Bonn 1988). Erinnert sei auch an die intensive tarifpolitische Debatte über neue Entlohnungskriterien und -formen, die ebenfalls nicht zuletzt in der Frage nach der Angemessenheit bisheriger und möglicher zukünftiger Leistungsanreize ihre Wurzel hat (vgl. z. B. die Schwerpunkthefte „Aufgaben der Tarifpolitik der 90er Jahre" der WSI-Mitteilungen (1991) sowie „Tarifverträge und Betriebspolitik" (1991) und „Lean Production - Die Fabrik wird durchgestylt" (1992) der „Mitbestimmung"). Unter Industriesoziologen ist in diesem Zusammenhang die alte Diskussion über Humanisierung der Arbeitswelt oder zunehmende Entfremdung wieder aufgelebt (vgl. z. B. Dörre/Neubert/Wolf 1993). Eine ganze Reihe von Unternehmungen hat in den letzten Jahren Arbeitsgruppen eingeführt. Untersuchungen über deren Auswirkungen sind nach unserer Kenntnis spärlich, insbesondere erlauben sie bisher keine eindeutige Aussage über die resultierenden Produktivitätswirkungen (vgl. Minssen/Howaldt/Kopp 1991 sowie die dort angegebene Literatur).

Versucht man, sich anhand der ökonomischen Literatur über Arbeitsleistung von Arbeitsgruppen zu informieren, ist man bald geneigt, Amartya Sen in zwei zentralen Punkten zuzustimmen: Über Motivation sei dieser Literatur zu wenig bekannt, und daher stehe das ökonomische Theoriegebäude nicht auf sicherem Grund, und zweitens scheine Kooperation viel häufiger als Konkurrenz zu sein, was ebenfalls nicht der Hauptrichtung der ökonomischen Analyse entspreche (vgl. Klamer 1989). Kürzlich hat Simon (1991) ähnliche Feststellungen getroffen. Erstens sei entgegen einem unter Ökonomen verbreiteten Eindruck keineswegs klar, ob der Mechanismus Markt gegenüber dem der Organisation aus Produktivitätsgründen vorzuziehen sei, zweitens könne man bisher auch nicht eindeutig darüber urteilen, ob profitorientierte bzw. nicht-profitorientierte private Organisationen oder staatliche Organisationen am produktivsten arbeiteten.[2] Diese Befunde hätten damit zu tun, daß über die Leistungsmotivation der Arbeitskräfte zu wenig bekannt sei, denn die Hauptströmung der ökonomischen Theorie könne gar nicht erklären, warum die Arbeiter überhaupt mehr als das verlangte und durch Kontrolle zu verifizierende Minimum an Arbeitsleistung erbrächten.

Gründe gibt es demnach genug, der Frage der Determinanten von Arbeitsleistungen in Arbeitsgruppen nachzugehen. Wir möchten im folgenden zeigen, daß die *Arbeitsleistung einer Arbeitsgruppe das Ergebnis eines Prozesses der Selbstorganisation* ist. Individuelle Verhaltensdispositionen, Leistungsanreizsysteme und die soziale Interdependenz innerhalb und zwischen Arbeitsgruppen bilden im Prozeß der Zusammenarbeit der Arbeitsgruppenmitglieder eine Kräftekonstellation aus, die jedes Mitglied als die für die Gruppe spezifische gültige Leistungsnorm erlebt. Mit anderen Worten: Die Mitglieder einer Arbeitsgruppe bauen durch ihre Zusammenarbeit selbst eine spezifische Kräftekonstellation auf, die dann jedem einzelnen von ihnen als zu erfüllende, mit Sanktionen ausgestattete Leistungsnorm gegenüber tritt, der sie sich anzupassen haben. Wichtig dabei ist, daß trotz Verwendung vielfältiger planbarer Variablen im Rahmen von Leistungsanreizsystemen durch die Zusammenarbeit motivationale Kräftekonstellationen entstehen, die sich als solche der Planbarkeit entziehen. Weder der Verlauf des Prozesses des Aufbaus bzw. der Ausbildung einer Leistungsnorm noch sein Ergebnis sind exakt planbar; abrupte Umschwünge, häufigere graduelle und sogar zyklische Wechsel der Leistungsnorm sind möglich; ebenso kann eine gegebenenfalls dauerhaft etablierte stabile Leistungsnorm negativ oder positiv von einer wie auch immer definierten Referenz-„Normalleistung" abweichen. Wird eine stabile Leistungsnorm aufgebaut, wird diese Norm selbst im Zeitablauf zum „Normalen"; das ihr entsprechende Leistungsverhalten wird zur „Normalleistung". Nicht tarifpolitische, arbeitswissenschaftliche oder rechtliche Definitionen sind ursächlich für ein Leistungsverhalten, das als Normalleistung angesehen werden kann, sondern diese wird vielmehr selbstorganisatorisch in einem Prozeß aufgebaut, in den derartige Definitionen lediglich als ein Element unter mehreren Klassen anderer,

---

[2] Argumente für diese Skepsis liefert nicht nur Simons theoretische Analyse, sondern in beeindruckender Weise auch die von ihm zitierte empirisch orientierte Quelle: Weisbrod 1989.

nämlich als positiver oder negativer Leistungsanreiz aus der Klasse externer Leistungsanreize, eingehen.

Der Argumentationsgang ist wie folgt. In Abschnitt 2 werden einige nützliche begriffliche Festlegungen getroffen. Dies erscheint angesichts der Multidisziplinarität der wissenschaftlichen Zugangsweisen zur Frage der Arbeitsleistung in Arbeitsgruppen notwendig. In Abschnitt 3 beschreiben wir die in der Literatur behandelten motivationalen Faktoren für das Leistungsverhalten und fassen sie zu zwei Arten von Kräften zusammen. Darüber hinaus werden Effekte auf das Leistungsverhalten diskutiert, die aus Veränderungen der Motivationsstärke resultieren. Gegenstand des Abschnittes 4 ist ein Modell, anhand dessen zunächst für eine einzelne Arbeitsgruppe und dann für Intergruppenbeziehungen gezeigt wird, wie sich Leistungsniveaus in Arbeitsgruppen in einem selbstorganisatorischen Prozeß aufbauen. Dadurch wird zugleich deutlich, daß sich die wesentlichen Aussagen der Arbeitsgruppenliteratur einheitlich als spezielle Fälle von bestimmten Konstellationen exogener und endogener motivationaler Faktoren herleiten lassen.

2. Begriffe und Definitionen

2.1 Arbeitsleistung

Arbeitsleistung - das ist ein mindestens dreideutiger Begriff. Man findet mit ihm oft (a) die Arbeitsanstrengung bezeichnet, das Ausmaß des Einsatzes geistiger, psychischer und körperlicher Ressourcen bei der Bewältigung einer Aufgabe oder der Ausführung einer Tätigkeit. Nicht weniger oft aber meint Arbeitsleistung (b) das Arbeitsergebnis selbst, die quantitativen und qualitativen Dimensionen des Geleisteten oder Vollbrachten. Schließlich wird mit Arbeitsleistung aber vielfach auch (c) beides zugleich benannt, Anstrengung und Ergebnis, dann z. B., wenn von schauspielerischen Leistungen oder sportlichen Rekorden die Rede ist - in diesen Fällen stehen die Bedeutungen (a) und (b) in einem Eins-zu-eins-Verhältnis - oder auch dann, wenn Leistung als Produktivität verstanden und durch eine spezifische Operationalisierung einer Input-Output-Relation ausgedrückt wird.

Der begrifflichen Mehrdeutigkeit liegen reale Schwierigkeiten zu Grunde, die wiederum drei Ursachen haben. Erstens ist der Grad der

Arbeitsanstrengung einer Person zumeist nicht direkt meßbar und nur indirekt zu erschließen; die o. a. Beispiele (Eins-zu-eins-Verhältnis von Anstrengung und Ergebnis) sind in der Arbeitswelt Ausnahmen, die diese Regel bestätigen. Zweitens ist auch die Ergebnismessung problematisch und wird in dem Grade schwieriger, wie Leistungen nicht direkt am Markt bewertet werden, sondern innerhalb von Organisationen durch komplexe Arbeitsbeziehungen zustande kommen. Drittens schließlich ist der Begriff Arbeitsleistung unvermeidlich extrem wertbeladen und sind seine Beurteilungskriterien deshalb (und weil sie obendrein äußerst kontextsensibel sind) oft umstritten.

Der Messung der Arbeitsanstrengung eines Arbeiters hat sich F. W. Taylor (1913) als erster systematisch gewidmet. Beurteilt man heute die Resultate der tayloristischen Arbeitsorganisation im Hinblick auf die vorliegende Fragestellung, die Erfassung der Arbeitsanstrengung, zeigt sich, daß die Zeit- und Bewegungsstudien zwar zu einer (stets relativen) Optimierung der technologischen Inputkombinationen und in vielen Fällen zu einer Verringerung der qualifikatorischen Anforderungen geführt haben, daß aber der Grad der Arbeitsanstrengung selbst noch immer nicht recht erfaßbar ist. Das belegt z. B. die folgende Definition des „Leistungsgrades" aus der arbeitwissenschaftlichen Literatur (REFA 1976, S. 129 f.). Der Leistungsgrad wird als eine Kombination aus Intensität und Wirksamkeit aufgefaßt, wobei Intensität die Bewegungsgeschwindigkeit und Kraftanspannung erfassen will, Wirksamkeit dagegen die Güte der Arbeitsweise, die „... daran zu erkennen (sei), wie geläufig, zügig, beherrscht, harmonisch, sicher, unbewußt, ruhig, zielsicher, rhythmisch, locker gearbeitet wird" (ebd., S. 130).

Probleme der korrekten Outputmessung, des Arbeitsergebnisses, sind so wohlbekannt, daß sie hier nicht näher ausgeführt zu werden brauchen. Nützlich ist aber, darauf hinzuweisen, daß die Meßprobleme in dem Grade zunehmen, wie die Leistung nicht über Märkte, sondern Organisationen koordiniert wird. Dies hat Simon in dem bereits erwähnten Aufsatz (1991, S. 33) betont: „In general, the greater the interdependence among various members of the organization, the more difficult it is to measure their separate contributions to the achievement of the organizational goals. But of course, intense interdependence is precisely what makes it advantageous to organize people instead of depending wholly on market transactions. The measurement difficulties associated with tying rewards to contributions are not superficial, but arise from the very nature and rationale of organization."

Anderswo haben wir zu zeigen versucht, daß in dem Maße, in dem erstens die individuelle Zurechenbarkeit der Leistung in Organisationen abnimmt und zweitens auch die Outputbewertung der Organisation selbst durch den Markt nicht möglich ist (öffentliche Dienste, nicht-profitorientierte Unternehmungen z. B.), interne Arbeitsmärkte mit stark steigenden Anforderungen an die Leistungsmotivation der Arbeitskräfte unvermeidlich sind (Brandes/Buttler 1988).

Die Wertbeladenheit des Begriffes Arbeitsleistung wird besonders dort deutlich, wo es um eine Bestimmung der „Normalleistung" geht. Beispiele dafür sind tarifliche Festlegungen und rechtliche Definitionen bzw. Umschreibungen dieses Begriffs. Die o. a. Operationalisierung der Arbeitsanstrengung durch die REFA als Wirksamkeit bzw. Güte der Arbeitsweise hat sich in Tarifvereinbarungen mangels Zustimmungsfähigkeit nicht durchsetzen können; wo Normalleistungen festgelegt worden sind (z. B. im Manteltarifvertrag der Metallindustrie Niedersachsens), sind meßbare Mengenleistungen vereinbart worden, mithin wurde die nicht konsensfähige Inputmessung einer vertraglich konsensfähigen Messung einer Input-Output-Relation (wobei die Inputmessung nur grob durch die Zeitdauer festgelegt wurde) zugeführt (vgl. Lang/Meine/Ohl 1990, S. 340). Eine Definition der „Normalleistung" findet sich auch im Arbeitsvertragsrecht; sie wurde im Zusammenhang mit der Leistungsentlohnung aufgestellt: „Normalleistung ist die Leistung, die ein voll oder ausreichend geeigneter und geübter Arbeiter auf die Dauer und im Mittel der täglichen Schichtzeit ohne Gesundheitsschädigung erbringen kann, wenn er die in der Vorgabezeit berücksichtigten Zeiten für persönliche Bedürfnisse und Erholung einhält" (Schaub 1987, S. 335). Die Interpretationsbreite der meisten Substantive und Adjektive dieser Definition ist evident.

Wir halten es angesichts dieser Mehrdeutigkeiten und Definitionsschwierigkeiten für nützlich zu präzisieren, wie wir den Begriff der Arbeitsleistung hier verstehen. Arbeitsleistung definieren wir als Arbeitsanstrengung (Bedeutung (a)); wir wählen deshalb den Begriff „Leistungsverhalten". Mit diesem Begriff wollen wir *ausschließlich motivationale Faktoren der Arbeitsleistung erfassen*, nicht dagegen solche, die als technologische und qualifikatorische Komponenten im Produktionsprozeß das Arbeitsergebnis mitbestimmen. Man kann dies auch so umschreiben: Arbeitsanstrengung ist ein Input für den Produktionsprozeß, aber soweit sie nicht einfach als vorhanden vorausgesetzt werden darf, ist sie selbst ein Output, ein Ergebnis von Faktoren, die das Ausmaß der Anstrengung bestimmen. Diese Faktoren, ihre Wirkungsweise auf das Leistungsverhalten sowie die resultierenden Konsequenzen wollen wir untersuchen.

Allerdings können wir uns den dargestellten begrifflichen Mehrdeutigkeiten ebenfalls nicht ganz entziehen. Daher sei hier betont, daß in der Diskussion in Abschnitt 3.4 in Anlehnung an die Literatur Leistungsmotivation und Leistungsergebnis einander mit dem Ziel gegenüber gestellt werden, den möglichen funktionalen Beziehungen zwischen Veränderungen der Motivationsstärke und Veränderungen der Leistungsergebnisse nachzugehen. Dagegen unterscheiden wir in unserem Modell in Abschnitt 4 nicht explizit zwischen Leistungsverhalten und Leistungsergebnis, was durch die Annahme einer festen Relation zwischen beiden zu rechtfertigen ist (Bedeutung (c)). Mit dieser Annahme ist kein Verlust an Komplexitätsverarbeitung verbunden - vielmehr ist, wie man sehen wird, das Gegenteil der Fall -; sie erleichtert aber die Handhabung und Überschaubarkeit des Modells.

2.2 Leistungsmotivation

Motivation wird als ein „hypothetischer Vorgang" definiert, der den Aktivierungsgrad, die Intensität und die Beständigkeit eines Verhaltens sowie dessen allgemeine Richtung bestimmt (Nuttin 1991, Sp. 1403; vgl. auch Muchinsky 1990, S. 342). Dieser „Vorgang" hat einen internen (Antrieb und Strebung) und einen externen Pol (Valenz des Objektes). Der interne Pol ist mit Begriffen wie Bedürfnis, Spannung, Instinkt, Trieb, Neigung usw. verknüpft, der externe u.a. mit Wert, Anreiz und Interesse. Macfadyen (1986) erweitert diese Definition, wenn er in einem Überblicksaufsatz fünf „motivationale Konstrukte" aus der psychologischen Literatur destilliert: (1) Das „Push"-Konstrukt der Motivation (Instinkt, Trieb, Streben); (2) das „Pull"-Konstrukt, das Anreize oder Verstärker meint, die ein bestimmtes Verhalten auch teilweise unabhängig davon „hervorlocken" können, ob ein physiologisches Bedürfnis vorliegt oder nicht; (3) das Aktivierungs- oder Erregungsniveau, das als ein motivationaler Filter angesehen werden kann, durch dessen Einwirkung physiologische Bedürfnisse und Umweltstimuli von Individuum zu Individuum verschiedene Wirkung entfalten (dieses Konstrukt dient u. a. zur Klassifizierung von Menschen in intro- und extravertierte); (4) kognitive motivationale Konstrukte (etwa bewußte Wertvorstellungen von richtig oder falsch), die das Ausmaß beschreiben, Ereignisse zu verstehen oder zu antizipieren und einen kognitiven Konflikt zu reduzieren oder aufrecht zu erhalten; sowie (5) das „Selbstverwirklichungs"-Motiv (self-fulfillment, self-realization), z. B. Neugier und das Streben nach intrinsischen Zielen und Belohnungen.

Weniger breit, dafür aber spezifischer für die Leistungsmotivation - von ihm als „motivation for effective performance" bezeichnet -, definiert Vroom (1964, S. 193) diese Motivation als „relative Stärke der Kraft", die auf eine Person einwirkt, ein bestimmtes Leistungsniveau zu erbringen. Diese Kraft hängt von der Valenz für verschiedene Leistungsniveaus und von der Stärke der Erwartung ab, daß das Ergebnis tatsächlich auf die Aktivität folgen wird. Die Valenz für verschiedene Leistungsniveaus meint dabei unterschiedliche Grade der positiven oder negativen Bewertung von bzw. Indifferenz gegenüber „effective performance". Neben der Erfolgswahrscheinlichkeit der Aktivität können auch andere Variablen die Stärke der „motivation for effective performance" mitbestimmen; Vrooms Beispiele sind hier leicht in die „motivationalen Konstrukte" (4) und (5) von Macfadyen einzuordnen (ebd., S. 195).

Für die Hauptströmung der ökonomischen Theorie ist die Motivation jeder ökonomischen Aktivität, also auch die Leistungsmotivation, durch das dadurch erreichbare Niveau an (Konsum-)Gütern bestimmt (Scitovsky 1985). Leistungsverhalten wird daher, wie alles Verhalten, als Ergebnis einer Entscheidung über verschieden attraktive Alternativen angesehen. Typisch dafür ist Jones Formulierung, das Niveau der Arbeitsanstrengung („effort") sei das Ergebnis einer Entscheidung über „how hard to work"(Jones 1984, S. 39). Diese Entscheidung bestimmt sich als nutzenmaximierende Wahl des Leistungsverhaltens bei gegebenen Präferenzen für Güter (im engeren Sinne nur Konsumgüter, im weiteren Sinne auch Positions- und Statusgüter) sowie „opportunities" und „restrictions" (Anreize und Sanktionen im spezifischen Arbeits- und Leistungsumfeld).[3]

---

[3] Vorteile und Grenzen dieser Betrachtungsweise werden diskutiert in Weise/Brandes/Eger/Kraft 1993; vgl. bes. Kap. 3, 5 und 10.

Diese Definitionsbeispiele mögen genügen.[4] Sie legen den Schluß nahe, daß es biologische, psychologische und soziale Motive gibt, die, in der Terminologie von Nuttin, einen internen und einen externen Pol haben, als Aktivierungsfaktor mithin sowohl im „Inneren" einer Persönlichkeit als auch in ihrem äußeren Umfeld lokalisiert werden können. In diesem Zusammenhang wird auch von intrinsischer und extrinsischer Motivation gesprochen (vgl. de Charms 1968; Deci 1971; Notz 1975). Man kann dies auch so ausdrücken: Leistungsverhalten ist nicht ausschließlich eine Instrumentvariable für die Erreichung anderer Ziele (extrinsische Motivation), wie dies die ökonomische Theorie mit ihrer Arbeitsleid-Hypothese annimmt, sondern es kann auch ein Ziel an sich sein (intrinsische Motivation). Die Beziehung zwischen beiden ist unklar: „... we know little about the relative amount of task motivation that can be produced by externally and internally mediated incentives, about the functional relationships between motivation from these two sources, or about the conditions under which each is more valuable" (Vroom 1964, S. 266). Folgt man Deci (1971), wird intrinsische Motivation durch die Bereitstellung extrinsischer Anreize vermindert, und in dieselbe Richtung weisen die von Lepper und Greene (1978) herausgegebenen Beiträge über „The hidden costs of reward". „These ideas are clearly important to the notion that work is enjoyable or self-fulfilling, since they suggest that the instrumental motivation for work will tend to corrupt and eliminate all other reasons for working" (Lea/ Tarpy/Webley 1987, S. 166). Muchinsky (1990, S. 370 ff.) warnt allerdings davor, diese Befunde überzuinterpretieren, weil sie zumeist aus Laboratoriums-Studien gewonnen seien, die mit der Realität von langfristigen Arbeitsbeziehungen wenig zu tun hätten.

2.3 Arbeitsgruppen

Was unter einer Gruppe zu verstehen ist, wird in der Literatur kontrovers diskutiert (z. B. McGrath 1984; Schneider 1985). Für uns wesentlich sind indes nicht generelle Gruppendefinitionen, sondern nur Definitionen von Arbeitsgruppen, Mitgliedschaftsgruppen und Referenzgrup-

---

[4] Lehrbücher über Motivationstheorien wie z. B. das von Beck (1983) zeigen bei aller Materialfülle letztlich auch nicht mehr als das, was aus den vorgestellten Definitionen bereits deutlich wird.

pen. Auch für Arbeitsgruppen existiert keine einheitliche Definition, wie Anger und Nachreiner feststellen (1975, Sp. 1729 f.). Sie schlagen vor, Quasi-Gruppen oder Aggregate von Personen von Arbeitsgruppen als „echten" Gruppen zu unterscheiden, die folgende Merkmale aufwiesen (ebd.): „1. Ein gemeinsames Motiv oder Ziel, das in der Regel erst die Gruppe qua Gruppe konstituiert. 2. Ein mehr oder minder elaboriertes System gemeinsamer Normen zur Regelung der zwischenmenschlichen Beziehungen und der zielgerichteten Aktivitäten, das erst das Funktionieren der Gruppe ermöglicht. 3. In Verbindung damit ein System mehr oder minder differenzierter Positionen und Rollen. 4. Ein mehr oder minder komplexes Geflecht gefühlsmäßiger Wechselbeziehungen zwischen den beteiligten Personen, insbesondere ein Gefühl der Zusammengehörigkeit und der gegenseitigen Verbundenheit."

Die Arbeitsgruppe, der eine Person angehört, wird als Mitgliedschaftsgruppe bezeichnet (Kruse 1972, S. 1579 f.). Dagegen ist die Mitgliedschaftseigenschaft kein notwendiger Bestandteil der Definition einer Referenz- oder Bezugsgruppe, die folgendermaßen definiert wird: „Any group with which an individual identifies himself such that he tends to use the group as standard for self evaluation and as a source of his personal values and goals. The reference groups of the individual may include both membership groups and groups to which he aspires to belong" (Krech/Crutchfield/Ballachey 1962, S. 102). Die Referenzgruppe hat demnach eine Vergleichsfunktion. Daß sie auch eine normative Funktion hat, wird von Schneider unterstrichen: Man übernimmt „... die Verhaltensrichtlinien der Bezugsgrupe, um ihre Zustimmung zu erlangen bzw. um ihren Sanktionen auszuweichen. ... In der normativen Funktion können die Bezugsgruppen nicht nur positiv, sondern auch negativ in Erscheinung treten. Dann stellen sie für das Individuum den Gegenstand dar, dem es auf keinen Fall ähnlich werden möchte" (Schneider 1985, S. 42).

Halten wir als wichtige Definitionsbestandteile fest: Arbeitsgruppen sind „echte" Gruppen i. S. von Anger und Nachreiner. Sie zeichnen sich durch einen vergleichsweise höheren, aber durchaus unterschiedlichen, Grad sozialer Interdependenz und des Zusammengehörigkeitsgefühls ihrer Mitglieder untereinander aus. Für die Arbeiter einer Arbeitsgruppe ist diese auch ihre Mitgliedschaftsgruppe. Diese Mitgliedschaftsgruppe ist zugleich eine Referenzgruppe; Referenzgruppen können aber auch andere Arbeitsgruppen sein, sofern sich die Arbeitskräfte mit ihnen (positiv oder negativ) vergleichen.

3. Faktoren, die die Leistungsmotivation bestimmen

3.1 Grundlegende Faktoren

Auf die Frage, warum Menschen überhaupt arbeiten, geben Lea/ Tarpy/Webley vier Arten von Gründen an: „... external reward, intrinsic enjoyment, self-fulfillment, and social contact" (1987, S. 170). Diese Liste beschreibt die grundlegenden Faktoren für die Arbeitsmotivation u. E. korrekt, aber ist sie auch gleichermaßen anwendbar auf Leistungsmotivation? Diese Frage kann dann mit ja beantwortet werden, wenn man die vier Arten von Gründen im Hinblick auf eine hohe oder niedrige Arbeitsanstrengung etwas erweitert und modifiziert. Der Grad der Arbeitsanstrengung hängt danach grundlegend ab von:

- dem Ausmaß von Belohnungen sowie zusätzlich von Sanktionen für unzureichende Leistung;

- dem Ausmaß an intrinsischer Befriedigung, das die Anstrengung verschafft;

- dem Ausmaß an „Selbstverwirklichung", das verschiedene Grade der Arbeitsanstrengung erlauben sowie von

- der Intensität und Art der sozialen Interdependenz, innerhalb derer das Leistungsverhalten stattfindet.

Man kann die grundlegenden Faktoren auch so zusammenfassen: Es gibt aufgrund instrumenteller Einstellung zum Leistungsverhalten extrinsische Motive, es gibt aber auch intrinsische Motive, und es gibt Motive, die aus der sozialen Interdependenz erwachsen.

3.2 Spezifische Faktoren

3.2.1 Instrumentelle Einstellung zum Leistungsverhalten bei isolierter Arbeit

Geht man von einer instrumentellen Einstellung der Arbeitskräfte aus, sind positive und negative Leistungsanreize, incentives and sanctions, die zentralen Faktoren, die das Leistungsverhalten bestimmen. In der Literatur ist oft nur von Belohnungen (rewards) die Rede, wobei zu-

274

meist stillschweigend unterstellt wird, daß Bestrafungen in der Verweigerung oder dem Entzug von Belohnungen bestehen. Tatsächlich können Bestrafungen hierüber weit hinausreichen. Die Entlassung, die als Sanktionsmechanismus in der Effizienzlohnliteratur seit Shapiro und Stiglitz (1984) eine große Rolle spielt, ist dafür wohl das bekannteste Beispiel. Leistungsanreize können unterschiedlich klassifiziert werden; gebräuchliche Einteilungen sind solche in pekuniäre und nicht-pekuniäre oder in materielle (die pekuniäre und nicht-pekuniäre umfassen) und nicht-materielle bzw. „emotionale" (letzteren Begriff verwendet Casson 1991, S. 32 et passim). Die Abgrenzungen sind nicht immer trennscharf. Lohnanreizsysteme sind von einer nahezu unübersehbaren Vielfalt[5] (Akkordlöhne, Leistungszulagen, Prämien- und Bonussysteme, Gewinn- und Betriebsergebnisbeteiligungen etc.). In weiterem Sinne gehören dazu auch Differenzen zwischen Effektiv- und Tariflöhnen (Meyer 1990; 1994) und unterschiedliche Lohnformen (z. B. wöchentlich, monatlich, jährlich; im voraus, in der Mitte der Periode, im Nachhinein) (Kubon-Gilke 1990).

Als pekuniäre oder nicht-pekuniäre Leistungsanreize nicht immer eindeutig klassifizierbar sind z. B. Beförderungen, die nicht nur das Einkommen, sondern auch den Status erhöhen. Zumindest teilweise den Charakter von Statusgütern haben z. B. auch ein eigenes bzw. größeres Büro, Sekretärin, erweiterte Befugnisse wie Unterschriftsberechtigungen und die Kompetenz für Einstellungen und Entlassungen. Schließlich sind hier unterschiedliche Arbeitskontraktformen (z. B. befristete oder unbefristete Verträge) einzuordnen, d. h. unterschiedliche Formen der Arbeitsplatzsicherheit und Einbindung in die Schutzfunktionen des Arbeitsrechts. Zu den nicht-pekuniären Leistungsanreizen zählen i.d.R. die betrieblichen Sozialleistungen und sonstige „fringe benefits".

Als nicht-materielle Belohnungen werden in der Literatur vor allem der Arbeitskraft entgegengebrachtes Vertrauen (Wintrobe/Breton 1986; Drago/Perlman 1989; Casson 1991) sowie „Anerkennung"

---

[5] Dies belegen weite Teile der arbeitswissenschaftlichen Literatur (z. B. Bowey/ Lupton 1986). Ausführliche Beschreibungen findet man auch bei Lang/Meine/ Ohl 1990. Einen Klassifizierungsvorschlag arbeiten Brandes/Meyer/Schudlich (1991) aus. Empirische Evidenz für den Verbreitungsgrad solcher Anreizsysteme bei „production workers" und „management" in den USA liefert Parsons (1986).

(recognition; Simon 1991) behandelt. In diesen Kontext kann auch die Diskussion über „Arbeitszufriedenheit" eingeordnet werden (vgl. z. B. Wiswede 1988, S. 556 ff.). Negative Einflußfaktoren werden vor allem in Belastung und Streß gesehen, wenn diese ein bestimmtes Maß überschreiten. Wiswede (ebd., S. 560 f.) beschreibt die dafür ursächlichen Faktoren differenziert nach Inhalt der Arbeit und Umfeld der Arbeit.

Gemessen an der herausragenden praktischen Relevanz und auch an der Beachtung, die diese leistungsbestimmenden Faktoren in der Theorie gefunden haben, sind die empirischen Belege für ihre Wirkungsweise nur spärlich. Immerhin kommt Vroom nach einer Analyse der sozial- und industriepsychologischen empirischen Untersuchungen zu folgendem Schluß: Viele Befunde bestätigten die Ansicht, daß Arbeiter dann am meisten leisteten, wenn die Leistung ein Mittel sei, Ziele zu erreichen, die extrinsisch im Hinblick auf den Arbeitsinhalt seien (instrumentelle Einstellung zur Arbeitsanstrengung). In dem Ausmaß, wie das Leistungsniveau ein Mittel zur Erreichung bestimmter Ziele sei, sei es mit diesen auch tatsächlich verknüpft. Das gelte für höhere Löhne, Aufstiege und Anerkennung durch Mitglieder der Arbeitsgruppe. In jedem dieser Fälle sei diese Beziehung am stärksten für diejenigen Arbeiter, die jedes dieser Ziele am stärksten werteten (1964, S. 266).

Einen Versuch, die empirische Relevanz von Effizienzlöhnen in der Bundesrepublik zu überprüfen, haben Gerlach und Hübler (1990) unternommen; er zielt allerdings nicht auf deren Beitrag zur Leistungsmotivation, sondern lediglich darauf, ob überhaupt Effizienzlöhne gezahlt werden. Ergebnis ihres indirekten Meßverfahrens (sukzessive Ausschaltung aller anderen Einflußfaktoren auf unterschiedliche Lohnhöhen) ist, daß Lohndifferenzen verbleiben, die mit der Existenz der Zahlung von Effizienzlöhnen kompatibel sind. Die Autoren betonen aber selbst, daß dieser Befund nicht als positiver empirischer Beweis für die Zahlung von Effizienzlöhnen gewertet werden dürfe.

Der Einfluß von Gewinn- und Erfolgsbeteiligungen auf die Motivation ist ausführlich im sogenannten „Pepper-Bericht" untersucht worden (Uvalic 1991): „Die Ergebnisse in allen drei Ländern deuten auf per Saldo vorwiegend positive Auswirkungen der Erfolgsbeteiligung auf die Motivation der Arbeitnehmer und ihre Produktivität (ebd., S. 198). ... Es gibt keine bestimmte Art der Ergebnisbeteiligung, die gegenüber den anderen Formen von vornherein wesentliche Vorteile aufzuweisen hätte; die motivierende Wirkung ist weitgehend abhängig von der jeweiligen Ausgestaltung der Systeme und den Umständen, unter denen sie eingeführt werden (Besonderheiten der Unternehmen usw.)" (ebd., S. 199).

Gehen wir noch kurz auf das Konzept der „Arbeitszufriedenheit" ein, das Wiswede zu Recht skeptisch als „äußerst methodenlabil"kennzeichnet (1988, S. 558). Als wichtiges Ergebnis seiner Umfrage unter Arbeitern und Angestellten stellt Heidemann den Befund heraus, daß die Zufriedenheit umso größer sei, je höher die Position sei, woraus er schlußfolgert: „Dies bestätigt die allgemeine These, daß die Arbeitsmotivation weitgehend intrinsisch ist, das heißt, daß aus der Art und den Umständen einer beruflichen Tätigkeit selbst Zufriedenheit erwachsen kann, ohne daß durch Zusatzaspekte noch besonders motiviert zu werden braucht"(1987, S. 86). Diese Feststellung ist in doppelter Hinsicht zweifelhaft, nämlich sowohl hinsichtlich der Dominanz von intrinsischer Motivation als auch hinsichtlich der Wirkungsrichtung von Arbeitszufriedenheit und „Zusatzaspekten". Für die Dominanz von intrinsischer Motivation gibt es in der Literatur keinen Beleg. Was die Wirkungsrichtung zwischen Arbeitszufriedenheit und „Zusatzaspekten" angeht, halten wir Vrooms Feststellungen für überzeugender: „Individuals are satisfied with their jobs to the extent to which their jobs provide them with what they desire (nämlich rewards, d. Verf.), and they perform effectively in them to the extent that effective performance leads to the attainment of what they desire" (1964, S. 264).

3.2.2 Nicht-instrumentelle Einstellung zum Leistungsverhalten bei isolierter Arbeit

Das Leistungsverhalten kann auch per se, ohne den Filter der instrumentellen Nützlichkeit für andere Ziele, motiviert sein. Oben wurden die motivationalen Faktoren „intrinsic enjoyment"und „self-fulfillment" zitiert. Beide können z. B. durch die Art der Arbeitsaufgabe angesprochen werden (Herzbergs „content factors", vgl. z. B. Muchinsky 1990, S. 310). Aber sie können auch unabhängig voneinander das Leistungsverhalten beeinflussen. Leibenstein betont z. B. den Effekt des „commitment to oneself"(1987, S. 23), Furnham/Lewis sehen ein protestantisches Arbeitsethos als eine „individual difference variable of great importance and relevance"(1986, S. 167) an. Leibenstein postuliert außerdem die Existenz eines „utility of effort": „The marginal utility of effort increases up to some point, then decreases, and beyond some point is negative"(1987, S. 129). Vroom geht von einer indivduell bestimmten Valenz für hohe oder niedrige Leistung aus, ein Konzept, das sich ökonomisch als individuelle Präferenz für unterschiedliche Leistungsniveaus beschreiben läßt.

Simon schließlich hat in seinem bereits mehrfach erwähnten Aufsatz über „Organizations and Markets" die folgende Frage gestellt (1991, S. 26): Geht man von der ökonomischen Annahme des Arbeitsleids und damit von einer rein instrumentellen Einstellung der Arbeitskräfte zur Leistungsmotivation aus, stelle sich das Problem, warum sich Arbeiter überhaupt über das Mindestmaß an (kontrollierbarer) Arbeitsleistung hinaus anstrengen sollten. „In particular, how are employees induced to work more than minimally, and perhaps even with initiative and enthusiasm? Why should employees attempt to maximize the profits of their firms when making the decisions that are delegated to them?" (ebd.) Seine Formel für die Erklärung der höheren Arbeitsleistung heißt „Loyalty: Identification with Organizational Goals". Die Identifizierung mit einem Wir erlaube den Menschen, Zufriedenheit bei einem Erfolg dieser als Wir empfundenen Mannschaft zu empfinden; sie zögen daraus einen Nutzengewinn. Deshalb werde die Identifizierung mit der Organisation zu einem Motivationsfaktor, sich für die Ziele der Organisation aktiv einzusetzen (ebd., S. 34).

Die empirische Evidenz bezüglich intrinsischer leistungsbestimmender Faktoren ist aus zwei Gründen schwer zu interpretieren. Vroom listet eine Reihe von Befunden auf, deren Bedeutung er folgendermaßen bewertet: „This suggests that performance may be an end as well as a means to the attainment of an end, i. e., that individuals may derive satisfaction from effective performance and dissatisfaction from ineffective performance regardless of the externally-mediated consequences of performance" (1964, S. 267). Dies läuft auf nicht mehr als eine begründete Vermutung über die Existenz intrinsischer Faktoren hinaus. Die am Schluß des Abschnitts 2.2 zitierte Literatur konzentriert sich dagegen auf das Verhältnis von intrinsischen und extrinsischen motivationalen Faktoren mit dem Ergebnis, daß sich beide in bezug auf das erreichte Leistungsniveau z. T. konterkarieren. Trotz aller Plausibilität, die für das Vorhandensein der verschiedenen leistungsmotivationalen intrinsischen Faktoren spricht, bleibt deren genaues Ausmaß ebenso wie deren je verschieden starke Wirkung unklar.[6]

---

[6] Licht in das Dunkel bringt allerdings Frey (1992), der die Auswirkungen politischer Maßnahmen auf die intrinsische Motivation diskutiert. (Nach Fertig-

3.2.3 Faktoren, die das Leistungsverhalten von Arbeitsgruppen bestimmen

Bisher wurden diejenigen Faktoren für Leistungsmotivation behandelt, die schon bei isolierter Arbeit eine Rolle spielen. In der Realität wird aber die tatsächlich gewählte Arbeitsanstrengung jedes Individuums nicht unabhängig vom Verhalten der anderen Individuen sein, d. h. es treten Interaktionsphänomene auf (vgl. Brandes/Weise 1987). Sind mehrere Arbeitsaufgaben technologisch miteinander verbunden, müssen die einzelnen Aktivitäten miteinander koordiniert werden. Nur im Extremfall erfolgt die Koordination ausschließlich über die Maschine (z. B. Fließband); in diesem Fall tritt keine Interaktion auf. Im Regelfall besteht aber die Möglichkeit der Koordination der Arbeitsaktivitäten losgelöst von den technologischen Bedingungen. Koordination heißt Interaktion, es entsteht eine soziale Interdependenz, die von den Arbeitern einer Arbeitsgruppe gemeinsam erzeugt wird und die dann jedem Mitglied der Arbeitsgruppe als Zwang oder in Form eines Arbeitsklimas (vgl. Eger/Weise 1986), als weitere Beschränkung in seiner Handlungsumgebung, gegenübertritt. Aufgrund dieser Interaktionsprozesse ist die Gruppenleistung nicht gleich der Summe der Einzelleistungen ihrer Mitglieder bei isolierter Arbeit.

Ein wichtiger Faktor für das Leistungsverhalten von Arbeitsgruppen wird in der „Gruppenkohäsion" gesehen, d. h. in der Stärke des Zusammengehörigkeitsgefühls der Gruppenmitglieder. Die Bedeutung dieser Variablen liegt darin, daß sie die Konformität des Verhaltens steigert bzw. die Varianz des Leistungsverhaltens der Gruppenmitglieder senkt (vgl. Anger/Nachreiner 1975, Sp. 1732). Dieser Effekt ist empirisch gut abgesichert.

Der wichtigste Faktor für das Leistungsverhalten von Arbeitsgruppen ist von dem vorstehenden nicht unabhängig: die Entstehung von Leistungsnormen. Er wird in allen einschlägigen sozialpsychologischen Untersuchungen herausgehoben und ist - wohl aus diesem Grunde - inzwischen öfters auch in der Ökonomie modelltheoretisch untersucht worden (Beispiele sind Jones 1984, Akerlof 1984). Auch dieser Faktor ist empirisch gut abgesichert, allerdings bezieht sich dieser Befund nicht darauf, ob eine hohe oder eine niedrige Leistungsnorm etabliert

stellung dieses Beitrags haben wir ebenfalls versucht, das Charakteristische der intrinsischen Motivation genauer zu fassen; vgl. Brandes/Weise (im Ersch.).)

wird. McGrath (1984, S. 122) stellt in der Literatur ausdrücklich Übereinstimmung fest hinsichtlich „... (a) that groups influence their members toward conformity with the group's norms or standards; (b) that more cohesive groups have more powerful influences on members; and (c) that such influences can serve to *raise or lower member productivity, depending on what the norms of the groups are*" (Hervorh. hinzugefügt).

Letzterer Befund ist besonders herauszuheben, denn er belegt, daß intensive soziale Interdependenz (Kohäsion) nicht automatisch zu Leistungssteigerungen führt, vielmehr ist auch das genaue Gegenteil nachgewiesen worden. Beruhten die ersten Befunde über den Zusammenhang von Kohäsion und der Entstehung von Leistungsnormen auf Laboratoriumsexperimenten, sind sie in der schon klassischen Arbeit von Seashore (1954) im Rahmen einer Felduntersuchung an 228 Arbeitsgruppen bestätigt worden: Je nachdem, ob es sich um Gruppen mit positiver oder negativer Einstellung zum Vorgesetzten und zum Unternehmen handelte, entwickelten die Gruppen mit steigender Kohäsion nicht nur verbindlichere Leistungsnormen, sondern entwickelten erstere höhere, letztere niedrigere Leistungsnormen (Wiswede 1980, S. 73 ff.; von Rosenstiel 1992, S. 270 ff.).

Offensichtlich ist die Einstellung der Mitarbeiter zu ihrer Organisation und zu deren Repräsentanten, den Vorgesetzten, ebenfalls wichtig für die Leistungsmotivation. Daher hebt Wiswede u. a. die Organisationskultur, die Corporate Identity sowie das Organisationsklima als mit leistungsentscheidend hervor (1988, S. 563). Diese Konzepte sind erkennbar mit dem verknüpft, was weiter oben als Loyalität, Identifizierung mit den Zielen der Unternehmung und Erzeugung eines „Wir-Gefühls" bereits erwähnt wurde.

Beziehungen zwischen Vorgesetzten und Mitarbeitern werden unter dem Begriff der „Führungsstile" untersucht, worunter insbesondere das Konzept des „partizipativen Managements" unter dem Gesichtspunkt der Leistungsmotivation große Beachtung erfahren hat. In einer neuen Studie hat Beyer (1993) die vorliegenden empirischen Befunde über Gewinn- und Kapitalbeteiligungen, Qualitätszirkel und Führungsgrundsätze untersucht. Seine Ergebnisse sind bei weitem zu differenziert, als daß sie hier zitiert werden könnten. Wir hoffen aber, dem Autor nicht unrecht zu tun, wenn wir sie dahingehend zusammenfassen, daß es eine einfache und eindeutige Beziehung zwischen diesen Konzepten und der Produktivität von Arbeitsgruppen nicht gibt.

Die Arbeitsleistung von Arbeitsgruppen kann auch durch Intergruppenbeziehungen beeinflußt werden. Sie liegen dann vor, wenn nicht nur die eigene, d. h. die Mitgliedschaftsgruppe, sondern auch eine andere Gruppe als Referenzgruppe betrachtet wird (vgl. Abschn. 2.3). In diesen Fällen wird ein Leistungsvergleich vorgenommen, und das Ergebnis wird bewertet. Als Konsequenz der Bewertung sind vor allem zwei Reaktionsweisen wichtig: Das Leistungsverhalten der Referenzgruppe kann entweder einen Imitations- oder einen Absetzungseffekt hevorrufen.

Empirische Untersuchungen über arbeitsleistungsrelevante Effekte von Intergruppenbeziehungen sind selten (vgl. Haeberlin 1984; Schneider 1985, S. 280 ff.) und u. E. etwas einseitig auf Konzeptualisierungen von „Kooperation vs. Konkurrenz" bezogen. Die Einseitigkeit sehen wir darin, daß sowohl Kooperation als auch Konkurrenz das Leistungsverhalten der betrachteten Gruppen tendenziell aneinander angleichen, weshalb der Aspekt von Leistungsunterschieden als Folge von Intergruppenbeziehungen nicht zureichend geklärt wird. „Das Forschungsgebiet der Beziehungen zwischen Kleingruppen ist ... noch kaum über den Stand der anekdotischen Beschreibung interessanter Detailfragen hinausgetreten", urteilt Schneider (ebd., S. 293).

3.3 Zwei Arten von Variablen des Leistungsverhaltens für die modelltheoretische Analyse

Wir haben drei Arten von motivationalen Faktoren, die das Leistungsverhalten bestimmen, unterschieden: Erstens gibt es intrinsische Faktoren, die für die Individuen ein bestimmtes Leistungsverhalten ganz unabhängig davon attraktiv erscheinen lassen, welche Konsequenzen daraus aufgrund ihres Arbeitsvertrages oder in bezug auf ihre sozialen Beziehungen im Arbeitsumfeld resultieren. Zweitens gibt es eine Fülle von extrinsischen Faktoren, die eine instrumentelle Einstellung zum Leistungsverhalten voraussetzen und als positive oder negative Anreize von außen auf das Niveau der Leistungserbringung einwirken. Und drittens gibt es leistungssteuernde motivationale Faktoren, die allein auf die soziale Interdependenz der Arbeitskräfte in einer Arbeitsgruppe oder zwischen Arbeitsgruppen zurückzuführen sind. Die Zusammenarbeit führt zu einer Kohäsion, die die Grundlage der Entstehung verbindlicher Gruppennormen für das Leistungsverhalten ist. Abweichungen von der Gruppennorm werden durch Sanktionen der Gruppe bestraft.

Die erstgenannte Art der motivationalen Faktoren kennzeichnet individuell unterschiedliche Verhaltensdispositionen bezüglich der Arbeitsanstrengung, die zweite kennzeichnet leistungsrelevante Umgebungsfaktoren mit Ausnahme der für die Arbeitsgruppe charakteristischen Intensität der sozialen Interaktionen, die dritte schließlich kennzeichnet die Leistungsbeeinflussung durch die sozialen Interaktionen der Arbeitsgruppe.

Es scheint uns vertretbar zu sein, diese drei Arten von Faktoren zu nur zwei Arten von Variablen - oder besser: Kräften - zusammenzufassen: „exogene"und „endogene"Kräfte.[7] Die exogene Kraft nennen wir Bevorzugungskraft und definieren sie als Summe aller exogenen motivationalen Faktoren, d. h. solcher, die das Leistungsverhalten eines Individuums dann bestimmen, wenn es isoliert arbeitet, mithin keiner sozialen Interdependenz ausgesetzt ist. Mit anderen Worten: Die Verhaltensdispositionen bestimmen zusammen mit den extrinsischen Leistungsanreizen exogen den Wert der Bevorzugungskraft.

Die zweite Art von Variablen bzw. Kräften umfaßt die endogenen motivationalen Faktoren für die Arbeitsleistung, d. h. Faktoren, die erstens aus der sozialen Interdependenz innerhalb einer Arbeitsgruppe und zweitens aus der möglichen Interdependenz zwischen zwei (oder mehr) Arbeitsgruppen entstehen. Diejenigen motivationalen Faktoren für die Arbeitsleistung, die aus der sozialen Interdependenz innerhalb der Arbeitsgruppe hervorgehen, fassen wir unter dem Begriff Konformitätskraft zusammen. Die Intensität der sozialen Interdependenz bestimmt den Wert dieser Variablen. Dagegen fassen wir diejenigen motivationalen Faktoren für die Arbeitsleistung, die aus der sozialen Interdependenz zwischen zwei (oder mehr) Arbeitsgruppen hervorgehen, unter dem Begriff Vergleichskraft zusammen. Der Wert dieser Variablen ist positiv, wenn die betrachtete Gruppe das Leistungsverhalten der anderen Gruppe imitieren möchte; er ist dagegen negativ, wenn sie sich von dem Leistungsverhalten der anderen Gruppe absetzen möchte.

---

[7] Viel schöner drückt dies von Rosenstiel aus, wenn er von „persönlichem Wollen" (Motivation) und „sozialem Dürfen" (Normen) spricht (1987, Sp. 1320).

3.4 Zum Zusammenhang von Leistungsmotivation und Leistungsergebnis

Steigt das Leistungsergebnis linear mit dem Betrag der Leistungsmotivation an? Oder steigt es unterproportional bis zu einer gewissen Höchstgrenze an? Oder steigt es zwar zunächst an, erreicht dann ein Maximum, um danach, bei weiter steigender Motivation, aber wieder abzusinken (umgekehrte U-Funktion)? Vroom diskutiert diese Fragen ausführlich und kommt zu dem Ergebnis, daß die letztere Hypothese am meisten empirische Evidenz für sich habe (1964, S. 206). Diese Feststellung ist höchst bemerkenswert, steht sie doch zu einfachen Wirkungshypothesen im Widerspruch,[8] nach denen mehr Motivation stets auch mehr Ergebnisse zeitigt. Um die Plausibilität dieses Zusammenhangs zu betonen, beruft sich Vroom auf das sog. Yerkes-Dodson Gesetz. „The essence of this law is the relationship between performance and stress or pressure. Effectiveness is assumed to increase with stress up to some point, possibly flatten out at that point, and then decrease as stress or pressure continues to increase", erläutert Leibenstein (1987, S. 18), der dieses Gesetz für intuitiv sehr plausibel hält und für seine Theorie der nicht-optimalen Entscheidungen ebenfalls heranzieht. Ökonomen sind ähnliche Zusammenhänge aus der mikroökonomischen Arbeitsmarkttheorie vertraut (z. B. Arbeitszeitangebot in Abhängigkeit vom Lohnsatz; Produktivität in Abhängigkeit von der Fluktuationsrate).[9]

Fraglich aber ist, ob hiermit schon die Gesamtheit der möglichen Zusammenhänge zwischen Leistungsmotivation und Leistungsergebnis beschrieben werden kann, insbesondere, ob man es stets mit kontinu-

---

[8] Etwa zur zentralen Annahme von Effizienzlohntheorien, um nur ein prominentes Beispiel zu nennen.

[9] Wir werden in unserem Modell in Abschn. 4 unten eine schwächere Annahme treffen, wenn wir von einer „Normalleistung" ausgehen, von der sowohl nach oben als auch nach unten abgewichen werden kann. Die Abweichung ist realistischerweise nicht unbegrenzt, sondern weist schließlich eine abnehmende Rate auf. Das läßt sich damit begründen, daß das Überschreiten der Normalleistung mit wachsendem Leistungsniveau immer mühsamer wird und schließlich an physiologische und psychologische Grenzen stoßen muß, während das Unterschreiten seine Grenze zwar theoretisch erst bei der Nulleistung findet, aber in realen Arbeitsbeziehungen bereits vorher zu überproportional wachsenden psychologischen Kosten innerhalb der Arbeitsgruppe und zu stark steigenden Risikokosten durch negative Sanktionen seitens des Arbeitgebers bis hin zur Entlassung führt.

ierlichen Veränderungen der abhängigen bezüglich der unabhängigen Variablen zu tun haben wird. Flay (1978) z. B. hat nachdrücklich die Anwendbarkeit der Katastrophentheorie auf „attitudes and social behavior" hervorgehoben, und an anderer Stelle haben wir selbst katastrophentheoretische Interpretationen einiger Eigenschaften von sozialen Gruppen vorgeschlagen (Eger/Weise 1986; Weise/Eger 1987). Daher werden im folgenden einige mögliche Effekte des Zusammenhangs zwischen den von uns identifizierten leistungsmotivationalen Faktoren und den resultierenden Leistungsergebnissen beschrieben, wobei wir uns, soweit möglich, auf empirische Befunde beziehen.

Die Gültigkeit des umgekehrt U-förmigen, kontinuierlichen Zusammenhangs zwischen „motivation" und „performance", die Vroom konstatiert, beruht auf der impliziten Voraussetzung, daß positive und negative Anreize additiv sind, mithin komplementär zueinander wirken. Diese Voraussetzung trifft aber nicht notwendigerweise zu. So sprechen Drago und Perlman von „carrot and stick"-incentives als konkurrierenden Anreizen (1989, S. 41), die sich gegenseitig ausschlössen. Dies läßt sich beispielhaft veranschaulichen: Die Zahlung hoher Löhne (positiver Anreiz) führt zusammen mit einem geringen Ausmaß an Kontrolle (negativer Anreiz) zum Aufbau gegenseitigen Vertrauens, das einen (partiellen) „Geschenke-Austausch" (hohe Löhne gegen hohe Leistung; Akerlof 1984) ermöglicht. Wird nun c. p. das Ausmaß an Kontrolle kontinuierlich verstärkt, werden dies die Arbeiter ab einer bestimmten Schwelle als Mißtrauen auf Seiten ihres Arbeitgebers verstehen mit der Folge, daß ihr Vertrauen plötzlich zerbricht und sich in Enttäuschung und Mißtrauen verwandelt mit der weiteren Folge, daß sie ihre Arbeitsleistung abrupt drastisch vermindern. Auf Effekte dieser Art scheinen uns die weiter oben angesprochenen Befunde von de Charms, Deci und Notz hinzudeuten. Auch aus gestaltpsychologischer Perspektive werden derartige Effekte („gestalt switch") diskutiert (Kubon-Gilke 1990, S. 150 ff. et passim).

Analog sind auch plötzliche Leistungssteigerungen denkbar, etwa wenn das arbeitsvertragliche Spannungsverhältnis zwischen Autonomie und Selbstverwirklichung einerseits und Fremdbestimmung durch hierarchische Kontrolle andererseits durch Einführung partizipativer Elemente zugunsten der Autonomie diskontinuierlich verändert wird. Die Hoffnung auf diesen Effekt könnte ein Grund sein, warum die Einführung von teilautonomen Arbeitsgruppen gegenwärtig z. T. euphorisch propagiert wird.

Daß die soziale Interdependenz innerhalb einer Arbeitsgruppe sowohl zur Ausbildung hoher als auch niedriger Leistungsnormen führen kann, ist schon belegt worden. Weisen exogene und endogene Anreize dieselbe Richtung auf, wird die Leistungsnorm höher bzw. niedriger sein als bei isolierter Arbeit. Es kann aber auch der Fall eintreten, daß exogene und endogene Anreize in verschiedene Richtungen weisen, etwa weil die unternehmungsseitigen Anreize die Gruppenleistungsnorm nicht oder nicht ausreichend berücksichtigen (Akerlof 1984, S. 146 und 151). Das Urteil darüber, ob beide zueinander passen, ist kein „kontinuierliches"; sondern unterliegt Wahrnehmungsschwellen. In solchem Fall kann wiederum ein abrupter Umschwung des Leistungsverhaltens dann eintreten, wenn kritische Schwellenwerte im Größenverhältnis beider Variablen überschritten werden.

Betrachtet man darüber hinaus endogene Anreize zwischen zwei Arbeitsgruppen, führt die Einführung der Vergleichskraft mit ihren Ausprägungen als Imitations- oder Absetzungswunsch zu einer Vervielfachung der möglichen Effekte, von denen hier nur Beispiele erwähnt seien. Nützlich ist es, zwischen vertikalen (z. B. Management/Arbeiter; Vorarbeitergruppe/Arbeitergruppe) und horizontalen (z. B. zwei semiautonome Arbeitsgruppen in einer Werkhalle; zwei Profit-Centers) Referenzgruppen zu unterscheiden.

Bei instrumenteller Einstellung zur Leistung führen exogene Anreize bei Management und Arbeitern zur Angleichung des Leistungsverhaltens in Form hoher oder niedriger Leistung.[10] Tritt nun das Vergleichsmotiv hinzu, kann es die Konformität der Leistungsniveaus sowohl in beiden Richtungen verstärken, aber auch abschwächen bzw. sogar zu entgegengesetzten Vorzeichen der Leistungsniveaus führen, je nachdem, wie ausgeprägt der Wunsch nach Imitation bzw. Absetzung in den Gruppen ist und wie stark die Konformitätskraft innerhalb jeder Gruppe wirkt. Bei vertikal weniger weit auseinanderliegenden Gruppen - z. B. bei Vorarbeitern und ihnen unterstellten Arbeitern - sind darüber hinaus Kräftekonstellationen nicht unwahrscheinlich, die statt dauerhafter Leistungsniveaus Zyklen von Leistungsniveaus hervorrufen, dann nämlich, wenn die Kohäsionskräfte innerhalb dieser Gruppen hoch

---

[10] Individuell rationales Kalkulieren führt in eine Gefangenen-Dilemma-Situation bei niedriger Leistung; die verläßliche Etablierung von Konventionen wie die „golden rule" ermöglicht dagegen auf beiden Seiten die Einhaltung höherer Leistungsstandards. Dieser Thematik sind große Teile der Arbeit von Leibenstein (1987) gewidmet.

sind, beide sich aber dadurch unterscheiden, daß sich die Arbeiter positiv mit den Vorarbeitern, diese sich aber negativ mit den Arbeitern vergleichen. In diesem Fall streben die Arbeiter nach einem Leistungsniveau, das dem der Vorarbeitergruppe entspricht, diese selbst aber nach einem Leistungsniveau, das sich von dem der Arbeiter deutlich abhebt.[11]

Bei horizontalem Vergleich von Arbeitsgruppen sind Kooperation oder Konkurrenz die zentralen Mechanismen. Kooperation verstärkt eine hohe oder eine niedrige Leistungsnorm. Konkurrenz wirkt in Richtung auf eine Erhöhung der Leistungsnorm. Das Vergleichsmotiv ist aber durch die Konzepte Kooperation und Konkurrenz nicht ausreichend erfaßt. Es kann sich insbesondere auch auf - soweit vorhanden - Unterschiede in den positiven und negativen Anreizen, die für jede der Gruppen ausgesetzt sind, beziehen. Werden die Unterschiede i. S. der „equity"-Theorie[12] nicht als gerecht eingestuft, können bei zu hoch empfundener Belohnung Leistungssteigerungen der einen Gruppe sowie bei zu gering empfundener Belohnung Leistungseinschränkungen der anderen Gruppe die Folge sein: beide Gruppen setzen sich von der anderen ab, stark unterschiedliche Leistungsnormen in horizontal gleichen Gruppen können etabliert werden.

4. Ein Arbeitsgruppen-Modell

In diesem Abschnitt wollen wir zunächst thesenartig die wichtigsten empirischen Befunde und theoretischen Ergebnisse zum Leistungsverhalten von Arbeitsgruppen zusammenfassen. Anschließend werden diese Befunde und Ergebnisse anhand eines Ein- und Zwei-Arbeitsgruppen-Modells exakt begründet und hergeleitet.

---

[11] Die Einstellung der Arbeitergruppe könnte dann lauten: „Was die können, können wir auch", die der Vorarbeitergruppe: „Wir zeigen denen mal, was wirkliche Leistung ist" bzw. „Wir haben diese Maloche nicht nötig". Beides sind verbreitete Einstellungen bezüglich der Imitation bzw. Absetzung in hierarchischen Organisationen.

[12] Adams (1963) in Verbindung mit Festinger (1957); für Überblicke vgl. Steers/Porter 1975 und Kubon-Gilke 1990.

4.1 Thesen zum Leistungsverhalten von Arbeitsgruppen

In den vorhergehenden Abschnitten haben wir im wesentlichen die folgenden Aussagen über das Leistungsverhalten von Arbeitsgruppen gemacht.

(1) Es gibt zwei Arten von Anreizen, die die Arbeitsleistung bestimmen: exogene Anreize, die von außen die gesamte Arbeitsgruppe betreffen, und endogene Anreize, die von innen durch die Interaktionen der Gruppenmitglieder entstehen.

(2) Durch Interaktionen wird eine Gruppenkohäsion und ein Konformitätsdruck erzeugt, die sich in einer Arbeitsnorm manifestieren.

(3) Die Arbeitsnorm kann eine Arbeitsleistung bewirken, die über oder unter der Normalleistung liegen kann.

(4) Eine hohe Arbeitsleistung kann abrupt in eine niedrige Arbeitsleistung umschlagen; eine niedrige Arbeitsleistung kann plötzlich durch eine Leistungsexplosion abgelöst werden.

(5) Mehrere Arbeitsgruppen können sich untereinander positiv oder negativ beeinflussen, sie könen sich aber auch wechselseitig in ihrem Leistungsverhalten voneinander absetzen.

(6) Mehrere Arbeitsgruppen können geradezu ein zyklisches Leistungsverhalten aufweisen.

Das folgende Modell wird zeigen, daß diese sechs Thesen lediglich Resultate des Zusammenspiels der exogenen und endogenen Anreizkräfte sind. Das Leistungsverhalten und die Veränderung des Leistungsverhaltens können somit als Resultante von Kräftekonstellationen begriffen werden, die sich in einem selbstorganisatorischen Prozeß aufbauen.

4.2 Das Leistungsverhalten einer einzigen Arbeitsgruppe

Betrachten wir zunächst das Leistungsverhalten einer einzigen Arbeitsgruppe, die aus einer bestimmten, hier nicht konkretisierten Anzahl von einzelnen Gruppenmitgliedern bestehen möge. Jedes Gruppenmitglied habe eine Leistungsschwankungsbreite, die von der geringstmöglichen Leistung bis zur Maximalleistung reicht. Bezeichnen wir die individuelle Arbeitsleistung des Individuums i mit λ_i, und nehmen wir an, daß die Schwankungsbreite so normiert werden kann, daß die Minimalleistung $\lambda_i = 0$ und die Maximalleistung $\lambda_i = 1$ entspricht, d. h. $0 \leq \lambda_i \leq 1$. Nehmen wir weiterhin an, daß es die Leistung steigernde Anreize und die Leistung senkende Anreize gibt, die das Leistungsverhalten eines Individuums bestimmen. Bezeichnen wir die ersteren mit q_i^+ und die letzteren mit q_i^-. Dann können wir für die Veränderung des Leistungsverhaltens eines Individuums in der Zeit schreiben:

$$(1) \quad \frac{d\lambda_i}{dt} = \lambda_i q_i^- + (1 - \lambda_i)q_i^+ .$$

Anhand der Gleichung (1) erkennen wir, daß für $\lambda_i = 0$ die Arbeitsleistung mit der Rate q_i^+ steigt und für $\lambda_i = 1$ mit der Rate q_i^- sinkt. Unter bestimmten, weiter unten noch zu diskutierenden Annahmen hinsichtlich q_i^- und q_i^+ gibt es ein Leistungsniveau λ_i, für das $d\lambda_i/dt = 0$. Dieses Leistungsniveau erfüllt offensichtlich die Bedingung

$$(2) \quad \frac{\lambda_i}{1 - \lambda_i} = \frac{q_i^+}{q_i^-},$$

d. h. das Verhältnis der erbrachten Leistung zur Abweichung von der Maximalleistung entspricht dem Verhältnis der leistungssteigernden zu den leistungssenkenden Anreizen, und heißt Normalleistung des Individuums i. Diese Normalleistung entspricht der Leistung, die der Arbeitssituation bei einer gegebenen Arbeitsorganisation angemessen ist. Wir unterstellen nun, daß wir die Normalleistungen der einzelnen Gruppenmitglieder zu einer durchschnittlichen Gruppenleistung mitteln und zu einem Wert von Null normieren können. Wir unterstellen darüber hinaus, daß auch die individuellen Leistungsanreize zu durchschnittlichen Leistungsanreizen zusammengefaßt werden können. Bezeichnen wir die durchschnittliche Gruppenleistung mit x, so daß $-1 \leq x \leq 1$ mit $x = 0$ als durchschnittliche Normalleistung, und die durchschnittlichen Leistungsanreize mit q^- bzw. q^+, so können wir schreiben

$$(3) \quad \frac{dx}{dt} = -\frac{x+1}{2}q^- + \frac{1-x}{2}q^+ .$$

Wie man sich leicht klarmachen kann, entspricht Gleichung (3) der Gleichung (1), wenn man beachtet, daß x nun zwischen -1 und +1 schwankt. In den vorhergehenden Abschnitten wurde ausführlich begründet, daß die positiven und negativen Leistungsanreize von exogenen und endogenen Kräften abhängen und daß eine Annäherung an das minimale und das maximale Leistungsniveau mit überproportional steigenden Leistungsanreizen verbunden ist. Eine mathematisch einfache Form, die dieses ausdrücken kann, ist

(4)
$$q^- = \exp[-(b + cx)]$$
$$q^+ = \exp[+(b + cx)].$$

Dabei bedeuten b die exogenen Leistungsanreize und c, das multiplikativ mit x verbunden ist, die endogenen Leistungsanreize. Der Parameter b heißt kurz Bevorzugungskraft; bei b = 0 ist die Summe der exogenen Leistungsanreize Null, so daß die Normalleistung realisiert wird; bei b > 0 besteht eine Tendenz zu höherer, bei b < 0 zu niedrigerer Arbeitsleistung. Der Parameter c heißt kurz Konformitätskraft; bei c < 1 ist der Konformitätsdruck vergleichsweise gering, so daß die Normalleistung realisiert wird, während bei c > 1 dieser Druck derart groß ist, daß ein über- oder unterdurchschnittliches Leistungsniveau erreicht wird.

Setzen wir (4) in (3) ein und beachten wir, daß sinh x = $(e^x - e^{-x})/2$ und cosh x = $(e^x + e^{-x})/2$, so erhalten wir nach wenigen Umformungen

(5) dx/dt = sinh [b+cx] - x cosh [b+cx].

Diese Gleichung gibt an, wie sich das durchschnittliche Gruppenleistungsverhalten x in der Zeit verändert, wenn exogene Kräfte, ausgedrückt durch den Parameter b, und endogene Kräfte, ausgedrückt durch den Parameter c, auf das Gruppenleistungsverhalten einwirken. Das Gruppenleistungsverhalten wird also zum Teil durch eine (exogene) Bevorzugungskraft und zum Teil interaktiv durch eine Konformitätskraft erzeugt. Die Entstehung und Stabilisierung einer Gruppenleistung ist also ein Selbstorganisationsprozeß.

Betrachtet man lediglich das gleichgewichtige Leistungsverhalten, setzt mithin dx/dt = 0, so erhält man

(6) x* = tanh [b+cx].

Gleichung (6) gibt die durch alle Gruppenmitglieder aufgrund wechselseitiger Interaktionen zusammen erzeugte gleichgewichtige durchschnittliche Arbeitsleistung an. Diese gleichgewichtige Arbeitsleistung ist die Gruppennorm; Abweichungen hiervon werden interaktiv sanktioniert und beseitigt.

Weisen wir nun nach, daß die oben vorgestellten Thesen bestimmten Kräftekonstellationen unseres Modells entsprechen. Wir beziehen uns zunächst auf die ersten vier Thesen; die folgenden zwei Thesen werden weiter unten im Zusammenhang mit der Einführung einer zweiten Arbeitsgruppe diskutiert.

Bei den graphischen Darstellungen ist zu beachten, daß die Gleichgewichtswerte die Schnittpunkte des Graphen der Funktion (6) mit der Geraden $x^* = x$, d. h. der Winkelhalbierenden der Abbildungen, sind. Entlang des Graphen (6) gilt $dx/dt = 0$; oberhalb des Graphen gilt $dx/dt > 0$, unterhalb $dx/dt < 0$, d. h. Schnittpunkte von oberhalb sind stabile, Schnittpunkte von unterhalb sind dagegen instabile Gleichgewichtspunkte.

Betrachten wir als erste die Konstellation $b = 0$, $c < 1$. In diesem Fall empfängt die Arbeitsgruppe keinerlei exogene Anreize oder sich gerade ausgleichende leistungssteigernde und leistungssenkende exogene Anreize, und auch die Kohäsion innerhalb der Gruppe ist zu schwach, um eine Leistungsnorm zu etablieren. Die Folge ist die Realisierung der Normalleistung der Gruppe, wobei die Varianz der Einzelleistungen bei größerem c geringer sein dürfte. Der einzige Gleichgewichtspunkt ist die Normalleistung $x^* = 0$ (vgl. Abb. 1).

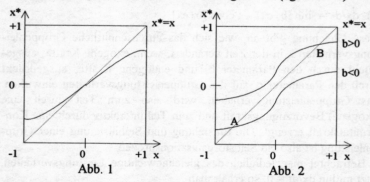

Abb. 1   Abb. 2

Betrachten wir nun die Konfigurationen $b > 0$ und $b < 0$ bei $c < 1$. Wiederum ist die Konformitätskraft innerhalb der Arbeitsgruppe vergleichsweise klein. Die exogene Bevorzugungskraft sorgt allerdings dafür, daß eine höhere (bei $b > 0$, Punkt B) beziehungsweise eine niedrigere (bei $b < 0$, Punkt A) Arbeitsleistung als die Normalleistung erbracht wird (vgl. Abb. 2).

Betrachten wir nun die Konstellation b = 0, c > 1. Die Bevorzugungskraft hat einen Wert von Null. Aber die Konformitätskraft baut über eine verstärkte Gruppenkohäsion eine Arbeitsnorm auf. Diese führt entweder zu einer Arbeitsleistung, die unterhalb der Normalleistung (Punkt C) oder oberhalb (Punkt D) liegt (vgl. Abb. 3). Es gibt zwei stabile Gleichgewichtspunkte, nämlich Punkt C bei x* < 0 und Punkt D bei x* > 0; der Gleichgewichtspunkt x* = 0 ist instabil. Welcher der beiden Punkte C oder D erreicht wird, ist vollkommen offen; die Realisierung eines der beiden Leistungsniveaus ist „pfadabhängig", d. h. a priori können beide Leistungsniveaus mit gleicher Wahrscheinlichkeit erreicht werden, und es hängt vom Entwicklungspfad ab, ob das eine oder das andere Leistungsniveau erreicht wird.

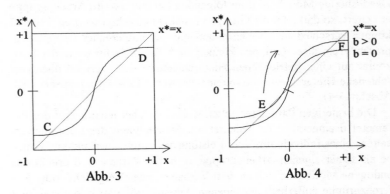

Abb. 3   Abb. 4

Betrachten wir schließlich die Konfiguration b > 0 und c > 1. In diesem Fall können sich, falls b hinreichend groß ist, die Bevorzugungskraft und die Konformitätskraft ergänzen. Beide zusammen stabilisieren eine Leistungsnorm, die weit über der Normalleistung liegt (vgl. Abb. 4; Punkt F). Ist b allerdings nicht hinreichend groß, kann ein weiterer Gleichgewichtspunkt existieren, bei dem Bevorzugungskraft und Konformitätskraft in verschiedene Richtungen wirken (Punkt E), das Leistungsverhalten ist quasi in einem ineffizienten Zustand „eingeschlossen" (sog. „lock-in").

Wird in diesem Punkt die Konformitätskraft etwas schwächer oder die Bevorzugungskraft etwas stärker, verschwindet dieser Punkt, und alleiniger Gleichgewichtspunkt wird Punkt F. Resultat ist ein „katastrophaler" Sprung des Leistungsniveaus von einem niedrigen auf ein hohes Niveau (beziehungsweise von einem hohen auf ein niedriges für den Fall b < 0). Wir sehen, daß sich die ersten vier Thesen dieses Abschnittes modellhaft begründen und nachweisen lassen. Wir erkennen auch, daß Kohäsion allein nicht nur zu einem hohen, sondern auch zu einem niedrigen Leistungsniveau führen kann. Wir können schließlich folgern, daß es zu einer Sicherung eines hohen Leistungsniveaus der Unterstützung durch positive exogene Anreize bedarf; dennoch kann dann ein „lock-in" bei einem niedrigen Leistungsniveau eintreten, das aber wiederum zu einer Leistungsexplosion führen kann.

4.3 Das Leistungsverhalten zweier interdependenter Arbeitsgruppen

Das bisherige Modell wird im folgenden um eine zweite Arbeitsgruppe erweitert, so daß jetzt die Gruppen I und II betrachtet werden. I und II können verschiedene Formen miteinander interagierender Gruppen repräsentieren; diese Gruppen können auch Beispiele für entweder horizontal auf einer betrieblichen Hierarchieebene oder vertikal über verschiedene Hierarchieebenen miteinander verknüpfte Gruppen sein (vgl. Abschn. 3.4).

Die bisherigen Parameter gelten weiter, darüber hinaus wird der Parameter d eingeführt. Er bedeutet die Abhängigkeit des Leistungsverhaltens eines Individuums vom Leistungsverhalten einer anderen Gruppe als seiner eigenen Arbeitsgruppe, d. h. der Parameter d drückt das endogene Motiv aus, sich an dem Verhalten einer Vergleichs- oder Referenzgruppe außerhalb der eigenen Arbeitsgruppe zu orientieren und heißt dementsprechend Vergleichskraft (vgl. Abschn. 3.3). Bei d = 0 wird ein Vergleich zwischen der Durchschnittsleistung der eigenen Arbeitsgruppe und der einer anderen Arbeitsgruppe entweder nicht angestellt oder hat für das eigene Leistungsverhalten keinerlei Konsequenzen. Bei d > 0 möchte eine Arbeitsgruppe den Leistungsdurchschnitt einer anderen Arbeitsgruppe ebenfalls einhalten, sie will nicht zurückfallen oder generell nicht auffallen, bei d < 0 gilt das Gegenteil. Wie schon vorher für c wird auch für d unterstellt, daß die Orientierung des Verhaltens eines Individuums am Durchschnittsverhalten der anderen Arbeitsgruppe nur mit abnehmender Rate selbstverstärkend ist.

Für die zwei Gruppen I und II erhalten wir die beiden Differentialgleichungen

$$
\frac{dx}{dt} = -\frac{x+1}{2}q_I^- + \frac{1-x}{2}q_I^+
$$

(7)

$$
\frac{dy}{dt} = -\frac{y+1}{2}q_{II}^- + \frac{1-y}{2}q_{II}^+,
$$

wobei mit ansonsten unveränderter Bezeichnungsweise x und y das durchschnittliche Leistungsverhalten der Arbeitsgruppen I bzw. II bezeichnen. Die leistungssteigernden und leistungssenkenden Anreize sind entsprechend

(8)
$$
q_I^- = \exp\left[-(b_I + c_I x + d_I y)\right]
$$

$$
q_I^+ = \exp\left[+(b_I + c_I x + d_I y)\right]
$$

$$
q_{II}^- = \exp\left[-(b_{II} + c_{II} y + d_{II} x)\right]
$$

$$
q_{II}^+ = \exp\left[+(b_{II} + c_{II} y + d_{II} x)\right].
$$

Setzt man (8) in (7) ein, erhält man ein zu (5) analoges Gleichungssystem. Löst man dieses, so hat man

(9)
$$
y^* = \frac{1}{d_I}\left[\text{Area tanh}[x] - b_I - c_I x\right] = f(x)
$$

$$
x^* = \frac{1}{d_{II}}\left[\text{Area tanh}[y] - b_{II} - c_{II} y\right] = g(y).
$$

Die Funktion $y^* = f(x)$ ergibt für jeden Wert von x den entsprechenden Gleichgewichtswert von y; die Funktion $x^* = g(y)$ ergibt für jeden Wert von y den entsprechenden Gleichgewichtswert von x. Ein Schnittpunkt der Graphen dieser beiden Funktionen ergibt also den Gleichgewichtswert x^*, y^* des Zwei-Gruppen-Modells.

Betrachten wir wiederum einige typische Konfigurationen und begründen wir insbesondere die Thesen (5) und (6) weiter oben. Zu beachten dabei ist, daß entlang des Graphen $y^* = f(x)$ immer $dx/dt = 0$ und entlang des Graphen $x^* = g(y)$ immer $dy/dt = 0$ gilt. Oberhalb des Graphen $y^* = f(x)$ gilt $dx/dt > 0$, unterhalb $dx/dt < 0$; oberhalb des Graphen $x^* = g(y)$ gilt $dy/dt < 0$, unterhalb $dy/dt > 0$.

Betrachten wir zuerst die Konstellation $b_I = 0$, $b_{II} = 0$, $0 < c_I < 1$, $0 < c_{II} < 1$, $d_I > 0$, $d_{II} > 0$ (vgl. Abb. 5). In diesem Fall orientieren sich die Individuen beider Gruppen am Durchschnittsverhalten der jeweils

293

anderen Gruppe; je höher (niedriger) das Leistungsniveau in einer Gruppe ist, desto höher (niedriger) ist das Leistungsniveau in der anderen Gruppe. Der ursprünglich stabile Gleichgewichtspunkt x* = y* = 0, d. h. Normalleistung in beiden Gruppen, wird instabil; statt dessen gibt es zwei stabile Gleichgewichtspunkte x* > 0, y* > 0 und x* < 0, y* < 0. Ausschlaggebend dafür ist das endogene Motiv, daß sich die Mitglieder beider Arbeitsgruppen in ihrem Leistungsverhalten nicht voneinander unterscheiden möchten (vgl. Abschn. 3.4). Auf diese Weise werden Inter-Gruppen-Leistungsnormen etabliert und aufrecht erhalten. Die analoge Situation erhält man, wenn beide Gruppen sich voneinander absetzen wollen. Indem sie das Leistungsverhalten der anderen Gruppe nicht imitieren, sondern sich im Gegenteil davon absetzen wollen, erzeugen beide Gruppen zwei Inter-Gruppen-Leistungsnormen. (In der - hier nicht abgebildeten - Graphik erhält man dann bei d_I < 0, d_{II} < 0 zwei Schnittpunkt der Graphen bei x* < 0, y* > 0 und x* > 0, y* < 0). Im ersten Fall führen die Leistungsnormen zu höheren oder niedrigeren Leistungen der beiden Gruppen; im zweiten Fall hat jeweils eine der beiden Gruppen eine hohe Leistungsnorm, während die andere eine niedrige hat.

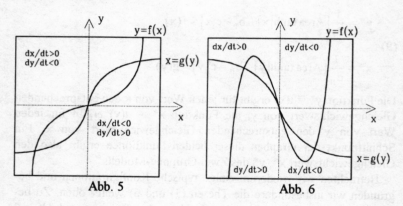

Abb. 5   Abb. 6

Betrachten wir nun die Konfiguration b_I = 0, b_{II} = 0, c_I > 1, 0 < c_{II} < 1, d_I > 0, d_{II} < 0 (vgl. Abb. 6). In diesem Fall ist die Kohäsion in Gruppe I stark, in Gruppe II schwach; Gruppe I möchte Gruppe II imitieren, Gruppe II möchte sich von Gruppe I absetzen. Es entsteht unter diesen Bedingungen eine von zwei stabilen Leistungsnormen, x* > 0, y* < 0 oder x* < 0, y* > 0. Welche Leistungsnorm tatsächlich entsteht, hängt von der Historie ab bzw. vom Zufall, wenn man als Ausgangssituation den unnormierten Zustand wählt. Da der Konformitätsdruck in der Gruppe I stark ist, wird das Verhalten der Mitglieder dieser Gruppe in starkem Maße egalisiert. Es ist dann für Gruppe II leicht, sich von dem Verhalten dieser Gruppe abzusetzen. Umgekehrt ist es aufgrund des schwachen Konformitätsdrucks in Gruppe II relativ schwierig, das Verhalten der Mitglieder dieser Gruppe zu imitieren.

Verändern wir diesen Fall c. p., indem wir $c_{II} > 1$ setzen, so erhalten wir insgesamt neun Gleichgewichte, von denen die vier äußeren stabil und die vier inneren jeweils bezüglich x bzw. y instabil sind, während das Gleichgewicht $x^* = y^* = 0$ instabil ist. Wie vorher stabilisieren sich auch hier in beiden Gruppen Normen, es hängt aber von der Historie ab, ob sich gleichgerichtete oder gegenläufige Normen durchsetzen. Da die einzelnen denkbaren Normen zwar lokal, nicht aber global stabile Gleichgewichtszustände repräsentieren, können kleinere Fluktuationen zu einem ständigen Wechsel des Gruppenverhaltens führen. (Der Leser möge an einem ruhigen Sonntagnachmittag die dazugehörige Zeichnung selbst verfertigen.)

Betrachten wir die Konstellation $b_I = 0$, $b_{II} = 0$, $c_I > 1$, $c_{II} > 1$, $d_I > 0$, $d_{II} < 0$. In diesem Fall existiert keine stabile Arbeitsnorm, und das Normalleistungsniveau ist instabil. Es ist aber eine zyklische Abfolge hoher und niedriger Leistungsniveaus bei beiden Gruppen zu beobachten (vgl. Abb. 7 und Abschn. 3.4).

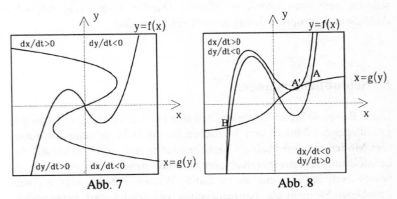

Abb. 7   Abb. 8

Betrachten wir schließlich die Konfiguration $b_I < 0$, $b_{II} = 0$, $c_I > 1$, $0 < c_{II} < 1$, $d_I > 0$, $d_{II} > 0$. Hier sind die beiden äußeren Gleichgewichte stabil, das innere ist hingegen instabil bezüglich x (vgl. Abb. 8). Da in der Gruppe I ein starker Konformitätsdruck herrscht und da beide Gruppen das Leistungsverhalten der jeweils anderen imitieren, existieren zwei stabile Gleichgewichtes $x^* < 0$, $y^* < 0$ (Punkt B) und $x^* > 0$, $y^* > 0$ (Punkt A), obwohl die Gruppe I ein niedriges Leistungsniveau bevorzugt. Dies bedeutet, daß Bevorzugungskraft und Konformitätskraft in verschiedene Richtungen wirken können. Es kann sich also eine Arbeitsnorm etablieren, die im Gegensatz zu den exogenen Anreizen steht.

In diesem Fall kann bei bestimmten Parameterwerten in beiden Gruppen ein abrupter Übergang von Hochleistungsnormen zu Niedrigleistungsnormen entstehen. Steigt die Bevorzugungskraft der Gruppe I für ein niedriges Leistungsniveau oder wird der Konformitätsdruck schwächer, geht das Gleichgewicht A in das Gleichgewicht A' über und springt schließlich auf B über. Der Grund für diesen „katastrophalen" Sprung ist der gleiche wie der, der für die Katastrophe im Fall der einen Gruppe weiter oben verantwortlich war: Eine lineare (die Bevorzugungskraft) und eine nicht-lineare Kraft (die Konformitätskraft) ziehen in verschiedene Richtungen, und bei einer kritischen Konstellation springt das Verhalten in den bevorzugten Zustand (die symmetrischen Fälle mag der Leser selbständig herleiten).

Wir sehen, daß sich die Thesen (5) und (6) weiter oben ebenfalls modellhaft begründen und nachweisen lassen. Wir erkennen auch, daß sich die Arbeitsgruppen in ihrem Leistungsverhalten wechselseitig verstärken, aber auch schwächen können. Darüber hinaus sind zyklische Abläufe und abrupte Leistungsumschwünge möglich.

5. Schlußbemerkungen

Diese Beispiele lassen erkennen, daß sich bei Verwendung nur weniger grundlegender Motive von Menschen in Arbeitsbeziehungen in unserem Modell eine reichhaltige Verhaltenslandschaft im Hinblick auf Arbeitsleistungsniveaus innerhalb und zwischen Arbeitsgruppen auftut. Es wurde auch deutlich, auf wie vielfältige Weisen sich das, was in einem gegebenen Moment als „Normalleistung" bezeichnet wird, herausgebildet haben kann und schließlich nur deshalb als „normal" angesehen wird, weil es einen Zustand charakterisiert, der über einen längeren Zeitraum angedauert hat (stabile Gleichgewichte).

In unserem Modell sind die Parameter konstant, wir haben aber ihr Verhältnis zueinander und damit die Kräftekonstellation variiert. Jede Kräftekonstellation bringt spezifische Verhaltensweisen bezüglich des Leistungsniveaus der Gruppe bzw. der Gruppen hervor, die instabil oder stabil sein können. Die stabilen setzen sich langfristig durch und bestimmen damit das übliche, normale Leistungsniveau. Die jeweilige Kräftekonstellation erwächst selbstorganisatorisch allein aus dem Miteinander der Arbeiter, das resultierende Gleichgewicht wird von allen Beteiligten zusammen aufgebaut. Gleichzeitig stabilisiert es sich aber rückkoppelnd selbst, es wird von den Beteiligten aufrechterhalten, weil es ihnen als Standard, als Ordnung, als übliche oder Normalleistung gegenübertritt.[13] Die individuelle Anpassung an ein gegebenes Leistungsniveau ist flexibler, ist eine schneller veränderliche Variable als die Veränderung einer gesamten Kräftekonstellation, eines Leistungsstandards. Diese Tatsache ist sehr wichtig, wenn man bedenkt, daß Arbeitsbeziehungen stets einer gewissen Fluktuation unterliegen. Da die aufgrund einer bestimmten Kräftekonstellation entstandene Normalleistung jedem Neuen sozusagen eine akzeptierte „Musterleistung" vorführt, senkt sie in starkem Maße Lern-, Informations-, Entscheidungs- und Koordinationskosten und macht das kollektive Bewahren der etablierten Normalleistung unabhängig von der Mitgliedschaft einzelner Personen in der Arbeitsgruppe. Der Neue paßt sich an - allerdings kann dadurch das jeweilige Leistungsgleichgewicht nicht seinerseits stets sofort und optimal an die individuellen Handlungen und an die Umgebung angepaßt sein. Wir haben aber auch gesehen, daß sich etablierte Leistungsniveaus abrupt ändern können, vor allem dann, wenn die Bevorzugungskraft und die Konformitätskräfte in unterschiedliche Richtungen des Leistungsniveaus weisen, und allgemein dann, wenn kritische Schwellenwerte der jeweiligen Kräftekonstellation erreicht bzw. überschritten werden.

Zusammengefaßt, ist die Arbeitsleistung in Arbeitsbeziehungen abhängig von einem komplexen Zusammenspiel dessen,

- was man selbst angesichts gegebener Anreize und Sanktionen des Arbeitsvertragspartners für richtig hält (Bevorzugungskraft b),

---

13 Vgl. allgemein hierzu Weise 1990. Fragen interdependenter Beziehungen und deren Bedeutung für das Menschenbild behandeln Duesenberry 1949, Stroebe/ Frey 1980, Frank 1989, Kaufmann 1989, Weise 1989.

- was die Mitglieder der eigenen Arbeitsgruppe für richtig halten (Konformitätskraft c) und

- was andere Gruppen (Referenzgruppen) für richtig halten (Vergleichskraft d).

Die jeweilige Konstellation zwischen diesen Kräften etabliert über einen selbstorganisatorischen Prozeß, der sich exakter Planbarkeit entzieht, ein bestimmtes Leistungsniveau, das aufgrund seiner Stabilität im Zeitablauf als normal angesehen wird. Mit der Zeit entwickelt sich aus diesem als normal angesehenen Leistungsniveau eine Leistungsnorm, die selbst wiederum das Leistungsverhalten stabilisiert. Die Leistungsnorm definiert dann ein von Arbeitnehmern und Arbeitgeber wechselseitig erwartetes Leistungsverhalten, das unter Umständen auch mit Gerechtigkeitsvorstellungen verbunden wird.[14]

Literatur

Adams, J. S. (1963), Toward an Understanding of Inequity, in: Journal of Abnormal Social Psychology 67, pp. 422 - 436.

Akerlof, G. A. (1984), Labor contracts as partial gift exchange, in: ders., An economic theorist's book of tales, Cambridge etc., pp. 145 - 174. (Zuerst erschienen 1982 in Quarterly Journal of Economics 97.)

Axelrod, R. (1984), An evolutionary approach to norms, in: American Political Science Review 80, pp. 1093 - 1111.

Anger, H. und F. Nachreiner (1975), Gruppenverhalten im Betrieb, in: Handwörterbuch der Betriebswirtschaft, hrsg. von D. Grochla und W. Wittmann, Band I/2, 4. Aufl., Stuttgart, Sp. 1728-1738.

Beck, R.C. (1983), Motivation. Theories and Principles, 2nd. ed., Englewood Cliffs, NJ.

Bertelsmann Stiftung und Institut für Wirtschaft und Gesellschaft Bonn e.V. (Hrsg.) (1988), Arbeitsmotivation und Führung, Gütersloh.

Beyer, H. (1993), Interne Koordination und Partizipatives Management, Marburg.

Bowey, A. M. and T. Lupton (eds.) (1986), Handbook of Salary and Wage Systems, 2nd. ed., Aldershot.

Brandes, W. und F. Buttler (1988), Die Unvermeidbarkeit interner Arbeitsmärkte, in: L. Reyher, J. Kühl (Hrsg.), Resonanzen. Arbeitsmarkt und Beruf - For-

---

[14] Dies gilt auch ganz allgemein für soziale Interaktionen. Für ökonomische Begründungen von Normen und Fragen ihrer Evolution und Optimalitätseigenschaften vgl. Geiger 1964, Lewis 1975, Ullman-Margalit 1977, Schotter 1981, Elster 1989, Weise/Brandes 1990, Eger/Weise 1990.

schung und Politik. Festschrift für Dieter Mertens, Beiträge zur Arbeitsmarkt-
und Berufsforschung, Band 111, Nürnberg: Institut für Arbeitsmarkt- und Berufsforschung, S. 94-113.

Brandes, W.; W. Meyer; E. Schudlich (1991), ILO Research Project on Pay
Classification Systems in Industrialized Countries. National Monograph for
Germany, Paderborn, Hannover, Frankfurt/M., unveröffentlichtes Typoskript,
92 S.

Brandes, W. und P. Weise (1987), Grundzüge einer Theorie institutionalisierter
Arbeitsbeziehungen, in: F. Buttler; K. Gerlach; R. Schmiede (Hrsg.), Arbeitsmarkt und Beschäftigung. Neuere Beiträge zur institutionalistischen Arbeits-
marktanalyse (Sozialwissenschaftliche Arbeitsmarktforschung, Band 14),
Frankfurt/New York, S. 64 - 94.

Brandes, W. und P. Weise (im Erscheinen), Motivation, Moral und Arbeitsleistung,
in: K. Gerlach u. R. Schettkat (Hrsg.), Determinanten der Lohnbildung.
Theoretische und empirische Untersuchungen.

Casson, M. (1991), The Economics of Business Culture. Game Theory, Transaction
Costs, and Economic Performance, Oxford.

de Charms, R. (1968), Personal causation: The internal affective determinants of
behavior, New York.

Deci, E. L. (1971), The effect of externally mediated rewards on intrinsic motivation: in: Journal of Personality and Social Psychology 18, pp. 105 - 115.

Dörre, K.; J. Neubert; H. Wolf (1993), „New Deal" im Betrieb? Unternehmerische
Beteiligungskonzepte und ihre Wirkung auf die Austauschbeziehungen zwischen Management, Belegschaften und Interessenvertretungen, in: SOFI-Mittei-
lungen, Nr. 20, S. 15 - 36.

Drago, R. and R. Perlman (1989), Supervision and high wages as competing incentives: a basis for labour segmentation theory, in: R. Drago and R. Perlman
(eds.), Microeconomic Issues in Labour Economics. New Approaches, New
York etc.: Harvester Wheatsheaf, S. 41 - 61.

Duesenberry, J. S. (1949), Income, Saving, and the Theory of Consumer Behavior,
Cambridge, Mass.

Eger, T. und P. Weise (1986), Interdependenzen zwischen individueller Arbeitsleistung und Gruppenklima: Eine katastrophentheoretische Interpretation, in: H.
Diefenbacher und H. G. Nutzinger (Hrsg.), Mitbestimmung in Betrieb und Verwaltung, Heidelberg: FEST, S. 255 - 279.

Eger, T. und P. Weise (1990), Normen als gesellschaftliche Ordner, in: Ökonomie
und Gesellschaft, Jahrbuch 8: Individuelles Verhalten und kollektive Phänomene, Frankfurt/New York, S. 65 - 111.

Elias, N. und E. Dunning (o. J. [1971]), Sport und Freizeit, in: Sport im Zivilisa-
tionsprozeß. Studien zur Figurationssoziologie, hrsg. von W. Hopf, Münster:
Lit-Verlag, S. 133 - 144.

Elster, J. (1989), Social Norms and Economic Theory, in: The Journal of Economic
Perspectives 3, No. 4, pp. 99 - 118.

Festinger, L. (1957), A theory of cognitive dissonance, Evanston, Ill.

Flay, B. R. (1978), Catastrophe Theory in Social Psychology: Some Applications to
Attitudes and Social Behavior, in: Behavioral Science 23, S. 335 - 350.

Frank, R. H. (1989), Frames of Reference and the Quality of Life, in: American Economic Review, P. & Proc. 79, pp. 80 - 85.

Frey, B. S. (1992), Tertium Datur: Pricing, Regulating and Intrinsic Motivation, in: Kyklos 45, pp. 161 - 184.

Furnham, A. and A. Lewis (1986), The Economic Mind. The Social Psychology of Economic Behaviour, Brighton.

Geiger, Th. (1964), Vorstudien zu einer Soziologie des Rechts, Neuwied.

Gerlach, K. und O. Hübler (1990), Sectoral Wage Patterns, Individual Earnings and the Efficiency Wage Hypothesis, in: H. König (ed.), Economics of Wage Determination, Berlin etc., pp. 105 - 124.

Haeberlin, F. (1984), Intergruppenbeziehungen, in: Sozialpsychologie, Band 1: Die Erforschung der zwischenmenschlichen Beziehungen, hrsg. von A. Heigl-Evers, Kindlers „Psychologie des 20. Jahrhunderts", Weinheim und Basel, S. 486 - 490.

Heidemann, F. J. (1987), Die Arbeitsmotivation von Arbeitern und Angestellten der deutschen Wirtschaft: Ergebnisse und Analyse einer Umfrage bei Arbeitern und Angestellten, Gütersloh.

Jones, St. R. G. (1984), The Economics of Conformism, Oxford.

Kaufman, B. E. (1989), Models of Man in Industrial Relations Research, in: Industrial and Labor Relations Review 43, pp. 72 - 88.

Klamer, A. (1989), A Conversation with Amartya Sen, in: Journal of Economic Perspectives 3, Number 1, pp. 135-150.

Krech, D.; R. S. Crutchfield; E. L. Ballchey (1962), Individual in Society, New York.

Kruse, L. (1972), Gruppen und Gruppenzugehörigkeit, in: C. F. Graumann (Hrsg.), Sozialpsychologie. 2. Halbband: Forschungsbereiche, Göttingen: Hogrefe (Band 7 des Handbuchs der Psychologie, hrsg. von K. Gottschaldt et al.), S. 1539 - 1593.

Kubon-Gilke, G. (1990), Motivation und Beschäftigung. Eine sozialpsychologische Beurteilung der Effizienzlohntheorien und ihrer Kritik, Reihe Sozialwissenschaftliche Arbeitsmarktforschung, Band 18, Frankfurt/New York: Campus.

Lang, K.; H. Meine; K. Ohl (Hrsg.) (1990), Arbeit - Entgelt - Leistung. Handbuch Tarifarbeit im Betrieb, Köln.

Lea, St. E.; R. M. Tarpy; P. Webley (1987), The Individual in the Economy. A Textbook of Economic Psychology, Cambridge etc.

Leibenstein, H. (1987), Inside the firm. The inefficiencies of hierarchy, Cambridge, Mass. and London.

Lepper, M. R. and D. Greene (eds.) (1978), The Hidden Costs of Reward: New Perspectives on the Psychology of Human Motivation, New York etc.

Lewis, D. (1975), Konventionen. Eine sprachphilosophische Abhandlung, Berlin, (zuerst erschienen als Conventions: A Philosophical Study, Cambridge 1969).

Macfadyen, H. W. (1986), Motivational Constructs, in: A. J. Macfadyen; H. W. Macfadyen (eds.), Economic Psychology: Intersections in Theory and Application, Amsterdam etc., pp. 67 - 108.

McGrath, J. E. (1984), Groups: Interaction and Performance, Englewood Cliffs, NJ.

Meyer, W. (1990), Bestimmungsfaktoren der Tariflohnbewegung. Eine empirische, mikroökonomische Untersuchung für die Bundesrepublik, Reihe Sozialwissenschaftliche Arbeitsmarktforschung, Band 19, Frankfurt/New York.

Meyer, W. (1994), Übertarifliche Bezahlung als Anreizinstrument, in: U. Hochmuth und J. Wagner (Hrsg.), Firmenpanelstudien in Deutschland. Konzeptionelle Überlegungen und empirische Analysen, Tübingen, S. 219 - 235.

Minssen, H.; J. Howaldt; R. Kopp (1991), Gruppenarbeit in der Automobilindustrie - Das Beispiel Opel Bochum -, in: WSI-Mitteilungen, Vol. 44, Heft 7, S. 434 - 441.

Die Mitbestimmung (1991), Vol. 37, Heft 3: Tarifverträge und Betriebspolitik.

Die Mitbestimmung (1992), Vol. 38, Heft 4: Lean Production - Die Fabrik wird durchgestylt.

Muchinsky, P. M. (1990), Psychology applied to work: an introduction to industrial and organizational psychology, 3rd. ed., Pacific Grove, Calif.

Notz, W. W. (1975), Work Motivation and the Negative Effects of Extrinsic Rewards - A Review with Implications for Theory and Practice, in: American Psychologist 30, pp. 884 - 891.

Nuttin, J. (1991), Art. „Motivation", in: Lexikon der Psychologie, hrsg. von W. Arnold, H.J. Eysenck und R. Meili, 8. Aufl., Freiburg etc., Sp. 1403 - 1412.

Parsons, D. O. (1986), The Employment Relationship: Job Attachment, Work Effort, and the Nature of Contracts, in: Handbook of Labor Economics, Vol. II, ed. by O. Ashenfelter and R. Layard, Amsterdam etc., S. 789 - 848.

REFA (1976), Methodenlehre des Arbeitsstudiums, Band 2, München.

Rosenstiel, L. von (1987), Art. „Leistungszurückhaltung, Führung bei", in: Handwörterbuch der Führung, hrsg. von A. Kieser et al., Stuttgart, Sp. 1319-1329.

Rosenstiel, L. von (1992), Grundlagen der Organisationspsychologie, 3. Auflage Stuttgart.

Schaub, G. (1987), Arbeitsrechts-Handbuch. Systematische Darstellung und Nachschlagewerk für die Praxis, 6. überarb. Aufl., München.

Scheuch, E. K. (1988), Arbeitszeit versus Freizeit - Die Einstellung der Menschen im Wandel der Zeit, a.a.O., S. 52 - 68.

Schneider, H.-D. (1985), Kleingruppenforschung, 2. Aufl., Stuttgart (Studienskripe zur Soziologie, hrsg. von E. K. Scheuch und H. Sahner, Band 44)

Schotter, A. (1981), The Economic Theory of Social Institutions, Cambridge.

Scitovsky, T. (1985), Psychologizing by Economists, in: H. Brandstätter, E. Kirchler (eds.), Economic Psychology. Proceedings of the 10th IAREP Annual Colloquium, Linz, S. 17-20.

Seashore, S. (1954), Group Cohesiveness in the Industrial Work Group, Ann Arbor.

Shapiro, C. and J. E. Stiglitz (1984), Equilibrium Unemployment as a Worker Discipline Device, in: American Economic Review 74, pp. 433 - 444.

Simon, H. A. (1991), Organizations and Markets, in: Journal of Economic Perspectives, Volume 5, Number 2, S. 25 - 44.

Steers, R. M. and L. W. Porter (1975), Motivation and Work Behavior, New York etc.: McGraw-Hill.

Stroebe, W. and B. S. Frey (1980), In Defense of Economic Man: Towards an Integration of Economics and Psychology, in: Schweizerische Zeitschrift für Volkswirtschaft und Statistik 116, pp. 119 - 148.

Taylor, F. W. (1913), Die Grundsätze wissenschaftlicher Betriebsführung. (The Principles of Scientific Management), München und Berlin.

Ullman-Margalit, E. (1977), The Emergence of Norms, Oxford.

Uvalic, M. (1991), Der „Pepper-Bericht". Die Förderung der Gewinn- und Betriebsergebnisbeteiligung der Arbeitnehmer in den Mitgliedstaaten der Europäischen Gemeinschaft, in: Europäische Gemeinschaften - Kommission, Soziales Europa - Beiheft 3/91, Luxemburg: Amt für amtliche Veröffentlichungen der Europäischen Gemeinschaften.

Vroom, V. H. (1964), Work and Motivation, New York etc.: John Wiley & Sons.

Weisbrod, B. A. (1989), Rewarding Performance That Is Hard to Measure: The Private Nonprofit Sector, in: Science, May 5, S. 541 - 546.

Weise, P. (1989), Homo oeconomicus und homo sociologicus. Die Schreckensmänner der Sozialwissenschaften, in: Zeitschrift für Soziologie 18, S. 148 - 161.

Weise, P. (1990), Der synergetische Ansatz zur Analyse der gesellschaftlichen Selbstorganisation, in: Ökonomie und Gesellschaft, Jahrbuch 8: Individuelles Verhalten und kollektive Phänomene, Frankfurt/New York, S. 12 - 64.

Weise, P. and W. Brandes (1990), A synergetic view of institutions, in: Theory and Decision 28, pp. 173 - 187.

Weise, P. und T. Eger (1987), Das Koordinationsproblem sozialer Gruppen, in: European Journal of Political Economy 3, pp. 351 - 367.

Weise, P.; W. Brandes; T. Eger; M. Kraft (1993), Neue Mikroökonomie, 3. Aufl., Heidelberg.

Wintrobe, R. and A. Breton (1986), Organizational Structure and Productivity, in: American Economic Review 76, pp. 530 - 538.

Wiswede, G. (1980), Motivation und Arbeitsverhalten, München/Basel.

Wiswede, G. (1988), Ökonomische Psychologie - Psychologische Ökonomie. Probleme und Befunde wirtschaftspsychologischer Forschung, in: Zeitschrift für Wirtschafts- und Sozialwissenschaften 108, S. 503 - 592.

WSI-Mitteilungen (1991), Vol. 44, Heft 3, Schwerpunktheft: Aufgaben der Tarifpolitik der 90er Jahre.

Autorenverzeichnis

Dr. Wilhelm ALTHAMMER, Europa Universität Viadrina, Wirtschaftswissenschaftliche Fakultät, Lehrstuhl für Volkswirtschaftslehre, Postfach 776, 15207 Frankfurt/Oder

Dr. Wolfgang BRANDES, Universität GH Paderborn, FB Wirtschaftswissenschaften, Warburger Str. 100, 33098 Paderborn

Professor Dr. Wolfgang BUCHHOLZ, Europa Universität Viadrina, Wirtschaftswissenschaftliche Fakultät, Lehrstuhl für Volkswirtschaftslehre, Postfach 776, 15207 Frankfurt/Oder

Dr. Max FRANK, Ostengasse 34, 93047 Regensburg

Dr. Joachim GROSSER, Universität Regensburg, Wirtschaftswissenschaftliche Fakultät, Universitätsstraße 31, Postfach 101042, 93040 Regensburg

Professor Dr. Werner GÜTH, Humboldt-Universität zu Berlin, Institut für Wirtschaftstheorie, Spandauer Straße 1, 10178 Berlin

Professor Dr. Hartmut KLIEMT, Universität GH Duisburg, FB Philosophie, Lotharstraße 65, 47048 Duisburg

Dipl.-Oec. Susanne KOCH, Universität Regensburg, Wirtschaftswissenschaftliche Fakultät, Universitätsstraße 31, Postfach 101042, 93040 Regensburg

Dr. Bernd LAHNO, Universität Duisburg, FB Philosophie, Lotharstraße 65, 47048 Duisburg

Dipl.-Oec. Stefan SCHENK, Plenum Management Consulting GmbH, Sonnenberger Str. 64, 65193 Wiesbaden

Professor Dr. Joachim WEIMANN, Otto-von-Guericke-Universität Magdeburg, Fakultät für Wirtschaftswissenschaft, Postfach 4120, 39016 Magdeburg

Professor Dr. Peter WEISE, Universität GH Kassel, FB Wirtschaftswissenschaften, Postfach, 34109 Kassel